2010

中国教育经费统计年鉴

China Educational Finance Statistical Yearbook

教　育　部　财　务　司
国家统计局社会和科技统计司　编

（京）新登字041号

图书在版编目（CIP）数据

中国教育经费统计年鉴. 2010/教育部财务司，国家统计局社会和科技统计司编. —北京：中国统计出版社，2011.4

ISBN 978-7-5037-6201-7

Ⅰ.①中… Ⅱ.①教…②国… Ⅲ.①教育经费-统计资料-中国-2010-年鉴 Ⅳ.①G526.72-54

中国版本图书馆CIP数据核字（2011）第030095号

中国教育经费统计年鉴—2010

作　　者/教育部财务司　国家统计局社会和科技统计司
责任编辑/徐　颖
封面设计/李雪燕
出版发行/中国统计出版社
通信地址/北京市西城区月坛南街57号　邮政编码/100826
办公地址/北京市丰台区西三环南路甲6号　邮政编码/100073
网　　址/www. stats. gov. cn/tjshujia
电　　话/邮购（010）63376907　书店（010）68783172
印　　刷/河北天普润印刷厂
经　　销/新华书店
开　　本/787×1092mm　1/16
字　　数/955千字
印　　张/41
版　　别/2011年4月第1版
版　　次/2011年4月第1次印刷
书　　号/ISBN 978-7-5037-6201-7/G·197
定　　价/220.00元

《中国教育经费统计年鉴—2010》
编辑委员会

前　言

《中国教育经费统计年鉴—2010》比较全面、系统地反映了2009年全国教育经费来源和使用的情况，为国家和地方编制教育发展规划、制定教育财政政策提供了重要的参考依据。它对于研究教育经费结构和使用效益有一定价值；对于各地之间的情况交流，提高教育财务管理水平，也将会起到促进作用。

随着我国公共财政体制的逐步建立和各项财政制度改革的的深入，为完整、准确地反映政府收支活动，经国务院同意，财政部制定了《政府收支分类改革方案》，决定自2007年1月1日起，全面实施政府收支分类改革。改革后，政府收支的分类范围、分类体系和具体科目设置方法等都有较大变化。为了与这项改革相适应，并配合近年来教育事业自身的改革和发展，特对全国教育经费统计部分指标作了相应的调整。

全国教育经费统计资料的各项数据是从最基层单位开始填报，经过乡(镇)、县(市、区)、地(市)、省(自治区、直辖市)等教育主管部门层层汇总的。各级教育和统计部门对教育经费统计工作十分重视，从人员、时间、设备等方面给予了保证，并认真组织，按照准确、及时、完整的要求编制报表，保证了全国教育经费统计资料汇总工作的顺利完成。

教育部财务司组织了全国教育经费统计资料的审核、整理工作，以及全国教育经费统计分析的计算机程序编制工作。国家统计局社会与科技统计司对全国教育经费统计工作给予了很大的支持，并与教育部财务司联衔编印出版此年鉴。参加这项工作的除教育部财务司的同志外，还有上海智力开发研究所以及陈永年、李艳春、周亚君、宋吉国、张代忠、张利生、徐宣清等地方教育部门的同志。

目前，中国教育经费统计工作还处于充实、完善阶段，加之全国性教育经费统计涉及范围广，工作量大，因此在资料的收集、编排、整理等环节上难免有不足之处，诚望同志们提出批评和建议，以便今后加以改进，把教育经费统计工作做得更好。

编　者

2011年1月

目　　录

第一部分　全国教育经费收支

第四部分　省、自治区、直辖市各级各类教育机构教育经费支出明细

第五部分　省、自治区、直辖市各级各类教育机构预算内教育事业费和基本建设支出明细

第六部分　省、自治区、直辖市教育部门和其他部门各级各类学校生均教育经费支出

附录

第一部分

全国教育经费收支

1—1　全国教育经费

指　　标	总　　计		
	合　　计	中　　央	地　　方
总　　计	**1650270650**	**181061085**	**1469209565**
一、国家财政性教育经费	1223109354	119177482	1103931872
1. 预算内教育经费	1141930324	117168693	1024761631
(1)教育事业费拨款	941389289	59381510	882007779
(2)基本建设拨款	38546326	3446515	35099811
(3)科研拨款	19460286	14707366	4752920
(4)其他拨款	142534423	39633302	102901121
2. 各级政府征收用于教育的税费	73737798		73737798
(1)教育费附加	55567204		55567204
(2)地方教育附加	13506352		13506352
(3)地方教育基金	4664242		4664242
3. 企业办学中的企业拨款	4412893	1062670	3350223
4. 校办产业和社会服务收入用于教育的经费	3028339	946119	2082220
二、民办学校中举办者投入	7498291		7498291
三、社会捐赠经费	12549905	1387193	11162712
＃农村	702580		702580
四、事业收入	352759391	49911921	302847470
＃学杂费	251559826	25352767	226207059
五、其他收入	54353709	10584489	43769220

注:表中“＃”表示其中的主要项,以下同。表中“空格”表示无该项数据,以下同。

总收入

单位:千元

教育部门和其他部门			企业办学			民办学校
合　计	中　央	地　方	合　计	中　央	地　方	地　方
1529932932	**174740356**	**1355192576**	**16861120**	**6320729**	**10540391**	**103476598**
1204690601	114533566	1090157035	10623071	4643916	5979155	7795682
1128670507	113597266	1015073241	6048213	3571427	2476786	7211604
929836280	56541592	873294688	4859607	2839918	2019689	6693402
38192453	3134920	35057533	346273	311595	34678	7600
19460286	14707366	4752920				
141181488	39213388	101968100	842333	419914	422419	510602
73070072		73070072	83648		83648	584078
55004471		55004471	64735		64735	497998
13423145		13423145	18863		18863	64344
4642456		4642456	50		50	21736
			4412893	1062670	3350223	
2950022	936300	2013722	78317	9819	68498	
						7498291
11430190	1375470	10054720	66353	11723	54630	1053362
702580		702580				
262565205	48429829	214135376	5575460	1482092	4093368	84618726
172152000	24253019	147898981	4564962	1099748	3465214	74842864
51246936	10401491	40845445	596236	182998	413238	2510537

1—2　全国各级各类教育机构

学校类别	总　计	国家财政性教育经费	预算内教育经费	教育事业费拨款	基本建设拨款	科研拨款	其他拨款	各级政府征收用于教育的税费	教育费附加
总　　计	**1650270650**	**1223109354**	**1141930324**	**941389289**	**38546326**	**19460286**	**142534423**	**73737798**	**55567204**
一、高等学校	478277598	232738424	224934689	172739914	9838141	19460286	22896348	4661187	2222715
1. 普通高等学校	464500894	226450826	219126294	167898834	9692035	19454136	22081289	4424706	2054070
高等本科学校	372389067	186753689	182822301	137622522	7247790	19368027	18583962	2214286	509101
高职高专学校	92111827	39697137	36303993	30276312	2444245	86109	3497327	2210420	1544969
2. 成人高等学校	13776704	6287598	5808395	4841080	146106	6150	815059	236481	168645
二、中等职业学校	119886746	81418480	70861849	59414150	3815818		7631881	9786119	8096143
1. 中等专业学校	51343653	33071100	29686237	25014819	1321588		3349830	3132876	2530937
2. 职业高中	47082365	34658871	28595370	24479105	1477621		2638644	5988077	5034124
#农村	5961589	4365558	3725012	3167483	201002		356527	626779	525041
3. 技工学校	14620590	8783535	8016274	6196739	972031		847504	365713	298533
4. 成人中专学校	6840138	4904974	4563968	3723487	44578		795903	299453	232549
三、中学	476809228	383437666	353503763	308094543	14270656		31138564	28504297	21808510
1. 普通中学	476343035	383118495	353261687	307870853	14267156		31123678	28427244	21762835
普通高中	177944346	110934070	98536957	84852268	3700128		9984561	11878637	9551773
#农村	24356993	15108197	13925327	12258866	270536		1395925	1038210	695332
普通初中	298398689	272184425	254724730	223018585	10567028		21139117	16548607	12211062
#农村	169750266	163135203	154978593	136296476	6732277		11949840	7737764	5237071
2. 成人中学	466193	319171	242076	223690	3500		14886	77053	45675
四、小学	421738715	397302507	377010291	328999581	6590462		41420248	19096713	14448552
1. 普通小学	421692410	397257148	376965740	328963685	6590462		41411593	19095905	14447762
#农村	272300022	264255493	254490249	222877292	4096899		27516058	9183487	6476989
2. 成人小学	46305	45359	44551	35896			8655	808	790
五、特殊教育	4828508	4548161	4069147	3507817	237992		323338	478524	353586
1. 特殊教育学校	4632131	4376008	3910629	3385900	219902		304827	465067	340917
2. 工读学校	196377	172153	158518	121917	18090		18511	13457	12669
六、幼儿园	24478920	16627392	15245433	13342362	544464		1358607	1322576	1019428
七、教育行政单位	24635870	21402936	18087292	15009237	738325		2339730	3305769	2687682
八、教育事业单位	57339822	46392158	39119351	31943717	1703613		5472021	6500104	4897928
九、其他	42275243	39241630	39098509	8337968	806855		29953686	82509	32660

教育经费收入情况

单位：千元

地方教育附加	地方教育基金	企业办学中的企业拨款	校办产业和社会服务收入用于教育的经费	民办学校中举办者投入	社会捐赠经费	#农村	事业收入	#学杂费	其他收入
13506352	**4664242**	**4412893**	**3028339**	**7498291**	**12549905**	**702580**	**352759391**	**251559826**	**54353709**
879959	1558513	1492482	1650066	3309622	2638949		208365615	159390865	31224988
846536	1524100	1300721	1599105	3309622	2617613		201889148	154034691	30233685
400675	1304510	295818	1421284	1542867	2324306		155490256	113816566	26277949
445861	219590	1004903	177821	1766755	293307		46398892	40218125	3955736
33423	34413	191761	50961		21336		6476467	5356174	991303
1188334	501642	654009	116503	1278707	389497	6602	33515436	27781559	3284626
433445	168494	211146	40841	578424	97871	268	16028266	13578663	1567992
639378	314575	54124	21300	569689	261818	6333	10590451	8922818	1001536
67823	33915	8433	5334	34048	88087	5482	1325475	1114421	148421
65595	1585	350920	50628	76390	26780		5245124	4285582	488761
49916	16988	37819	3734	54204	3028	1	1651595	994496	226337
5291759	1404028	1156235	273371	1783835	5296599	335034	76943472	49716806	9347656
5261857	1402552	1156235	273329	1783835	5295974	335031	76836295	49694282	9308436
1713392	613472	390724	127752	705720	2419778	116593	58982355	40719479	4902423
184101	158777	122877	21783	138151	442253	75788	8059148	5559613	609244
3548465	789080	765511	145577	1078115	2876196	218438	17853940	8974803	4406013
2058190	442503	323864	94982	223138	1181344	206039	3546488	1423796	1664093
29902	1476		42		625	3	107177	22524	39220
3822258	825903	1050111	145392	1125223	3448570	337350	14732233	7602803	5130182
3822240	825903	1050111	145392	1125223	3448570	337350	14731409	7602803	5130060
2269481	437017	485830	95927	283656	1695367	322056	3742852	1588981	2322654
18							824		122
102779	22159		490	904	48993	4738	117219	3008	113231
102014	22136		312	904	48573	4738	94686	3008	111960
765	23		178		420		22533		1271
245762	57386	49638	9745		183645	11273	7246370	6356699	421513
526158	91929	1611	8264		223058	1212	1785250		1224626
1448966	153210	283	772420		299541	6371	7611655		3036468
377	49472	8524	52088		21053		2442141	708086	570419

1—3 中央属各级各类教育机构

学校类别	总计	国家财政性教育经费	预算内教育经费	教育事业费拨款	基本建设拨款	科研拨款	其他拨款	各级政府征收用于教育的税费	教育费附加
总计	**187698734**	**125815131**	**123731531**	**62212481**	**3385103**	**17401794**	**40732153**	**74811**	**74811**
一、高等学校	145635577	86833427	85371221	54539855	3095140	17401794	10334432	74811	74811
1.普通高等学校	144752768	86694538	85299046	54484779	3092140	17401784	10320343	74811	74811
高等本科学校	142781321	85830731	84775424	54068379	3062348	17400634	10244063	74811	74811
高职高专学校	1971447	863807	523622	416400	29792	1150	76280		
2.成人高等学校	882809	138889	72175	55076	3000	10	14089		
二、中等职业学校	825856	497441	302397	234691	33500		34206		
1.中等专业学校	571678	338539	247911	193049	33500		21362		
2.职业高中	26324	23137	20058	10989			9069		
#农村									
3.技工学校	211008	119836	24659	21346			3313		
4.成人中专学校	16846	15929	9769	9307			462		
三、中学	2308066	1832182	1633458	1309800	147511		176147		
1.普通中学	2308066	1832182	1633458	1309800	147511		176147		
普通高中	1208632	811112	725456	587807	79294		58355		
#农村	163208	136878	117661	93414	8755		15492		
普通初中	1099434	1021070	908002	721993	68217		117792		
#农村	713936	706918	649758	505716	55349		88693		
2.成人中学									
四、小学	1574291	1494970	1356887	1111453	76042		169392		
1.普通小学	1574291	1494970	1356887	1111453	76042		169392		
#农村	1014620	1002876	945075	749309	59706		136870		
2.成人小学									
五、特殊教育									
1.特殊教育学校									
2.工读学校									
六、幼儿园	146831	98220	48488	17594	21500		9394		
七、教育行政单位	50204	48049	46403	30440			15963		
八、教育事业单位	7256889	5527710	5498078	4186370	6000		1305708		
九、其他	29901020	29483132	29474599	782278	5410		28686911		

教育经费收入情况

单位：千元

地方教育附加	地方教育基金	企业办学中的企业拨款	校办产业和社会服务收入用于教育的经费	民办学校中举办者投入	社会捐赠经费	#农村	事业收入	#学杂费	其他收入
		1062670	**946119**		**1387193**		**49911921**	**25352767**	**10584489**
		478087	909308		1339551		47900519	24906868	9562080
		411373	909308		1339475		47237423	24334638	9481332
		73554	906942		1339454		46235062	23540208	9376074
		337819	2366		21		1002361	794430	105258
		66714			76		663096	572230	80748
		188797	6247		397		284629	200836	43389
		90443	185				196493	140863	36646
		3079					2761	1152	426
		89115	6062		397		84461	58261	6314
		6160					914	560	3
		198154	570		41483		285960	188548	148441
		198154	570		41483		285960	188548	148441
		85455	201		33107		251176	188348	113237
		19129	88		1000		23619	16835	1711
		112699	369		8376		34784	200	35204
		56857	303		685		3976		2357
		137576	507		4886		22478	655	51957
		137576	507		4886		22478	655	51957
		56447	454		797		6505		4442
		49638	94		87		44565	35557	3959
		1611	35				2090		65
		283	29349				1064686		664493
		8524	9		789		306994	20303	110105

1—4　地方各级各类教育机构

学校类别	总　计	国家财政性教育经费	预算内教育经费					各级政府征收用于教育的税费	
				教育事业费拨款	基本建设拨款	科研拨款	其他拨款		教育费附加
总　计	**1462571916**	**1097294223**	**1018198793**	**879176808**	**35161223**	**2058492**	**101802270**	**73662987**	**55492393**
一、高等学校	332642021	145904997	139563468	118200059	6743001	2058492	12561916	4586376	2147904
1.普通高等学校	319748126	139756288	133827248	113414055	6599895	2052352	11760946	4349895	1979259
高等本科学校	229607746	100922958	98046877	83554143	4185442	1967393	8339899	2139475	434290
高职高专学校	90140380	38833330	35780371	29859912	2414453	84959	3421047	2210420	1544969
2.成人高等学校	12893895	6148709	5736220	4786004	143106	6140	800970	236481	168645
二、中等职业学校	119060890	80921039	70559452	59179459	3782318		7597675	9786119	8096143
1.中等专业学校	50771975	32732561	29438326	24821770	1288088		3328468	3132876	2530937
2.职业高中	47056041	34635734	28575312	24468116	1477621		2629575	5988077	5034124
＃农村	5961589	4365558	3725012	3167483	201002		356527	626779	525041
3.技工学校	14409582	8663699	7991615	6175393	972031		844191	365713	298533
4.成人中专学校	6823292	4889045	4554199	3714180	44578		795441	299453	232549
三、中学	474501162	381605484	351870305	306784743	14123145		30962417	28504297	21808510
1.普通中学	474034969	381286313	351628229	306561053	14119645		30947531	28427244	21762835
普通高中	176735714	110122958	97811501	84264461	3620834		9926206	11878637	9551773
＃农村	24193785	14971319	13807666	12165452	261781		1380433	1038210	695332
普通初中	297299255	271163355	253816728	222296592	10498811		21021325	16548607	12211062
＃农村	169036330	162428285	154328835	135790760	6676928		11861147	7737764	5237071
2.成人中学	466193	319171	242076	223690	3500		14886	77053	45675
四、小学	420164424	395807537	375653404	327888128	6514420		41250856	19096713	14448552
1.普通小学	420118119	395762178	375608853	327852232	6514420		41242201	19095905	14447762
＃农村	271285402	263252617	253544274	222127983	4037103		27379188	9183487	6476989
2.成人小学	46305	45359	44551	35896			8655	808	790
五、特殊教育	4828508	4548161	4069147	3507817	237992		323338	478524	353586
1.特殊教育学校	4632131	4376008	3910629	3385900	219902		304827	465067	340917
2.工读学校	196377	172153	158518	121917	18090		18511	13457	12669
六、幼儿园	24332089	16529172	15196945	13324768	522964		1349213	1322576	1019428
七、教育行政单位	24585666	21354887	18040889	14978797	738325		2323767	3305769	2687682
八、教育事业单位	50082933	40864448	33621273	27757347	1697613		4166313	6500104	4897928
九、其他	12374223	9758498	9623910	7555690	801445		1266775	82509	32660

教育经费收入情况

单位：千元

地方教育附加	地方教育基金	企业办学中的企业拨款	校办产业和社会服务收入用于教育的经费	民办学校中举办者投入	社会捐赠经费	#农村	事业收入	#学杂费	其他收入
13506352	**4664242**	**3350223**	**2082220**	**7498291**	**11162712**	**702580**	**302847470**	**226207059**	**43769220**
879959	1558513	1014395	740758	3309622	1299398		160465096	134483997	21662908
846536	1524100	889348	689797	3309622	1278138		154651725	129700053	20752353
400675	1304510	222264	514342	1542867	984852		109255194	90276358	16901875
445861	219590	667084	175455	1766755	293286		45396531	39423695	3850478
33423	34413	125047	50961		21260		5813371	4783944	910555
1188334	501642	465212	110256	1278707	389100	6602	33230807	27580723	3241237
433445	168494	120703	40656	578424	97871	268	15831773	13437800	1531346
639378	314575	51045	21300	569689	261818	6333	10587690	8921666	1001110
67823	33915	8433	5334	34048	88087	5482	1325475	1114421	148421
65595	1585	261805	44566	76390	26383		5160663	4227321	482447
49916	16988	31659	3734	54204	3028	1	1650681	993936	226334
5291759	1404028	958081	272801	1783835	5255116	335034	76657512	49528258	9199215
5261857	1402552	958081	272759	1783835	5254491	335031	76550335	49505734	9159995
1713392	613472	305269	127551	705720	2386671	116593	58731179	40531131	4789186
184101	158777	103748	21695	138151	441253	75788	8035529	5542778	607533
3548465	789080	652812	145208	1078115	2867820	218438	17819156	8974603	4370809
2058190	442503	267007	94679	223138	1180659	206039	3542512	1423796	1661736
29902	1476		42		625	3	107177	22524	39220
3822258	825903	912535	144885	1125223	3443684	337350	14709755	7602148	5078225
3822240	825903	912535	144885	1125223	3443684	337350	14708931	7602148	5078103
2269481	437017	429383	95473	283656	1694570	322056	3736347	1588981	2318212
18							824		122
102779	22159		490	904	48993	4738	117219	3008	113231
102014	22136		312	904	48573	4738	94686	3008	111960
765	23		178		420		22533		1271
245762	57386		9651		183558	11273	7201805	6321142	417554
526158	91929		8229		223058	1212	1783160		1224561
1448966	153210		743071		299541	6371	6546969		2371975
377	49472		52079		20264		2135147	687783	460314

1—5 全国教育部门和其他部门各级各类

学校类别	总 计	预算内教育经费	教育事业费拨款	基本建设拨款	科研拨款	其他拨款	各级政府征收用于教育的税费	教育费附加
总 计	**1529932932**	**1128670507**	**929836280**	**38192453**	**19460286**	**141181488**	**73070072**	**55004471**
一、高等学校	421277619	221974015	170181890	9801679	19460286	22530160	4571436	2170522
1.普通高等学校	408005685	216199395	165362482	9658573	19454136	21724204	4334955	2001877
高等本科学校	333838590	181005647	136028697	7234470	19368027	18374453	2179305	479334
高职高专学校	74167095	35193748	29333785	2424103	86109	3349751	2155650	1522543
2.成人高等学校	13271934	5774620	4819408	143106	6150	805956	236481	168645
二、中等职业学校	106190339	67440738	56219872	3768618		7452248	9648383	7966451
1.中等专业学校	46074813	28446031	23886131	1285088		3274812	3084244	2486032
2.职业高中	42521186	27494998	23407901	1477621		2609476	5951490	4999540
#农村	5514212	3610265	3056008	201002		353255	620876	519138
3.技工学校	11580214	7175513	5427363	961331		786819	348293	281125
4.成人中专学校	6014126	4324196	3498477	44578		781141	264356	199754
三、中学	442588700	349542177	304687677	14100967		30753533	28204775	21544194
1.普通中学	442122507	349300101	304463987	14097467		30738647	28127722	21498519
普通高中	161430636	97186649	83688525	3606772		9891352	11763625	9448917
#农村	22222698	13708103	12066921	259831		1381351	1034585	691707
普通初中	280691871	252113452	220775462	10490695		20847295	16364097	12049602
#农村	166112199	153950633	135421980	6676928		11851725	7720410	5221446
2.成人中学	466193	242076	223690	3500		14886	77053	45675
四、小学	406612480	374248852	326701430	6513220		41034202	18956190	14332214
1.普通小学	406566175	374204301	326665534	6513220		41025547	18955382	14331424
#农村	267930152	253014797	221616538	4037103		27361156	9168002	6462050
2.成人小学	46305	44551	35896			8655	808	790
五、特殊教育	4818540	4065958	3504779	237992		323187	478330	353392
1.特殊教育学校	4622163	3907440	3382862	219902		304676	464873	340723
2.工读学校	196377	158518	121917	18090		18511	13457	12669
六、幼儿园	24334605	15198588	13326411	522964		1349213	1322576	1019428
七、教育行政单位	24590086	18045309	14983217	738325		2323767	3305769	2687682
八、教育事业单位	57322918	39106460	31931714	1703613		5471133	6500104	4897928
九、其他	42197645	39048410	8299290	805075		29944045	82509	32660

教育机构教育经费收入情况

单位:千元

地方教育附加	地方教育基金	事业收入	#学杂费	校办产业和社会服务收入用于教育的经费	捐赠收入	其他收入	附1:本年实际收取学费	#普通本专科学费	附2:上级补助收入
13423145	**4642456**	**262565205**	**172152000**	**2950022**	**11430190**	**51246936**	**175214578**	**88978417**	**7065685**
842456	1558458	160466922	114138119	1622434	2444159	30198653	118161178	88978417	2063560
809033	1524045	154225863	109004558	1575428	2422859	29247185	112785154	86881516	1970737
395466	1304505	121291356	81278954	1418532	2205669	25738081	83387554	59578620	1306940
413567	219540	32934507	27725604	156896	217190	3509104	29397600	27302896	663797
33423	34413	6241059	5133561	47006	21300	951468	5376024	2096901	92823
1180538	501394	25906703	21294508	70199	363825	2760491	21086841		998435
429718	168494	13018278	11014555	36780	85747	1403733	10833686		523006
637623	314327	7908038	6604506	18503	250304	897853	6573497		257026
67823	33915	1052733	869891	5026	86334	138978	872095		39192
65583	1585	3732483	3054508	11265	24811	287849	3073632		141539
47614	16988	1247904	620939	3651	2963	171056	606026		76864
5270719	1389862	51788857	29693155	272132	4514640	8266119	29182574		1804394
5240817	1388386	51681680	29670631	272090	4514015	8226899	29159995		1795126
1707526	607182	45889621	29670631	127313	2000091	4463337	29159995		746473
184101	158777	6564912	4314211	21495	359687	533916	4315798		101839
3533291	781204	5792059		144777	2513924	3763562			1048653
2056461	442503	1609675		94482	1158122	1578877			513786
29902	1476	107177	22524	42	625	39220	22579		9268
3805390	818586	5268930		142379	3332005	4664124			1376735
3805372	818586	5268106		142379	3332005	4664002			1376428
2268935	437017	1765080		93324	1668304	2220645			676238
18		824				122			307
102779	22159	112607		490	48351	112804			37869
102014	22136	90074		312	47931	111533			37310
765	23	22533		178	420	1271			559
245762	57386	7202678	6321989	9651	183558	417554	6094475		173655
526158	91929	1783160		8229	223058	1224561			153755
1448966	153210	7608719		772420	299541	3035674			403208
377	49472	2426629	704229	52088	21053	566956	689510		54074

1—6 中央属教育部门和其他部门各级各类

学校类别	总计	预算内教育经费	教育事业费拨款	基本建设拨款	科研拨款	其他拨款	各级政府征收用于教育的税费	教育费附加
总计	**181378005**	**120160104**	**59372563**	**3073508**	**17401794**	**40312239**	**74811**	**74811**
一、高等学校	143245853	84621328	53879265	3063878	17401794	10276391	74811	74811
1.普通高等学校	142511874	84573806	53840348	3063878	17401784	10267796	74811	74811
高等本科学校	141785799	84274312	53604501	3052628	17400634	10216549	74811	74811
高职高专学校	726075	299494	235847	11250	1150	51247		
2.成人高等学校	733979	47522	38917		10	8595		
二、中等职业学校	163473	94387	85395			8992		
1.中等专业学校	149822	83257	82964			293		
2.职业高中	13651	11130	2431			8699		
＃农村								
3.技工学校								
4.成人中专学校								
三、中学	707955	387586	350104			37482		
1.普通中学	707955	387586	350104			37482		
普通高中	572582	309601	283485			26116		
＃农村	5431	4348	2163			2185		
普通初中	135373	77985	66619			11366		
＃农村	3168	2537	1262			1275		
2.成人中学								
四、小学	190381	141053	133769			7284		
1.普通小学	190381	141053	133769			7284		
＃农村	3235	2591	1289			1302		
2.成人小学								
五、特殊教育								
1.特殊教育学校								
2.工读学校								
六、幼儿园	2516	1643	1643					
七、教育行政单位	4420	4420	4420					
八、教育事业单位	7239985	5485187	4174367	6000		1304820		
九、其他	29823422	29424500	743600	3630		28677270		

教育机构教育经费收入情况

单位：千元

地方教育附加	地方教育基金	事业收入	#学杂费	校办产业和社会服务收入用于教育的经费	捐赠收入	其他收入	附1：本年实际收取学费	#普通本专科学费	附2：上级补助收入
		48429829	**24253019**	**936300**	**1375470**	**10401491**	**24215650**	**10553831**	**138948**
		46843694	24106371	906942	1334471	9464607	24077380	10553831	111614
		46235759	23587132	906942	1334431	9386125	23471632	10532883	104234
		45836332	23269508	906942	1334431	9358971	23154008	10218342	102234
		399427	317624			27154	317624	314541	2000
		607935	519239		40	78482	605748	20948	7380
		63755	35975			5331	36113		1500
		61539	35368			5026	35506		1500
		2216	607			305	607		
		159286	93380		36551	124532	84750		2897
		159286	93380		36551	124532	84750		2897
		133908	93380		29103	99970	84750		2884
		299				784			24
		25378			7448	24562			13
		174				457			13
		8989			3659	36680			937
		8989			3659	36680			937
		177				467			13
		873	847				847		
		1061750		29349		663699			
		291482	16446	9	789	106642	16560		22000

1—7 地方教育部门和其他部门各级各类

学校类别	总计	预算内教育经费	教育事业费拨款	基本建设拨款	科研拨款	其他拨款	各级政府征收用于教育的税费	教育费附加
总计	**1348554927**	**1008510403**	**870463717**	**35118945**	**2058492**	**100869249**	**72995261**	**54929660**
一、高等学校	278031766	137352687	116302625	6737801	2058492	12253769	4496625	2095711
1. 普通高等学校	265493811	131625589	111522134	6594695	2052352	11456408	4260144	1927066
高等本科学校	192052791	96731335	82424196	4181842	1967393	8157904	2104494	404523
高职高专学校	73441020	34894254	29097938	2412853	84959	3298504	2155650	1522543
2. 成人高等学校	12537955	5727098	4780491	143106	6140	797361	236481	168645
二、中等职业学校	106026866	67346351	56134477	3768618		7443256	9648383	7966451
1. 中等专业学校	45924991	28362774	23803167	1285088		3274519	3084244	2486032
2. 职业高中	42507535	27483868	23405470	1477621		2600777	5951490	4999540
#农村	5514212	3610265	3056008	201002		353255	620876	519138
3. 技工学校	11580214	7175513	5427363	961331		786819	348293	281125
4. 成人中专学校	6014126	4324196	3498477	44578		781141	264356	199754
三、中学	441880745	349154591	304337573	14100967		30716051	28204775	21544194
1. 普通中学	441414552	348912515	304113883	14097467		30701165	28127722	21498519
普通高中	160858054	96877048	83405040	3606772		9865236	11763625	9448917
#农村	22217267	13703755	12064758	259831		1379166	1034585	691707
普通初中	280556498	252035467	220708843	10490695		20835929	16364097	12049602
#农村	166109031	153948096	135420718	6676928		11850450	7720410	5221446
2. 成人中学	466193	242076	223690	3500		14886	77053	45675
四、小学	406422099	374107799	326567661	6513220		41026918	18956190	14332214
1. 普通小学	406375794	374063248	326531765	6513220		41018263	18955382	14331424
#农村	267926917	253012206	221615249	4037103		27359854	9168002	6462050
2. 成人小学	46305	44551	35896			8655	808	790
五、特殊教育	4818540	4065958	3504779	237992		323187	478330	353392
1. 特殊教育学校	4622163	3907440	3382862	219902		304676	464873	340723
2. 工读学校	196377	158518	121917	18090		18511	13457	12669
六、幼儿园	24332089	15196945	13324768	522964		1349213	1322576	1019428
七、教育行政单位	24585666	18040889	14978797	738325		2323767	3305769	2687682
八、教育事业单位	50082933	33621273	27757347	1697613		4166313	6500104	4897928
九、其他	12374223	9623910	7555690	801445		1266775	82509	32660

教育机构教育经费收入情况

单位：千元

地方教育附加	地方教育基金	事业收入	#学杂费	校办产业和社会服务收入用于教育的经费	捐赠收入	其他收入	附1：本年实际收取学费	#普通本专科学费	附2：上级补助收入
13423145	**4642456**	**214135376**	**147898981**	**2013722**	**10054720**	**40845445**	**150998928**	**78424586**	**6926737**
842456	1558458	113623228	90031748	715492	1109688	20734046	94083798	78424586	1951946
809033	1524045	107990104	85417426	668486	1088428	19861060	89313522	76348633	1866503
395466	1304505	75455024	58009446	511590	871238	16379110	60233546	49360278	1204706
413567	219540	32535080	27407980	156896	217190	3481950	29079976	26988355	661797
33423	34413	5633124	4614322	47006	21260	872986	4770276	2075953	85443
1180538	501394	25842948	21258533	70199	363825	2755160	21050728		996935
429718	168494	12956739	10979187	36780	85747	1398707	10798180		521506
637623	314327	7905822	6603899	18503	250304	897548	6572890		257026
67823	33915	1052733	869891	5026	86334	138978	872095		39192
65583	1585	3732483	3054508	11265	24811	287849	3073632		141539
47614	16988	1247904	620939	3651	2963	171056	606026		76864
5270719	1389862	51629571	29599775	272132	4478089	8141587	29097824		1801497
5240817	1388386	51522394	29577251	272090	4477464	8102367	29075245		1792229
1707526	607182	45755713	29577251	127313	1970988	4363367	29075245		743589
184101	158777	6564613	4314211	21495	359687	533132	4315798		101815
3533291	781204	5766681		144777	2506476	3739000			1048640
2056461	442503	1609501		94482	1158122	1578420			513773
29902	1476	107177	22524	42	625	39220	22579		9268
3805390	818586	5259941		142379	3328346	4627444			1375798
3805372	818586	5259117		142379	3328346	4627322			1375491
2268935	437017	1764903		93324	1668304	2220178			676225
18		824				122			307
102779	22159	112607		490	48351	112804			37869
102014	22136	90074		312	47931	111533			37310
765	23	22533		178	420	1271			559
245762	57386	7201805	6321142	9651	183558	417554	6093628		173655
526158	91929	1783160		8229	223058	1224561			153755
1448966	153210	6546969		743071	299541	2371975			403208
377	49472	2135147	687783	52079	20264	460314	672950		32074

1—8 企业办各级各类

学校类别	总计	预算内教育经费	教育事业费拨款	基本建设拨款	其他拨款	各级政府征收用于教育的税费	教育费附加	地方教育附加
总计	**16861120**	**6048213**	**4859607**	**346273**	**842333**	**83648**	**64735**	**18863**
一、高等学校	5909258	1063154	919820	32862	110472	7953	2989	4964
1. 普通高等学校	5418659	1029379	898148	29862	101369	7953	2989	4964
高等本科学校	1794678	544018	493769	9720	40529			
高职高专学校	3623981	485361	404379	20142	60840	7953	2989	4964
2. 成人高等学校	490599	33775	21672	3000	9103			
二、中等职业学校	3622414	1184116	1022883	47200	114033	30984	26161	4823
1. 中等专业学校	1210243	431837	344253	36500	51084	9823	6348	3475
2. 职业高中	244737	60089	47833		12256	4919	3583	1336
#农村	48664	11452	11452			2858	2858	
3. 技工学校	2044983	656178	602871	10700	42607	16242	16230	12
4. 成人中专学校	122451	36012	27926		8086			
三、中学	4069575	1897052	1459837	165689	271526	27182	20473	6659
1. 普通中学	4069575	1897052	1459837	165689	271526	27182	20473	6659
普通高中	1708296	587932	441909	89594	56429	13258	9523	3685
#农村	359257	157896	133884	10705	13307	91	91	
普通初中	2361279	1309120	1017928	76095	215097	13924	10950	2974
#农村	1098197	745099	599531	55349	90219	1572	1272	300
2. 成人中学								
四、小学	2975272	1752073	1364415	77242	310416	17529	15112	2417
1. 普通小学	2975272	1752073	1364415	77242	310416	17529	15112	2417
#农村	1677891	1148038	942782	59796	145460	1153	1153	
2. 成人小学								
五、特殊教育								
1. 特殊教育学校								
2. 工读学校								
六、幼儿园	144315	46845	15951	21500	9394			
七、教育行政单位	45784	41983	26020		15963			
八、教育事业单位	16904	12891	12003		888			
九、其他	77598	50099	38678	1780	9641			

教育机构教育经费收入情况

单位:千元

地方教育基金	企业拨款	事业收入	#学杂费	校办产业和经营收益用于教育的经费	捐赠收入	其他收入	附:本年实际收取学杂费	#普通本专科学费
50	**4412893**	**5575460**	**4564962**	**78317**	**66353**	**596236**	**4611079**	**2352114**
	1492482	3129638	2683961	27632	25116	163283	2729757	2352114
	1300721	2901443	2467909	23677	25080	130406	2507226	2236247
	295818	913272	773710	2752	19443	19375	767231	719901
	1004903	1988171	1694199	20925	5637	111031	1739995	1516346
	191761	228195	216052	3955	36	32877	222531	115867
	654009	1433834	1186896	46304	2856	270311	1183768	
	211146	480378	390084	4061	266	72732	385952	
	54124	117705	108695	2797	690	4413	108695	
	8433	24943	24653	308		670	24653	
	350920	802790	661589	39363	1900	177590	662593	
	37819	32961	26528	83		15576	26528	
50	1156235	841139	604247	1239	30307	116421	607696	
50	1156235	841139	604247	1239	30307	116421	607696	
50	390724	624928	540893	439	19209	71806	544342	
	122877	64991	56100	288	1166	11948	56100	
	765511	216211	63354	800	11098	44615	63354	
	323864	22507	9145	500	764	3891	9145	
	1050111	106619	51291	3013	7987	37940	51291	
	1050111	106619	51291	3013	7987	37940	51291	
	485830	24034	5722	2603	4574	11659	5722	
	49638	43692	34710	94	87	3959	34710	
	1611	2090		35		65		
	283	2936				794		
	8524	15512	3857			3463	3857	

1—9 中央企业办各级各类

学校类别	总 计	预算内教育经费				各级政府征收用于教育的税费		
			教育事业费拨款	基本建设拨款	其他拨款		教育费附加	地方教育附加
总 计	**6320729**	**3571427**	**2839918**	**311595**	**419914**			
一、高等学校	2389724	749893	660590	31262	58041			
1.普通高等学校	2240894	725240	644431	28262	52547			
高等本科学校	995522	501112	463878	9720	27514			
高职高专学校	1245372	224128	180553	18542	25033			
2.成人高等学校	148830	24653	16159	3000	5494			
二、中等职业学校	662383	208010	149296	33500	25214			
1.中等专业学校	421856	164654	110085	33500	21069			
2.职业高中	12673	8928	8558		370			
#农村								
3.技工学校	211008	24659	21346		3313			
4.成人中专学校	16846	9769	9307		462			
三、中学	1600111	1245872	959696	147511	138665			
1.普通中学	1600111	1245872	959696	147511	138665			
普通高中	636050	415855	304322	79294	32239			
#农村	157777	113313	91251	8755	13307			
普通初中	964061	830017	655374	68217	106426			
#农村	710768	647221	504454	55349	87418			
2.成人中学								
四、小学	1383910	1215834	977684	76042	162108			
1.普通小学	1383910	1215834	977684	76042	162108			
#农村	1011385	943384	748020	59796	135568			
2.成人小学								
五、特殊教育								
1.特殊教育学校								
2.工读学校								
六、幼儿园	144315	46845	15951	21500	9394			
七、教育行政单位	45784	41983	26020		15963			
八、教育事业单位	16904	12891	12003		888			
九、其他	77598	50099	38678	1780	9641			

教育机构教育经费收入情况

单位:千元

地方教育基金	企业拨款	事业收入	#学杂费	校办产业和经营收益用于教育的经费	捐赠收入	其他收入	附:本年实际收取学杂费	#普通本专科学费
	1062670	**1482092**	**1099748**	**9819**	**11723**	**182998**	**1104205**	**708610**
	478087	1056825	800497	2366	5080	97473	805194	708610
	411373	1001664	747506	2366	5044	95207	745724	682522
	73554	398730	270700		5023	17103	264221	227499
	337819	602934	476806	2366	21	78104	481503	455023
	66714	55161	52991		36	2266	59470	26088
	188797	220874	164861	6247	397	38058	161172	
	90443	134954	105495	185		31620	101363	
	3079	545	545			121	545	
	89115	84461	58261	6062	397	6314	58704	
	6160	914	560			3	560	
	198154	126674	95168	570	4932	23909	98617	
	198154	126674	95168	570	4932	23909	98617	
	85455	117268	94968	201	4004	13267	98417	
	19129	23320	16835	88	1000	927	16835	
	112699	9406	200	369	928	10642	200	
	56857	3802		303	685	1900		
	137576	13489	655	507	1227	15277	655	
	137576	13489	655	507	1227	15277	655	
	56447	6328		454	797	3975		
	49638	43692	34710	94	87	3959	34710	
	1611	2090		35		65		
	283	2936				794		
	8524	15512	3857			3463	3857	

1—10 地方企业办各级各类

学校类别	总计	预算内教育经费	教育事业费拨款	基本建设拨款	其他拨款	各级政府征收用于教育的税费	教育费附加	地方教育附加
总计	**10540391**	**2476786**	**2019689**	**34678**	**422419**	**83648**	**64735**	**18863**
一、高等学校	3519534	313261	259230	1600	52431	7953	2989	4964
1.普通高等学校	3177765	304139	253717	1600	48822	7953	2989	4964
高等本科学校	799156	42906	29891		13015			
高职高专学校	2378609	261233	223826	1600	35807	7953	2989	4964
2.成人高等学校	341769	9122	5513		3609			
二、中等职业学校	2960031	976106	873587	13700	88819	30984	26161	4823
1.中等专业学校	788387	267183	234168	3000	30015	9823	6348	3475
2.职业高中	232064	51161	39275		11886	4919	3583	1336
#农村	48664	11452	11452			2858	2858	
3.技工学校	1833975	631519	581525	10700	39294	16242	16230	12
4.成人中专学校	105605	26243	18619		7624			
三、中学	2469464	651180	500141	18178	132861	27182	20473	6659
1.普通中学	2469464	651180	500141	18178	132861	27182	20473	6659
普通高中	1072246	172077	137587	10300	24190	13258	9523	3685
#农村	201480	44583	42633	1950		91	91	
普通初中	1397218	479103	362554	7878	108671	13924	10950	2974
#农村	387429	97878	95077		2801	1572	1272	300
2.成人中学								
四、小学	1591362	536239	386731	1200	148308	17529	15112	2417
1.普通小学	1591362	536239	386731	1200	148308	17529	15112	2417
#农村	666506	204654	194762		9892	1153	1153	
2.成人小学								
五、特殊教育								
1.特殊教育学校								
2.工读学校								
六、幼儿园								
七、教育行政单位								
八、教育事业单位								
九、其他								

教育机构教育经费收入情况

单位：千元

地方教育基金	企业拨款	事业收入	#学杂费	校办产业和经营收益用于教育的经费	捐赠收入	其他收入	附：本年实际收取学杂费	#普通本专科学费
50	**3350223**	**4093368**	**3465214**	**68498**	**54630**	**413238**	**3506874**	**1643504**
	1014395	2072813	1883464	25266	20036	65810	1924563	1643504
	889348	1899779	1720403	21311	20036	35199	1761502	1553725
	222264	514542	503010	2752	14420	2272	503010	492402
	667084	1385237	1217393	18559	5616	32927	1258492	1061323
	125047	173034	163061	3955		30611	163061	89779
	465212	1212960	1022035	40057	2459	232253	1022596	
	120703	345424	284589	3876	266	41112	284589	
	51045	117160	108150	2797	690	4292	108150	
	8433	24943	24653	308		670	24653	
	261805	718329	603328	33301	1503	171276	603889	
	31659	32047	25968	83		15573	25968	
50	958081	714465	509079	669	25375	92512	509079	
50	958081	714465	509079	669	25375	92512	509079	
50	305269	507660	445925	238	15205	58539	445925	
	103748	41671	39265	200	166	11021	39265	
	652812	206805	63154	431	10170	33973	63154	
	267007	18705	9145	197	79	1991	9145	
	912535	93130	50636	2506	6760	22663	50636	
	912535	93130	50636	2506	6760	22663	50636	
	429383	17706	5722	2149	3777	7684	5722	

1—11 民办各级各类

学校类别	总计	预算内教育经费	教育事业费拨款	基本建设拨款	其他拨款	各级政府征收用于教育的税费	教育费附加	地方教育附加
总计	**103476598**	**7211604**	**6693402**	**7600**	**510602**	**584078**	**497998**	**64344**
一、高等学校	51090721	1897520	1638204	3600	255716	81798	49204	32539
1. 普通高等学校	51076550	1897520	1638204	3600	255716	81798	49204	32539
高等本科学校	36755799	1272636	1100056	3600	168980	34981	29767	5209
高职高专学校	14320751	624884	538148		86736	46817	19437	27330
2. 成人高等学校	14171							
二、中等职业学校	10073993	2236995	2171395		65600	106752	103531	2973
1. 中等专业学校	4058597	808369	784435		23934	38809	38557	252
2. 职业高中	4316442	1040283	1023371		16912	31668	31001	419
#农村	398713	103295	100023		3272	3045	3045	
3. 技工学校	995393	184583	166505		18078	1178	1178	
4. 成人中专学校	703561	203760	197084		6676	35097	32795	2302
三、中学	30150953	2064534	1947029	4000	113505	272340	243843	14381
1. 普通中学	30150953	2064534	1947029	4000	113505	272340	243843	14381
普通高中	14805414	762376	721834	3762	36780	101754	93333	2181
#农村	1775038	59328	58061		1267	3534	3534	
普通初中	15345539	1302158	1225195	238	76725	170586	150510	12200
#农村	2539870	282861	274965		7896	15782	14353	1429
2. 成人中学								
四、小学	12150963	1009366	933736		75630	122994	101226	14451
1. 普通小学	12150963	1009366	933736		75630	122994	101226	14451
#农村	2691979	327414	317972		9442	14332	13786	546
2. 成人小学								
五、特殊教育	9968	3189	3038		151	194	194	
1. 特殊教育学校	9968	3189	3038		151	194	194	
2. 工读学校								
六、幼儿园								
七、教育行政单位								
八、教育事业单位								
九、其他								

教育机构教育经费收入情况

单位：千元

地方教育基金	举办单位、个人投入	事业收入	#学杂费	校办产业和经营收益用于教育的经费	捐赠收入	其他收入	附：本年实际收取学杂费	#普通本专科学费
21736	**7498291**	**84618726**	**74842864**	**302918**	**1053362**	**2207619**	**75616702**	**40931541**
55	3309622	44769055	42568785	86405	169674	776647	43290346	40931541
55	3309622	44761842	42562224	85715	169674	770379	43283785	40927890
5	1542867	33285628	31763902	51191	99194	469302	32420284	31062802
50	1766755	11476214	10798322	34524	70480	301077	10863501	9865088
		7213	6561	690		6268	6561	3651
248	1278707	6174899	5300155	48730	22816	205094	5298544	
	578424	2529610	2174024	19938	11858	71589	2173504	
248	569689	2564708	2209617	17550	10824	81720	2208526	
	34048	247799	219877	2333	1753	6440	219877	
	76390	709851	569485	5525	69	17797	569485	
	54204	370730	347029	5717	65	33988	347029	
14116	1783835	24313476	19419404	112624	751652	852492	19463859	
14116	1783835	24313476	19419404	112624	751652	852492	19463859	
6240	705720	12467806	10507955	61524	400478	305756	10537436	
	138151	1429245	1189302	9509	81400	53871	1189302	
7876	1078115	11845670	8911449	51100	351174	546736	8926423	
	223138	1914306	1414651	12218	22458	69107	1415216	
7317	1125223	9356684	7551512	55159	108578	372959	7560945	
7317	1125223	9356684	7551512	55159	108578	372959	7560945	
	283656	1953738	1583259	5474	22489	84876	1583259	
	904	4612	3008		642	427	3008	
	904	4612	3008		642	427	3008	

1—12 全国各级各类教育机构

学校类别	合计	事业性经费支出	个人部分	工资福利支出	对个人和家庭的补助支出	#助学金
总计	**1592340266**	**1535481351**	**901199432**	**635729754**	**265469678**	**64441605**
一、高等学校	465331137	442388739	190743516	115635417	75108099	27424279
1. 普通高等学校	451858926	429348272	184615134	111446132	73169002	26969719
高等本科学校	361523508	344128469	148478019	86729142	61748877	21722853
高职高专学校	90335418	85219803	36137115	24716990	11420125	5246866
2. 成人高等学校	13472211	13040467	6128382	4189285	1939097	454560
二、中等职业学校	118857666	113649464	64118385	38996601	25121784	14114838
1. 中等专业学校	51085426	48906224	27224119	15989726	11234393	6432974
2. 职业高中	46483287	44527433	25797096	15845148	9951948	5899948
#农村	5911619	5620449	3355991	2138559	1217432	809045
3. 技工学校	14498405	13470072	6796832	4362290	2434542	1353548
4. 成人中专学校	6790548	6745735	4300338	2799437	1500901	428368
三、中学	470874539	454527661	292935041	225555983	67379058	13301251
1. 普通中学	470406299	454062921	292713276	225372800	67340476	13298345
普通高中	169622127	164731120	97648944	77331152	20317792	2084132
#农村	23525584	23120878	14467580	11963951	2503629	363298
普通初中	300784172	289331801	195064332	148041648	47022684	11214213
#农村	169781752	162732983	111353952	84280086	27073866	8517480
2. 成人中学	468240	464740	221765	183183	38582	2906
四、小学	419775227	412539176	306016454	221989976	84026478	9482908
1. 普通小学	419729004	412492953	305980966	221959275	84021691	9482908
#农村	271046427	266720386	202870603	147338051	55532552	7991215
2. 成人小学	46223	46223	35488	30701	4787	
五、特殊教育	4762615	4500024	2948785	2173840	774945	84393
1. 特殊教育学校	4565795	4321294	2837553	2101089	736464	82158
2. 工读学校	196820	178730	111232	72751	38481	2235
六、幼儿园	24205638	23600836	15597002	12838591	2758411	3435
七、教育行政单位	23439109	22574437	8471536	5191197	3280339	
八、教育事业单位	51950173	49402830	14035757	9078157	4957600	
九、其他	13144162	12298184	6332956	4269992	2062964	30501

教育经费支出明细

单位：千元

公用部分	商品和服务支出	其他资本性支出			基本建设支出
			专项公用支出	专项项目支出	
634281919	**358322327**	**275959592**	**110267738**	**165691854**	**56858915**
251645223	145681597	105963626	52351399	53612227	22942398
244733138	141271568	103461570	51465901	51995669	22510654
195650450	118052455	77597995	40607887	36990108	17395039
49082688	23219113	25863575	10858014	15005561	5115615
6912085	4410029	2502056	885498	1616558	431744
49531079	24962327	24568752	9579824	14988928	5208202
21682105	11254258	10427847	4323927	6103920	2179202
18730337	8499024	10231313	3387711	6843602	1955854
2264458	1015602	1248856	418105	830751	291170
6673240	3558303	3114937	1559805	1555132	1028333
2445397	1650742	794655	308381	486274	44813
161592620	86758295	74834325	23556798	51277527	16346878
161349645	86586652	74762993	23542881	51220112	16343378
67082176	36220047	30862129	10935869	19926260	4891007
8653298	4931168	3722130	1196164	2525966	404706
94267469	50366605	43900864	12607012	31293852	11452371
51379031	26941920	24437111	6352543	18084568	7048769
242975	171643	71332	13917	57415	3500
106522722	60182751	46339971	14340363	31999608	7236051
106511987	60176727	46335260	14339872	31995388	7236051
63849783	36586196	27263587	7306204	19957383	4326041
10735	6024	4711	491	4220	
1551239	747945	803294	245527	557767	262591
1483741	706335	777406	231487	545919	244501
67498	41610	25888	14040	11848	18090
8003834	5230570	2773264	1288499	1484765	604802
14102901	8194695	5908206	2113826	3794380	864672
35367073	22711760	12655313	6073398	6581915	2547343
5965228	3852387	2112841	718104	1394737	845978

1—13 中央属各级各类教育机构

学校类别	合　计	事业性经费支出				
			个人部分	工资福利支出	对个人和家庭的补助支出	
						#助学金
总　　计	**157160370**	**149123922**	**58277913**	**30532517**	**27745396**	**8390878**
一、高等学校	143280932	135634992	54291304	27686274	26605030	8192126
1. 普通高等学校	142102702	134468382	54103703	27543032	26560671	8191265
高等本科学校	140100472	132528049	53171810	26850080	26321730	8088665
高职高专学校	2002230	1940333	931893	692952	238941	102600
2. 成人高等学校	1178230	1166610	187601	143242	44359	861
二、中等职业学校	898278	858575	455528	321208	134320	75725
1. 中等专业学校	654213	614510	333548	232594	100954	57815
2. 职业高中	25473	25473	18834	12491	6343	1474
#农村						
3. 技工学校	201746	201746	89638	65081	24557	16431
4. 成人中专学校	16846	16846	13508	11042	2466	5
三、中学	2352138	2189372	1444459	1041717	402742	50441
1. 普通中学	2352138	2189372	1444459	1041717	402742	50441
普通高中	1227218	1136581	684461	502915	181546	13802
#农村	154849	141175	102319	69060	33259	5137
普通初中	1124920	1052791	759998	538802	221196	36639
#农村	721811	664781	507476	350336	157140	32913
2. 成人中学						
四、小学	1577368	1494746	1126046	827340	298706	51704
1. 普通小学	1577368	1494746	1126046	827340	298706	51704
#农村	1015051	952696	743621	527031	216590	47558
2. 成人小学						
五、特殊教育						
1. 特殊教育学校						
2. 工读学校						
六、幼儿园	146831	121989	94320	81606	12714	3435
七、教育行政单位	50204	50204	19188	13144	6044	
八、教育事业单位	7771208	7697284	476373	339378	136995	
九、其他	1083411	1076760	370695	221850	148845	17447

教育经费支出明细

单位：千元

公用部分	商品和服务支出	其他资本性支出			基本建设支出
			专项公用支出	专项项目支出	
90846009	**61014965**	**29831044**	**15842782**	**13988262**	**8036448**
81343688	52994102	28349586	15013098	13336488	7645940
80364679	52658682	27705997	14988132	12717865	7634320
79356239	52047754	27308485	14884450	12424035	7572423
1008440	610928	397512	103682	293830	61897
979009	335420	643589	24966	618623	11620
403047	244631	158416	59059	99357	39703
280962	194441	86521	34935	51586	39703
6639	6088	551	551		
112108	41136	70972	23201	47771	
3338	2966	372	372		
744913	368973	375940	160450	215490	162766
744913	368973	375940	160450	215490	162766
452120	204153	247967	102997	144970	90637
38856	18749	20107	5760	14347	13674
292793	164820	127973	57453	70520	72129
157305	91955	65350	23344	42006	57030
368700	226552	142148	64792	77356	82622
368700	226552	142148	64792	77356	82622
209075	138573	70502	29539	40963	62355
27669	23424	4245	3088	1157	24842
31016	22021	8995	8995		
7220911	6632421	588490	451352	137138	73924
706065	502841	203224	81948	121276	6651

1—14 地方各级各类教育机构

学校类别	合 计	事业性经费支出				
			个人部分			
				工资福利支出	对个人和家庭的补助支出	
						#助学金
总 计	**1435179896**	**1386357429**	**842921519**	**605197237**	**237724282**	**56050727**
一、高等学校	322050205	306753747	136452212	87949143	48503069	19232153
1. 普通高等学校	309756224	294879890	130511431	83903100	46608331	18778454
高等本科学校	221423036	211600420	95306209	59879062	35427147	13634188
高职高专学校	88333188	83279470	35205222	24024038	11181184	5144266
2. 成人高等学校	12293981	11873857	5940781	4046043	1894738	453699
二、中等职业学校	117959388	112790889	63662857	38675393	24987464	14039113
1. 中等专业学校	50431213	48291714	26890571	15757132	11133439	6375159
2. 职业高中	46457814	44501960	25778262	15832657	9945605	5898474
#农村	5911619	5620449	3355991	2138559	1217432	809045
3. 技工学校	14296659	13268326	6707194	4297209	2409985	1337117
4. 成人中专学校	6773702	6728889	4286830	2788395	1498435	428363
三、中学	468522401	452338289	291490582	224514266	66976316	13250810
1. 普通中学	468054161	451873549	291268817	224331083	66937734	13247904
普通高中	168394909	163594539	96964483	76828237	20136246	2070330
#农村	23370735	22979703	14365261	11894891	2470370	358161
普通初中	299659252	288279010	194304334	147502846	46801488	11177574
#农村	169059941	162068202	110846476	83929750	26916726	8484567
2. 成人中学	468240	464740	221765	183183	38582	2906
四、小学	418197859	411044430	304890408	221162636	83727772	9431204
1. 普通小学	418151636	410998207	304854920	221131935	83722985	9431204
#农村	270031376	265767690	202126982	146811020	55315962	7943657
2. 成人小学	46223	46223	35488	30701	4787	
五、特殊教育	4762615	4500024	2948785	2173840	774945	84393
1. 特殊教育学校	4565795	4321294	2837553	2101089	736464	82158
2. 工读学校	196820	178730	111232	72751	38481	2235
六、幼儿园	24058807	23478847	15502682	12756985	2745697	
七、教育行政单位	23388905	22524233	8452348	5178053	3274295	
八、教育事业单位	44178965	41705546	13559384	8738779	4820605	
九、其他	12060751	11221424	5962261	4048142	1914119	13054

教育经费支出明细

单位：千元

公用部分	商品和服务支出	其他资本性支出	专项公用支出	专项项目支出	基本建设支出
543435910	**297307362**	**246128548**	**94424956**	**151703592**	**48822467**
170301535	92687495	77614040	37338301	40275739	15296458
164368459	88612886	75755573	36477769	39277804	14876334
116294211	66004701	50289510	25723437	24566073	9822616
48074248	22608185	25466063	10754332	14711731	5053718
5933076	4074609	1858467	860532	997935	420124
49128032	24717696	24410336	9520765	14889571	5168499
21401143	11059817	10341326	4288992	6052334	2139499
18723698	8492936	10230762	3387160	6843602	1955854
2264458	1015602	1248856	418105	830751	291170
6561132	3517167	3043965	1536604	1507361	1028333
2442059	1647776	794283	308009	486274	44813
160847707	86389322	74458385	23396348	51062037	16184112
160604732	86217679	74387053	23382431	51004622	16180612
66630056	36015894	30614162	10832872	19781290	4800370
8614442	4912419	3702023	1190404	2511619	391032
93974676	50201785	43772891	12549559	31223332	11380242
51221726	26849965	24371761	6329199	18042562	6991739
242975	171643	71332	13917	57415	3500
106154022	59956199	46197823	14275571	31922252	7153429
106143287	59950175	46193112	14275080	31918032	7153429
63640708	36447623	27193085	7276665	19916420	4263686
10735	6024	4711	491	4220	
1551239	747945	803294	245527	557767	262591
1483741	706335	777406	231487	545919	244501
67498	41610	25888	14040	11848	18090
7976165	5207146	2769019	1285411	1483608	579960
14071885	8172674	5899211	2104831	3794380	864672
28146162	16079339	12066823	5622046	6444777	2473419
5259163	3349546	1909617	636156	1273461	839327

1—15 全国教育部门和其他部门各级各类

学校类别	合 计	事业性经费支出	个人部分	工资福利支出	对个人和家庭的补助支出	♯助学金
总 计	**1475672615**	**1422737229**	**852853848**	**595642298**	**257211550**	**58676636**
一、高等学校	410184315	390319811	175261307	103325684	71935623	24959282
1. 普通高等学校	397207572	377763192	169392929	99348562	70044367	24515762
高等本科学校	325748534	310346388	138658894	79127690	59531204	19955780
高职高专学校	71459038	67416804	30734035	20220872	10513163	4559982
2. 成人高等学校	12976743	12556619	5868378	3977122	1891256	443520
二、中等职业学校	105237349	100308561	57202193	34816284	22385909	11650789
1. 中等专业学校	45789028	43826747	24605134	14416181	10188953	5503367
2. 职业高中	41941323	40019077	23333696	14471371	8862325	4845642
♯农村	5452301	5177517	3086497	1982736	1103761	697418
3. 技工学校	11513610	10514105	5411642	3350275	2061367	1085472
4. 成人中专学校	5993388	5948632	3851721	2578457	1273264	216308
三、中学	439112922	423115673	276057368	210153708	65903660	12718951
1. 普通中学	438644682	422650933	275835603	209970525	65865078	12716045
普通高中	156926455	152207667	91046161	71278725	19767436	1855523
♯农村	21722772	21346878	13516649	11108812	2407837	325349
普通初中	281718227	270443266	184789442	138691800	46097642	10860522
♯农村	166008379	159052565	109160044	82378843	26781201	8414241
2. 成人中学	468240	464740	221765	183183	38582	2906
四、小学	403932330	396885789	297125554	213932297	83193257	9234986
1. 普通小学	403886107	396839566	297090066	213901596	83188470	9234986
♯农村	266614085	262376011	200162349	145003779	55158570	7878847
2. 成人小学	46223	46223	35488	30701	4787	
五、特殊教育	4751218	4488627	2942385	2167859	774526	84000
1. 特殊教育学校	4554398	4309897	2831153	2095108	736045	81765
2. 工读学校	196820	178730	111232	72751	38481	2235
六、幼儿园	24061323	23481363	15504481	12758685	2745796	
七、教育行政单位	23393325	22528653	8455597	5180496	3275101	
八、教育事业单位	51933269	49385926	14024145	9069740	4954405	
九、其他	13066564	12222826	6280818	4237545	2043273	28628

教育机构教育经费支出明细

单位:千元

公用部分	商品和服务支出	其他资本性支出	专项公用支出	专项项目支出	基本建设支出
569883381	**322244084**	**247639297**	**99489389**	**148149908**	**52935386**
215058504	127531395	87527109	45905795	41621314	19864504
208370263	123255891	85114372	45055623	40058749	19444380
171687494	105708669	65978825	36206702	29772123	15402146
36682769	17547222	19135547	8848921	10286626	4042234
6688241	4275504	2412737	850172	1562565	420124
43106368	21309473	21796895	8319377	13477518	4928788
19221613	9845372	9376241	3852572	5523669	1962281
16685381	7374779	9310602	3008008	6302594	1922246
2091020	898774	1192246	385409	806837	274784
5102463	2613067	2489396	1208738	1280658	999505
2096911	1476255	620656	250059	370597	44756
147058305	77187033	69871272	21492149	48379123	15997249
146815330	77015390	69799940	21478232	48321708	15993749
61161506	32279817	28881689	10103647	18778042	4718788
7830229	4369921	3460308	1101650	2358658	375894
85653824	44735573	40918251	11374585	29543666	11274961
49892521	25969767	23922754	6142329	17780425	6955814
242975	171643	71332	13917	57415	3500
99760235	55550345	44209890	13349301	30860589	7046541
99749500	55544321	44205179	13348810	30856369	7046541
62213662	35456913	26756749	7065754	19690995	4238074
10735	6024	4711	491	4220	
1546242	744673	801569	244802	556767	262591
1478744	703063	775681	230762	544919	244501
67498	41610	25888	14040	11848	18090
7976882	5207772	2769110	1285502	1483608	579960
14073056	8173710	5899346	2104966	3794380	864672
35361781	22707074	12654707	6072835	6581872	2547343
5942008	3832609	2109399	714662	1394737	843738

1—16 中央属教育部门和其他部门各级各类

学校类别	合计	事业性经费支出				
			个人部分	工资福利支出	对个人和家庭的补助支出	
						#助学金
总　计	**150781875**	**143097482**	**54639972**	**27842566**	**26797406**	**8134507**
一、高等学校	140895359	133289301	53209330	26862990	26346340	8096279
1.普通高等学校	139872043	132265985	53081232	26772130	26309102	8096279
高等本科学校	139104552	131541849	52752704	26581224	26171480	8036951
高职高专学校	767491	724136	328528	190906	137622	59328
2.成人高等学校	1023316	1023316	128098	90860	37238	
二、中等职业学校	174394	174394	93080	60474	32606	18054
1.中等专业学校	161421	161421	83715	55764	27951	16946
2.职业高中	12973	12973	9365	4710	4655	1108
#农村						
3.技工学校						
4.成人中专学校						
三、中学	757982	757982	422385	301054	121331	4591
1.普通中学	757982	757982	422385	301054	121331	4591
普通高中	613613	613613	340130	245859	94271	4108
#农村	5419	5419	4939	2095	2844	
普通初中	144369	144369	82255	55195	27060	483
#农村	3149	3149	2878	1220	1658	
2.成人中学						
四、小学	187087	187087	126811	93541	33270	9
1.普通小学	187087	187087	126811	93541	33270	9
#农村	3213	3213	2939	1245	1694	
2.成人小学						
五、特殊教育						
1.特殊教育学校						
2.工读学校						
六、幼儿园	2516	2516	1799	1700	99	
七、教育行政单位	4420	4420	3249	2443	806	
八、教育事业单位	7754304	7680380	464761	330961	133800	
九、其他	1005813	1001402	318557	189403	129154	15574

教育机构教育经费支出明细

单位：千元

公用部分	商品和服务支出	其他资本性支出	专项公用支出	专项项目支出	基本建设支出
88457510	**59541625**	**28915885**	**15444269**	**13471616**	**7684393**
80079971	52203797	27876174	14804197	13071977	7606058
79184753	51925581	27259172	14789218	12469954	7606058
78789145	51751642	27037503	14745572	12291931	7562703
395608	173939	221669	43646	178023	43355
895218	278216	617002	14979	602023	
81314	46962	34352	7825	26527	
77706	43363	34343	7816	26527	
3608	3599	9	9		
335597	145657	189940	86301	103639	
335597	145657	189940	86301	103639	
273483	113954	159529	65544	93985	
480	456	24	24		
62114	31703	30411	20757	9654	
271	258	13	13		
60276	32749	27527	16425	11102	
60276	32749	27527	16425	11102	
274	262	12	12		
717	626	91	91		
1171	1036	135	135		
7215619	6627735	587884	450789	137095	73924
682845	483063	199782	78506	121276	4411

1—17 地方教育部门和其他部门各级各类

学校类别	合 计	事业性经费支出				
			个人部分	工资福利支出	对个人和家庭的补助支出	
						#助学金
总 计	**1324890740**	**1279639747**	**798213876**	**567799732**	**230414144**	**50542129**
一、高等学校	269288956	257030510	122051977	76462694	45589283	16863003
1.普通高等学校	257335529	245497207	116311697	72576432	43735265	16419483
高等本科学校	186643982	178804539	85906190	52546466	33359724	11918829
高职高专学校	70691547	66692668	30405507	20029966	10375541	4500654
2.成人高等学校	11953427	11533303	5740280	3886262	1854018	443520
二、中等职业学校	105062955	100134167	57109113	34755810	22353303	11632735
1.中等专业学校	45627607	43665326	24521419	14360417	10161002	5486421
2.职业高中	41928350	40006104	23324331	14466661	8857670	4844534
#农村	5452301	5177517	3086497	1982736	1103761	697418
3.技工学校	11513610	10514105	5411642	3350275	2061367	1085472
4.成人中专学校	5993388	5948632	3851721	2578457	1273264	216308
三、中学	438354940	422357691	275634983	209852654	65782329	12714360
1.普通中学	437886700	421892951	275413218	209669471	65743747	12711454
普通高中	156312842	151594054	90706031	71032866	19673165	1851415
#农村	21717353	21341459	13511710	11106717	2404993	325349
普通初中	281573858	270298897	184707187	138636605	46070582	10860039
#农村	166005230	159049416	109157166	82377623	26779543	8414241
2.成人中学	468240	464740	221765	183183	38582	2906
四、小学	403745243	396698702	296998743	213838756	83159987	9234977
1.普通小学	403699020	396652479	296963255	213808055	83155200	9234977
#农村	266610872	262372708	200159410	145002534	55156876	7878847
2.成人小学	46223	46223	35488	30701	4787	
五、特殊教育	4751218	4488627	2942385	2167859	774526	84000
1.特殊教育学校	4554398	4309897	2831153	2095108	736045	81765
2.工读学校	196820	178730	111232	72751	38481	2235
六、幼儿园	24058807	23478847	15502682	12756985	2745697	
七、教育行政单位	23388905	22524233	8452348	5178053	3274295	
八、教育事业单位	44178965	41705546	13559384	8738779	4820605	
九、其他	12060751	11221424	5962261	4048142	1914119	13054

教育机构教育经费支出明细

单位:千元

公用部分	商品和服务支出	其他资本性支出	专项公用支出	专项项目支出	基本建设支出
481425871	**262702459**	**218723412**	**84045120**	**134678292**	**45250993**
134978533	75327598	59650935	31101598	28549337	12258446
129185510	71330310	57855200	30266405	27588795	11838322
92898349	53957027	38941322	21461130	17480192	7839443
36287161	17373283	18913878	8805275	10108603	3998879
5793023	3997288	1795735	835193	960542	420124
43025054	21262511	21762543	8311552	13450991	4928788
19143907	9802009	9341898	3844756	5497142	1962281
16681773	7371180	9310593	3007999	6302594	1922246
2091020	898774	1192246	385409	806837	274784
5102463	2613067	2489396	1208738	1280658	999505
2096911	1476255	620656	250059	370597	44756
146722708	77041376	69681332	21405848	48275484	15997249
146479733	76869733	69610000	21391931	48218069	15993749
60888023	32165863	28722160	10038103	18684057	4718788
7829749	4369465	3460284	1101626	2358658	375894
85591710	44703870	40887840	11353828	29534012	11274961
49892250	25969509	23922741	6142316	17780425	6955814
242975	171643	71332	13917	57415	3500
99699959	55517596	44182363	13332876	30849487	7046541
99689224	55511572	44177652	13332385	30845267	7046541
62213388	35456651	26756737	7065742	19690995	4238074
10735	6024	4711	491	4220	
1546242	744673	801569	244802	556767	262591
1478744	703063	775681	230762	544919	244501
67498	41610	25888	14040	11848	18090
7976165	5207146	2769019	1285411	1483608	579960
14071885	8172674	5899211	2104831	3794380	864672
28146162	16079339	12066823	5622046	6444777	2473419
5259163	3349546	1909617	636156	1273461	839327

1—18 企业办各级各类

学校类别	合 计	事业性经费支出	个人部分	工资福利支出	对个人和家庭的补助支出	#助学金
总 计	**17260768**	**16183000**	**9499324**	**7473628**	**2025696**	**639418**
一、高等学校	6441337	5723870	2598039	2075786	522253	223770
1. 普通高等学校	5961301	5255454	2343720	1868964	474756	212741
高等本科学校	2339171	1800457	622395	448774	173621	69944
高职高专学校	3622130	3454997	1721325	1420190	301135	142797
2. 成人高等学校	480036	468416	254319	206822	47497	11029
二、中等职业学校	3644489	3586219	1913349	1428271	485078	280520
1. 中等专业学校	1240993	1198098	715568	509080	206488	115207
2. 职业高中	250081	250081	169562	115856	53706	43618
#农村	50853	50853	37479	26432	11047	11047
3. 技工学校	2049597	2034222	959418	751426	207992	114536
4. 成人中专学校	103818	103818	68801	51909	16892	7159
三、中学	3870082	3683517	2565670	2047714	517956	64881
1. 普通中学	3870082	3683517	2565670	2047714	517956	64881
普通高中	1474727	1371791	870598	711676	158922	15243
#农村	344895	328125	228113	178693	49420	5843
普通初中	2395355	2311726	1695072	1336038	359034	49638
#农村	1114935	1055562	806587	615560	191027	36641
2. 成人中学						
四、小学	3020259	2931875	2250056	1790386	459670	64939
1. 普通小学	3020259	2931875	2250056	1790386	459670	64939
#农村	1659153	1592915	1245634	957223	288411	53022
2. 成人小学						
五、特殊教育						
1. 特殊教育学校						
2. 工读学校						
六、幼儿园	144315	119473	92521	79906	12615	3435
七、教育行政单位	45784	45784	15939	10701	5238	
八、教育事业单位	16904	16904	11612	8417	3195	
九、其他	77598	75358	52138	32447	19691	1873

教育机构教育经费支出明细

单位:千元

公用部分	商品和服务支出	其他资本性支出			基本建设支出
			专项公用支出	专项项目支出	
6683676	**3965058**	**2718618**	**1205873**	**1512745**	**1077768**
3125831	1622952	1502879	605679	897200	717467
2911734	1494239	1417495	571387	846108	705847
1178062	450445	727617	281814	445803	538714
1733672	1043794	689878	289573	400305	167133
214097	128713	85384	34292	51092	11620
1672870	1055048	617822	343793	274029	58270
482530	355695	126835	75352	51483	42895
80519	63531	16988	13822	3166	
13374	9609	3765	1445	2320	
1074804	605612	469192	250812	218380	15375
35017	30210	4807	3807	1000	
1117847	748420	369427	149982	219445	186565
1117847	748420	369427	149982	219445	186565
501193	324601	176592	69711	106881	102936
100012	64293	35719	11570	24149	16770
616654	423819	192835	80271	112564	83629
248975	162892	86083	31209	54874	59373
681819	470391	211428	90557	120871	88384
681819	470391	211428	90557	120871	88384
347281	234739	112542	37716	74826	66238
26952	22798	4154	2997	1157	24842
29845	20985	8860	8860		
5292	4686	606	563	43	
23220	19778	3442	3442		2240

1—19　中央企业办各级各类

学校类别	合　计	事业性经费支出	个人部分	工资福利支出	对个人和家庭的补助支出	#助学金
总　　计	**6378495**	**6026440**	**3637941**	**2689951**	**947990**	**256371**
一、高等学校	2385573	2345691	1081974	823284	258690	95847
1.普通高等学校	2230659	2202397	1022471	770902	251569	94986
高等本科学校	995920	986200	419106	268856	150250	51714
高职高专学校	1234739	1216197	603365	502046	101319	43272
2.成人高等学校	154914	143294	59503	52382	7121	861
二、中等职业学校	723884	684181	362448	260734	101714	57671
1.中等专业学校	492792	453089	249833	176830	73003	40869
2.职业高中	12500	12500	9469	7781	1688	366
#农村						
3.技工学校	201746	201746	89638	65081	24557	16431
4.成人中专学校	16846	16846	13508	11042	2466	5
三、中学	1594156	1431390	1022074	740663	281411	45850
1.普通中学	1594156	1431390	1022074	740663	281411	45850
普通高中	613605	522968	344331	257056	87275	9694
#农村	149430	135756	97380	66965	30415	5137
普通初中	980551	908422	677743	483607	194136	36156
#农村	718662	661632	504598	349116	155482	32913
2.成人中学						
四、小学	1390281	1307659	999235	733799	265436	51695
1.普通小学	1390281	1307659	999235	733799	265436	51695
#农村	1011838	949483	740682	525786	214896	47558
2.成人小学						
五、特殊教育						
1.特殊教育学校						
2.工读学校						
六、幼儿园	144315	119473	92521	79906	12615	3435
七、教育行政单位	45784	45784	15939	10701	5238	
八、教育事业单位	16904	16904	11612	8417	3195	
九、其他	77598	75358	52138	32447	19691	1873

教育机构教育经费支出明细

单位：千元

公用部分	商品和服务支出	其他资本性支出	专项公用支出	专项项目支出	基本建设支出
2388499	**1473340**	**915159**	**398513**	**516646**	**352055**
1263717	790305	473412	208901	264511	39882
1179926	733101	446825	198914	247911	28262
567094	296112	270982	138878	132104	9720
612832	436989	175843	60036	115807	18542
83791	57204	26587	9987	16600	11620
321733	197669	124064	51234	72830	39703
203256	151078	52178	27119	25059	39703
3031	2489	542	542		
112108	41136	70972	23201	47771	
3338	2966	372	372		
409316	223316	186000	74149	111851	162766
409316	223316	186000	74149	111851	162766
178637	90199	88438	37453	50985	90637
38376	18293	20083	5736	14347	13674
230679	133117	97562	36696	60866	72129
157034	91697	65337	23331	42006	57030
308424	193803	114621	48367	66254	82622
308424	193803	114621	48367	66254	82622
208801	138311	70490	29527	40963	62355
26952	22798	4154	2997	1157	24842
29845	20985	8860	8860		
5292	4686	606	563	43	
23220	19778	3442	3442		2240

1—20 地方企业办各级各类

学校类别	合计	事业性经费支出	个人部分	工资福利支出	对个人和家庭的补助支出	#助学金
总计	**10882273**	**10156560**	**5861383**	**4783677**	**1077706**	**383047**
一、高等学校	4055764	3378179	1516065	1252502	263563	127923
1. 普通高等学校	3730642	3053057	1321249	1098062	223187	117755
高等本科学校	1343251	814257	203289	179918	23371	18230
高职高专学校	2387391	2238800	1117960	918144	199816	99525
2. 成人高等学校	325122	325122	194816	154440	40376	10168
二、中等职业学校	2920605	2902038	1550901	1167537	383364	222849
1. 中等专业学校	748201	745009	465735	332250	133485	74338
2. 职业高中	237581	237581	160093	108075	52018	43252
#农村	50853	50853	37479	26432	11047	11047
3. 技工学校	1847851	1832476	869780	686345	183435	98105
4. 成人中专学校	86972	86972	55293	40867	14426	7154
三、中学	2275926	2252127	1543596	1307051	236545	19031
1. 普通中学	2275926	2252127	1543596	1307051	236545	19031
普通高中	861122	848823	526267	454620	71647	5549
#农村	195465	192369	130733	111728	19005	706
普通初中	1414804	1403304	1017329	852431	164898	13482
#农村	396273	393930	301989	266444	35545	3728
2. 成人中学						
四、小学	1629978	1624216	1250821	1056587	194234	13244
1. 普通小学	1629978	1624216	1250821	1056587	194234	13244
#农村	647315	643432	504952	431437	73515	5464
2. 成人小学						
五、特殊教育						
1. 特殊教育学校						
2. 工读学校						
六、幼儿园						
七、教育行政单位						
八、教育事业单位						
九、其他						

教育机构教育经费支出明细

单位：千元

公用部分	商品和服务支出	其他资本性支出	专项公用支出	专项项目支出	基本建设支出
4295177	**2491718**	**1803459**	**807360**	**996099**	**725713**
1862114	832647	1029467	396778	632689	677585
1731808	761138	970670	372473	598197	677585
610968	154333	456635	142936	313699	528994
1120840	606805	514035	229537	284498	148591
130306	71509	58797	24305	34492	
1351137	857379	493758	292559	201199	18567
279274	204617	74657	48233	26424	3192
77488	61042	16446	13280	3166	
13374	9609	3765	1445	2320	
962696	564476	398220	227611	170609	15375
31679	27244	4435	3435	1000	
708531	525104	183427	75833	107594	23799
708531	525104	183427	75833	107594	23799
322556	234402	88154	32258	55896	12299
61636	46000	15636	5834	9802	3096
385975	290702	95273	43575	51698	11500
91941	71195	20746	7878	12868	2343
373395	276588	96807	42190	54617	5762
373395	276588	96807	42190	54617	5762
138480	96428	42052	8189	33863	3883

1—21 民办各级各类

学校类别	合 计	事业性经费支出	个人部分	工资福利支出	对个人和家庭的补助支出	#助学金
总 计	**99406883**	**96561122**	**38846260**	**32613828**	**6232432**	**5125551**
一、高等学校	48705485	46345058	12884170	10233947	2650223	2241227
1.普通高等学校	48690053	46329626	12878485	10228606	2649879	2241216
高等本科学校	33435803	31981624	9196730	7152678	2044052	1697129
高职高专学校	15254250	14348002	3681755	3075928	605827	544087
2.成人高等学校	15432	15432	5685	5341	344	11
二、中等职业学校	9975828	9754684	5002843	2752046	2250797	2183529
1.中等专业学校	4055405	3881379	1903417	1064465	838952	814400
2.职业高中	4291883	4258275	2293838	1257921	1035917	1010688
#农村	408465	392079	232015	129391	102624	100580
3.技工学校	935198	921745	425772	260589	165183	153540
4.成人中专学校	693342	693285	379816	169071	210745	204901
三、中学	27891535	27728471	14312003	13354561	957442	517419
1.普通中学	27891535	27728471	14312003	13354561	957442	517419
普通高中	11220945	11151662	5732185	5340751	391434	213366
#农村	1457917	1445875	722818	676446	46372	32106
普通初中	16670590	16576809	8579818	8013810	566008	304053
#农村	2658438	2624856	1387321	1285683	101638	66598
2.成人中学						
四、小学	12822638	12721512	6640844	6267293	373551	182983
1.普通小学	12822638	12721512	6640844	6267293	373551	182983
#农村	2773189	2751460	1462620	1377049	85571	59346
2.成人小学						
五、特殊教育	11397	11397	6400	5981	419	393
1.特殊教育学校	11397	11397	6400	5981	419	393
2.工读学校						
六、幼儿园						
七、教育行政单位						
八、教育事业单位						
九、其他						

教育机构教育经费支出明细

单位：千元

公用部分	商品和服务支出	其他资本性支出	专项公用支出	专项项目支出	基本建设支出
57714862	**32113185**	**25601677**	**9572476**	**16029201**	**2845761**
33460888	16527250	16933638	5839925	11093713	2360427
33451141	16521438	16929703	5838891	11090812	2360427
22784894	11893341	10891553	4119371	6772182	1454179
10666247	4628097	6038150	1719520	4318630	906248
9747	5812	3935	1034	2901	
4751841	2597806	2154035	916654	1237381	221144
1977962	1053191	924771	396003	528768	174026
1964437	1060714	903723	365881	537842	33608
160064	107219	52845	31251	21594	16386
495973	339624	156349	100255	56094	13453
313469	144277	169192	54515	114677	57
13416468	8822842	4593626	1914667	2678959	163064
13416468	8822842	4593626	1914667	2678959	163064
5419477	3615629	1803848	762511	1041337	69283
723057	496954	226103	82944	143159	12042
7996991	5207213	2789778	1152156	1637622	93781
1237535	809261	428274	179005	249269	33582
6080668	4162015	1918653	900505	1018148	101126
6080668	4162015	1918653	900505	1018148	101126
1288840	894544	394296	202734	191562	21729
4997	3272	1725	725	1000	
4997	3272	1725	725	1000	

1—22 全国各级各类教育机构预算内

学校类别	合 计	事业费支出	个人部分	工资福利支出	对个人和家庭的补助支出	＃助学金
总 计	**975721523**	**937175197**	**659242451**	**505772217**	**153470234**	**50660819**
一、高等学校	184672541	174834400	98157515	59471037	38686478	17799989
1. 普通高等学校	179699011	170006976	94922197	57240993	37681204	17491410
高等本科学校	147312270	140064480	76208517	44919718	31288799	13715892
高职高专学校	32386741	29942496	18713680	12321275	6392405	3775518
2. 成人高等学校	4973530	4827424	3235318	2230044	1005274	308579
二、中等职业学校	63128596	59312778	43536337	26348569	17187768	11768194
1. 中等专业学校	26177244	24855656	17708880	10228547	7480333	5204476
2. 职业高中	26054012	24576391	18852577	11607411	7245166	5111095
＃农村	3364251	3163249	2500812	1555659	945153	704022
3. 技工学校	7130235	6158204	3962235	2348761	1613474	1119993
4. 成人中专学校	3767105	3722527	3012645	2163850	848795	332630
三、中学	320357772	306087116	227603812	186973519	40630293	11909325
1. 普通中学	320129150	305861994	227438058	186834362	40603696	11907529
普通高中	88103740	84403612	65609486	55481367	10128119	1337568
＃农村	12338629	12068093	9881582	8622288	1259294	222479
普通初中	232025410	221458382	161828572	131352995	30475577	10569961
＃农村	141959404	135227127	97893926	79442606	18451320	8167043
2. 成人中学	228622	225122	165754	139157	26597	1796
四、小学	333978303	327387841	254528617	205387429	49141188	9081953
1. 普通小学	333942468	327352006	254497346	205357268	49140078	9081953
＃农村	225885783	221788884	173466466	140704598	32761868	7741667
2. 成人小学	35835	35835	31271	30161	1110	
五、特殊教育	3700268	3462276	2552369	2044932	507437	73280
1. 特殊教育学校	3561910	3342008	2464935	1977796	487139	71207
2. 工读学校	138358	120268	87434	67136	20298	2073
六、幼儿园	13850305	13305841	11022802	9566262	1456540	3350
七、教育行政单位	15516387	14778062	6664303	4789829	1874474	
八、教育事业单位	31480850	29777237	10295806	7425622	2870184	
九、其他	9036501	8229646	4880890	3765018	1115872	24728

教育事业费和基本建设支出明细

单位:千元

公用部分	商品和服务支出	其他资本性支出	专项公用支出	专项项目支出	基本建设支出
277932746	**165314916**	**112617830**	**44678075**	**67939755**	**38546326**
76676885	44913203	31763682	18686477	13077205	9838141
75084779	43975544	31109235	18425669	12683566	9692035
63855963	37845971	26009992	15399004	10610988	7247790
11228816	6129573	5099243	3026665	2072578	2444245
1592106	937659	654447	260808	393639	146106
15776441	7366284	8410157	3279429	5130728	3815818
7146776	3355262	3791514	1545128	2246386	1321588
5723814	2560379	3163435	911231	2252204	1477621
662437	283475	378962	130370	248592	201002
2195969	911730	1284239	748205	536034	972031
709882	538913	170969	74865	96104	44578
78483304	45461641	33021663	9288205	23733458	14270656
78423936	45414473	33009463	9285471	23723992	14267156
18794126	9593744	9200382	2634076	6566306	3700128
2186511	1204570	981941	237412	744529	270536
59629810	35820729	23809081	6651395	17157686	10567028
37333201	22360303	14972898	4031811	10941087	6732277
59368	47168	12200	2734	9466	3500
72859224	46649489	26209735	7847222	18362513	6590462
72854660	46645168	26209492	7846979	18362513	6590462
48322418	31096407	17226011	4728810	12497201	4096899
4564	4321	243	243		
909907	505931	403976	124774	279202	237992
877073	482214	394859	115826	279033	219902
32834	23717	9117	8948	169	18090
2283039	1327894	955145	406049	549096	544464
8113759	4913630	3200129	1119822	2080307	738325
19481431	12147974	7333457	3493337	3840120	1703613
3348756	2028870	1319886	432760	887126	806855

1—23 中央属各级各类教育机构预算内

学校类别	合计	事业费支出	个人部分	工资福利支出	对个人和家庭的补助支出	#助学金
总计	**69167363**	**65782260**	**30934397**	**16473938**	**14460459**	**5453914**
一、高等学校	60316581	57221441	28471540	14618502	13853038	5288980
1.普通高等学校	60253726	57161586	28443345	14597792	13845553	5288633
高等本科学校	59717228	56654880	28142455	14386153	13756302	5222880
高职高专学校	536498	506706	300890	211639	89251	65753
2.成人高等学校	62855	59855	28195	20710	7485	347
二、中等职业学校	320704	287204	188096	108878	79218	55694
1.中等专业学校	279560	246060	158799	97099	61700	47298
2.职业高中	10311	10311	6789	5219	1570	1306
#农村						
3.技工学校	21526	21526	15414	1062	14352	7090
4.成人中专学校	9307	9307	7094	5498	1596	
三、中学	1475738	1328227	939798	775641	164157	41116
1.普通中学	1475738	1328227	939798	775641	164157	41116
普通高中	683227	603933	403643	324430	79213	7543
#农村	102239	93484	69921	61853	8068	4496
普通初中	792511	724294	536155	451211	84944	33573
#农村	561182	505833	383163	330960	52203	30980
2.成人中学						
四、小学	1192349	1116307	832867	708669	124198	49200
1.普通小学	1192349	1116307	832867	708669	124198	49200
#农村	808918	749122	574574	495837	78737	45983
2.成人小学						
五、特殊教育						
1.特殊教育学校						
2.工读学校						
六、幼儿园	39094	17594	16603	13227	3376	3350
七、教育行政单位	30440	30440	13379	10449	2930	
八、教育事业单位	5006655	5000655	208365	85917	122448	
九、其他	785802	780392	263749	152655	111094	15574

教育事业费和基本建设支出明细

单位：千元

公用部分	商品和服务支出	其他资本性支出	专项公用支出	专项项目支出	基本建设支出
34847863	**21450460**	**13397403**	**6785925**	**6611478**	**3385103**
28749901	16307733	12442168	6269842	6172326	3095140
28718241	16280681	12437560	6265234	6172326	3092140
28512425	16160294	12352131	6230844	6121287	3062348
205816	120387	85429	34390	51039	29792
31660	27052	4608	4608		3000
99108	53764	45344	15666	29678	33500
87261	44362	42899	14769	28130	33500
3522	2980	542	542		
6112	4227	1885	337	1548	
2213	2195	18	18		
388429	196837	191592	55602	135990	147511
388429	196837	191592	55602	135990	147511
200290	83350	116940	27074	89866	79294
23563	12480	11083	2625	8458	8755
188139	113487	74652	28528	46124	68217
122670	75825	46845	16938	29907	55349
283440	186593	96847	45966	50881	76042
283440	186593	96847	45966	50881	76042
174548	120770	53778	24267	29511	59796
991	946	45	45		21500
17061	16776	285	285		
4792290	4352408	439882	338555	101327	6000
516643	335403	181240	59964	121276	5410

1—24 地方各级各类教育机构预算内

学校类别	合 计	事业费支出	个人部分	工资福利支出	对个人和家庭的补助支出	#助学金
总 计	**906554160**	**871392937**	**628308054**	**489298279**	**139009775**	**45206905**
一、高等学校	124355960	117612959	69685975	44852535	24833440	12511009
1. 普通高等学校	119445285	112845390	66478852	42643201	23835651	12202777
高等本科学校	87595042	83409600	48066062	30533565	17532497	8493012
高职高专学校	31850243	29435790	18412790	12109636	6303154	3709765
2. 成人高等学校	4910675	4767569	3207123	2209334	997789	308232
二、中等职业学校	62807892	59025574	43348241	26239691	17108550	11712500
1. 中等专业学校	25897684	24609596	17550081	10131448	7418633	5157178
2. 职业高中	26043701	24566080	18845788	11602192	7243596	5109789
#农村	3364251	3163249	2500812	1555659	945153	704022
3. 技工学校	7108709	6136678	3946821	2347699	1599122	1112903
4. 成人中专学校	3757798	3713220	3005551	2158352	847199	332630
三、中学	318882034	304758889	226664014	186197878	40466136	11868209
1. 普通中学	318653412	304533767	226498260	186058721	40439539	11866413
普通高中	87420513	83799679	65205843	55156937	10048906	1330025
#农村	12236390	11974609	9811661	8560435	1251226	217983
普通初中	231232899	220734088	161292417	130901784	30390633	10536388
#农村	141398222	134721294	97510763	79111646	18399117	8136063
2. 成人中学	228622	225122	165754	139157	26597	1796
四、小学	332785954	326271534	253695750	204678760	49016990	9032753
1. 普通小学	332750119	326235699	253664479	204648599	49015880	9032753
#农村	225076865	221039762	172891892	140208761	32683131	7695684
2. 成人小学	35835	35835	31271	30161	1110	
五、特殊教育	3700268	3462276	2552369	2044932	507437	73280
1. 特殊教育学校	3561910	3342008	2464935	1977796	487139	71207
2. 工读学校	138358	120268	87434	67136	20298	2073
六、幼儿园	13811211	13288247	11006199	9553035	1453164	
七、教育行政单位	15485947	14747622	6650924	4779380	1871544	
八、教育事业单位	26474195	24776582	10087441	7339705	2747736	
九、其他	8250699	7449254	4617141	3612363	1004778	9154

教育事业费和基本建设支出明细

单位：千元

公用部分	商品和服务支出	其他资本性支出			基本建设支出
			专项公用支出	专项项目支出	
243084883	**143864456**	**99220427**	**37892150**	**61328277**	**35161223**
47926984	28605470	19321514	12416635	6904879	6743001
46366538	27694863	18671675	12160435	6511240	6599895
35343538	21685677	13657861	9168160	4489701	4185442
11023000	6009186	5013814	2992275	2021539	2414453
1560446	910607	649839	256200	393639	143106
15677333	7312520	8364813	3263763	5101050	3782318
7059515	3310900	3748615	1530359	2218256	1288088
5720292	2557399	3162893	910689	2252204	1477621
662437	283475	378962	130370	248592	201002
2189857	907503	1282354	747868	534486	972031
707669	536718	170951	74847	96104	44578
78094875	45264804	32830071	9232603	23597468	14123145
78035507	45217636	32817871	9229869	23588002	14119645
18593836	9510394	9083442	2607002	6476440	3620834
2162948	1192090	970858	234787	736071	261781
59441671	35707242	23734429	6622867	17111562	10498811
37210531	22284478	14926053	4014873	10911180	6676928
59368	47168	12200	2734	9466	3500
72575784	46462896	26112888	7801256	18311632	6514420
72571220	46458575	26112645	7801013	18311632	6514420
48147870	30975637	17172233	4704543	12467690	4037103
4564	4321	243	243		
909907	505931	403976	124774	279202	237992
877073	482214	394859	115826	279033	219902
32834	23717	9117	8948	169	18090
2282048	1326948	955100	406004	549096	522964
8096698	4896854	3199844	1119537	2080307	738325
14689141	7795566	6893575	3154782	3738793	1697613
2832113	1693467	1138646	372796	765850	801445

1—25 全国教育部门和其他部门各级各类教育机构

学校类别	合计	事业费支出	个人部分	工资福利支出	对个人和家庭的补助支出	#助学金
总　计	**963783478**	**925591025**	**650767425**	**501794031**	**148973394**	**46748098**
一、高等学校	181952807	172151128	96070321	58854315	37216006	16452253
1.普通高等学校	177003949	167345376	92853864	56633822	36220042	16149534
高等本科学校	145664100	138429630	74941016	44624748	30316268	12807638
高职高专学校	31339849	28915746	17912848	12009074	5903774	3341896
2.成人高等学校	4948858	4805752	3216457	2220493	995964	302719
二、中等职业学校	59903257	56134639	40799886	25893056	14906830	9643515
1.中等专业学校	24995569	23710481	16678302	10061377	6616925	4415690
2.职业高中	24990023	23512402	17835411	11564254	6271157	4152331
#农村	3252776	3051774	2395260	1553739	841521	603403
3.技工学校	6373582	5412251	3460884	2120653	1340231	906660
4.成人中专学校	3544083	3499505	2825289	2146772	678517	168834
三、中学	316860721	302759754	225455231	185265189	40190042	11635319
1.普通中学	316632099	302534632	225289477	185126032	40163445	11633523
普通高中	86919102	83312330	64874623	54878989	9995634	1260817
#农村	12137279	11877448	9736024	8498616	1237408	211385
普通初中	229712997	219222302	160414854	130247043	30167811	10372706
#农村	141030279	134353351	97304825	78960468	18344357	8092497
2.成人中学	228622	225122	165754	139157	26597	1796
四、小学	331601115	325087895	253091961	204236910	48855051	8919187
1.普通小学	331565280	325052060	253060690	204206749	48853941	8919187
#农村	224562578	220525475	172608053	140002655	32605398	7650375
2.成人小学	35835	35835	31271	30161	1110	
五、特殊教育	3697467	3459475	2550678	2043425	507253	73096
1.特殊教育学校	3559109	3339207	2463244	1976289	486955	71023
2.工读学校	138358	120268	87434	67136	20298	2073
六、幼儿园	13812854	13289890	11007842	9554655	1453187	
七、教育行政单位	15490367	14752042	6654173	4781823	1872350	
八、教育事业单位	31468847	29765234	10286190	7418039	2868151	
九、其他	8996043	8190968	4851143	3746619	1104524	24728

预算内教育事业费和基本建设支出明细

单位：千元

公用部分	商品和服务支出	其他资本性支出	专项公用支出	专项项目支出	基本建设支出
274823600	**163197934**	**111625666**	**44105872**	**67519794**	**38192453**
76080807	44592663	31488144	18560428	12927716	9801679
74491512	43657815	30833697	18299620	12534077	9658573
63488614	37649699	25838915	15306427	10532488	7234470
11002898	6008116	4994782	2993193	2001589	2424103
1589295	934848	654447	260808	393639	143106
15334753	7184536	8150217	3107383	5042834	3768618
7032179	3298059	3734120	1519701	2214419	1285088
5676991	2523618	3153373	901997	2251376	1477621
656514	278823	377691	129099	248592	201002
1951367	846796	1104571	611882	492689	961331
674216	516063	158153	73803	84350	44578
77304523	44580457	32724066	9109766	23614300	14100967
77245155	44533289	32711866	9107032	23604834	14097467
18437707	9381558	9056149	2534170	6521979	3606772
2141424	1172107	969317	233789	735528	259831
58807448	35151731	23655717	6572862	17082855	10490695
37048526	22145748	14902778	4000955	10901823	6676928
59368	47168	12200	2734	9466	3500
71995934	45944250	26051684	7752591	18299093	6513220
71991370	45939929	26051441	7752348	18299093	6513220
47917422	30770537	17146885	4687762	12459123	4037103
4564	4321	243	243		
908797	504917	403880	124678	279202	237992
875963	481200	394763	115730	279033	219902
32834	23717	9117	8948	169	18090
2282048	1326948	955100	406004	549096	522964
8097869	4897890	3199979	1119672	2080307	738325
19479044	12145626	7333418	3493298	3840120	1703613
3339825	2020647	1319178	432052	887126	805075

1—26 中央属教育部门和其他部门各级各类教育机构

学校类别	合 计	事业费支 出	个人部分	工资福利支出	对个人和家庭的补助支出	#助学金
总 计	**65866894**	**62793386**	**28779620**	**14753647**	**14025973**	**5260482**
一、高等学校	59524287	56460409	27979656	14276140	13703516	5227747
1. 普通高等学校	59480591	56416713	27964809	14264981	13699828	5227747
高等本科学校	59243630	56191002	27849499	14190428	13659071	5193693
高职高专学校	236961	225711	115310	74553	40757	34054
2. 成人高等学校	43696	43696	14847	11159	3688	
二、中等职业学校	89643	89643	50289	28810	21479	16634
1. 中等专业学校	87890	87890	49181	28810	20371	15526
2. 职业高中	1753	1753	1108		1108	1108
#农村						
3. 技工学校						
4. 成人中专学校						
三、中学	368288	368288	219362	162562	56800	518
1. 普通中学	368288	368288	219362	162562	56800	518
普通高中	299515	299515	172862	130363	42499	308
#农村	2167	2167	1766	1358	408	
普通初中	68773	68773	46500	32199	14301	210
#农村	1260	1260	1027	790	237	
2. 成人中学						
四、小学	138617	138617	92670	69482	23188	9
1. 普通小学	138617	138617	92670	69482	23188	9
#农村	1287	1287	1049	807	242	
2. 成人小学						
五、特殊教育						
1. 特殊教育学校						
2. 工读学校						
六、幼儿园	1643	1643	1643	1620	23	
七、教育行政单位	4420	4420	3249	2443	806	
八、教育事业单位	4994652	4988652	198749	78334	120415	
九、其他	745344	741714	234002	134256	99746	15574

预算内教育事业费和基本建设支出明细

单位：千元

公用部分	商品和服务支出	其他资本性支出	专项公用支出	专项项目支出	基本建设支出
34013766	**20921409**	**13092357**	**6633611**	**6458746**	**3073508**
28480753	16144313	12336440	6199845	6136595	3063878
28451904	16120072	12331832	6195237	6136595	3063878
28341503	16054058	12287445	6182158	6105287	3052628
110401	66014	44387	13079	31308	11250
28849	24241	4608	4608		
39354	22508	16846	5369	11477	
38709	21863	16846	5369	11477	
645	645				
148926	51324	97602	18118	79484	
148926	51324	97602	18118	79484	
126653	40244	86409	13642	72767	
401	401				
22273	11080	11193	4476	6717	
233	233				
45947	24988	20959	12372	8587	
45947	24988	20959	12372	8587	
238	238				
1171	1036	135	135		
4789903	4350060	439843	338516	101327	6000
507712	327180	180532	59256	121276	3630

1—27 地方教育部门和其他部门各级各类教育机构

学校类别	合 计	事业费支出				
			个人部分			
				工资福利支出	对个人和家庭的补助支出	
						＃助学金
总 计	**897916584**	**862797639**	**621987805**	**487040384**	**134947421**	**41487616**
一、高等学校	122428520	115690719	68090665	44578175	23512490	11224506
1. 普通高等学校	117523358	110928663	64889055	42368841	22520214	10921787
高等本科学校	86420470	82238628	47091517	30434320	16657197	7613945
高职高专学校	31102888	28690035	17797538	11934521	5863017	3307842
2. 成人高等学校	4905162	4762056	3201610	2209334	992276	302719
二、中等职业学校	59813614	56044996	40749597	25864246	14885351	9626881
1. 中等专业学校	24907679	23622591	16629121	10032567	6596554	4400164
2. 职业高中	24988270	23510649	17834303	11564254	6270049	4151223
＃农村	3252776	3051774	2395260	1553739	841521	603403
3. 技工学校	6373582	5412251	3460884	2120653	1340231	906660
4. 成人中专学校	3544083	3499505	2825289	2146772	678517	168834
三、中学	316492433	302391466	225235869	185102627	40133242	11634801
1. 普通中学	316263811	302166344	225070115	184963470	40106645	11633005
普通高中	86619587	83012815	64701761	54748626	9953135	1260509
＃农村	12135112	11875281	9734258	8497258	1237000	211385
普通初中	229644224	219153529	160368354	130214844	30153510	10372496
＃农村	141029019	134352091	97303798	78959678	18344120	8092497
2. 成人中学	228622	225122	165754	139157	26597	1796
四、小学	331462498	324949278	252999291	204167428	48831863	8919178
1. 普通小学	331426663	324913443	252968020	204137267	48830753	8919178
＃农村	224561291	220524188	172607004	140001848	32605156	7650375
2. 成人小学	35835	35835	31271	30161	1110	
五、特殊教育	3697467	3459475	2550678	2043425	507253	73096
1. 特殊教育学校	3559109	3339207	2463244	1976289	486955	71023
2. 工读学校	138358	120268	87434	67136	20298	2073
六、幼儿园	13811211	13288247	11006199	9553035	1453164	
七、教育行政单位	15485947	14747622	6650924	4779380	1871544	
八、教育事业单位	26474195	24776582	10087441	7339705	2747736	
九、其他	8250699	7449254	4617141	3612363	1004778	9154

预算内教育事业费和基本建设支出明细

单位：千元

公用部分	商品和服务支出	其他资本性支出			基本建设支出
			专项公用支出	专项项目支出	
240809834	**142276525**	**98533309**	**37472261**	**61061048**	**35118945**
47600054	28448350	19151704	12360583	6791121	6737801
46039608	27537743	18501865	12104383	6397482	6594695
35147111	21595641	13551470	9124269	4427201	4181842
10892497	5942102	4950395	2980114	1970281	2412853
1560446	910607	649839	256200	393639	143106
15295399	7162028	8133371	3102014	5031357	3768618
6993470	3276196	3717274	1514332	2202942	1285088
5676346	2522973	3153373	901997	2251376	1477621
656514	278823	377691	129099	248592	201002
1951367	846796	1104571	611882	492689	961331
674216	516063	158153	73803	84350	44578
77155597	44529133	32626464	9091648	23534816	14100967
77096229	44481965	32614264	9088914	23525350	14097467
18311054	9341314	8969740	2520528	6449212	3606772
2141023	1171706	969317	233789	735528	259831
58785175	35140651	23644524	6568386	17076138	10490695
37048293	22145515	14902778	4000955	10901823	6676928
59368	47168	12200	2734	9466	3500
71949987	45919262	26030725	7740219	18290506	6513220
71945423	45914941	26030482	7739976	18290506	6513220
47917184	30770299	17146885	4687762	12459123	4037103
4564	4321	243	243		
908797	504917	403880	124678	279202	237992
875963	481200	394763	115730	279033	219902
32834	23717	9117	8948	169	18090
2282048	1326948	955100	406004	549096	522964
8096698	4896854	3199844	1119537	2080307	738325
14689141	7795566	6893575	3154782	3738793	1697613
2832113	1693467	1138646	372796	765850	801445

1—28 企业办各级各类教育机构

学校类别	合 计	事业费支 出	个人部分	工资福利支出	对个人和家庭的补助支出	＃助学金
总 计	**5317873**	**4971600**	**3660157**	**2768162**	**891995**	**456069**
一、高等学校	1049051	1016189	703288	463206	240082	129699
1. 普通高等学校	1024379	994517	684427	453655	230772	123839
高等本科学校	503489	493769	321874	216872	105002	36958
高职高专学校	520890	500748	362553	236783	125770	86881
2. 成人高等学校	24672	21672	18861	9551	9310	5860
二、中等职业学校	1085756	1038556	716082	399839	316243	216862
1. 中等专业学校	414686	378186	283191	157768	125423	86862
2. 职业高中	47882	47882	42647	6176	36471	36166
＃农村	11452	11452	9722	35	9687	9687
3. 技工学校	594772	584072	367028	223636	143392	86827
4. 成人中专学校	28416	28416	23216	12259	10957	7007
三、中学	1623125	1457436	1129688	963819	165869	49280
1. 普通中学	1623125	1457436	1129688	963819	165869	49280
普通高中	532156	442562	351347	304533	46814	8248
＃农村	144661	133956	104774	93510	11264	4622
普通初中	1090969	1014874	778341	659286	119055	41032
＃农村	655238	599889	458749	398849	59900	32075
2. 成人中学						
四、小学	1444009	1366767	1046646	895703	150943	56878
1. 普通小学	1444009	1366767	1046646	895703	150943	56878
＃农村	1005328	945532	735936	627521	108415	48186
2. 成人小学						
五、特殊教育						
1. 特殊教育学校						
2. 工读学校						
六、幼儿园	37451	15951	14960	11607	3353	3350
七、教育行政单位	26020	26020	10130	8006	2124	
八、教育事业单位	12003	12003	9616	7583	2033	
九、其他	40458	38678	29747	18399	11348	

预算内教育事业费和基本建设支出明细

单位：千元

公用部分	商品和服务支出	其他资本性支出	专项公用支出	专项项目支出	基本建设支出
1311443	**773068**	**538375**	**316654**	**221721**	**346273**
312901	190371	122530	72911	49619	32862
310090	187560	122530	72911	49619	29862
171895	106248	65647	49647	16000	9720
138195	81312	56883	23264	33619	20142
2811	2811				3000
322474	105282	217192	157880	59312	47200
94995	46504	48491	22528	25963	36500
5235	3808	1427	1427		
1730	980	750	750		
217044	49838	167206	133857	33349	10700
5200	5132	68	68		
327748	218726	109022	44627	64395	165689
327748	218726	109022	44627	64395	165689
91215	58561	32654	14813	17841	89594
29182	18063	11119	2637	8482	10705
236533	160165	76368	29814	46554	76095
141140	93283	47857	17655	30202	55349
320121	231432	88689	40294	48395	77242
320121	231432	88689	40294	48395	77242
209596	149700	59896	26502	33394	59796
991	946	45	45		21500
15890	15740	150	150		
2387	2348	39	39		
8931	8223	708	708		1780

1—29 中央企业办各级各类教育机构

学校类别	合 计	事业费支出	个人部分	工资福利支出	对个人和家庭的补助支出	#助学金
总 计	**3300469**	**2988874**	**2154777**	**1720291**	**434486**	**193432**
一、高等学校	792294	761032	491884	342362	149522	61233
1. 普通高等学校	773135	744873	478536	332811	145725	60886
高等本科学校	473598	463878	292956	195725	97231	29187
高职高专学校	299537	280995	185580	137086	48494	31699
2. 成人高等学校	19159	16159	13348	9551	3797	347
二、中等职业学校	231061	197561	137807	80068	57739	39060
1. 中等专业学校	191670	158170	109618	68289	41329	31772
2. 职业高中	8558	8558	5681	5219	462	198
#农村						
3. 技工学校	21526	21526	15414	1062	14352	7090
4. 成人中专学校	9307	9307	7094	5498	1596	
三、中学	1107450	959939	720436	613079	107357	40598
1. 普通中学	1107450	959939	720436	613079	107357	40598
普通高中	383712	304418	230781	194067	36714	7235
#农村	100072	91317	68155	60495	7660	4496
普通初中	723738	655521	489655	419012	70643	33363
#农村	559922	504573	382136	330170	51966	30980
2. 成人中学						
四、小学	1053732	977690	740197	639187	101010	49191
1. 普通小学	1053732	977690	740197	639187	101010	49191
#农村	807631	747835	573525	495030	78495	45983
2. 成人小学						
五、特殊教育						
1. 特殊教育学校						
2. 工读学校						
六、幼儿园	37451	15951	14960	11607	3353	3350
七、教育行政单位	26020	26020	10130	8006	2124	
八、教育事业单位	12003	12003	9616	7583	2033	
九、其他	40458	38678	29747	18399	11348	

预算内教育事业费和基本建设支出明细

单位：千元

公用部分	商品和服务支出	其他资本性支出	专项公用支出	专项项目支出	基本建设支出
834097	**529051**	**305046**	**152314**	**152732**	**311595**
269148	163420	105728	69997	35731	31262
266337	160609	105728	69997	35731	28262
170922	106236	64686	48686	16000	9720
95415	54373	41042	21311	19731	18542
2811	2811				3000
59754	31256	28498	10297	18201	33500
48552	22499	26053	9400	16653	33500
2877	2335	542	542		
6112	4227	1885	337	1548	
2213	2195	18	18		
239503	145513	93990	37484	56506	147511
239503	145513	93990	37484	56506	147511
73637	43106	30531	13432	17099	79294
23162	12079	11083	2625	8458	8755
165866	102407	63459	24052	39407	68217
122437	75592	46845	16938	29907	55349
237493	161605	75888	33594	42294	76042
237493	161605	75888	33594	42294	76042
174310	120532	53778	24267	29511	59796
991	946	45	45		21500
15890	15740	150	150		
2387	2348	39	39		
8931	8223	708	708		1780

1—30 地方企业办各级各类教育机构

学校类别	合　计	事业费支　出	个人部分	工资福利支出	对个人和家庭的补助支出	#助学金
总　　计	**2017404**	**1982726**	**1505380**	**1047871**	**457509**	**262637**
一、高等学校	256757	255157	211404	120844	90560	68466
1. 普通高等学校	251244	249644	205891	120844	85047	62953
高等本科学校	29891	29891	28918	21147	7771	7771
高职高专学校	221353	219753	176973	99697	77276	55182
2. 成人高等学校	5513	5513	5513		5513	5513
二、中等职业学校	854695	840995	578275	319771	258504	177802
1. 中等专业学校	223016	220016	173573	89479	84094	55090
2. 职业高中	39324	39324	36966	957	36009	35968
#农村	11452	11452	9722	35	9687	9687
3. 技工学校	573246	562546	351614	222574	129040	79737
4. 成人中专学校	19109	19109	16122	6761	9361	7007
三、中学	515675	497497	409252	350740	58512	8682
1. 普通中学	515675	497497	409252	350740	58512	8682
普通高中	148444	138144	120566	110466	10100	1013
#农村	44589	42639	36619	33015	3604	126
普通初中	367231	359353	288686	240274	48412	7669
#农村	95316	95316	76613	68679	7934	1095
2. 成人中学						
四、小学	390277	389077	306449	256516	49933	7687
1. 普通小学	390277	389077	306449	256516	49933	7687
#农村	197097	197097	162411	132491	29920	2203
2. 成人小学						
五、特殊教育						
1. 特殊教育学校						
2. 工读学校						
六、幼儿园						
七、教育行政单位						
八、教育事业单位						
九、其他						

预算内教育事业费和基本建设支出明细

单位：千元

公用部分	商品和服务支出	其他资本性支出	专项公用支出	专项项目支出	基本建设支出
477346	**244017**	**233329**	**164340**	**68989**	**34678**
43753	26951	16802	2914	13888	1600
43753	26951	16802	2914	13888	1600
973	12	961	961		
42780	26939	15841	1953	13888	1600
262720	74026	188694	147583	41111	13700
46443	24005	22438	13128	9310	3000
2358	1473	885	885		
1730	980	750	750		
210932	45611	165321	133520	31801	10700
2987	2937	50	50		
88245	73213	15032	7143	7889	18178
88245	73213	15032	7143	7889	18178
17578	15455	2123	1381	742	10300
6020	5984	36	12	24	1950
70667	57758	12909	5762	7147	7878
18703	17691	1012	717	295	
82628	69827	12801	6700	6101	1200
82628	69827	12801	6700	6101	1200
35286	29168	6118	2235	3883	

1—31 民办各级各类教育机构

学校类别	合计	事业费支出	个人部分	工资福利支出	对个人和家庭的补助支出	#助学金
总计	**6620172**	**6612572**	**4814869**	**1210024**	**3604845**	**3456652**
一、高等学校	1670683	1667083	1383906	153516	1230390	1218037
1.普通高等学校	1670683	1667083	1383906	153516	1230390	1218037
高等本科学校	1144681	1141081	945627	78098	867529	871296
高职高专学校	526002	526002	438279	75418	362861	346741
2.成人高等学校						
二、中等职业学校	2139583	2139583	2020369	55674	1964695	1907817
1.中等专业学校	766989	766989	747387	9402	737985	701924
2.职业高中	1016107	1016107	974519	36981	937538	922598
#农村	100023	100023	95830	1885	93945	90932
3.技工学校	161881	161881	134323	4472	129851	126506
4.成人中专学校	194606	194606	164140	4819	159321	156789
三、中学	1873926	1869926	1018893	744511	274382	224726
1.普通中学	1873926	1869926	1018893	744511	274382	224726
普通高中	652482	648720	383516	297845	85671	68503
#农村	56689	56689	40784	30162	10622	6472
普通初中	1221444	1221206	635377	446666	188711	156223
#农村	273887	273887	130352	83289	47063	42471
2.成人中学						
四、小学	933179	933179	390010	254816	135194	105888
1.普通小学	933179	933179	390010	254816	135194	105888
#农村	317877	317877	122477	74422	48055	43106
2.成人小学						
五、特殊教育	2801	2801	1691	1507	184	184
1.特殊教育学校	2801	2801	1691	1507	184	184
2.工读学校						
六、幼儿园						
七、教育行政单位						
八、教育事业单位						
九、其他						

预算内教育事业费和基本建设支出明细

单位:千元

公用部分	商品和服务支出	其他资本性支出	专项公用支出	专项项目支出	基本建设支出
1797703	**1343914**	**453789**	**255549**	**198240**	**7600**
283177	130169	153008	53138	99870	3600
283177	130169	153008	53138	99870	3600
195454	90024	105430	42930	62500	3600
87723	40145	47578	10208	37370	
119214	76466	42748	14166	28582	
19602	10699	8903	2899	6004	
41588	32953	8635	7807	828	
4193	3672	521	521		
27558	15096	12462	2466	9996	
30466	17718	12748	994	11754	
851033	662458	188575	133812	54763	4000
851033	662458	188575	133812	54763	4000
265204	153625	111579	85093	26486	3762
15905	14400	1505	986	519	
585829	508833	76996	48719	28277	238
143535	121272	22263	13201	9062	
543169	473807	69362	54337	15025	
543169	473807	69362	54337	15025	
195400	176170	19230	14546	4684	
1110	1014	96	96		
1110	1014	96	96		

1—32 全国教育部门和其他部门各级学校生均教育经费支出

单位:元

学校类别	教育经费支出	事业性经费支出			基本建设支出
			个人部分	公用部分	
总　计	**6952.00**	**6702.62**	**4017.86**	**2684.76**	**249.38**
一、高等学校	18149.52	17270.57	7754.83	9515.74	878.95
1. 普通高等学校	18646.97	17734.15	7952.18	9781.97	912.82
高等本科学校	21269.97	20264.28	9053.83	11210.45	1005.69
高职高专学校	11936.69	11261.46	5133.89	6127.58	675.22
2. 成人高等学校	9991.11	9667.65	4518.21	5149.44	323.46
二、中等职业学校	7991.08	7616.82	4343.59	3273.24	374.26
1. 中等专业学校	8294.12	7938.68	4456.92	3481.76	355.44
2. 职业高中	7341.24	7004.77	4084.23	2920.54	336.46
#农村	5902.53	5605.05	3341.37	2263.69	297.47
3. 技工学校	8183.84	7473.39	3846.58	3626.81	710.44
4. 成人中专学校	11336.13	11251.47	7285.30	3966.18	84.65
三、中学	6030.83	5811.12	3791.41	2019.72	219.71
1. 普通中学	6026.87	5807.12	3789.92	2017.21	219.75
普通高中	7077.79	6864.96	4106.42	2758.54	212.83
#农村	5509.05	5413.72	3427.92	1985.80	95.33
普通初中	5566.48	5343.70	3651.26	1692.44	222.78
#农村	5023.54	4813.05	3303.26	1509.78	210.49
2. 成人中学	15668.59	15551.47	7420.86	8130.61	117.12
四、小学	4171.46	4098.69	3068.45	1030.24	72.77
1. 普通小学	4172.31	4099.52	3069.06	1030.45	72.79
#农村	3842.28	3781.21	2884.62	896.59	61.08
2. 成人小学	1500.45	1500.45	1151.98	348.47	
五、特殊教育	26534.82	25068.29	16432.76	8635.52	1466.53
1. 特殊教育学校	26440.47	25021.03	16436.21	8584.82	1419.45
2. 工读学校	28922.85	26264.51	16345.63	9918.88	2658.34
六、幼儿园	3901.22	3807.18	2513.84	1293.34	94.03

1—33 全国教育部门和其他部门各级学校生均预算内教育经费支出

单位:元

学校类别	预算内教育经费支出	事业费支出			基本建设支出
			个人部分	公用部分	
总　　计	**4589.84**	**4407.96**	**3099.16**	**1308.80**	**181.88**
一、高等学校	8956.06	8473.60	4728.76	3744.84	482.46
1.普通高等学校	9035.33	8542.30	4739.81	3802.49	493.03
高等本科学校	10560.71	10036.21	5433.26	4602.95	524.50
高职高专学校	5406.05	4987.90	3089.92	1897.97	418.15
2.成人高等学校	6816.86	6619.74	4430.54	2189.19	197.12
二、中等职业学校	4548.69	4262.52	3098.10	1164.43	286.17
1.中等专业学校	4527.64	4294.86	3021.07	1273.79	232.78
2.职业高中	4374.15	4115.51	3121.84	993.68	258.64
＃农村	3521.38	3303.78	2593.05	710.73	217.60
3.技工学校	4530.32	3847.01	2459.98	1387.03	683.31
4.成人中专学校	6703.42	6619.10	5343.86	1275.24	84.32
三、中学	4351.80	4158.14	3096.43	1061.71	193.66
1.普通中学	4350.45	4156.75	3095.42	1061.33	193.70
普通高中	3920.28	3757.60	2926.01	831.59	162.67
＃农村	3078.10	3012.20	2469.12	543.08	65.89
普通初中	4538.91	4331.62	3169.64	1161.98	207.29
＃农村	4267.68	4065.63	2944.52	1121.12	202.05
2.成人中学	7650.31	7533.20	5546.58	1986.61	117.12
四、小学	3424.49	3357.23	2613.71	743.51	67.26
1.普通小学	3425.21	3357.92	2614.22	743.70	67.28
＃农村	3236.26	3178.08	2487.52	690.56	58.18
2.成人小学	1163.25	1163.25	1015.09	148.15	
五、特殊教育	20649.78	19320.63	14245.14	5075.49	1329.15
1.特殊教育学校	20662.34	19385.70	14300.32	5085.39	1276.64
2.工读学校	20331.81	17673.48	12848.49	4824.98	2658.34
六、幼儿园	2239.57	2154.77	1784.77	370.00	84.79

1—34 中央属教育部门和其他部门各级学校生均教育经费支出

单位:元

学校类别	教育经费支出	事业性经费支出			基本建设支出
			个人部分	公用部分	
总　　计	**37961.79**	**36027.12**	**13756.50**	**22270.62**	**1934.67**
一、高等学校	36448.57	34480.94	13764.85	20716.08	1967.63
1.普通高等学校	36233.28	34262.96	13750.47	20512.48	1970.32
高等本科学校	36510.91	34525.92	13846.05	20679.86	1984.99
高职高专学校	15235.55	14374.91	6521.65	7853.26	860.65
2.成人高等学校	—	—	—	—	—
二、中等职业学校	10254.85	10254.85	5473.36	4781.49	
1.中等专业学校	10073.07	10073.07	5224.02	4849.05	
2.职业高中	13224.26	13224.26	9546.38	3677.88	
♯农村					
3.技工学校					
4.成人中专学校					
三、中学	19308.69	19308.69	10759.76	8548.94	
1.普通中学	19308.69	19308.69	10759.76	8548.94	
普通高中	20533.16	20533.16	11381.68	9151.49	
♯农村	8712.22	8712.22	7940.51	771.70	
普通初中	15404.29	15404.29	8776.68	6627.61	
♯农村	7239.08	7239.08	6616.09	622.99	
2.成人中学					
四、小学	7556.63	7556.63	5122.02	2434.61	
1.普通小学	7556.63	7556.63	5122.02	2434.61	
♯农村	6570.55	6570.55	6010.22	560.33	
2.成人小学					
五、特殊教育					
1.特殊教育学校					
2.工读学校					
六、幼儿园	1377.12	1377.12	984.67	392.45	

1—35 中央属教育部门和其他部门各级学校生均预算内教育经费支出

单位:元

学校类别	预算内教育经费支出	事业费支出	个人部分	公用部分	基本建设支出
总　计	**18306.91**	**17452.67**	**7998.95**	**9453.72**	**854.24**
一、高等学校	17047.95	16170.44	8013.46	8156.98	877.50
1.普通高等学校	17055.44	16176.91	8018.62	8158.29	878.54
高等本科学校	17229.28	16341.51	8099.21	8242.30	887.77
高职高专学校	4841.77	4611.90	2356.10	2255.80	229.87
2.成人高等学校	—	—	—	—	—
二、中等职业学校	5271.26	5271.26	2957.13	2314.12	
1.中等专业学校	5484.56	5484.56	3069.02	2415.54	
2.职业高中	1786.95	1786.95	1129.46	657.49	
#农村					
3.技工学校					
4.成人中专学校					
三、中学	9381.70	9381.70	5587.99	3793.71	
1.普通中学	9381.70	9381.70	5587.99	3793.71	
普通高中	10022.59	10022.59	5784.43	4238.15	
#农村	3483.92	3483.92	2839.23	644.69	
普通初中	7338.13	7338.13	4961.59	2376.55	
#农村	2896.55	2896.55	2360.92	535.63	
2.成人中学					
四、小学	5598.88	5598.88	3743.03	1855.84	
1.普通小学	5598.88	5598.88	3743.03	1855.84	
#农村	2631.90	2631.90	2145.19	486.71	
2.成人小学					
五、特殊教育					
1.特殊教育学校					
2.工读学校					
六、幼儿园	899.29	899.29	899.29		

1—36 地方教育部门和其他部门各级学校生均教育经费支出

单位:元

学校类别	教育经费支出	事业性经费支出			基本建设支出
			个人部分	公用部分	
总　计	**6360.68**	**6143.43**	**3832.15**	**2311.28**	**217.25**
一、高等学校	14373.82	13719.50	6514.76	7204.74	654.32
1.普通高等学校	14754.52	14075.76	6668.82	7406.95	678.76
高等本科学校	16222.85	15541.46	7466.86	8074.60	681.39
高职高专学校	11908.69	11235.04	5122.11	6112.93	673.65
2.成人高等学校	9240.76	8915.97	4437.60	4478.37	324.78
二、中等职业学校	7988.16	7613.41	4342.13	3271.29	374.75
1.中等专业学校	8288.94	7932.47	4454.69	3477.78	356.48
2.职业高中	7340.23	7003.71	4083.30	2920.41	336.52
#农村	5902.53	5605.05	3341.37	2263.69	297.47
3.技工学校	8183.84	7473.39	3846.58	3626.81	710.44
4.成人中专学校	11336.13	11251.47	7285.30	3966.18	84.65
三、中学	6023.67	5803.84	3787.65	2016.20	219.83
1.普通中学	6019.71	5799.84	3786.15	2013.68	219.87
普通高中	7059.63	6846.51	4096.60	2749.91	213.12
#农村	5508.54	5413.20	3427.21	1985.99	95.34
普通初中	5564.66	5341.83	3650.31	1691.52	222.82
#农村	5023.51	4813.02	3303.22	1509.80	210.49
2.成人中学	15668.59	15551.47	7420.86	8130.61	117.12
四、小学	4170.60	4097.81	3067.93	1029.88	72.79
1.普通小学	4171.45	4098.63	3068.54	1030.09	72.81
#农村	3842.26	3781.19	2884.60	896.59	61.08
2.成人小学	1500.45	1500.45	1151.98	348.47	
五、特殊教育	26534.82	25068.29	16432.76	8635.52	1466.53
1.特殊教育学校	26440.47	25021.03	16436.21	8584.82	1419.45
2.工读学校	28922.85	26264.51	16345.63	9918.88	2658.34
六、幼儿园	3901.96	3807.90	2514.29	1293.61	94.06

1—37 地方教育部门和其他部门各级学校生均预算内教育经费支出

单位:元

学校类别	预算内教育经费支出	事业费支出	个人部分	公用部分	基本建设支出
总计	**4350.71**	**4180.55**	**3013.74**	**1166.81**	**170.16**
一、高等学校	7276.76	6876.29	4047.09	2829.20	400.47
1.普通高等学校	7298.36	6888.82	4029.70	2859.12	409.54
高等本科学校	8346.20	7942.33	4547.94	3394.39	403.87
高职高专学校	5410.85	4991.10	3096.17	1894.93	419.76
2.成人高等学校	6795.01	6596.77	4435.12	2161.65	198.24
二、中等职业学校	4547.75	4261.22	3098.28	1162.94	286.54
1.中等专业学校	4524.86	4291.40	3020.93	1270.47	233.46
2.职业高中	4374.59	4115.91	3122.18	993.73	258.68
#农村	3521.38	3303.78	2593.05	710.73	217.60
3.技工学校	4530.32	3847.01	2459.98	1387.03	683.31
4.成人中专学校	6703.42	6619.10	5343.86	1275.24	84.32
三、中学	4349.09	4155.32	3095.09	1060.24	193.77
1.普通中学	4347.74	4153.93	3094.08	1059.86	193.80
普通高中	3912.04	3749.15	2922.16	826.99	162.89
#农村	3078.04	3012.13	2469.07	543.06	65.91
普通初中	4538.39	4331.06	3169.31	1161.75	207.32
#农村	4267.70	4065.65	2944.52	1121.12	202.05
2.成人中学	7650.31	7533.20	5546.58	1986.61	117.12
四、小学	3423.93	3356.65	2613.42	743.23	67.28
1.普通小学	3424.65	3357.35	2613.93	743.42	67.30
#农村	3236.27	3178.09	2487.53	690.56	58.18
2.成人小学	1163.25	1163.25	1015.09	148.15	
五、特殊教育	20649.78	19320.63	14245.14	5075.49	1329.15
1.特殊教育学校	20662.34	19385.70	14300.32	5085.39	1276.64
2.工读学校	20331.81	17673.48	12848.49	4824.98	2658.34
六、幼儿园	2239.96	2155.15	1785.03	370.11	84.82

第二部分

省、自治区、直辖市按来源分类教育经费收入

2—1 分地区

地 区	总 计			教育部门和其他部门		
	合 计	中 央	地 方	合 计	中 央	地 方
合 计	**1621610650**	**152401085**	**1469209565**	**1501272932**	**146080356**	**1355192576**
北 京	97096601	44202281	52894320	93520070	44132737	49387333
天 津	27104538	3287818	23816720	25435424	3283399	22152025
河 北	62771533	1318927	61452606	58217605	908517	57309088
山 西	38236384	145422	38090962	35505296	113210	35392086
内蒙古	31933888	56562	31877326	31162796	51389	31111407
辽 宁	57501710	4009869	53491841	54756860	4009869	50746991
吉 林	34370316	4300441	30069875	32311895	4262873	28049022
黑龙江	41727425	6865796	34861629	38074686	6042682	32032004
上 海	63176507	13803113	49373394	59760972	13759588	46001384
江 苏	120802519	10253621	110548898	110421484	10253621	100167863
浙 江	92813288	3698219	89115069	82918026	3698219	79219807
安 徽	51360721	2627563	48733158	47692391	2535976	45156415
福 建	47485046	2693783	44791263	43107411	2693783	40413628
江 西	37832003	66845	37765158	34363153	49886	34313267
山 东	88265376	4291087	83974289	83200643	4199352	79001291
河 南	76419674	84711	76334963	70763153	84711	70678442
湖 北	65669281	13724329	51944952	59840496	13472459	46368037
湖 南	60065445	3458603	56606842	55270614	3365703	51904911
广 东	133658557	5227705	128430852	117480627	5136257	112344370
广 西	38732531		38732531	36875037		36875037
海 南	11808150	53409	11754741	9699997	53409	9646588
重 庆	37149736	4049965	33099771	34400429	4048932	30351497
四 川	90105655	9220867	80884788	84253023	9186426	75066597
贵 州	31067520	126394	30941126	29960326	92344	29867982
云 南	44131829	51022	44080807	42214993	46719	42168274
西 藏	5974477		5974477	5970666		5970666
陕 西	54614089	8239521	46374568	49989566	8228200	41761366
甘 肃	29576017	1964920	27611097	28818841	1951880	26866961
青 海	7858200		7858200	7786373		7786373
宁 夏	8451049	320344	8130705	8133933	320344	7813589
新 疆	33850585	4257948	29592637	29366146	97871	29268275

教育经费总收入

单位：千元

企业办学			民办学校
合　计	中　央	地　方	地　方
16861120	**6320729**	**10540391**	**103476598**
713802	69544	644258	2862729
662915	4419	658496	1006199
692830	410410	282420	3861098
233874	32212	201662	2497214
356285	5173	351112	414807
365634		365634	2379216
255872	37568	218304	1802549
2447625	823114	1624511	1205114
568988	43525	525463	2846547
301324		301324	10079711
705991		705991	9189271
374683	91587	283096	3293647
19822		19822	4357813
37905	16959	20946	3430945
746387	91735	654652	4318346
261058		261058	5395463
451346	251870	199476	5377439
141766	92900	48866	4653065
496136	91448	404688	15681794
67664		67664	1789830
1277293		1277293	830860
155245	1033	154212	2594062
258282	34441	223841	5594350
266142	34050	232092	841052
158178	4303	153875	1758658
586		586	3225
380503	11321	369182	4244020
214200	13040	201160	542976
41774		41774	30053
34647		34647	282469
4172363	4160077	12286	312076

2—2 分地区

地 区	总 计			教育部门和其他部门		
	合 计	中 央	地 方	合 计	中 央	地 方
合 计	**1194449354**	**90517482**	**1103931872**	**1176030601**	**85873566**	**1090157035**
北 京	69814529	26487553	43326976	69206316	26424930	42781386
天 津	19864767	1825337	18039430	19556751	1824681	17732070
河 北	47656209	734977	46921232	47224744	561182	46663562
山 西	29908833	135883	29772950	29575350	110310	29465040
内蒙古	26980809	52652	26928157	26640758	51389	26589369
辽 宁	43693188	2255470	41437718	43433048	2255470	41177578
吉 林	26927929	3177352	23750577	26603565	3143948	23459617
黑龙江	31073972	3454302	27619670	28932770	2864903	26067867
上 海	45892133	7639087	38253046	45518422	7613157	37905265
江 苏	79568418	5547745	74020673	78837733	5547745	73289988
浙 江	61576248	2104093	59472155	60621333	2104093	58517240
安 徽	37662896	1693548	35969348	37322346	1666680	35655666
福 建	34195708	1638431	32557277	34053151	1638431	32414720
江 西	27117930	53590	27064340	26791835	49886	26741949
山 东	66487573	2839753	63647820	65551536	2805550	62745986
河 南	58749366	57920	58691446	57839446	57920	57781526
湖 北	43002626	8929500	34073126	42645153	8824255	33820898
湖 南	42467918	2156163	40311755	42027466	2135424	39892042
广 东	93044554	2334268	90710286	92001913	2303464	89698449
广 西	30514494		30514494	30364262		30364262
海 南	9109654	51051	9058603	8204191	51051	8153140
重 庆	25513811	2268318	23245493	25135586	2267586	22868000
四 川	66004256	4950351	61053905	65030664	4936788	60093876
贵 州	26908626	106045	26802581	26724254	92344	26631910
云 南	37283433	46573	37236860	36982774	46573	36936201
西 藏	5773987		5773987	5772988		5772988
陕 西	38834970	4729226	34105744	38407041	4718194	33688847
甘 肃	25022978	1425717	23597261	24818969	1418578	23400391
青 海	7279659		7279659	7247762		7247762
宁 夏	7036217	261163	6775054	6968808	261163	6707645
新 疆	29481663	3561414	25920249	25989666	97871	25891795

国家财政性教育经费

单位：千元

企业办学			民办学校
合　计	中　央	地　方	地　方
10623071	**4643916**	**5979155**	**7795682**
554097	62623	491474	54116
305821	656	305165	2195
289836	173795	116041	141629
168757	25573	143184	164726
280821	1263	279558	59230
213054		213054	47086
230876	33404	197472	93488
2098433	589399	1509034	42769
189232	25930	163302	184479
62827		62827	667858
93353		93353	861562
161229	26868	134361	179321
3633		3633	138924
17636	3704	13932	308459
346110	34203	311907	589927
68649		68649	841271
198149	105245	92904	159324
41005	20739	20266	399447
236729	30804	205925	805912
32349		32349	117883
863310		863310	42153
48668	732	47936	329557
142652	13563	129089	830940
107791	13701	94090	76581
83542		83542	217117
440		440	559
131550	11032	120518	296379
144396	7139	137257	59613
28219		28219	3678
7509		7509	59900
3472398	3463543	8855	19599

2—3 分地区

地区	总计			教育部门和其他部门		
	合计	中央	地方	合计	中央	地方
合计	**1113270324**	**88508693**	**1024761631**	**1100010507**	**84937266**	**1015073241**
北京	66135418	26073114	40062304	65659597	26071574	39588023
天津	18549164	1771354	16777810	18289898	1770698	16519200
河北	44060801	602523	43458278	43845799	557641	43288158
山西	27073855	126335	26947520	26879276	110310	26768966
内蒙古	25038332	52652	24985680	24815279	51389	24763890
辽宁	40157145	2248231	37908914	40085993	2248231	37837762
吉林	25898295	3146277	22752018	25800240	3143948	22656292
黑龙江	29147150	3179947	25967203	28074752	2861802	25212950
上海	41261269	7308436	33952833	41041908	7302056	33739852
江苏	71013353	5528654	65484699	70403709	5528654	64875055
浙江	52083838	2101013	49982825	51367681	2101013	49266668
安徽	35545132	1673667	33871465	35338579	1666394	33672185
福建	31773880	1628431	30145449	31642448	1628431	30014017
江西	25947526	51609	25895917	25633827	49886	25583941
山东	59562492	2794665	56767827	58971326	2792537	56178789
河南	56322620	57920	56264700	55454447	57920	55396527
湖北	40549187	8742451	31806736	40379959	8736815	31643144
湖南	39933403	2139098	37794305	39518988	2126296	37392692
广东	87859399	2315897	85543502	87003351	2289193	84714158
广西	29214978		29214978	29088440		29088440
海南	8167174	51051	8116123	7918224	51051	7867173
重庆	24219024	2263744	21955280	23922613	2263744	21658869
四川	63131552	4926939	58204613	62273398	4926858	57346540
贵州	25670737	98185	25572552	25515421	92344	25423077
云南	36011840	46573	35965267	35786732	46573	35740159
西藏	5760511		5760511	5759952		5759952
陕西	37200539	4700506	32500033	36858064	4700096	32157968
甘肃	24264980	1402876	22862104	24181315	1402778	22778537
青海	7057583		7057583	7041916		7041916
宁夏	6743712	261163	6482549	6679798	261163	6418635
新疆	27915435	3215382	24700053	24777577	97871	24679706

财政预算内教育经费

单位:千元

企业办学			民办学校
合　计	中　央	地　方	地　方
6048213	**3571427**	**2476786**	**7211604**
421705	1540	420165	54116
257071	656	256415	2195
78653	44882	33771	136349
36583	16025	20558	157996
163955	1263	162692	59098
24066		24066	47086
4567	2329	2238	93488
1029629	318145	711484	42769
67543	6380	61163	151818
43289		43289	566355
52770		52770	663387
38889	7273	31616	167664
3633		3633	127799
8188	1723	6465	305511
47415	2128	45287	543751
32966		32966	835207
20004	5636	14368	149224
25205	12802	12403	389210
94353	26704	67649	761695
8655		8655	117883
206907		206907	42043
11940		11940	284471
35640	81	35559	822514
90113	5841	84272	65203
32265		32265	192843
			559
53204	410	52794	289271
24322	98	24224	59343
11989		11989	3678
4030		4030	59884
3118664	3117511	1153	19194

2—4 分地区

地区	总计			教育部门和其他部门		
	合计	中央	地方	合计	中央	地方
合计	**941389289**	**59381510**	**882007779**	**929836280**	**56541592**	**873294688**
北京	48896906	17043850	31853056	48444200	17043190	31401010
天津	17476059	1320289	16155770	17228467	1319633	15908834
河北	39270369	455367	38815002	39098909	424926	38673983
山西	24848691	106578	24742113	24663770	90553	24573217
内蒙古	20665516	49152	20616364	20442515	47889	20394626
辽宁	31788976	1424370	30364606	31740209	1424370	30315839
吉林	21058079	2272525	18785554	20961869	2271428	18690441
黑龙江	27309971	2377550	24932421	26583592	2123470	24460122
上海	35416029	3876220	31539809	35274209	3869840	31404369
江苏	63870579	3906254	59964325	63279803	3906254	59373549
浙江	47058874	828650	46230224	46407014	828650	45578364
安徽	29264450	1071923	28192527	29088336	1064993	28023343
福建	26317132	1127709	25189423	26192463	1127709	25064754
江西	22514897	34132	22480765	22211290	32409	22178881
山东	56820370	1756558	55063812	56238105	1754430	54483675
河南	49254704	52219	49202485	48404278	52219	48352059
湖北	34972168	5795886	29176282	34809164	5790550	29018614
湖南	33271074	1351830	31919244	32876499	1341028	31535471
广东	69864124	1699446	68164678	69178469	1673881	67504588
广西	26397540		26397540	26287886		26287886
海南	6639860	43909	6595951	6413582	43909	6369673
重庆	18391263	1784939	16606324	18098738	1784939	16313799
四川	45258626	3634288	41624338	44453547	3634207	40819340
贵州	24302174	96833	24205341	24148367	92344	24056023
云南	28932184	40880	28891304	28720132	40880	28679252
西藏	4556940		4556940	4556381		4556381
陕西	32607744	3368188	29239556	32277045	3367778	28909267
甘肃	20325080	1196062	19129018	20256958	1195964	19060994
青海	5365021		5365021	5350103		5350103
宁夏	5623011	160363	5462648	5590590	160363	5430227
新疆	23050878	2505540	20545338	20559790	33786	20526004

财政预算内教育事业费拨款

单位：千元

企业办学			民办学校
合 计	中 央	地 方	地 方
4859607	**2839918**	**2019689**	**6693402**
402862	660	402202	49844
245531	656	244875	2061
51084	30441	20643	120376
36583	16025	20558	148338
163955	1263	162692	59046
5281		5281	43486
3335	1097	2238	92875
684737	254080	430657	41642
50352	6380	43972	91468
42989		42989	547787
39671		39671	612189
28880	6930	21950	147234
3483		3483	121186
8188	1723	6465	295419
42410	2128	40282	539855
28870		28870	821556
19704	5336	14368	143300
23096	10802	12294	371479
84577	25565	59012	601078
5283		5283	104371
187592		187592	38686
8940		8940	283585
24146	81	24065	780933
88761	4489	84272	65046
29768		29768	182284
			559
42226	410	41816	288473
19126	98	19028	48996
11240		11240	3678
4030		4030	28391
2472907	2471754	1153	18181

2—5 分地区

地区	总计			教育部门和其他部门		
	合计	中央	地方	合计	中央	地方
合计	**38546326**	**3446515**	**35099811**	**38192453**	**3134920**	**35057533**
北京	3688467	1154045	2534422	3688467	1154045	2534422
天津	25500	12000	13500	22500	12000	10500
河北	785625	27550	758075	785625	27550	758075
山西	743246		743246	743246		743246
内蒙古	763189		763189	763189		763189
辽宁	1266096	262320	1003776	1259796	262320	997476
吉林	391760	95780	295980	390960	94980	295980
黑龙江	610116	206595	403521	559293	173200	386093
上海	849986	264543	585443	849986	264543	585443
江苏	2530914	254452	2276462	2530914	254452	2276462
浙江	692776	6000	686776	692776	6000	686776
安徽	858844	39890	818954	858844	39890	818954
福建	1095792	193670	902122	1095792	193670	902122
江西	648586	3000	645586	648586	3000	645586
山东	406090	62590	343500	404090	62590	341500
河南	853407		853407	853407		853407
湖北	890455	136970	753485	890455	136970	753485
湖南	785397	46870	738527	785397	46870	738527
广东	5500833	16700	5484133	5500833	16700	5484133
广西	747261		747261	744261		744261
海南	1069932		1069932	1067982		1067982
重庆	645485	29000	616485	645485	29000	616485
四川	2145047	95500	2049547	2142047	95500	2046547
贵州	619322		619322	619322		619322
云南	2258056		2258056	2254056		2254056
西藏	935661		935661	935661		935661
陕西	1919084	199640	1719444	1917484	199640	1717844
甘肃	1258956	9000	1249956	1258956	9000	1249956
青海	666437		666437	666437		666437
宁夏	489217		489217	489217		489217
新疆	2404789	330400	2074389	2127389	53000	2074389

财政预算内基本建设拨款

单位：千元

企业办学			民办学校
合　计	中　央	地　方	地　方
346273	**311595**	**34678**	**7600**
3000		3000	
2700		2700	3600
800	800		
50823	33395	17428	
2000		2000	
3000		3000	
1950		1950	
3000		3000	
			4000
1600		1600	
277400	277400		

2—6 分地区

地 区	总 计			教育部门和其他部门		
	合 计	中 央	地 方	合 计	中 央	地 方
合 计	**19460286**	**14707366**	**4752920**	**19460286**	**14707366**	**4752920**
北 京	5264126	5105179	158947	5264126	5105179	158947
天 津	304571	235817	68754	304571	235817	68754
河 北	18333	5306	13027	18333	5306	13027
山 西	53925	2476	51449	53925	2476	51449
内蒙古	64877	3300	61577	64877	3300	61577
辽 宁	465263	168486	296777	465263	168486	296777
吉 林	461420	313272	148148	461420	313272	148148
黑龙江	320397	169382	151015	320397	169382	151015
上 海	2057134	1509960	547174	2057134	1509960	547174
江 苏	1661566	1107876	553690	1661566	1107876	553690
浙 江	1527177	1046382	480795	1527177	1046382	480795
安 徽	464890	425292	39598	464890	425292	39598
福 建	339579	209972	129607	339579	209972	129607
江 西	37944	9411	28533	37944	9411	28533
山 东	603705	418382	185323	603705	418382	185323
河 南	93244		93244	93244		93244
湖 北	1721255	1504119	217136	1721255	1504119	217136
湖 南	711564	552155	159409	711564	552155	159409
广 东	1042817	467532	575285	1042817	467532	575285
广 西	34927		34927	34927		34927
海 南	27106	2380	24726	27106	2380	24726
重 庆	305878	205363	100515	305878	205363	100515
四 川	770317	559141	211176	770317	559141	211176
贵 州	82669		82669	82669		82669
云 南	40354		40354	40354		40354
西 藏	3950		3950	3950		3950
陕 西	825611	591564	234047	825611	591564	234047
甘 肃	116608	94619	21989	116608	94619	21989
青 海	30761		30761	30761		30761
宁 夏	8228		8228	8228		8228
新 疆	90		90	90		90

财政预算内科研拨款

单位:千元

企业办学			民办学校
合　计	中　央	地　方	地　方

2—7 分地区

地区	总计			教育部门和其他部门		
	合计	中央	地方	合计	中央	地方
合计	**113874423**	**10973302**	**102901121**	**112521488**	**10553388**	**101968100**
北京	8285919	2770040	5515879	8262804	2769160	5493644
天津	743034	203248	539786	734360	203248	531112
河北	3986474	114300	3872174	3942932	99859	3843073
山西	1427993	17281	1410712	1418335	17281	1401054
内蒙古	3544750	200	3544550	3544698	200	3544498
辽宁	6636810	393055	6243755	6620725	393055	6227670
吉林	3987036	464700	3522336	3985991	464268	3521723
黑龙江	906666	426420	480246	611470	395750	215720
上海	2938120	1657713	1280407	2860579	1657713	1202866
江苏	2950294	260072	2690222	2931426	260072	2671354
浙江	2805011	219981	2585030	2740714	219981	2520733
安徽	4956948	136562	4820386	4926509	136219	4790290
福建	4021377	97080	3924297	4014614	97080	3917534
江西	2746099	5066	2741033	2736007	5066	2730941
山东	1732327	557135	1175192	1725426	557135	1168291
河南	6121265	5701	6115564	6103518	5701	6097817
湖北	2965309	1305476	1659833	2959085	1305176	1653909
湖南	5165368	188243	4977125	5145528	186243	4959285
广东	11451625	132219	11319406	11281232	131080	11150152
广西	2035250		2035250	2021366		2021366
海南	430276	4762	425514	409554	4762	404792
重庆	4876398	244442	4631956	4872512	244442	4628070
四川	14957562	638010	14319552	14907487	638010	14269477
贵州	666572	1352	665220	665063		665063
云南	4781246	5693	4775553	4772190	5693	4766497
西藏	263960		263960	263960		263960
陕西	1848100	541114	1306986	1837924	541114	1296810
甘肃	2564336	103195	2461141	2548793	103195	2445598
青海	995364		995364	994615		994615
宁夏	623256	100800	522456	591763	100800	490963
新疆	2459678	379442	2080236	2090308	11085	2079223

财政预算内其他拨款

单位：千元

企业办学			民办学校
合　计	中　央	地　方	地　方
842333	**419914**	**422419**	**510602**
18843	880	17963	4272
8540		8540	134
27569	14441	13128	15973
			9658
			52
16085		16085	
432	432		613
294069	30670	263399	1127
17191		17191	60350
300		300	18568
13099		13099	51198
10009	343	9666	20430
150		150	6613
			10092
3005		3005	3896
4096		4096	13651
300	300		5924
2109	2000	109	17731
9776	1139	8637	160617
372		372	13512
17365		17365	3357
3000		3000	886
8494		8494	41581
1352	1352		157
2497		2497	6559
9378		9378	798
5196		5196	10347
749		749	
			31493
368357	368357		1013

2—8 分地区

地区	总计			教育部门和其他部门		
	合计	中央	地方	合计	中央	地方
合计	**73737798**		**73737798**	**73070072**		**73070072**
北京	3064666		3064666	3054224		3054224
天津	1204826		1204826	1201730		1201730
河北	3379719		3379719	3373399		3373399
山西	2278626		2278626	2271896		2271896
内蒙古	1824151		1824151	1815514		1815514
辽宁	3321529		3321529	3321529		3321529
吉林	783921		783921	781412		781412
黑龙江	847108		847108	843938		843938
上海	4135966		4135966	4103305		4103305
江苏	8231563		8231563	8128777		8128777
浙江	9445328		9445328	9219788		9219788
安徽	1976520		1976520	1961993		1961993
福建	2392939		2392939	2381814		2381814
江西	1120262		1120262	1117314		1117314
山东	6523634		6523634	6475654		6475654
河南	2358792		2358792	2352328		2352328
湖北	2086086		2086086	2075986		2075986
湖南	2312706		2312706	2302469		2302469
广东	4879243		4879243	4823539		4823539
广西	1218937		1218937	1216532		1216532
海南	278353		278353	278091		278091
重庆	1212939		1212939	1166216		1166216
四川	2700867		2700867	2692258		2692258
贵州	1216947		1216947	1204755		1204755
云南	1115667		1115667	1087322		1087322
西藏	10107		10107	10107		10107
陕西	1523604		1523604	1516081		1516081
甘肃	611935		611935	611665		611665
青海	199432		199432	199432		199432
宁夏	288927		288927	288911		288911
新疆	1192498		1192498	1192093		1192093

各级政府征收用于教育的税费

单位:千元

企业办学			民办学校
合　计	中　央	地　方	地　方
83648		**83648**	**584078**
10442		10442	
3096		3096	
1040		1040	5280
			6730
8505		8505	132
2509		2509	
3170		3170	
			32661
1283		1283	101503
27365		27365	198175
2870		2870	11657
			11125
			2948
1804		1804	46176
400		400	6064
			10100
			10237
11487		11487	44217
2405		2405	
152		152	110
1637		1637	45086
183		183	8426
814		814	11378
4071		4071	24274
415		415	7108
			270
			16
			405

2—9 分地区

地　区	总　计			教育部门和其他部门		
	合　计	中　央	地　方	合　计	中　央	地　方
合　计	**55567204**		**55567204**	**55004471**		**55004471**
北　京	3040437		3040437	3029995		3029995
天　津	1204826		1204826	1201730		1201730
河　北	2234770		2234770	2228462		2228462
山　西	1954413		1954413	1947683		1947683
内蒙古	1562063		1562063	1553476		1553476
辽　宁	2124294		2124294	2124294		2124294
吉　林	783921		783921	781412		781412
黑龙江	766150		766150	762980		762980
上　海	3553746		3553746	3521085		3521085
江　苏	5520107		5520107	5418507		5418507
浙　江	4407971		4407971	4267253		4267253
安　徽	1604745		1604745	1593088		1593088
福　建	1481852		1481852	1470780		1470780
江　西	927740		927740	924792		924792
山　东	4742987		4742987	4702807		4702807
河　南	2358792		2358792	2352328		2352328
湖　北	1422453		1422453	1418953		1418953
湖　南	1799815		1799815	1789578		1789578
广　东	4813519		4813519	4757815		4757815
广　西	621021		621021	618967		618967
海　南	274907		274907	274645		274645
重　庆	1099582		1099582	1052859		1052859
四　川	1935005		1935005	1926903		1926903
贵　州	953682		953682	942216		942216
云　南	1022824		1022824	994479		994479
西　藏	10107		10107	10107		10107
陕　西	1517480		1517480	1509957		1509957
甘　肃	518649		518649	518379		518379
青　海	171219		171219	171219		171219
宁　夏	236203		236203	236203		236203
新　疆	901924		901924	901519		901519

教育费附加

单位：千元

企业办学			民办学校
合　计	中　央	地　方	地　方
64735		**64735**	**497998**
10442		10442	
3096		3096	
1028		1028	5280
			6730
8455		8455	132
2509		2509	
3170		3170	
			32661
1283		1283	100317
12780		12780	127938
			11657
			11072
			2948
859		859	39321
400		400	6064
			3500
			10237
11487		11487	44217
2054		2054	
152		152	110
1637		1637	45086
183		183	7919
714		714	10752
4071		4071	24274
415		415	7108
			270
			405

2—10 分地区

地 区	总 计			教育部门和其他部门		
	合 计	中 央	地 方	合 计	中 央	地 方
合 计	**13506352**		**13506352**	**13423145**		**13423145**
北 京	15111		15111	15111		15111
天 津						
河 北	957118		957118	957106		957106
山 西						
内蒙古	239438		239438	239438		239438
辽 宁	512433		512433	512433		512433
吉 林						
黑龙江	73532		73532	73532		73532
上 海	582220		582220	582220		582220
江 苏	2273492		2273492	2272386		2272386
浙 江	3168900		3168900	3105476		3105476
安 徽	357535		357535	354665		354665
福 建	709835		709835	709792		709792
江 西	165017		165017	165017		165017
山 东	1462161		1462161	1454361		1454361
河 南						
湖 北	630027		630027	623427		623427
湖 南	505130		505130	505130		505130
广 东						
广 西	582100		582100	581749		581749
海 南	792		792	792		792
重 庆	47060		47060	47060		47060
四 川	526615		526615	526356		526356
贵 州	248231		248231	247505		247505
云 南	92843		92843	92843		92843
西 藏						
陕 西	6124		6124	6124		6124
甘 肃	90755		90755	90755		90755
青 海	28063		28063	28063		28063
宁 夏	30680		30680	30664		30664
新 疆	201140		201140	201140		201140

地方教育附加

单位:千元

企业办学			民办学校
合　计	中　央	地　方	地　方
18863		**18863**	**64344**
12		12	
			1106
14585		14585	48839
2870		2870	
			43
945		945	6855
			6600
351		351	
			259
100		100	626
			16

2—11 分地区

地区	总计			教育部门和其他部门		
	合计	中央	地方	合计	中央	地方
合计	**4664242**		**4664242**	**4642456**		**4642456**
北京	9118		9118	9118		9118
天津						
河北	187831		187831	187831		187831
山西	324213		324213	324213		324213
内蒙古	22650		22650	22600		22600
辽宁	684802		684802	684802		684802
吉林						
黑龙江	7426		7426	7426		7426
上海						
江苏	437964		437964	437884		437884
浙江	1868457		1868457	1847059		1847059
安徽	14240		14240	14240		14240
福建	201252		201252	201242		201242
江西	27505		27505	27505		27505
山东	318486		318486	318486		318486
河南						
湖北	33606		33606	33606		33606
湖南	7761		7761	7761		7761
广东	65724		65724	65724		65724
广西	15816		15816	15816		15816
海南	2654		2654	2654		2654
重庆	66297		66297	66297		66297
四川	239247		239247	238999		238999
贵州	15034		15034	15034		15034
云南						
西藏						
陕西						
甘肃	2531		2531	2531		2531
青海	150		150	150		150
宁夏	22044		22044	22044		22044
新疆	89434		89434	89434		89434

地方教育基金

单位:千元

企业办学			民办学校
合　计	中　央	地　方	地　方
50		**50**	**21736**
50		50	
			80
			21398
			10
			248

2—12 分地区

地区	总计			教育部门和其他部门		
	合计	中央	地方	合计	中央	地方
合计	**4412893**	**1062670**	**3350223**			
北京	108792	59951	48841			
天津	43714		43714			
河北	207914	128913	79001			
山西	131972	9548	122424			
内蒙古	108161		108161			
辽宁	188892		188892			
吉林	223785	31060	192725			
黑龙江	1065634	271254	794380			
上海	106818	19550	87268			
江苏	12981		12981			
浙江	12233		12233			
安徽	119470	19595	99875			
福建						
江西	9448	1981	7467			
山东	294912	32075	262837			
河南	32549		32549			
湖北	173648	97243	76405			
湖南	15370	7507	7863			
广东	130877	4100	126777			
广西	21237		21237			
海南	648301		648301			
重庆	30433	732	29701			
四川	95593	8982	86611			
贵州	16864	7860	9004			
云南	46383		46383			
西藏	440		440			
陕西	76403	10622	65781			
甘肃	120074	7041	113033			
青海	14158		14158			
宁夏	3479		3479			
新疆	352358	344656	7702			

企业办学中的企业拨款

单位：千元

企业办学			民办学校
合　计	中　央	地　方	地　方
4412893	**1062670**	**3350223**	
108792	59951	48841	
43714		43714	
207914	128913	79001	
131972	9548	122424	
108161		108161	
188892		188892	
223785	31060	192725	
1065634	271254	794380	
106818	19550	87268	
12981		12981	
12233		12233	
119470	19595	99875	
9448	1981	7467	
294912	32075	262837	
32549		32549	
173648	97243	76405	
15370	7507	7863	
130877	4100	126777	
21237		21237	
648301		648301	
30433	732	29701	
95593	8982	86611	
16864	7860	9004	
46383		46383	
440		440	
76403	10622	65781	
120074	7041	113033	
14158		14158	
3479		3479	
352358	344656	7702	

2—13 分地区

地区	总计			教育部门和其他部门		
	合计	中央	地方	合计	中央	地方
合计	**3028339**	**946119**	**2082220**	**2950022**	**936300**	**2013722**
北京	505653	354488	151165	492495	353356	139139
天津	67063	53983	13080	65123	53983	11140
河北	7775	3541	4234	5546	3541	2005
山西	424380		424380	424178		424178
内蒙古	10165		10165	9965		9965
辽宁	25622	7239	18383	25526	7239	18287
吉林	21928	15	21913	21913		21913
黑龙江	14080	3101	10979	14080	3101	10979
上海	388080	311101	76979	373209	311101	62108
江苏	310521	19091	291430	305247	19091	286156
浙江	34849	3080	31769	33864	3080	30784
安徽	21774	286	21488	21774	286	21488
福建	28889	10000	18889	28889	10000	18889
江西	40694		40694	40694		40694
山东	106535	13013	93522	104556	13013	91543
河南	35405		35405	32671		32671
湖北	193705	89806	103899	189208	87440	101768
湖南	206439	9558	196881	206009	9128	196881
广东	175035	14271	160764	175023	14271	160752
广西	59342		59342	59290		59290
海南	15826		15826	7876		7876
重庆	51415	3842	47573	46757	3842	42915
四川	76244	14430	61814	65008	9930	55078
贵州	4078		4078	4078		4078
云南	109543		109543	108720		108720
西藏	2929		2929	2929		2929
陕西	34424	18098	16326	32896	18098	14798
甘肃	25989	15800	10189	25989	15800	10189
青海	8486		8486	6414		6414
宁夏	99		99	99		99
新疆	21372	1376	19996	19996		19996

校办产业和社会服务收入用于教育的经费

单位：千元

企业办学			民办学校
合　计	中　央	地　方	地　方
78317	**9819**	**68498**	
13158	1132	12026	
1940		1940	
2229		2229	
202		202	
200		200	
96		96	
15	15		
14871		14871	
5274		5274	
985		985	
1979		1979	
2734		2734	
4497	2366	2131	
430	430		
12		12	
52		52	
7950		7950	
4658		4658	
11236	4500	6736	
823		823	
1528		1528	
2072		2072	
1376	1376		

2—14 分地区

地区	总计			教育部门和其他部门		
	合计	中央	地方	合计	中央	地方
合计	**7498291**		**7498291**			
北京	52078		52078			
天津	37861		37861			
河北	294869		294869			
山西	207942		207942			
内蒙古	22797		22797			
辽宁	202423		202423			
吉林	41525		41525			
黑龙江	85760		85760			
上海	45921		45921			
江苏	205699		205699			
浙江	108923		108923			
安徽	482785		482785			
福建	855417		855417			
江西	146597		146597			
山东	255121		255121			
河南	599914		599914			
湖北	422675		422675			
湖南	205277		205277			
广东	1402746		1402746			
广西	103664		103664			
海南	213740		213740			
重庆	503524		503524			
四川	398442		398442			
贵州	77870		77870			
云南	174280		174280			
西藏	288		288			
陕西	304547		304547			
甘肃	23614		23614			
青海	6967		6967			
宁夏	6050		6050			
新疆	8975		8975			

民办学校中举办者投入

单位：千元

企业办学			民办学校
合　计	中　央	地　方	地　方
			7498291
			52078
			37861
			294869
			207942
			22797
			202423
			41525
			85760
			45921
			205699
			108923
			482785
			855417
			146597
			255121
			599914
			422675
			205277
			1402746
			103664
			213740
			503524
			398442
			77870
			174280
			288
			304547
			23614
			6967
			6050
			8975

2—15 分地区

地区	总计			教育部门和其他部门		
	合计	中央	地方	合计	中央	地方
合计	**12549905**	**1387193**	**11162712**	**11430190**	**1375470**	**10054720**
北京	1039947	503128	536819	1020765	503121	517644
天津	81410	9311	72099	78053	9311	68742
河北	95985	1472	94513	93663	1472	92191
山西	81540		81540	77775		77775
内蒙古	32015		32015	31943		31943
辽宁	71337	49860	21477	59138	49860	9278
吉林	56846	9358	47488	46105	7159	38946
黑龙江	24229	11380	12849	20828	11380	9448
上海	271974	177952	94022	236924	177952	58972
江苏	1734688	248220	1486468	1510291	248220	1262071
浙江	1770819	9478	1761341	1395187	9478	1385709
安徽	240617	15161	225456	216908	15140	201768
福建	347432	42719	304713	341620	42719	298901
江西	134753		134753	134159		134159
山东	320298	37965	282333	315882	37965	277917
河南	49468		49468	46658		46658
湖北	202224	46141	156083	187857	46141	141716
湖南	163379	27685	135694	159831	27685	132146
广东	1179990	55972	1124018	1084307	55972	1028335
广西	136819		136819	102047		102047
海南	70334		70334	59425		59425
重庆	363399	33409	329990	203376	33409	169967
四川	2989157	37850	2951307	2933817	37460	2896357
贵州	56674		56674	56333		56333
云南	169170		169170	163644		163644
西藏	46399		46399	46379		46379
陕西	253199	45820	207379	252080	45820	206260
甘肃	282872	15232	267640	282411	15196	267215
青海	22784		22784	22784		22784
宁夏	212104	10	212094	211055	10	211045
新疆	48043	9070	38973	38945		38945

社会捐赠经费

单位:千元

企业办学			民办学校
合　计	中　央	地　方	地　方
66353	**11723**	**54630**	**1053362**
252	7	245	18930
			3357
18		18	2304
720		720	3045
			72
			12199
2199	2199		8542
726		726	2675
14386		14386	20664
			224397
18191		18191	357441
592	21	571	23117
32		32	5780
			594
15		15	4401
1200		1200	1610
691		691	13676
			3548
2294		2294	93389
292		292	34480
9911		9911	998
173		173	159850
496	390	106	54844
			341
5001		5001	525
20		20	
12		12	1107
36	36		425
			1049
9096	9070	26	2

2—16 分地区

地 区	总 计			教育部门和其他部门		
	合 计	中 央	地 方	合 计	中 央	地 方
合 计	**702580**		**702580**	**702580**		**702580**
北 京	3659		3659	3659		3659
天 津	6383		6383	6383		6383
河 北	54474		54474	54474		54474
山 西	24949		24949	24949		24949
内蒙古	1133		1133	1133		1133
辽 宁	448		448	448		448
吉 林	3158		3158	3158		3158
黑龙江	30		30	30		30
上 海	37		37	37		37
江 苏	100136		100136	100136		100136
浙 江	199455		199455	199455		199455
安 徽	13454		13454	13454		13454
福 建	59565		59565	59565		59565
江 西	14765		14765	14765		14765
山 东	53750		53750	53750		53750
河 南	997		997	997		997
湖 北	8021		8021	8021		8021
湖 南	13122		13122	13122		13122
广 东	89014		89014	89014		89014
广 西	1611		1611	1611		1611
海 南	1233		1233	1233		1233
重 庆	4123		4123	4123		4123
四 川	23735		23735	23735		23735
贵 州	1226		1226	1226		1226
云 南	12513		12513	12513		12513
西 藏						
陕 西	2497		2497	2497		2497
甘 肃	5930		5930	5930		5930
青 海	1830		1830	1830		1830
宁 夏	985		985	985		985
新 疆	347		347	347		347

农村捐赠经费

单位：千元

企业办学			民办学校
合 计	中 央	地 方	地 方

2—17 分地区

地 区	总 计			教育部门和其他部门		
	合 计	中 央	地 方	合 计	中 央	地 方
合 计	**352759391**	**49911921**	**302847470**	**262565205**	**48429829**	**214135376**
北 京	21540562	13969052	7571510	18702456	13962989	4739467
天 津	6094116	1034392	5059724	4817469	1030629	3786840
河 北	13061008	553924	12507084	9313390	329299	8984091
山 西	7520996	6713	7514283	5354631	2849	5351782
内蒙古	4299382	3910	4295472	3895133		3895133
辽 宁	11617667	1315767	10301900	9430399	1315767	8114632
吉 林	6914349	995148	5919201	5251593	993183	4258410
黑龙江	9173260	2156568	7016692	7812183	1960825	5851358
上 海	13430663	5184736	8245927	10585873	5171787	5414086
江 苏	31956057	3434425	28521632	23024298	3434425	19589873
浙 江	22791485	1456492	21334993	14798674	1456492	13342182
安 徽	11845398	833249	11012149	9098455	768557	8329898
福 建	11007678	933652	10074026	7722776	933652	6789124
江 西	9206913	13245	9193668	6272977		6272977
山 东	19424177	1257445	18166732	15661498	1202407	14459091
河 南	15580387	25282	15555105	11586971	25282	11561689
湖 北	19364314	4210287	15154027	14483845	4094183	10389662
湖 南	15151249	1125237	14026012	11132172	1054210	10077962
广 东	34525225	2290005	32235220	21341561	2239293	19102268
广 西	7394997		7394997	5868771		5868771
海 南	2130892	650	2130242	1186254	650	1185604
重 庆	8309527	1580023	6729504	6698030	1579722	5118308
四 川	18811490	3701561	15109929	14520690	3684501	10836189
贵 州	3604084	20154	3583930	2817985		2817985
云 南	5641194	4449	5636745	4307586	146	4307440
西 藏	150868		150868	148394		148394
陕 西	13256293	2707116	10549177	9455262	2706867	6748395
甘 肃	3950007	439933	3510074	3430215	434114	2996101
青 海	452185		452185	419350		419350
宁 夏	948614	48000	900614	715303	48000	667303
新 疆	3604354	610506	2993848	2711011		2711011

事业收入

单位：千元

企业办学			民办学校
合计	中央	地方	地方
5575460	**1482092**	**4093368**	**84618726**
137944	6063	131881	2700162
332632	3763	328869	944015
374185	224625	149560	3373433
60600	3864	56736	2105765
75429	3910	71519	328820
110011		110011	2077257
22677	1965	20712	1640079
291635	195743	95892	1069442
333989	12949	321040	2510801
231177		231177	8700582
490495		490495	7502316
202328	64692	137636	2544615
11182		11182	3273720
20259	13245	7014	2913677
389015	55038	333977	3373664
184865		184865	3808551
221256	116104	105152	4659213
97373	71027	26346	3921704
234344	50712	183632	12949320
32866		32866	1493360
394407		394407	550231
90828	301	90527	1520669
100407	17060	83347	4190393
120313	20154	100159	665786
67956	4303	63653	1265652
96		96	2378
224595	249	224346	3576436
69205	5819	63386	450587
13555		13555	19280
26029		26029	207282
613807	610506	3301	279536

2—18 分地区

地 区	总 计			教育部门和其他部门		
	合 计	中 央	地 方	合 计	中 央	地 方
合 计	**251559826**	**25352767**	**226207059**	**172152000**	**24253019**	**147898981**
北 京	11238627	6203042	5035585	8578238	6196979	2381259
天 津	4238816	641460	3597356	3048964	637697	2411267
河 北	10640507	333538	10306969	7201419	201643	6999776
山 西	6029435	4641	6024794	4177904	777	4177127
内蒙古	3350821	3910	3346911	2962305		2962305
辽 宁	9145922	766801	8379121	7127616	766801	6360815
吉 林	5458098	772294	4685804	3924530	771002	3153528
黑龙江	6701205	720151	5981054	5465310	554993	4910317
上 海	10223314	3339866	6883448	7752007	3328019	4423988
江 苏	20673113	1205015	19468098	12611966	1205015	11406951
浙 江	15906884	457524	15449360	9087123	457524	8629599
安 徽	8700162	368370	8331792	6276351	311133	5965218
福 建	7686540	343200	7343340	4629316	343200	4286116
江 西	7485491	12875	7472616	4908594		4908594
山 东	14661422	871148	13790274	11234724	816110	10418614
河 南	11966895	18798	11948097	8595516	18798	8576718
湖 北	13983270	2706767	11276503	9664559	2600166	7064393
湖 南	11442021	760032	10681989	7809147	695350	7113797
广 东	25304314	1360366	23943948	13670815	1321360	12349455
广 西	5701023		5701023	4299930		4299930
海 南	1590350		1590350	802135		802135
重 庆	5451427	818595	4632832	4235709	818294	3417415
四 川	10691249	1713421	8977828	7546261	1706785	5839476
贵 州	2629668	20154	2609514	1947573		1947573
云 南	4295830	4423	4291407	3062323	120	3062203
西 藏	117902		117902	115428		115428
陕 西	9619678	1175675	8444003	6203009	1175456	5027553
甘 肃	3116526	292112	2824414	2623469	286297	2337172
青 海	301587		301587	272654		272654
宁 夏	726390	39500	686890	498760	39500	459260
新 疆	2481339	399089	2082250	1818345		1818345

学杂费收入

单位：千元

企业办学			民办学校
合　计	中　央	地　方	地　方
4564962	**1099748**	**3465214**	**74842864**
93197	6063	87134	2567192
289810	3763	286047	900042
275631	131895	143736	3163457
58581	3864	54717	1792950
72141	3910	68231	316375
92009		92009	1926297
16085	1292	14793	1517483
230370	165158	65212	1005525
298046	11847	286199	2173261
208132		208132	7853015
414433		414433	6405328
180118	57237	122881	2243693
8617		8617	3048607
16675	12875	3800	2560222
364550	55038	309512	3062148
174801		174801	3196578
192397	106601	85796	4126314
86236	64682	21554	3546638
197919	39006	158913	11435580
27901		27901	1373192
316848		316848	471367
84365	301	84064	1131353
55009	6636	48373	3089979
117018	20154	96864	565077
58288	4303	53985	1175219
96		96	2378
139470	219	139251	3277199
59032	5815	53217	434025
10267		10267	18666
26029		26029	201601
400891	399089	1802	262103

2—19 分地区

地 区	总 计			教育部门和其他部门		
	合 计	中 央	地 方	合 计	中 央	地 方
合 计	**54353709**	**10584489**	**43769220**	**51246936**	**10401491**	**40845445**
北 京	4649485	3242548	1406937	4590533	3241697	1348836
天 津	1026384	418778	607606	983151	418778	564373
河 北	1663462	28554	1634908	1585808	16564	1569244
山 西	517073	2826	514247	497540	51	497489
内蒙古	598885		598885	594962		594962
辽 宁	1917095	388772	1528323	1834275	388772	1445503
吉 林	429667	118583	311084	410632	118583	292049
黑龙江	1370204	1243546	126658	1308905	1205574	103331
上 海	3535816	801338	2734478	3419753	796692	2623061
江 苏	7337657	1023231	6314426	7049162	1023231	6025931
浙 江	6565813	128156	6437657	6102832	128156	5974676
安 徽	1129025	85605	1043420	1054682	85599	969083
福 建	1078811	78981	999830	989864	78981	910883
江 西	1225810	10	1225800	1164182		1164182
山 东	1778207	155924	1622283	1671727	153430	1518297
河 南	1440539	1509	1439030	1290078	1509	1288569
湖 北	2677442	538401	2139041	2523641	507880	2015761
湖 南	2077622	149518	1928104	1951145	148384	1802761
广 东	3506042	547460	2958582	3052846	537528	2515318
广 西	582557		582557	539957		539957
海 南	283530	1708	281822	250127	1708	248419
重 庆	2459475	168215	2291260	2363437	168215	2195222
四 川	1902310	531105	1371205	1767852	527677	1240175
贵 州	420266	195	420071	361754		361754
云 南	863752		863752	760989		760989
西 藏	2935		2935	2905		2905
陕 西	1965080	757359	1207721	1875183	757319	1117864
甘 肃	296546	84038	212508	287246	83992	203254
青 海	96605		96605	96477		96477
宁 夏	248064	11171	236893	238767	11171	227596
新 疆	707550	76958	630592	626524		626524

其他收入

单位：千元

企业办学			民办学校
合　计	中　央	地　方	地　方
596236	**182998**	**413238**	**2510537**
21509	851	20658	37443
24462		24462	18771
28791	11990	16801	48863
3797	2775	1022	15736
35		35	3888
42569		42569	40251
120		120	18915
56831	37972	18859	4468
31381	4646	26735	84682
7320		7320	281175
103952		103952	359029
10534	6	10528	63809
4975		4975	83972
10	10		61618
11247	2494	8753	95233
6344		6344	144117
31250	30521	729	122551
3388	1134	2254	123089
22769	9932	12837	430427
2157		2157	40443
9665		9665	23738
15576		15576	80462
14727	3428	11299	119731
38038	195	37843	20474
1679		1679	101084
30		30	
24346	40	24306	65551
563	46	517	8737
			128
1109		1109	8188
77062	76958	104	3964

第三部分

省、自治区、直辖市各级各类教育机构教育经费收入情况

3—1 分地区各级各类教育机构

地区	总计	国家财政性教育经费	预算内教育经费	教育事业费拨款	基本建设拨款	科研拨款	其他拨款	各级政府征收用于教育的税费	教育费附加
合计	**1621610650**	**1194449354**	**1113270324**	**941389289**	**38546326**	**19460286**	**113874423**	**73737798**	**55567204**
北京	97096601	69814529	66135418	48896906	3688467	5264126	8285919	3064666	3040437
天津	27104538	19864767	18549164	17476059	25500	304571	743034	1204826	1204826
河北	62771533	47656209	44060801	39270369	785625	18333	3986474	3379719	2234770
山西	38236384	29908833	27073855	24848691	743246	53925	1427993	2278626	1954413
内蒙古	31933888	26980809	25038332	20665516	763189	64877	3544750	1824151	1562063
辽宁	57501710	43693188	40157145	31788976	1266096	465263	6636810	3321529	2124294
吉林	34370316	26927929	25898295	21058079	391760	461420	3987036	783921	783921
黑龙江	41727425	31073972	29147150	27309971	610116	320397	906666	847108	766150
上海	63176507	45892133	41261269	35416029	849986	2057134	2938120	4135966	3553746
江苏	120802519	79568418	71013353	63870579	2530914	1661566	2950294	8231563	5520107
浙江	92813288	61576248	52083838	47058874	692776	1527177	2805011	9445328	4407971
安徽	51360721	37662896	35545132	29264450	858844	464890	4956948	1976520	1604745
福建	47485046	34195708	31773880	26317132	1095792	339579	4021377	2392939	1481852
江西	37832003	27117930	25947526	22514897	648586	37944	2746099	1120262	927740
山东	88265376	66487573	59562492	56820370	406090	603705	1732327	6523634	4742987
河南	76419674	58749366	56322620	49254704	853407	93244	6121265	2358792	2358792
湖北	65669281	43002626	40549187	34972168	890455	1721255	2965309	2086086	1422453
湖南	60065445	42467918	39933403	33271074	785397	711564	5165368	2312706	1799815
广东	133658557	93044554	87859399	69864124	5500833	1042817	11451625	4879243	4813519
广西	38732531	30514494	29214978	26397540	747261	34927	2035250	1218937	621021
海南	11808150	9109654	8167174	6639860	1069932	27106	430276	278353	274907
重庆	37149736	25513811	24219024	18391263	645485	305878	4876398	1212939	1099582
四川	90105655	66004256	63131552	45258626	2145047	770317	14957562	2700867	1935005
贵州	31067520	26908626	25670737	24302174	619322	82669	666572	1216947	953682
云南	44131829	37283433	36011840	28932184	2258056	40354	4781246	1115667	1022824
西藏	5974477	5773987	5760511	4556940	935661	3950	263960	10107	10107
陕西	54614089	38834970	37200539	32607744	1919084	825611	1848100	1523604	1517480
甘肃	29576017	25022978	24264980	20325080	1258956	116608	2564336	611935	518649
青海	7858200	7279659	7057583	5365021	666437	30761	995364	199432	171219
宁夏	8451049	7036217	6743712	5623011	489217	8228	623256	288927	236203
新疆	33850585	29481663	27915435	23050878	2404789	90	2459678	1192498	901924

教育经费收入情况

单位:千元

地方教育附加	地方教育基金	企业办学中的企业拨款	校办产业和社会服务收入用于教育的经费	民办学校中举办者投入	社会捐赠经费	＃农村	事业收入	＃学杂费	其他收入
13506352	**4664242**	**4412893**	**3028339**	**7498291**	**12549905**	**702580**	**352759391**	**251559826**	**54353709**
15111	9118	108792	505653	52078	1039947	3659	21540562	11238627	4649485
		43714	67063	37861	81410	6383	6094116	4238816	1026384
957118	187831	207914	7775	294869	95985	54474	13061008	10640507	1663462
	324213	131972	424380	207942	81540	24949	7520996	6029435	517073
239438	22650	108161	10165	22797	32015	1133	4299382	3350821	598885
512433	684802	188892	25622	202423	71337	448	11617667	9145922	1917095
		223785	21928	41525	56846	3158	6914349	5458098	429667
73532	7426	1065634	14080	85760	24229	30	9173260	6701205	1370204
582220		106818	388080	45921	271974	37	13430663	10223314	3535816
2273492	437964	12981	310521	205699	1734688	100136	31956057	20673113	7337657
3168900	1868457	12233	34849	108923	1770819	199455	22791485	15906884	6565813
357535	14240	119470	21774	482785	240617	13454	11845398	8700162	1129025
709835	201252		28889	855417	347432	59565	11007678	7686540	1078811
165017	27505	9448	40694	146597	134753	14765	9206913	7485491	1225810
1462161	318486	294912	106535	255121	320298	53750	19424177	14661422	1778207
		32549	35405	599914	49468	997	15580387	11966895	1440539
630027	33606	173648	193705	422675	202224	8021	19364314	13983270	2677442
505130	7761	15370	206439	205277	163379	13122	15151249	11442021	2077622
	65724	130877	175035	1402746	1179990	89014	34525225	25304314	3506042
582100	15816	21237	59342	103664	136819	1611	7394997	5701023	582557
792	2654	648301	15826	213740	70334	1233	2130892	1590350	283530
47060	66297	30433	51415	503524	363399	4123	8309527	5451427	2459475
526615	239247	95593	76244	398442	2989157	23735	18811490	10691249	1902310
248231	15034	16864	4078	77870	56674	1226	3604084	2629668	420266
92843		46383	109543	174280	169170	12513	5641194	4295830	863752
		440	2929	288	46399		150868	117902	2935
6124		76403	34424	304547	253199	2497	13256293	9619678	1965080
90755	2531	120074	25989	23614	282872	5930	3950007	3116526	296546
28063	150	14158	8486	6967	22784	1830	452185	301587	96605
30680	22044	3479	99	6050	212104	985	948614	726390	248064
201140	89434	352358	21372	8975	48043	347	3604354	2481339	707550

3—2 分地区中央属各级各类教育机构

地区	总计	国家财政性教育经费	预算内教育经费					各级政府征收用于教育的税费	
				教育事业费拨款	基本建设拨款	科研拨款	其他拨款		教育费附加
合计	**159038734**	**97155131**	**95071531**	**62212481**	**3385103**	**17401794**	**12072153**	**74811**	**74811**
北京	45316123	27601395	27186956	17328252	1154045	5192685	3511974		
天津	3338927	1876446	1822403	1331543	12000	267476	211384	60	60
河北	1318927	734977	602523	455367	27550	5306	114300		
山西	41509	31970	22422	22422					
内蒙古	5173	1263	1263	1263					
辽宁	4251624	2497225	2489986	1493950	262320	347217	386499		
吉林	4357593	3234504	3203429	2240290	95780	384322	483037		
黑龙江	6764727	3353233	3078878	2261836	206595	186058	424389		
上海	15694252	9530226	9199575	5315088	264543	1936234	1683710		
江苏	10823285	6117409	6098318	4021764	242270	1516868	317416		
浙江	4456606	2862480	2784649	1217211	6000	1289474	271964	74751	74751
安徽	2652364	1718349	1698468	1063836	36890	461180	136562		
福建	2902546	1847194	1837194	1197947	213440	258744	167063		
江西	16959	3704	1723	1723					
山东	4450874	2999540	2954452	1755204	62590	501716	634942		
河南	84711	57920	57920	52219			5701		
湖北	14050500	9255671	9068622	5924746	136970	1668253	1338653		
湖南	3576136	2273696	2256631	1377076	36870	648542	194143		
广东	6499545	3606108	3587737	2548784	16700	870737	151516		
广西									
海南	11834	9476	9476	4714			4762		
重庆	4163663	2382016	2377442	1794651	29000	295538	258253		
四川	9388413	5117897	5094485	3659043	95500	693304	646638		
贵州	34050	13701	5841	4489			1352		
云南	27529	23080	23080	23080					
西藏									
陕西	8435321	4925026	4896306	3367664	199640	774032	554970		
甘肃	1894633	1355430	1332589	1115713	9000	104108	103768		
青海									
宁夏	320833	261652	261652	160852			100800		
新疆	4160077	3463543	3117511	2471754	277400		368357		

教育经费收入情况

单位:千元

地方教育附加	地方教育基金	企业办学中的企业拨款	校办产业和社会服务收入用于教育的经费	民办学校中举办者投入	社会捐赠经费	#农村	事业收入	#学杂费	其他收入
		1062670	**946119**		**1387193**		**49911921**	**25352767**	**10584489**
		59951	354488		503128		13969052	6203042	3242548
			53983		9311		1034392	641460	418778
		128913	3541		1472		553924	333538	28554
		9548					6713	4641	2826
							3910	3910	
			7239		49860		1315767	766801	388772
		31060	15		9358		995148	772294	118583
		271254	3101		11380		2156568	720151	1243546
		19550	311101		177952		5184736	3339866	801338
			19091		248220		3434425	1205015	1023231
			3080		9478		1456492	457524	128156
		19595	286		15161		833249	368370	85605
			10000		42719		933652	343200	78981
		1981					13245	12875	10
		32075	13013		37965		1257445	871148	155924
							25282	18798	1509
		97243	89806		46141		4210287	2706767	538401
		7507	9558		27685		1125237	760032	149518
		4100	14271		55972		2290005	1360366	547460
							650		1708
		732	3842		33409		1580023	818595	168215
		8982	14430		37850		3701561	1713421	531105
		7860					20154	20154	195
							4449	4423	
		10622	18098		45820		2707116	1175675	757359
		7041	15800		15232		439933	292112	84038
					10		48000	39500	11171
		344656	1376		9070		610506	399089	76958

3—3 分地区地方各级各类教育机构

地区	总计	国家财政性教育经费							
			预算内教育经费	教育事业费拨款	基本建设拨款	科研拨款	其他拨款	各级政府征收用于教育的税费	教育费附加
合计	**1462571916**	**1097294223**	**1018198793**	**879176808**	**35161223**	**2058492**	**101802270**	**73662987**	**55492393**
北京	51780478	42213134	38948462	31568654	2534422	71441	4773945	3064666	3040437
天津	23765611	17988321	16726761	16144516	13500	37095	531650	1204766	1204766
河北	61452606	46921232	43458278	38815002	758075	13027	3872174	3379719	2234770
山西	38194875	29876863	27051433	24826269	743246	53925	1427993	2278626	1954413
内蒙古	31928715	26979546	25037069	20664253	763189	64877	3544750	1824151	1562063
辽宁	53250086	41195963	37667159	30295026	1003776	118046	6250311	3321529	2124294
吉林	30012723	23693425	22694866	18817789	295980	77098	3503999	783921	783921
黑龙江	34962698	27720739	26068272	25048135	403521	134339	482277	847108	766150
上海	47482255	36361907	32061694	30100941	585443	120900	1254410	4135966	3553746
江苏	109979234	73451009	64915035	59848815	2288644	144698	2632878	8231563	5520107
浙江	88356682	58713768	49299189	45841663	686776	237703	2533047	9370577	4333220
安徽	48708357	35944547	33846664	28200614	821954	3710	4820386	1976520	1604745
福建	44582500	32348514	29936686	25119185	882352	80835	3854314	2392939	1481852
江西	37815044	27114226	25945803	22513174	648586	37944	2746099	1120262	927740
山东	83814502	63488033	56608040	55065166	343500	101989	1097385	6523634	4742987
河南	76334963	58691446	56264700	49202485	853407	93244	6115564	2358792	2358792
湖北	51618781	33746955	31480565	29047422	753485	53002	1626656	2086086	1422453
湖南	56489309	40194222	37676772	31893998	748527	63022	4971225	2312706	1799815
广东	127159012	89438446	84271662	67315340	5484133	172080	11300109	4879243	4813519
广西	38732531	30514494	29214978	26397540	747261	34927	2035250	1218937	621021
海南	11796316	9100178	8157698	6635146	1069932	27106	425514	278353	274907
重庆	32986073	23131795	21841582	16596612	616485	10340	4618145	1212939	1099582
四川	80717242	60886359	58037067	41599583	2049547	77013	14310924	2700867	1935005
贵州	31033470	26894925	25664896	24297685	619322	82669	665220	1216947	953682
云南	44104300	37260353	35988760	28909104	2258056	40354	4781246	1115667	1022824
西藏	5974477	5773987	5760511	4556940	935661	3950	263960	10107	10107
陕西	46178768	33909944	32304233	29240080	1719444	51579	1293130	1523604	1517480
甘肃	27681384	23667548	22932391	19209367	1249956	12500	2460568	611935	518649
青海	7858200	7279659	7057583	5365021	666437	30761	995364	199432	171219
宁夏	8130216	6774565	6482060	5462159	489217	8228	522456	288927	236203
新疆	29690508	26018120	24797924	20579124	2127389	90	2091321	1192498	901924

教育经费收入情况

单位：千元

地方教育附加	地方教育基金	企业办学中的企业拨款	校办产业和社会服务收入用于教育的经费	民办学校中举办者投入	社会捐赠经费	#农村	事业收入	#学杂费	其他收入
13506352	**4664242**	**3350223**	**2082220**	**7498291**	**11162712**	**702580**	**302847470**	**226207059**	**43769220**
15111	9118	48841	151165	52078	536819	3659	7571510	5035585	1406937
		43714	13080	37861	72099	6383	5059724	3597356	607606
957118	187831	79001	4234	294869	94513	54474	12507084	10306969	1634908
	324213	122424	424380	207942	81540	24949	7514283	6024794	514247
239438	22650	108161	10165	22797	32015	1133	4295472	3346911	598885
512433	684802	188892	18383	202423	21477	448	10301900	8379121	1528323
		192725	21913	41525	47488	3158	5919201	4685804	311084
73532	7426	794380	10979	85760	12849	30	7016692	5981054	126658
582220		87268	76979	45921	94022	37	8245927	6883448	2734478
2273492	437964	12981	291430	205699	1486468	100136	28521632	19468098	6314426
3168900	1868457	12233	31769	108923	1761341	199455	21334993	15449360	6437657
357535	14240	99875	21488	482785	225456	13454	11012149	8331792	1043420
709835	201252		18889	855417	304713	59565	10074026	7343340	999830
165017	27505	7467	40694	146597	134753	14765	9193668	7472616	1225800
1462161	318486	262837	93522	255121	282333	53750	18166732	13790274	1622283
		32549	35405	599914	49468	997	15555105	11948097	1439030
630027	33606	76405	103899	422675	156083	8021	15154027	11276503	2139041
505130	7761	7863	196881	205277	135694	13122	14026012	10681989	1928104
	65724	126777	160764	1402746	1124018	89014	32235220	23943948	2958582
582100	15816	21237	59342	103664	136819	1611	7394997	5701023	582557
792	2654	648301	15826	213740	70334	1233	2130242	1590350	281822
47060	66297	29701	47573	503524	329990	4123	6729504	4632832	2291260
526615	239247	86611	61814	398442	2951307	23735	15109929	8977828	1371205
248231	15034	9004	4078	77870	56674	1226	3583930	2609514	420071
92843		46383	109543	174280	169170	12513	5636745	4291407	863752
		440	2929	288	46399		150868	117902	2935
6124		65781	16326	304547	207379	2497	10549177	8444003	1207721
90755	2531	113033	10189	23614	267640	5930	3510074	2824414	212508
28063	150	14158	8486	6967	22784	1830	452185	301587	96605
30680	22044	3479	99	6050	212094	985	900614	686890	236893
201140	89434	7702	19996	8975	38973	347	2993848	2082250	630592

3—4 分地区高等学校

地区	总计	国家财政性教育经费	预算内教育经费	教育事业费拨款	基本建设拨款	科研拨款	其他拨款	各级政府征收用于教育的税费	教育费附加
合计	**478277598**	**232738424**	**224934689**	**172739914**	**9838141**	**19460286**	**22896348**	**4661187**	**2222715**
北京	51547311	31327522	30858653	21422501	1631977	5264126	2540049	39091	23980
天津	10699303	5670629	5587569	4924365	20000	304571	338633	22124	22124
河北	14463775	5291993	5004354	3964640	85750	18333	935631	119529	78172
山西	7017452	3319297	3219366	2778853	171009	53925	215579	76249	2310
内蒙古	6172944	3389946	3337738	2685086	55156	64877	532619	20885	14308
辽宁	19726092	9165756	8232321	5498911	825501	465263	1442646	734097	69712
吉林	11829296	6653267	6607075	5051072	100330	461420	994253	40573	40573
黑龙江	15603983	6997602	6813864	5783853	223652	320397	485962	14611	13531
上海	27781750	16296100	15889014	11107147	404063	2057134	2320670	26138	25931
江苏	40242033	18402083	17366420	14182883	577279	1661566	944692	930921	546296
浙江	26167966	11469193	10281213	7889535	142829	1527177	721672	1177862	479265
安徽	11876872	5142519	5041992	4078224	123660	464890	375218	56240	28221
福建	13501173	6210670	5923298	4179513	512172	339579	892034	271212	31256
江西	10813595	3763315	3683688	3343922	120907	37944	180915	41217	14017
山东	22606810	10998580	10498045	8808306	197570	603705	888464	209386	99834
河南	16603804	6646322	6528478	5306212	79000	93244	1050022	80513	80513
湖北	28070745	13096005	12647138	9215539	169441	1721255	1540903	181596	107833
湖南	16796892	6951809	6834270	5652141	110229	711564	360336	94026	54291
广东	35776401	18362161	17884025	12774147	2695924	1042817	1371137	345095	334215
广西	7406893	3204028	3156350	3024853	21403	34927	75167	11317	7113
海南	2232732	1022199	745641	607138	61460	27106	49937		
重庆	12136030	4571170	4547482	3668259	29000	305878	544345	63	63
四川	22716355	10689873	10576063	7479390	646852	770317	1679504	18493	16252
贵州	4643705	2759474	2729040	2434008	156633	82669	55730	19186	11232
云南	7272030	3621706	3509485	2876638	26490	40354	566003	4200	4200
西藏	641746	547350	545980	436902	61247	3950	43881		
陕西	20585161	9118263	8976385	6997513	294890	825611	858371	107250	107250
甘肃	6114467	3637967	3593152	2904936	115200	116608	456408	13001	8927
青海	890754	641726	637662	431884	9281	30761	165736		
宁夏	1476213	898560	889565	711781	7000	8228	162556	5516	500
新疆	4863315	2871339	2789363	2519762	162236	90	107275	796	796

教育经费收入情况

单位：千元

地方教育附加	地方教育基金	企业办学中的企业拨款	校办产业和社会服务收入用于教育的经费	民办学校中举办者投入	社会捐赠经费	＃农村	事业收入	＃学杂费	其他收入
879959	**1558513**	**1492482**	**1650066**	**3309622**	**2638949**		**208365615**	**159390865**	**31224988**
15111		10556	419222	47958	499362		16650511	9566322	3021958
			60936	27261	21220		4306601	3262151	673592
11357	30000	164275	3835	195369	2442		7624647	6539562	1349324
	73939	12800	10882		356		3306052	2826427	391747
6577		30030	1293	10000	7634		2313810	1850667	451554
100	664285	184172	15166	136457	64290		8735988	7114458	1623601
		1000	4619	3000	22550		4873582	4313692	276897
	1080	166026	3101	52200	15941		7264942	5502462	1273298
207		35596	345352	32041	207141		9582532	7145306	1663936
340505	44120		104742	92800	730185		16899165	12083249	4117800
223118	475479		10118	24487	148191		11588198	8986466	2937897
28019		39330	4957	185331	30075		5932570	4492996	586377
78200	161756		16160	504557	76553		6351638	4504309	357755
27200		1512	36898	22150	10029		6187817	5483023	830284
16071	93481	214369	76780	79000	67221		10682654	8517646	779355
		7752	29579	117896	11618		8812986	7846790	1014982
70270	3493	155621	111650	280171	58272		13105354	10363264	1530943
39735		5100	18413	1137	58455		8583790	7168193	1201701
	10880		133041	538708	312935		14934054	11727624	1628543
4204			36361	42650	21554		3979324	3484151	159337
		270086	6472		687		1152002	974729	57844
		456	23169	477009	24719		5485159	3975204	1577973
2241		55070	40247	142713	98501		10818358	6868824	966910
7954		10720	528		11421		1684784	1385921	188026
		34733	73288	72566	35255		3023747	2600039	518756
			1370				94396	74824	
		10986	23642	223931	66850		9726095	6964039	1450022
4074		15855	15959		25372		2239952	1891053	211176
			4064		2541		207101	168634	39386
5016		3479		230	2008		452137	386466	123278
		62958	18222		5571		1765669	1322374	220736

3—5 分地区中央属高等学校

地区	总计	国家财政性教育经费	预算内教育经费					各级政府征收用于教育的税费	
				教育事业费拨款	基本建设拨款	科研拨款	其他拨款		教育费附加
合计	**145635577**	**86833427**	**85371221**	**54539855**	**3095140**	**17401794**	**10334432**	**74811**	**74811**
北京	36704170	21141750	20817743	12313494	1148045	5192685	2163519		
天津	3238759	1797823	1743780	1252920	12000	267476	211384	60	60
河北	1278610	717482	594648	447925	27550	5306	113867		
山西									
内蒙古									
辽宁	4251624	2497225	2489986	1493950	262320	347217	386499		
吉林	4204978	3139092	3139092	2180185	94980	384322	479605		
黑龙江	6424926	3033514	2878887	2108827	183242	186058	400760		
上海	15311323	9367260	9056168	5174464	264543	1936234	1680927		
江苏	10823285	6117409	6098318	4021764	242270	1516868	317416		
浙江	4456606	2862480	2784649	1217211	6000	1289474	271964	74751	74751
安徽	2591529	1688976	1679269	1044637	36890	461180	136562		
福建	2805740	1811174	1801174	1165557	209810	258744	167063		
江西	16444	3199	1687	1687					
山东	4450874	2999540	2954452	1755204	62590	501716	634942		
河南	84711	57920	57920	52219			5701		
湖北	13979031	9202887	9027710	5885503	136970	1668253	1336984		
湖南	3556698	2268859	2254631	1377076	36870	648542	192143		
广东	6408097	3575304	3561033	2523219	16700	870737	150377		
广西									
海南									
重庆	4096734	2347699	2343857	1761066	29000	295538	258253		
四川	9270671	5039543	5028513	3609130	95500	693304	630579		
贵州	25570	9051	5341	4489			852		
云南									
西藏									
陕西	8422865	4912859	4894761	3366119	199640	774032	554970		
甘肃	1893515	1354312	1332491	1115615	9000	104108	103768		
青海									
宁夏	320833	261652	261652	160852			100800		
新疆	1017984	626417	563459	506742	21220		35497		

教育经费收入情况

单位:千元

地方教育附加	地方教育基金	企业办学中的企业拨款	校办产业和社会服务收入用于教育的经费	民办学校中举办者投入	社会捐赠经费	#农村	事业收入	#学杂费	其他收入
		478087	**909308**		**1339551**		**47900519**	**24906868**	**9562080**
			324007		490790		12694565	6156484	2377065
			53983		9242		1016346	630827	415348
		119293	3541		1472		532781	322186	26875
			7239		49860		1315767	766801	388772
					6455		943843	727172	115588
		151526	3101		11380		2137965	708755	1242067
			311092		177013		5012244	3306454	754806
			19091		248220		3434425	1205015	1023231
			3080		9478		1456492	457524	128156
		9421	286		15161		802107	342635	85285
			10000		42719		880033	343200	71814
		1512					13245	12875	
		32075	13013		37965		1257445	871148	155924
							25282	18798	1509
		85371	89806		43441		4205049	2702951	527654
		5100	9128		27685		1111063	749093	149091
			14271		55972		2239293	1321360	537528
			3842		9719		1575330	814384	163986
		1100	9930		36894		3666682	1692072	527552
		3710					16324	16324	195
			18098		45820		2706867	1175456	757319
		6021	15800		15232		439933	292112	84038
					10		48000	39500	11171
		62958			5023		369438	233742	17106

3－6 分地区地方高等学校

地区	总计	国家财政性教育经费	预算内教育经费	教育事业费拨款	基本建设拨款	科研拨款	其他拨款	各级政府征收用于教育的税费	教育费附加
合计	**332642021**	**145904997**	**139563468**	**118200059**	**6743001**	**2058492**	**12561916**	**4586376**	**2147904**
北京	14843141	10185772	10040910	9109007	483932	71441	376530	39091	23980
天津	7460544	3872806	3843789	3671445	8000	37095	127249	22064	22064
河北	13185165	4574511	4409706	3516715	58200	13027	821764	119529	78172
山西	7017452	3319297	3219366	2778853	171009	53925	215579	76249	2310
内蒙古	6172944	3389946	3337738	2685086	55156	64877	532619	20885	14308
辽宁	15474468	6668531	5742335	4004961	563181	118046	1056147	734097	69712
吉林	7624318	3514175	3467983	2870887	5350	77098	514648	40573	40573
黑龙江	9179057	3964088	3934977	3675026	40410	134339	85202	14611	13531
上海	12470427	6928840	6832846	5932683	139520	120900	639743	26138	25931
江苏	29418748	12284674	11268102	10161119	335009	144698	627276	930921	546296
浙江	21711360	8606713	7496564	6672324	136829	237703	449708	1103111	404514
安徽	9285343	3453543	3362723	3033587	86770	3710	238656	56240	28221
福建	10695433	4399496	4122124	3013956	302362	80835	724971	271212	31256
江西	10797151	3760116	3682001	3342235	120907	37944	180915	41217	14017
山东	18155936	7999040	7543593	7053102	134980	101989	253522	209386	99834
河南	16519093	6588402	6470558	5253993	79000	93244	1044321	80513	80513
湖北	14091714	3893118	3619428	3330036	32471	53002	203919	181596	107833
湖南	13240194	4682950	4579639	4275065	73359	63022	168193	94026	54291
广东	29368304	14786857	14322992	10250928	2679224	172080	1220760	345095	334215
广西	7406893	3204028	3156350	3024853	21403	34927	75167	11317	7113
海南	2232732	1022199	745641	607138	61460	27106	49937		
重庆	8039296	2223471	2203625	1907193		10340	286092	63	63
四川	13445684	5650330	5547550	3870260	551352	77013	1048925	18493	16252
贵州	4618135	2750423	2723699	2429519	156633	82669	54878	19186	11232
云南	7272030	3621706	3509485	2876638	26490	40354	566003	4200	4200
西藏	641746	547350	545980	436902	61247	3950	43881		
陕西	12162296	4205404	4081624	3631394	95250	51579	303401	107250	107250
甘肃	4220952	2283655	2260661	1789321	106200	12500	352640	13001	8927
青海	890754	641726	637662	431884	9281	30761	165736		
宁夏	1155380	636908	627913	550929	7000	8228	61756	5516	500
新疆	3845331	2244922	2225904	2013020	141016	90	71778	796	796

教育经费收入情况

单位：千元

地方教育附加	地方教育基金	企业办学中的企业拨款	校办产业和社会服务收入用于教育的经费	民办学校中举办者投入	社会捐赠经费	＃农村	事业收入	＃学杂费	其他收入
879959	**1558513**	**1014395**	**740758**	**3309622**	**1299398**		**160465096**	**134483997**	**21662908**
15111		10556	95215	47958	8572		3955946	3409838	644893
			6953	27261	11978		3290255	2631324	258244
11357	30000	44982	294	195369	970		7091866	6217376	1322449
	73939	12800	10882		356		3306052	2826427	391747
6577		30030	1293	10000	7634		2313810	1850667	451554
100	664285	184172	7927	136457	14430		7420221	6347657	1234829
		1000	4619	3000	16095		3929739	3586520	161309
	1080	14500		52200	4561		5126977	4793707	31231
207		35596	34260	32041	30128		4570288	3838852	909130
340505	44120		85651	92800	481965		13464740	10878234	3094569
223118	475479		7038	24487	138713		10131706	8528942	2809741
28019		29909	4671	185331	14914		5130463	4150361	501092
78200	161756		6160	504557	33834		5471605	4161109	285941
27200			36898	22150	10029		6174572	5470148	830284
16071	93481	182294	63767	79000	29256		9425209	7646498	623431
		7752	29579	117896	11618		8787704	7827992	1013473
70270	3493	70250	21844	280171	14831		8900305	7660313	1003289
39735			9285	1137	30770		7472727	6419100	1052610
	10880		118770	538708	256963		12694761	10406264	1091015
4204			36361	42650	21554		3979324	3484151	159337
		270086	6472		687		1152002	974729	57844
		456	19327	477009	15000		3909829	3160820	1413987
2241		53970	30317	142713	61607		7151676	5176752	439358
7954		7010	528		11421		1668460	1369597	187831
		34733	73288	72566	35255		3023747	2600039	518756
			1370				94396	74824	
		10986	5544	223931	21030		7019228	5788583	692703
4074		9834	159		10140		1800019	1598941	127138
			4064		2541		207101	168634	39386
5016		3479		230	1998		404137	346966	112107
			18222		548		1396231	1088632	203630

3－7 分地区普通高等学校

地 区	总 计	国 家 财政性 教育经费	预算内 教育经费	教育事业 费拨款	基本建设 拨 款	科 研 拨 款	其 他 拨 款	各级政府 征 收 用于教育 的税费	教育费 附 加
合 计	**464500894**	**226450826**	**219126294**	**167898834**	**9692035**	**19454136**	**22081289**	**4424706**	**2054070**
北 京	50235459	30928783	30489612	21111439	1624337	5264116	2489720	18666	3555
天 津	10474301	5553011	5473966	4815393	20000	304571	334002	20710	20710
河 北	14016327	5107516	4834396	3822780	85750	17746	908120	105010	64290
山 西	6829917	3221938	3122467	2682148	171009	53925	215385	75789	1850
内蒙古	6075693	3333134	3285139	2644657	55156	64877	520449	16857	13330
辽 宁	19221473	8880469	8022293	5337942	822320	463528	1398503	729685	65300
吉 林	11432528	6384455	6342453	4844596	100330	461420	936107	37383	37383
黑龙江	15110274	6682727	6559763	5540152	223652	320397	475562	9270	9270
上 海	26377672	15649098	15288030	10521107	404063	2057134	2305726		
江 苏	39465656	18052444	17040914	13868626	574159	1661566	936563	907286	538346
浙 江	25048483	10990818	9880349	7573674	95660	1527107	683908	1105325	428875
安 徽	11571076	5015516	4916480	3957916	123660	464844	370060	54749	26930
福 建	13002841	5931100	5645853	3954213	512172	339499	839969	270758	30802
江 西	10537807	3672921	3595104	3262952	120907	37914	173331	40717	13517
山 东	21627671	10597833	10112255	8488724	175110	603705	844716	201266	96314
河 南	16025669	6371122	6253848	5068512	79000	92934	1013402	79943	79943
湖 北	27873495	13039480	12594082	9165982	169441	1721255	1537404	178312	107142
湖 南	16561730	6887620	6777770	5603233	109029	711554	353954	86787	48174
广 东	34656520	17879780	17424824	12376248	2695924	1042817	1309835	323332	323332
广 西	7093390	3053699	3006521	2883081	21003	34804	67633	11317	7113
海 南	2216379	1014194	737636	599133	61460	27106	49937		
重 庆	11959454	4517586	4494354	3624044	29000	305878	535432	63	63
四 川	21881483	10178605	10104136	7298588	641552	767439	1396557	12694	10553
贵 州	4487811	2715064	2693389	2399042	156633	82669	55045	14137	9464
云 南	7183054	3568463	3456479	2829461	26490	40354	560174	4200	4200
西 藏	641746	547350	545980	436902	61247	3950	43881		
陕 西	20183082	8987196	8860878	6887884	293490	825370	854134	105026	105026
甘 肃	5913530	3556955	3530394	2847376	115000	116608	451410	9127	7307
青 海	868987	633915	629851	426635	9281	30761	163174		
宁 夏	1476213	898560	889565	711781	7000	8228	162556	5516	500
新 疆	4451173	2599474	2517513	2314613	108200	60	94640	781	781

教育经费收入情况

单位:千元

地方教育附加	地方教育基金	企业办学中的企业拨款	校办产业和社会服务收入用于教育的经费	民办学校中举办者投入	社会捐赠经费	#农村	事业收入	#学杂费	其他收入
846536	**1524100**	**1300721**	**1599105**	**3309622**	**2617613**		**201889148**	**154034691**	**30233685**
15111		10556	409949	47958	498782		15831176	8844993	2928760
			58335	27261	21220		4212083	3175346	660726
10720	30000	164275	3835	195369	2442		7382457	6321951	1328543
	73939	12800	10882		165		3216193	2775246	391621
3527		30030	1108	10000	7634		2273515	1835022	451410
100	664285	113325	15166	136457	64250		8517261	6924070	1623036
			4619	3000	22103		4762172	4214865	260798
		110593	3101	52200	15678		7092480	5336848	1267189
		35596	325472	32041	204554		9242258	6924129	1249721
336430	32510		104244	92800	726568		16566451	11819480	4027393
209321	467129		5144	24487	141735		11033710	8545661	2857733
27819		39330	4957	185331	29802		5769175	4345644	571252
78200	161756		14489	504557	76250		6138820	4329755	352114
27200		1512	35588	22150	9673		6011972	5323913	821091
11471	93481	207994	76318	79000	67221		10121495	8126485	762122
		7752	29579	117896	11016		8556015	7602620	969620
70170	1000	155621	111465	280171	57984		12972721	10259388	1523139
38613		4650	18413	1137	58455		8416510	7009406	1198008
			131624	538708	312753		14310739	11219486	1614540
4204			35861	42650	20742		3819925	3336734	156374
		270086	6472		687		1143754	966481	57744
			23169	477009	24719		5383543	3886087	1556597
2141		26787	34988	142713	95129		10531567	6628079	933469
4673		7010	528		10921		1592297	1302479	169529
		34733	73051	72566	35255		2992747	2569039	514023
			1370				94396	74824	
			21292	223931	66850		9496498	6765369	1408607
1820		1634	15800		25332		2132560	1792097	198683
			4064		2541		193639	163673	38892
5016		3479		230	2008		452137	386466	123278
		62958	18222		5144		1628882	1229055	217673

3—8 分地区中央属普通高等学校

地 区	总 计	国家财政性教育经费	预算内教育经费					各级政府征收用于教育的税费	
				教育事业费拨款	基本建设拨款	科研拨款	其他拨款		教育费附加
合 计	**144752768**	**86694538**	**85299046**	**54484779**	**3092140**	**17401784**	**10320343**	**74811**	**74811**
北 京	35974610	21094228	20770221	12274577	1148045	5192675	2154924		
天 津	3238759	1797823	1743780	1252920	12000	267476	211384	60	60
河 北	1278610	717482	594648	447925	27550	5306	113867		
山 西									
内蒙古									
辽 宁	4245967	2497225	2489986	1493950	262320	347217	386499		
吉 林	4204978	3139092	3139092	2180185	94980	384322	479605		
黑龙江	6343711	2976857	2877663	2108827	183242	186058	399536		
上 海	15311323	9367260	9056168	5174464	264543	1936234	1680927		
江 苏	10823285	6117409	6098318	4021764	242270	1516868	317416		
浙 江	4456606	2862480	2784649	1217211	6000	1289474	271964	74751	74751
安 徽	2591529	1688976	1679269	1044637	36890	461180	136562		
福 建	2805740	1811174	1801174	1165557	209810	258744	167063		
江 西	16444	3199	1687	1687					
山 东	4450874	2999540	2954452	1755204	62590	501716	634942		
河 南	84711	57920	57920	52219			5701		
湖 北	13979031	9202887	9027710	5885503	136970	1668253	1336984		
湖 南	3554071	2268409	2254631	1377076	36870	648542	192143		
广 东	6408097	3575304	3561033	2523219	16700	870737	150377		
广 西									
海 南									
重 庆	4096734	2347699	2343857	1761066	29000	295538	258253		
四 川	9269089	5038443	5028513	3609130	95500	693304	630579		
贵 州	14036	5341	5341	4489			852		
云 南									
西 藏									
陕 西	8422865	4912859	4894761	3366119	199640	774032	554970		
甘 肃	1881593	1348291	1332491	1115615	9000	104108	103768		
青 海									
宁 夏	320833	261652	261652	160852			100800		
新 疆	979272	602988	540030	490583	18220		31227		

教育经费收入情况

单位:千元

地方教育附加	地方教育基金	企业办学中的企业拨款	校办产业和社会服务收入用于教育的经费	民办学校中举办者投入	社会捐赠经费	#农村	事业收入	#学杂费	其他收入
		411373	**909308**		**1339475**		**47237423**	**24334638**	**9481332**
			324007		490790		12090977	5640592	2298615
			53983		9242		1016346	630827	415348
		119293	3541		1472		532781	322186	26875
			7239		49820		1310182	762216	388740
					6455		943843	727172	115588
		96093	3101		11380		2114586	687240	1240888
			311092		177013		5012244	3306454	754806
			19091		248220		3434425	1205015	1023231
			3080		9478		1456492	457524	128156
		9421	286		15161		802107	342635	85285
			10000		42719		880033	343200	71814
		1512					13245	12875	
		32075	13013		37965		1257445	871148	155924
							25282	18798	1509
		85371	89806		43441		4205049	2702951	527654
		4650	9128		27685		1109593	747623	148384
			14271		55972		2239293	1321360	537528
			3842		9719		1575330	814384	163986
			9930		36894		3666380	1692072	527372
							8500	8500	195
			18098		45820		2706867	1175456	757319
			15800		15196		434114	286297	83992
					10		48000	39500	11171
		62958			5023		354309	218613	16952

3—9 分地区地方普通高等学校

地 区	总 计	国家财政性教育经费	预算内教育经费	教育事业费拨款	基本建设拨款	科研拨款	其他拨款	各级政府征收用于教育的税费	教育费附加
合 计	**319748126**	**139756288**	**133827248**	**113414055**	**6599895**	**2052352**	**11760946**	**4349895**	**1979259**
北 京	14260849	9834555	9719391	8836862	476292	71441	334796	18666	3555
天 津	7235542	3755188	3730186	3562473	8000	37095	122618	20650	20650
河 北	12737717	4390034	4239748	3374855	58200	12440	794253	105010	64290
山 西	6829917	3221938	3122467	2682148	171009	53925	215385	75789	1850
内蒙古	6075693	3333134	3285139	2644657	55156	64877	520449	16857	13330
辽 宁	14975506	6383244	5532307	3843992	560000	116311	1012004	729685	65300
吉 林	7227550	3245363	3203361	2664411	5350	77098	456502	37383	37383
黑龙江	8766563	3705870	3682100	3431325	40410	134339	76026	9270	9270
上 海	11066349	6281838	6231862	5346643	139520	120900	624799		
江 苏	28642371	11935035	10942596	9846862	331889	144698	619147	907286	538346
浙 江	20591877	8128338	7095700	6356463	89660	237633	411944	1030574	354124
安 徽	8979547	3326540	3237211	2913279	86770	3664	233498	54749	26930
福 建	10197101	4119926	3844679	2788656	302362	80755	672906	270758	30802
江 西	10521363	3669722	3593417	3261265	120907	37914	173331	40717	13517
山 东	17176797	7598293	7157803	6733520	112520	101989	209774	201266	96314
河 南	15940958	6313202	6195928	5016293	79000	92934	1007701	79943	79943
湖 北	13894464	3836593	3566372	3280479	32471	53002	200420	178312	107142
湖 南	13007659	4619211	4523139	4226157	72159	63012	161811	86787	48174
广 东	28248423	14304476	13863791	9853029	2679224	172080	1159458	323332	323332
广 西	7093390	3053699	3006521	2883081	21003	34804	67633	11317	7113
海 南	2216379	1014194	737636	599133	61460	27106	49937		
重 庆	7862720	2169887	2150497	1862978		10340	277179	63	63
四 川	12612394	5140162	5075623	3689458	546052	74135	765978	12694	10553
贵 州	4473775	2709723	2688048	2394553	156633	82669	54193	14137	9464
云 南	7183054	3568463	3456479	2829461	26490	40354	560174	4200	4200
西 藏	641746	547350	545980	436902	61247	3950	43881		
陕 西	11760217	4074337	3966117	3521765	93850	51338	299164	105026	105026
甘 肃	4031937	2208664	2197903	1731761	106000	12500	347642	9127	7307
青 海	868987	633915	629851	426635	9281	30761	163174		
宁 夏	1155380	636908	627913	550929	7000	8228	61756	5516	500
新 疆	3471901	1996486	1977483	1824030	89980	60	63413	781	781

教育经费收入情况

单位:千元

地方教育附加	地方教育基金	企业办学中的企业拨款	校办产业和社会服务收入用于教育的经费	民办学校中举办者投入	社会捐赠经费	#农村	事业收入	#学杂费	其他收入
846536	**1524100**	**889348**	**689797**	**3309622**	**1278138**		**154651725**	**129700053**	**20752353**
15111		10556	85942	47958	7992		3740199	3204401	630145
			4352	27261	11978		3195737	2544519	245378
10720	30000	44982	294	195369	970		6849676	5999765	1301668
	73939	12800	10882		165		3216193	2775246	391621
3527		30030	1108	10000	7634		2273515	1835022	451410
100	664285	113325	7927	136457	14430		7207079	6161854	1234296
			4619	3000	15648		3818329	3487693	145210
		14500		52200	4298		4977894	4649608	26301
		35596	14380	32041	27541		4230014	3617675	494915
336430	32510		85153	92800	478348		13132026	10614465	3004162
209321	467129		2064	24487	132257		9577218	8088137	2729577
27819		29909	4671	185331	14641		4967068	4003009	485967
78200	161756		4489	504557	33531		5258787	3986555	280300
27200			35588	22150	9673		5998727	5311038	821091
11471	93481	175919	63305	79000	29256		8864050	7255337	606198
		7752	29579	117896	11016		8530733	7583822	968111
70170	1000	70250	21659	280171	14543		8767672	7556437	995485
38613			9285	1137	30770		7306917	6261783	1049624
			117353	538708	256781		12071446	9898126	1077012
4204			35861	42650	20742		3819925	3336734	156374
		270086	6472		687		1143754	966481	57744
			19327	477009	15000		3808213	3071703	1392611
2141		26787	25058	142713	58235		6865187	4936007	406097
4673		7010	528		10921		1583797	1293979	169334
		34733	73051	72566	35255		2992747	2569039	514023
			1370				94396	74824	
			3194	223931	21030		6789631	5589913	651288
1820		1634			10136		1698446	1505800	114691
			4064		2541		193639	163673	38892
5016		3479		230	1998		404137	346966	112107
			18222		121		1274573	1010442	200721

3—10 分地区普通高等本科学校

地 区	总 计	国家财政性教育经费	预算内教育经费					各级政府征收用于教育的税费	
				教育事业费拨款	基本建设拨款	科研拨款	其他拨款		教育费附加
合 计	**372389067**	**186753689**	**182822301**	**137622522**	**7247790**	**19368027**	**18583962**	**2214286**	**509101**
北 京	46661650	29081053	28669188	19462924	1573033	5263870	2369361	8040	
天 津	8637180	4558782	4501529	3894735	20000	304371	282423	2560	2560
河 北	9898526	3663927	3593224	2758709	80550	17016	736949	66900	28650
山 西	4923291	2272419	2237279	1860895	134094	53355	188935	34858	
内蒙古	3923946	2150680	2145732	1709167	17453	57640	361472	3840	3800
辽 宁	16598256	7432844	6744270	4619868	505330	454769	1164303	673408	9173
吉 林	10199882	5662173	5659734	4241540	100330	461411	856453		
黑龙江	13330586	5830489	5747576	4794230	183700	320360	449286	7770	7770
上 海	24547671	15115839	14769713	10185417	404063	2056923	2123310		
江 苏	30387451	13800464	13415926	10650557	438400	1650004	676965	288178	90748
浙 江	18744465	8240623	7439084	5345349	37200	1519579	536956	797961	333839
安 徽	8794911	4147986	4121715	3240477	106560	462808	311870	21540	
福 建	9869123	4987483	4762211	3257420	483155	338139	683497	213403	5205
江 西	7411918	2535681	2494147	2355374	17607	37619	83547	7800	800
山 东	15645138	8476900	8341553	6795984	145930	601365	798274	14850	
河 南	10991044	4101300	4078045	3301889	5000	88548	682608		
湖 北	24117184	11564854	11444131	8160926	150262	1720735	1412208	19400	5900
湖 南	11902803	5124591	5089324	4040758	96420	703168	248978	22842	
广 东	25542169	13571623	13466342	9522467	1890974	1026587	1026314	7485	7485
广 西	4811711	2242020	2208354	2127875	14000	25679	40800	30	
海 南	1452420	615009	519993	453131	5493	26407	34962		
重 庆	9726990	4079328	4058567	3269409	29000	305878	454280	63	63
四 川	17489962	8132277	8095066	6059964	238233	765774	1031095	6591	4450
贵 州	3506519	2097856	2091088	1849749	134124	81759	25456	6281	3188
云 南	5503887	2845044	2769016	2270627		39706	458683	4200	4200
西 藏	496146	415231	413861	347247	29513	3950	33151		
陕 西	17462076	7907697	7885155	5990601	270640	825370	798544	1270	1270
甘 肃	4832245	3019881	3004081	2414043	99000	116368	374670		
青 海	677400	499454	499454	336018	8330	30761	124345		
宁 夏	1117445	703339	698323	534783	1000	8108	154432	5016	
新 疆	3185072	1876842	1858620	1770389	28396		59835		

教育经费收入情况

单位：千元

地方教育附加	地方教育基金	企业办学中的企业拨款	校办产业和社会服务收入用于教育的经费	民办学校中举办者投入	社会捐赠经费	#农村	事业收入	#学杂费	其他收入
400675	**1304510**	**295818**	**1421284**	**1542867**	**2324306**		**155490256**	**113816566**	**26277949**
8040			403825	40230	492498		14163588	7426035	2884281
			54693	27261	19700		3444436	2501039	587001
8250	30000		3803	176697	1622		5033372	4270695	1022908
	34858		282		165		2266305	1934368	384402
40			1108		7037		1372371	1098933	393858
	664235		15166	136457	64234		7445768	5996175	1518953
			2439	3000	21830		4258500	3737421	254379
		72042	3101	50000	11620		6221152	4511636	1217325
		30000	316126	32041	203256		7997955	5798615	1198580
196130	1300		96360	52800	658391		12443512	8357284	3432284
63053	401069		3578	24487	38446		8537052	6333878	1903857
21540			4731	70250	29404		4100337	2915736	446934
50000	158198		11869	30000	70574		4469584	2950729	311482
7000		1512	32222		9387		4112138	3573620	754712
	14850	100000	20497		54208		6622181	4983174	491849
			23255	85650	9874		5979110	5312628	815110
13500			101323	279671	52683		10866835	8429729	1353141
22842			12425		53027		5636289	4540187	1088896
			97796	327421	300676		9883704	7501026	1458745
30			33636		9228		2445910	2130461	114553
		92264	2752		34		789582	691105	47795
			20698	5818	23890		4255730	2908748	1362224
2141			30620	112713	51432		8377147	5102535	816393
3093			487		10921		1242058	1004157	155684
			71828	5700	29053		2208083	1845119	416007
			1370				80915	61343	
			21272	82671	66217		8063472	5422676	1342019
			15800		25332		1597980	1315247	189052
					2541		138669	114408	36736
5016					1937		294744	250145	117425
			18222		5089		1141777	797714	161364

3—11 分地区中央属普通高等本科学校

地区	总计	国家财政性教育经费	预算内教育经费					各级政府征收用于教育的税费	
				教育事业费拨款	基本建设拨款	科研拨款	其他拨款		教育费附加
合计	**142781321**	**85830731**	**84775424**	**54068379**	**3062348**	**17400634**	**10244063**	**74811**	**74811**
北京	35974610	21094228	20770221	12274577	1148045	5192675	2154924		
天津	3238759	1797823	1743780	1252920	12000	267476	211384	60	60
河北	908517	561182	557641	424926	27550	5306	99859		
山西									
内蒙古									
辽宁	4245967	2497225	2489986	1493950	262320	347217	386499		
吉林	4204978	3139092	3139092	2180185	94980	384322	479605		
黑龙江	6116263	2841693	2766550	2007756	173200	186058	399536		
上海	15311323	9367260	9056168	5174464	264543	1936234	1680927		
江苏	10697004	6036527	6017436	3963614	231020	1515718	307084		
浙江	4456606	2862480	2784649	1217211	6000	1289474	271964	74751	74751
安徽	2531252	1673876	1673590	1039301	36890	461180	136219		
福建	2805740	1811174	1801174	1165557	209810	258744	167063		
江西	16444	3199	1687	1687					
山东	4359139	2965337	2952324	1753076	62590	501716	634942		
河南									
湖北	13742927	9109514	9022074	5880167	136970	1668253	1336684		
湖南	3483236	2252957	2243829	1366274	36870	648542	192143		
广东	6108871	3520575	3506304	2481831	16700	870737	137036		
广西									
海南									
重庆	4018264	2325907	2322065	1752463	29000	295538	245064		
四川	9131702	4954272	4944342	3533643	95500	693304	621895		
贵州									
云南									
西藏									
陕西	8422865	4912859	4894761	3366119	199640	774032	554970		
甘肃	1881593	1348291	1332491	1115615	9000	104108	103768		
青海									
宁夏	320833	261652	261652	160852			100800		
新疆	804428	493608	493608	462191	9720		21697		

教育经费收入情况

单位:千元

地方教育附加	地方教育基金	企业办学中的企业拨款	校办产业和社会服务收入用于教育的经费	民办学校中举办者投入	社会捐赠经费	#农村	事业收入	#学杂费	其他收入
		73554	**906942**		**1339454**		**46235062**	**23540208**	**9376074**
			324007		490790		12090977	5640592	2298615
			53983		9242		1016346	630827	415348
			3541		1472		329299	201643	16564
			7239		49820		1310182	762216	388740
					6455		943843	727172	115588
		72042	3101		11380		2053196	643473	1209994
			311092		177013		5012244	3306454	754806
			19091		248220		3395455	1182070	1016802
			3080		9478		1456492	457524	128156
			286		15140		756957	299533	85279
			10000		42719		880033	343200	71814
		1512					13245	12875	
			13013		37965		1202407	816110	153430
			87440		43441		4092253	2598636	497719
			9128		27685		1054210	695350	148384
			14271		55972		2012747	1132561	519577
			3842		9719		1518652	770200	163986
			9930		36894		3614429	1649174	526107
			18098		45820		2706867	1175456	757319
			15800		15196		434114	286297	83992
					10		48000	39500	11171
					5023		293114	169345	12683

3—12 分地区地方普通高等本科学校

地区	总计	国家财政性教育经费	预算内教育经费	教育事业费拨款	基本建设拨款	科研拨款	其他拨款	各级政府征收用于教育的税费	教育费附加
合计	**229607746**	**100922958**	**98046877**	**83554143**	**4185442**	**1967393**	**8339899**	**2139475**	**434290**
北京	10687040	7986825	7898967	7188347	424988	71195	214437	8040	
天津	5398421	2760959	2757749	2641815	8000	36895	71039	2500	2500
河北	8990009	3102745	3035583	2333783	53000	11710	637090	66900	28650
山西	4923291	2272419	2237279	1860895	134094	53355	188935	34858	
内蒙古	3923946	2150680	2145732	1709167	17453	57640	361472	3840	3800
辽宁	12352289	4935619	4254284	3125918	243010	107552	777804	673408	9173
吉林	5994904	2523081	2520642	2061355	5350	77089	376848		
黑龙江	7214323	2988796	2981026	2786474	10500	134302	49750	7770	7770
上海	9236348	5748579	5713545	5010953	139520	120689	442383		
江苏	19690447	7763937	7398490	6686943	207380	134286	369881	288178	90748
浙江	14287859	5378143	4654435	4128138	31200	230105	264992	723210	259088
安徽	6263659	2474110	2448125	2201176	69670	1628	175651	21540	
福建	7063383	3176309	2961037	2091863	273345	79395	516434	213403	5205
江西	7395474	2532482	2492460	2353687	17607	37619	83547	7800	800
山东	11285999	5511563	5389229	5042908	83340	99649	163332	14850	
河南	10991044	4101300	4078045	3301889	5000	88548	682608		
湖北	10374257	2455340	2422057	2280759	13292	52482	75524	19400	5900
湖南	8419567	2871634	2845495	2674484	59550	54626	56835	22842	
广东	19433298	10051048	9960038	7040636	1874274	155850	889278	7485	7485
广西	4811711	2242020	2208354	2127875	14000	25679	40800	30	
海南	1452420	615009	519993	453131	5493	26407	34962		
重庆	5708726	1753421	1736502	1516946		10340	209216	63	63
四川	8358260	3178005	3150724	2526321	142733	72470	409200	6591	4450
贵州	3506519	2097856	2091088	1849749	134124	81759	25456	6281	3188
云南	5503887	2845044	2769016	2270627		39706	458683	4200	4200
西藏	496146	415231	413861	347247	29513	3950	33151		
陕西	9039211	2994838	2990394	2624482	71000	51338	243574	1270	1270
甘肃	2950652	1671590	1671590	1298428	90000	12260	270902		
青海	677400	499454	499454	336018	8330	30761	124345		
宁夏	796612	441687	436671	373931	1000	8108	53632	5016	
新疆	2380644	1383234	1365012	1308198	18676		38138		

教育经费收入情况

单位:千元

地方教育附加	地方教育基金	企业办学中的企业拨款	校办产业和社会服务收入用于教育的经费	民办学校中举办者投入	社会捐赠经费	#农村	事业收入	#学杂费	其他收入
400675	**1304510**	**222264**	**514342**	**1542867**	**984852**		**109255194**	**90276358**	**16901875**
8040			79818	40230	1708		2072611	1785443	585666
			710	27261	10458		2428090	1870212	171653
8250	30000		262	176697	150		4704073	4069052	1006344
	34858		282		165		2266305	1934368	384402
40			1108		7037		1372371	1098933	393858
	664235		7927	136457	14414		6135586	5233959	1130213
			2439	3000	15375		3314657	3010249	138791
				50000	240		4167956	3868163	7331
		30000	5034	32041	26243		2985711	2492161	443774
196130	1300		77269	52800	410171		9048057	7175214	2415482
63053	401069		498	24487	28968		7080560	5876354	1775701
21540			4445	70250	14264		3343380	2616203	361655
50000	158198		1869	30000	27855		3589551	2607529	239668
7000			32222		9387		4098893	3560745	754712
	14850	100000	7484		16243		5419774	4167064	338419
			23255	85650	9874		5979110	5312628	815110
13500			13883	279671	9242		6774582	5831093	855422
22842			3297		25342		4582079	3844837	940512
			83525	327421	244704		7870957	6368465	939168
30			33636		9228		2445910	2130461	114553
		92264	2752		34		789582	691105	47795
			16856	5818	14171		2737078	2138548	1198238
2141			20690	112713	14538		4762718	3453361	290286
3093			487		10921		1242058	1004157	155684
			71828	5700	29053		2208083	1845119	416007
			1370				80915	61343	
			3174	82671	20397		5356605	4247220	584700
					10136		1163866	1028950	105060
					2541		138669	114408	36736
5016					1927		246744	210645	106254
			18222		66		848663	628369	148681

3—13 分地区普通高职高专学校

地区	总计	国家财政性教育经费	预算内教育经费					各级政府征收用于教育的税费	
				教育事业费拨款	基本建设拨款	科研拨款	其他拨款		教育费附加
合计	**92111827**	**39697137**	**36303993**	**30276312**	**2444245**	**86109**	**3497327**	**2210420**	**1544969**
北京	3573809	1847730	1820424	1648515	51304	246	120359	10626	3555
天津	1837121	994229	972437	920658		200	51579	18150	18150
河北	4117801	1443589	1241172	1064071	5200	730	171171	38110	35640
山西	1906626	949519	885188	821253	36915	570	26450	40931	1850
内蒙古	2151747	1182454	1139407	935490	37703	7237	158977	13017	9530
辽宁	2623217	1447625	1278023	718074	316990	8759	234200	56277	56127
吉林	1232646	722282	682719	603056		9	79654	37383	37383
黑龙江	1779688	852238	812187	745922	39952	37	26276	1500	1500
上海	1830001	533259	518317	335690		211	182416		
江苏	9078205	4251980	3624988	3218069	135759	11562	259598	619108	447598
浙江	6304018	2750195	2441265	2228325	58460	7528	146952	307364	95036
安徽	2776165	867530	794765	717439	17100	2036	58190	33209	26930
福建	3133718	943617	883642	696793	29017	1360	156472	57355	25597
江西	3125889	1137240	1100957	907578	103300	295	89784	32917	12717
山东	5982533	2120933	1770702	1692740	29180	2340	46442	186416	96314
河南	5034625	2269822	2175803	1766623	74000	4386	330794	79943	79943
湖北	3756311	1474626	1149951	1005056	19179	520	125196	158912	101242
湖南	4658927	1763029	1688446	1562475	12609	8386	104976	63945	48174
广东	9114351	4308157	3958482	2853781	804950	16230	283521	315847	315847
广西	2281679	811679	798167	755206	7003	9125	26833	11287	7113
海南	763959	399185	217643	146002	55967	699	14975		
重庆	2232464	438258	435787	354635			81152		
四川	4391521	2046328	2009070	1238624	403319	1665	365462	6103	6103
贵州	981292	617208	602301	549293	22509	910	29589	7856	6276
云南	1679167	723419	687463	558834	26490	648	101491		
西藏	145600	132119	132119	89655	31734		10730		
陕西	2721006	1079499	975723	897283	22850		55590	103756	103756
甘肃	1081285	537074	526313	433333	16000	240	76740	9127	7307
青海	191587	134461	130397	90617	951		38829		
宁夏	358768	195221	191242	176998	6000	120	8124	500	500
新疆	1266101	722632	658893	544224	79804	60	34805	781	781

教育经费收入情况

单位：千元

地方教育附加	地方教育基金	企业办学中的企业拨款	校办产业和社会服务收入用于教育的经费	民办学校中举办者投入	社会捐赠经费	＃农村	事业收入	＃学杂费	其他收入
445861	**219590**	**1004903**	**177821**	**1766755**	**293307**		**46398892**	**40218125**	**3955736**
7071		10556	6124	7728	6284		1667588	1418958	44479
			3642		1520		767647	674307	73725
2470		164275	32	18672	820		2349085	2051256	305635
	39081	12800	10600				949888	840878	7219
3487		30030		10000	597		901144	736089	57552
100	50	113325			16		1071493	927895	104083
			2180		273		503672	477444	6419
		38551		2200	4058		871328	825212	49864
		5596	9346		1298		1244303	1125514	51141
140300	31210		7884	40000	68177		4122939	3462196	595109
146268	66060		1566		103289		2496658	2211783	953876
6279		39330	226	115081	398		1668838	1429908	124318
28200	3558		2620	474557	5676		1669236	1379026	40632
20200			3366	22150	286		1899834	1750293	66379
11471	78631	107994	55821	79000	13013		3499314	3143311	270273
		7752	6324	32246	1142		2576905	2289992	154510
56670	1000	155621	10142	500	5301		2105886	1829659	169998
15771		4650	5988	1137	5428		2780221	2469219	109112
			33828	211287	12077		4427035	3718460	155795
4174			2225	42650	11514		1374015	1206273	41821
		177822	3720		653		354172	275376	9949
			2471	471191	829		1127813	977339	194373
		26787	4368	30000	43697		2154420	1525544	117076
1580		7010	41				350239	298322	13845
		34733	1223	66866	6202		784664	723920	98016
							13481	13481	
			20	141260	633		1433026	1342693	66588
1820		1634					534580	476850	9631
			4064				54970	49265	2156
		3479		230	71		157393	136321	5853
		62958			55		487105	431341	56309

3－14 分地区中央属普通高职高专学校

地区	总计	国家财政性教育经费	预算内教育经费					各级政府征收用于教育的税费	
				教育事业费拨款	基本建设拨款	科研拨款	其他拨款		教育费附加
合计	**1971447**	**863807**	**523622**	**416400**	**29792**	**1150**	**76280**		
北京									
天津									
河北	370093	156300	37007	22999			14008		
山西									
内蒙古									
辽宁									
吉林									
黑龙江	227448	135164	111113	101071	10042				
上海									
江苏	126281	80882	80882	58150	11250	1150	10332		
浙江									
安徽	60277	15100	5679	5336			343		
福建									
江西									
山东	91735	34203	2128	2128					
河南	84711	57920	57920	52219			5701		
湖北	236104	93373	5636	5336			300		
湖南	70835	15452	10802	10802					
广东	299226	54729	54729	41388			13341		
广西									
海南									
重庆	78470	21792	21792	8603			13189		
四川	137387	84171	84171	75487			8684		
贵州	14036	5341	5341	4489			852		
云南									
西藏									
陕西									
甘肃									
青海									
宁夏									
新疆	174844	109380	46422	28392	8500		9530		

教育经费收入情况

单位：千元

地方教育附加	地方教育基金	企业办学中的企业拨款	校办产业和社会服务收入用于教育的经费	民办学校中举办者投入	社会捐赠经费	#农村	事业收入	#学杂费	其他收入
		337819	**2366**		**21**		**1002361**	**794430**	**105258**
		119293					203482	120543	10311
		24051					61390	43767	30894
							38970	22945	6429
		9421			21		45150	43102	6
		32075					55038	55038	2494
							25282	18798	1509
		85371	2366				112796	104315	29935
		4650					55383	52273	
							226546	188799	17951
							56678	44184	
							51951	42898	1265
							8500	8500	195
		62958					61195	49268	4269

3—15 分地区地方普通高职高专学校

地 区	总 计	国家财政性教育经费	预算内教育经费					各级政府征收用于教育的税费	
				教育事业费拨款	基本建设拨款	科研拨款	其他拨款		教育费附加
合 计	**90140380**	**38833330**	**35780371**	**29859912**	**2414453**	**84959**	**3421047**	**2210420**	**1544969**
北 京	3573809	1847730	1820424	1648515	51304	246	120359	10626	3555
天 津	1837121	994229	972437	920658		200	51579	18150	18150
河 北	3747708	1287289	1204165	1041072	5200	730	157163	38110	35640
山 西	1906626	949519	885188	821253	36915	570	26450	40931	1850
内蒙古	2151747	1182454	1139407	935490	37703	7237	158977	13017	9530
辽 宁	2623217	1447625	1278023	718074	316990	8759	234200	56277	56127
吉 林	1232646	722282	682719	603056		9	79654	37383	37383
黑龙江	1552240	717074	701074	644851	29910	37	26276	1500	1500
上 海	1830001	533259	518317	335690		211	182416		
江 苏	8951924	4171098	3544106	3159919	124509	10412	249266	619108	447598
浙 江	6304018	2750195	2441265	2228325	58460	7528	146952	307364	95036
安 徽	2715888	852430	789086	712103	17100	2036	57847	33209	26930
福 建	3133718	943617	883642	696793	29017	1360	156472	57355	25597
江 西	3125889	1137240	1100957	907578	103300	295	89784	32917	12717
山 东	5890798	2086730	1768574	1690612	29180	2340	46442	186416	96314
河 南	4949914	2211902	2117883	1714404	74000	4386	325093	79943	79943
湖 北	3520207	1381253	1144315	999720	19179	520	124896	158912	101242
湖 南	4588092	1747577	1677644	1551673	12609	8386	104976	63945	48174
广 东	8815125	4253428	3903753	2812393	804950	16230	270180	315847	315847
广 西	2281679	811679	798167	755206	7003	9125	26833	11287	7113
海 南	763959	399185	217643	146002	55967	699	14975		
重 庆	2153994	416466	413995	346032			67963		
四 川	4254134	1962157	1924899	1163137	403319	1665	356778	6103	6103
贵 州	967256	611867	596960	544804	22509	910	28737	7856	6276
云 南	1679167	723419	687463	558834	26490	648	101491		
西 藏	145600	132119	132119	89655	31734		10730		
陕 西	2721006	1079499	975723	897283	22850		55590	103756	103756
甘 肃	1081285	537074	526313	433333	16000	240	76740	9127	7307
青 海	191587	134461	130397	90617	951		38829		
宁 夏	358768	195221	191242	176998	6000	120	8124	500	500
新 疆	1091257	613252	612471	515832	71304	60	25275	781	781

教育经费收入情况

单位:千元

地方教育附加	地方教育基金	企业办学中的企业拨款	校办产业和社会服务收入用于教育的经费	民办学校中举办者投入	社会捐赠经费	#农村	事业收入	#学杂费	其他收入
445861	**219590**	**667084**	**175455**	**1766755**	**293286**		**45396531**	**39423695**	**3850478**
7071		10556	6124	7728	6284		1667588	1418958	44479
			3642		1520		767647	674307	73725
2470		44982	32	18672	820		2145603	1930713	295324
	39081	12800	10600				949888	840878	7219
3487		30030		10000	597		901144	736089	57552
100	50	113325			16		1071493	927895	104083
			2180		273		503672	477444	6419
		14500		2200	4058		809938	781445	18970
		5596	9346		1298		1244303	1125514	51141
140300	31210		7884	40000	68177		4083969	3439251	588680
146268	66060		1566		103289		2496658	2211783	953876
6279		29909	226	115081	377		1623688	1386806	124312
28200	3558		2620	474557	5676		1669236	1379026	40632
20200			3366	22150	286		1899834	1750293	66379
11471	78631	75919	55821	79000	13013		3444276	3088273	267779
		7752	6324	32246	1142		2551623	2271194	153001
56670	1000	70250	7776	500	5301		1993090	1725344	140063
15771			5988	1137	5428		2724838	2416946	109112
			33828	211287	12077		4200489	3529661	137844
4174			2225	42650	11514		1374015	1206273	41821
		177822	3720		653		354172	275376	9949
			2471	471191	829		1071135	933155	194373
		26787	4368	30000	43697		2102469	1482646	115811
1580		7010	41				341739	289822	13650
		34733	1223	66866	6202		784664	723920	98016
							13481	13481	
			20	141260	633		1433026	1342693	66588
1820		1634					534580	476850	9631
			4064				54970	49265	2156
		3479		230	71		157393	136321	5853
					55		425910	382073	52040

3—16 分地区成人高等学校

地区	总计	国家财政性教育经费	预算内教育经费					各级政府征收用于教育的税费	
				教育事业费拨款	基本建设拨款	科研拨款	其他拨款		教育费附加
合计	**13776704**	**6287598**	**5808395**	**4841080**	**146106**	**6150**	**815059**	**236481**	**168645**
北京	1311852	398739	369041	311062	7640	10	50329	20425	20425
天津	225002	117618	113603	108972			4631	1414	1414
河北	447448	184477	169958	141860		587	27511	14519	13882
山西	187535	97359	96899	96705			194	460	460
内蒙古	97251	56812	52599	40429			12170	4028	978
辽宁	504619	285287	210028	160969	3181	1735	44143	4412	4412
吉林	396768	268812	264622	206476			58146	3190	3190
黑龙江	493709	314875	254101	243701			10400	5341	4261
上海	1404078	647002	600984	586040			14944	26138	25931
江苏	776377	349639	325506	314257	3120		8129	23635	7950
浙江	1119483	478375	400864	315861	47169	70	37764	72537	50390
安徽	305796	127003	125512	120308		46	5158	1491	1291
福建	498332	279570	277445	225300		80	52065	454	454
江西	275788	90394	88584	80970		30	7584	500	500
山东	979139	400747	385790	319582	22460		43748	8120	3520
河南	578135	275200	274630	237700		310	36620	570	570
湖北	197250	56525	53056	49557			3499	3284	691
湖南	235162	64189	56500	48908	1200	10	6382	7239	6117
广东	1119881	482381	459201	397899			61302	21763	10883
广西	313503	150329	149829	141772	400	123	7534		
海南	16353	8005	8005	8005					
重庆	176576	53584	53128	44215			8913		
四川	834872	511268	471927	180802	5300	2878	282947	5799	5699
贵州	155894	44410	35651	34966			685	5049	1768
云南	88976	53243	53006	47177			5829		
西藏									
陕西	402079	131067	115507	109629	1400	241	4237	2224	2224
甘肃	200937	81012	62758	57560	200		4998	3874	1620
青海	21767	7811	7811	5249			2562		
宁夏									
新疆	412142	271865	271850	205149	54036	30	12635	15	15

教育经费收入情况

单位:千元

地方教育附加	地方教育基金	企业办学中的企业拨款	校办产业和社会服务收入用于教育的经费	民办学校中举办者投入	社会捐赠经费	#农村	事业收入	#学杂费	其他收入
33423	**34413**	**191761**	**50961**		**21336**		**6476467**	**5356174**	**991303**
			9273		580		819335	721329	93198
			2601				94518	86805	12866
637							242190	217611	20781
					191		89859	51181	126
3050			185				40295	15645	144
		70847			40		218727	190388	565
		1000			447		111410	98827	16099
	1080	55433			263		172462	165614	6109
207			19880		2587		340274	221177	414215
4075	11610		498		3617		332714	263769	90407
13797	8350		4974		6456		554488	440805	80164
200					273		163395	147352	15125
			1671		303		212818	174554	5641
			1310		356		175845	159110	9193
4600		6375	462				561159	391161	17233
					602		256971	244170	45362
100	2493		185		288		132633	103876	7804
1122		450					167280	158787	3693
	10880		1417		182		623315	508138	14003
			500		812		159399	147417	2963
							8248	8248	100
		456					101616	89117	21376
100		28283	5259		3372		286791	240745	33441
3281		3710			500		92487	83442	18497
			237				31000	31000	4733
		10986	2350				229597	198670	41415
2254		14221	159		40		107392	98956	12493
							13462	4961	494
					427		136787	93319	3063

3—17 分地区中央属成人高等学校

地区	总计	国家财政性教育经费							
			预算内教育经费					各级政府征收用于教育的税费	
				教育事业费拨款	基本建设拨款	科研拨款	其他拨款		教育费附加
合计	**882809**	**138889**	**72175**	**55076**	**3000**	**10**	**14089**		
北京	729560	47522	47522	38917		10	8595		
天津									
河北									
山西									
内蒙古									
辽宁	5657								
吉林									
黑龙江	81215	56657	1224				1224		
上海									
江苏									
浙江									
安徽									
福建									
江西									
山东									
河南									
湖北									
湖南	2627	450							
广东									
广西									
海南									
重庆									
四川	1582	1100							
贵州	11534	3710							
云南									
西藏									
陕西									
甘肃	11922	6021							
青海									
宁夏									
新疆	38712	23429	23429	16159	3000		4270		

教育经费收入情况

单位：千元

地方教育附加	地方教育基金	企业办学中的企业拨款	校办产业和社会服务收入用于教育的经费	民办学校中举办者投入	社会捐赠经费	#农村	事业收入	#学杂费	其他收入
		66714			**76**		**663096**	**572230**	**80748**
							603588	515892	78450
					40		5585	4585	32
		55433					23379	21515	1179
		450					1470	1470	707
		1100					302		180
		3710					7824	7824	
		6021			36		5819	5815	46
							15129	15129	154

3—18 分地区地方成人高等学校

地区	总计	国家财政性教育经费	预算内教育经费					各级政府征收用于教育的税费	
				教育事业费拨款	基本建设拨款	科研拨款	其他拨款		教育费附加
合计	**12893895**	**6148709**	**5736220**	**4786004**	**143106**	**6140**	**800970**	**236481**	**168645**
北京	582292	351217	321519	272145	7640		41734	20425	20425
天津	225002	117618	113603	108972			4631	1414	1414
河北	447448	184477	169958	141860		587	27511	14519	13882
山西	187535	97359	96899	96705			194	460	460
内蒙古	97251	56812	52599	40429			12170	4028	978
辽宁	498962	285287	210028	160969	3181	1735	44143	4412	4412
吉林	396768	268812	264622	206476			58146	3190	3190
黑龙江	412494	258218	252877	243701			9176	5341	4261
上海	1404078	647002	600984	586040			14944	26138	25931
江苏	776377	349639	325506	314257	3120		8129	23635	7950
浙江	1119483	478375	400864	315861	47169	70	37764	72537	50390
安徽	305796	127003	125512	120308		46	5158	1491	1291
福建	498332	279570	277445	225300		80	52065	454	454
江西	275788	90394	88584	80970		30	7584	500	500
山东	979139	400747	385790	319582	22460		43748	8120	3520
河南	578135	275200	274630	237700		310	36620	570	570
湖北	197250	56525	53056	49557			3499	3284	691
湖南	232535	63739	56500	48908	1200	10	6382	7239	6117
广东	1119881	482381	459201	397899			61302	21763	10883
广西	313503	150329	149829	141772	400	123	7534		
海南	16353	8005	8005	8005					
重庆	176576	53584	53128	44215			8913		
四川	833290	510168	471927	180802	5300	2878	282947	5799	5699
贵州	144360	40700	35651	34966			685	5049	1768
云南	88976	53243	53006	47177			5829		
西藏									
陕西	402079	131067	115507	109629	1400	241	4237	2224	2224
甘肃	189015	74991	62758	57560	200		4998	3874	1620
青海	21767	7811	7811	5249			2562		
宁夏									
新疆	373430	248436	248421	188990	51036	30	8365	15	15

教育经费收入情况

单位：千元

地方教育附加	地方教育基金	企业办学中的企业拨款	校办产业和社会服务收入用于教育的经费	民办学校中举办者投入	社会捐赠经费	#农村	事业收入	#学杂费	其他收入
33423	**34413**	**125047**	**50961**		**21260**		**5813371**	**4783944**	**910555**
			9273		580		215747	205437	14748
			2601				94518	86805	12866
637							242190	217611	20781
					191		89859	51181	126
3050			185				40295	15645	144
		70847					213142	185803	533
		1000			447		111410	98827	16099
	1080				263		149083	144099	4930
207			19880		2587		340274	221177	414215
4075	11610		498		3617		332714	263769	90407
13797	8350		4974		6456		554488	440805	80164
200					273		163395	147352	15125
			1671		303		212818	174554	5641
			1310		356		175845	159110	9193
4600		6375	462				561159	391161	17233
					602		256971	244170	45362
100	2493		185		288		132633	103876	7804
1122							165810	157317	2986
	10880		1417		182		623315	508138	14003
			500		812		159399	147417	2963
							8248	8248	100
		456					101616	89117	21376
100		27183	5259		3372		286489	240745	33261
3281					500		84663	75618	18497
			237				31000	31000	4733
		10986	2350				229597	198670	41415
2254		8200	159		4		101573	93141	12447
							13462	4961	494
					427		121658	78190	2909

3—19 分地区中等职业学校

地区	总计	国家财政性教育经费	预算内教育经费	教育事业费拨款	基本建设拨款	科研拨款	其他拨款	各级政府征收用于教育的税费	教育费附加
合计	**119886746**	**81418480**	**70861849**	**59414150**	**3815818**		**7631881**	**9786119**	**8096143**
北京	4077891	3490695	2894062	2408606	95903		389553	508041	508041
天津	1711000	1325371	1172725	1082396	5500		84829	132435	132435
河北	5746495	3827906	3380529	3042042	78504		259983	410109	376439
山西	3156963	2196547	1976394	1758685	43059		174650	160414	160314
内蒙古	2265193	1845876	1733829	1349167	130198		254464	97228	78133
辽宁	4656430	3708456	3346176	2725023	157988		463165	357024	342935
吉林	2031245	1605383	1453217	1182327	44780		226110	138308	138308
黑龙江	1897545	1503595	1438874	1364750	41300		32824	34144	30983
上海	3855823	2902633	1944344	1847945	35892		60507	897488	884127
江苏	9083278	5260597	4261650	3789445	216417		255788	975706	641141
浙江	7305016	4915945	3798570	3231546	75495		491529	1113069	614439
安徽	3828490	2295357	1744045	1443671	99643		200731	499429	457327
福建	3579091	2502336	2234702	1838770	73670		322262	265735	229198
江西	1901963	1234713	1170666	986191	80679		103796	59485	55581
山东	9282620	6295235	4927639	4670833	44030		212776	1292181	911339
河南	6492317	4548130	4176674	3685170	128419		363085	348762	348762
湖北	3622742	2026515	1829074	1654748	67180		107146	188431	120573
湖南	4237090	2488538	1992334	1678289	99303		214742	478313	429365
广东	12918017	8099569	7479376	5864919	636691		977766	616107	594876
广西	3817738	2601116	2350613	2012422	148941		189250	242408	137964
海南	1502068	1102809	1060760	503227	531160		26373	14764	14327
重庆	2839831	1910371	1686125	1269390	98748		317987	189374	185909
四川	7056500	4538901	4141944	2833317	253027		1055600	359919	312709
贵州	1395792	956934	917503	854069	29595		33839	32925	28872
云南	3366089	2380139	2267331	1862438	72977		331916	103199	100708
西藏	170115	159335	159335	111851	40600		6884		
陕西	2985802	1966073	1845260	1674884	98534		71842	95749	95749
甘肃	2221429	1616200	1524694	1270576	73360		180758	79053	72669
青海	459612	379841	372081	233338	84131		54612	5688	4722
宁夏	487979	378316	353418	261632	48400		43386	24799	24014
新疆	1934582	1355048	1227905	922483	181694		123728	65832	64184

教育经费收入情况

单位：千元

地方教育附加	地方教育基金	企业办学中的企业拨款	校办产业和社会服务收入用于教育的经费	民办学校中举办者投入	社会捐赠经费	#农村	事业收入	#学杂费	其他收入
1188334	**501642**	**654009**	**116503**	**1278707**	**389497**	**6602**	**33515436**	**27781559**	**3284626**
		73426	15166		10364		489306	372587	87526
		20159	52	300	196		343592	315596	41541
10260	23410	35352	1916	69301	3946	30	1728135	1544808	117207
	100	59537	202	72122	1679		859642	772930	26973
19095		13453	1366	7587	1134		395026	340798	15570
14089		4720	536	3780	434		837048	738422	106712
		13142	716	1934	1216		406904	360794	15808
3161		29927	650	11885	159		364000	315782	17906
13361		52795	8006		868		683469	602705	268853
293523	41042	12710	10531	10714	33037	389	3277527	2381908	501403
225650	272980	2233	2073	8644	40200	4682	2017699	1590743	322528
41102	1000	45174	6709	112514	2888	505	1341121	1163371	76610
33457	3080		1899	17955	6648	142	969870	783682	82282
3704	200	3000	1562	15687	2392		608864	535635	40307
255419	125423	59477	15938	152445	17706	101	2632949	2198447	184285
		19393	3301	113478	3077		1761220	1487171	66412
66838	1020	4055	4955	60625	4675	80	1368687	1150805	162240
48948		9750	8141	133377	1595		1507098	1329450	106482
	21231	1013	3073	82903	26089	597	4391785	3753791	317671
97917	6527	5926	2169	31014	1468		1115883	919160	68257
285	152	26377	908	159586	4489		204497	178493	30687
665	2800	29977	4895	8910	2332		816703	640196	101515
45294	1916	28614	8424	80650	173267	75	2144451	1570308	119231
4053		4150	2356	7715	556		358002	319801	72585
2491		2780	6829	77552	15480	1	839203	689728	53715
							10780	9380	
		23750	1314	21603	72		880405	774626	117649
6253	131	12341	112	12230	25521		534577	481593	32901
966			2072	2096			71085	58428	6590
785			99	2100	173		95201	81838	12189
1018	630	60778	533		7836		460707	318583	110991

3—20 分地区中央属中等职业学校

地区	总计	国家财政性教育经费	预算内教育经费	教育事业费拨款	基本建设拨款	科研拨款	其他拨款	各级政府征收用于教育的税费	教育费附加
合计	**825856**	**497441**	**302397**	**234691**	**33500**		**34206**		
北京	121685	95523	34440	33267			1173		
天津	4419	656	656	656					
河北	38787	16565	7875	7442			433		
山西	8333	3378	1263	1263					
内蒙古	5173	1263	1263	1263					
辽宁									
吉林									
黑龙江	52188	44442	30329	29857			472		
上海	74982	36697	17147	17147					
江苏									
浙江									
安徽	60835	29373	19199	19199					
福建									
江西									
山东									
河南									
湖北	300								
湖南	18281	4317	2000				2000		
广东	69506	19064	19064	19064					
广西									
海南									
重庆	1033	732							
四川	80616	44309	33152	24453			8699		
贵州	8480	4650	500				500		
云南	4353								
西藏									
陕西									
甘肃									
青海									
宁夏									
新疆	276885	196472	135509	81080	33500		20929		

教育经费收入情况

单位：千元

地方教育附加	地方教育基金	企业办学中的企业拨款	校办产业和社会服务收入用于教育的经费	民办学校中举办者投入	社会捐赠经费	#农村	事业收入	#学杂费	其他收入
		188797	**6247**		**397**		**284629**	**200836**	**43389**
		59951	1132		7		24791	14097	1364
							3763	3763	
		8690					20543	10752	1679
		2115					2180	2180	2775
							3910	3910	
		14113					7722	1379	24
		19550					29446	13397	8839
		10174					31142	25735	320
							200	200	100
		1887	430				13577	10684	387
							41835	32874	8607
		732					301	301	
		6657	4500		390		32400	20139	3517
		4150					3830	3830	
							4353	4353	
		60778	185				64636	53242	15777

3—21 分地区地方中等职业学校

地区	总计	国家财政性教育经费	预算内教育经费	教育事业费拨款	基本建设拨款	科研拨款	其他拨款	各级政府征收用于教育的税费	教育费附加
合计	**119060890**	**80921039**	**70559452**	**59179459**	**3782318**		**7597675**	**9786119**	**8096143**
北京	3956206	3395172	2859622	2375339	95903		388380	508041	508041
天津	1706581	1324715	1172069	1081740	5500		84829	132435	132435
河北	5707708	3811341	3372654	3034600	78504		259550	410109	376439
山西	3148630	2193169	1975131	1757422	43059		174650	160414	160314
内蒙古	2260020	1844613	1732566	1347904	130198		254464	97228	78133
辽宁	4656430	3708456	3346176	2725023	157988		463165	357024	342935
吉林	2031245	1605383	1453217	1182327	44780		226110	138308	138308
黑龙江	1845357	1459153	1408545	1334893	41300		32352	34144	30983
上海	3780841	2865936	1927197	1830798	35892		60507	897488	884127
江苏	9083278	5260597	4261650	3789445	216417		255788	975706	641141
浙江	7305016	4915945	3798570	3231546	75495		491529	1113069	614439
安徽	3767655	2265984	1724846	1424472	99643		200731	499429	457327
福建	3579091	2502336	2234702	1838770	73670		322262	265735	229198
江西	1901963	1234713	1170666	986191	80679		103796	59485	55581
山东	9282620	6295235	4927639	4670833	44030		212776	1292181	911339
河南	6492317	4548130	4176674	3685170	128419		363085	348762	348762
湖北	3622442	2026515	1829074	1654748	67180		107146	188431	120573
湖南	4218809	2484221	1990334	1678289	99303		212742	478313	429365
广东	12848511	8080505	7460312	5845855	636691		977766	616107	594876
广西	3817738	2601116	2350613	2012422	148941		189250	242408	137964
海南	1502068	1102809	1060760	503227	531160		26373	14764	14327
重庆	2838798	1909639	1686125	1269390	98748		317987	180374	185909
四川	6975884	4494592	4108792	2808864	253027		1046901	359919	312709
贵州	1387312	952284	917003	854069	29595		33339	32925	28872
云南	3361736	2380139	2267331	1862438	72977		331916	103199	100708
西藏	170115	159335	159335	111851	40600		6884		
陕西	2985802	1966073	1845260	1674884	98534		71842	95749	95749
甘肃	2221429	1616200	1524694	1270576	73360		180758	79053	72669
青海	459612	379841	372081	233338	84131		54612	5688	4722
宁夏	487979	378316	353418	261632	48400		43386	24799	24014
新疆	1657697	1158576	1092396	841403	148194		102799	65832	64184

教育经费收入情况

单位：千元

地方教育附加	地方教育基金	企业办学中的企业拨款	校办产业和社会服务收入用于教育的经费	民办学校中举办者投入	社会捐赠经费	#农村	事业收入	#学杂费	其他收入
1188334	**501642**	**465212**	**110256**	**1278707**	**389100**	**6602**	**33230807**	**27580723**	**3241237**
		13475	14034		10357		464515	358490	86162
		20159	52	300	196		339829	311833	41541
10260	23410	26662	1916	69301	3946	30	1707592	1534056	115528
	100	57422	202	72122	1679		857462	770750	24198
19095		13453	1366	7587	1134		391116	336888	15570
14089		4720	536	3780	434		837048	738422	106712
		13142	716	1934	1216		406904	360794	15808
3161		15814	650	11885	159		356278	314403	17882
13361		33245	8006		868		654023	589308	260014
293523	41042	12710	10531	10714	33037	389	3277527	2381908	501403
225650	272980	2233	2073	8644	40200	4682	2017699	1590743	322528
41102	1000	35000	6709	112514	2888	505	1309979	1137636	76290
33457	3080		1899	17955	6648	142	969870	783682	82282
3704	200	3000	1562	15687	2392		608864	535635	40307
255419	125423	59477	15938	152445	17706	101	2632949	2198447	184285
		19393	3301	113478	3077		1761220	1487171	66412
66838	1020	4055	4955	60625	4675	80	1368487	1150605	162140
48948		7863	7711	133377	1595		1493521	1318766	106095
	21231	1013	3073	82903	26089	597	4349950	3720917	309064
97917	6527	5926	2169	31014	1468		1115883	919160	68257
285	152	26377	908	159586	4489		204497	178493	30687
665	2800	29245	4895	8910	2332		816402	639895	101515
45294	1916	21957	3924	80650	172877	75	2112051	1550169	115714
4053			2356	7715	556		354172	315971	72585
2491		2780	6829	77552	15480	1	834850	685375	53715
							10780	9380	
		23750	1314	21603	72		880405	774626	117649
6253	131	12341	112	12230	25521		534577	481593	32901
966			2072	2096			71085	58428	6590
785			99	2100	173		95201	81838	12189
1018	630		348		7836		396071	265341	95214

3—22 分地区中等专业学校

地区	总计	国家财政性教育经费	预算内教育经费	教育事业费拨款	基本建设拨款	科研拨款	其他拨款	各级政府征收用于教育的税费	教育费附加
合计	**51343653**	**33071100**	**29686237**	**25014819**	**1321588**		**3349830**	**3132876**	**2530937**
北京	1323379	1121219	1113639	932001	63000		118638	7500	7500
天津	1218608	965452	828485	760404	2500		65581	125839	125839
河北	2243189	1154911	1076118	950601	24400		101117	66760	64188
山西	1521869	991587	963005	800605	13900		148500	22442	22442
内蒙古	925030	700487	678597	530747	61350		86500	14865	7862
辽宁	2328957	1734952	1690043	1402926	15688		271429	40876	40696
吉林	699806	541992	491492	404353	5700		81439	50436	50436
黑龙江	481823	340870	330430	320000	4000		6430	9010	5849
上海	2167720	1572095	1068562	1014617	25000		28945	479009	475972
江苏	3543159	1977895	1556881	1370188	53137		133556	416089	262635
浙江	852427	537961	434087	341997	4000		88090	103008	60960
安徽	1589897	783175	610635	533418	27240		49977	169236	153592
福建	2025867	1337808	1192774	978436	32940		181398	143420	121996
江西	737472	417771	408209	359926	20900		27383	5000	2400
山东	3323495	2222880	1727378	1586132	12800		128446	464007	275468
河南	3263154	2306493	2150513	1888888	74302		187323	151580	151580
湖北	2303267	1237320	1098426	1004304	31900		62222	132652	71016
湖南	1006223	600082	539403	459701	32760		46942	60037	49243
广东	6481081	3941857	3584939	2932161	181952		470826	354701	354701
广西	2656785	1780773	1607161	1418129	61548		127484	167957	92273
海南	782839	427943	392752	324992	48480		19280	8587	8414
重庆	637754	406894	387470	257252	18550		111668	19214	19214
四川	2408720	1319125	1273092	826832	157942		288318	44068	34995
贵州	675196	495485	474114	438557	13628		21929	14865	13559
云南	1798064	1205819	1185856	970566	37700		177590	15752	15752
西藏	157594	146814	146814	106080	33850		6884		
陕西	1014854	597417	579001	524251	17800		36950	1701	1701
甘肃	1465304	1021673	986695	813555	44300		128840	34896	32375
青海	205937	151276	149204	96728	20014		32462		
宁夏	251403	184668	178716	118284	25400		35032	5952	5764
新疆	1252780	846406	781746	548188	154907		78651	3417	2515

教育经费收入情况

单位：千元

地方教育附加	地方教育基金	企业办学中的企业拨款	校办产业和社会服务收入用于教育的经费	民办学校中举办者投入	社会捐赠经费	#农村	事业收入	#学杂费	其他收入
433445	**168494**	**211146**	**40841**	**578424**	**97871**	**268**	**16028266**	**13578663**	**1567992**
		56	24		1221		170958	141628	29981
		11076	52				234685	216148	18471
662	1910	10350	1683	62878	534	30	952793	871092	72073
		6140		1400	652		511068	472755	17162
7003		5856	1169	4277	939		213650	198163	5677
180		3650	383	2039			514912	454205	77054
			64	192	515		150270	143115	6837
3161		1430		6275	2		123786	120633	10890
3037		22878	1646		538		448022	401939	147065
148264	5190		4925	10209	23208		1264127	936996	267720
8957	33091	800	66		1323		276005	197389	37138
14644	1000	465	2839	47684	229		722433	661499	36376
18784	2640		1614	17355	2954	141	611839	491891	55911
2600		3000	1562	3105	540		304479	286367	11577
69749	118790	24318	7177	1950	741		1026640	834255	71284
		3830	570	37243	1112		879122	743278	39184
60636	1000	4055	2187	57645	2478		911616	757889	94208
10794			642	6673	478		366469	337923	32521
		513	1704	14959	20402	97	2322155	2044983	181708
71714	3970	3842	1813	30341	1307		787642	657744	56722
21	152	26377	227	159586	46		173587	155105	21677
			210	4335			199206	149459	27319
9073		867	1098	32333	15194		985996	679800	56072
1306		4150	2356				155153	134553	24558
			4211	71238	1902		486718	414717	32387
							10780	9380	
		16715			10		399463	365235	17964
2390	131		82	4427	20166		389953	351431	29085
			2072	180			49470	40291	5011
188				2100	43		56076	49759	8516
282	620	60778	465		1337		329193	259041	75844

3—23 分地区中央属中等专业学校

地区	总计	国家财政性教育经费	预算内教育经费	教育事业费拨款	基本建设拨款	科研拨款	其他拨款	各级政府征收用于教育的税费	教育费附加
合计	**571678**	**338539**	**247911**	**193049**	**33500**		**21362**		
北京	53379	32900	32900	32607			293		
天津									
河北	29628	12942	7442	7442					
山西	6218	1263	1263	1263					
内蒙古									
辽宁									
吉林									
黑龙江									
上海	74982	36697	17147	17147					
江苏									
浙江									
安徽	30973	18322	17857	17857					
福建									
江西									
山东									
河南									
湖北									
湖南									
广东	57486	14562	14562	14562					
广西									
海南									
重庆									
四川	35411	21985	21985	21985					
贵州	8480	4650	500				500		
云南	50								
西藏									
陕西									
甘肃									
青海									
宁夏									
新疆	275071	195218	134255	80186	33500		20569		

教育经费收入情况

单位：千元

地方教育附加	地方教育基金	企业办学中的企业拨款	校办产业和社会服务收入用于教育的经费	民办学校中举办者投入	社会捐赠经费	＃农村	事业收入	＃学杂费	其他收入
		90443	**185**				**196493**	**140863**	**36646**
							19966	9272	513
		5500					16686	8302	
							2180	2180	2775
		19550					29446	13397	8839
		465					12331	12331	320
							34502	25923	8422
							13426	12896	
		4150					3830	3830	
							50	50	
		60778	185				64076	52682	15777

3－24 分地区地方中等专业学校

地区	总计	国家财政性教育经费	预算内教育经费	教育事业费拨款	基本建设拨款	科研拨款	其他拨款	各级政府征收用于教育的税费	教育费附加
合计	**50771975**	**32732561**	**29438326**	**24821770**	**1288088**		**3328468**	**3132876**	**2530937**
北京	1270000	1088319	1080739	899394	63000		118345	7500	7500
天津	1218608	965452	828485	760404	2500		65581	125839	125839
河北	2213561	1141969	1068676	943159	24400		101117	66760	64188
山西	1515651	990324	961742	799342	13900		148500	22442	22442
内蒙古	925030	700487	678597	530747	61350		86500	14865	7862
辽宁	2328957	1734952	1690043	1402926	15688		271429	40876	40696
吉林	699806	541992	491492	404353	5700		81439	50436	50436
黑龙江	481823	340870	330430	320000	4000		6430	9010	5849
上海	2092738	1535398	1051415	997470	25000		28945	479009	475972
江苏	3543159	1977895	1556881	1370188	53137		133556	416089	262635
浙江	852427	537961	434087	341997	4000		88090	103008	60960
安徽	1558924	764853	592778	515561	27240		49977	169236	153592
福建	2025867	1337808	1192774	978436	32940		181398	143420	121996
江西	737472	417771	408209	359926	20900		27383	5000	2400
山东	3323495	2222880	1727378	1586132	12800		128446	464007	275468
河南	3263154	2306493	2150513	1888888	74302		187323	151580	151580
湖北	2303267	1237320	1098426	1004304	31900		62222	132652	71016
湖南	1006223	600082	539403	459701	32760		46942	60037	49243
广东	6423595	3927295	3570377	2917599	181952		470826	354701	354701
广西	2656785	1780773	1607161	1418129	61548		127484	167957	92273
海南	782839	427943	392752	324992	48480		19280	8587	8414
重庆	637754	406894	387470	257252	18550		111668	19214	19214
四川	2373309	1297140	1251107	804847	157942		288318	44068	34995
贵州	666716	490835	473614	438557	13628		21429	14865	13559
云南	1798014	1205819	1185856	970566	37700		177590	15752	15752
西藏	157594	146814	146814	106080	33850		6884		
陕西	1014854	597417	579001	524251	17800		36950	1701	1701
甘肃	1465304	1021673	986695	813555	44300		128840	34896	32375
青海	205937	151276	149204	96728	20014		32462		
宁夏	251403	184668	178716	118284	25400		35032	5952	5764
新疆	977709	651188	647491	468002	121407		58082	3417	2515

教育经费收入情况

单位：千元

地方教育附加	地方教育基金	企业办学中的企业拨款	校办产业和社会服务收入用于教育的经费	民办学校中举办者投入	社会捐赠经费	#农村	事业收入	#学杂费	其他收入
433445	**168494**	**120703**	**40656**	**578424**	**97871**	**268**	**15831773**	**13437800**	**1531346**
		56	24		1221		150992	132356	29468
		11076	52				234685	216148	18471
662	1910	4850	1683	62878	534	30	936107	862790	72073
		6140		1400	652		508888	470575	14387
7003		5856	1169	4277	939		213650	198163	5677
180		3650	383	2039			514912	454205	77054
			64	192	515		150270	143115	6837
3161		1430		6275	2		123786	120633	10890
3037		3328	1646		538		418576	388542	138226
148264	5190		4925	10209	23208		1264127	936996	267720
8957	33091	800	66		1323		276005	197389	37138
14644	1000		2839	47684	229		710102	649168	36056
18784	2640		1614	17355	2954	141	611839	491891	55911
2600		3000	1562	3105	540		304479	286367	11577
69749	118790	24318	7177	1950	741		1026640	834255	71284
		3830	570	37243	1112		879122	743278	39184
60636	1000	4055	2187	57645	2478		911616	757889	94208
10794			642	6673	478		366469	337923	32521
		513	1704	14959	20402	97	2287653	2019060	173286
71714	3970	3842	1813	30341	1307		787642	657744	56722
21	152	26377	227	159586	46		173587	155105	21677
			210	4335			199206	149459	27319
9073		867	1098	32333	15194		972570	666904	56072
1306			2356				151323	130723	24558
			4211	71238	1902		486668	414667	32387
							10780	9380	
		16715			10		399463	365235	17964
2390	131		82	4427	20166		389953	351431	29085
			2072	180			49470	40291	5011
188				2100	43		56076	49759	8516
282	620		280		1337		265117	206359	60067

3—25 分地区职业高中

地区	总计	国家财政性教育经费	预算内教育经费	教育事业费拨款	基本建设拨款	科研拨款	其他拨款	各级政府征收用于教育的税费	教育费附加
合计	**47082365**	**34658871**	**28595370**	**24479105**	**1477621**		**2638644**	**5988077**	**5034124**
北京	1714146	1495398	1011560	772249	29103		210208	483838	483838
天津	45326	39297	38297	37205			1092	1000	1000
河北	2553271	2046867	1716723	1570338	51104		95281	330138	300240
山西	1226872	892585	743405	710596	17159		15650	131538	131438
内蒙古	1025195	880718	808716	640393	49800		118523	71825	64474
辽宁	1782759	1552554	1287318	1111018	30200		146100	265179	262324
吉林	952968	744160	648178	536527	39080		72571	82193	82193
黑龙江	1022112	861381	833493	779460	36201		17832	24199	24199
上海	1211689	1003796	599184	574712	10892		13580	404612	404612
江苏	3976080	2604934	2095866	1854967	151480		89419	508626	340970
浙江	5264930	3625018	2703736	2312867	44471		346398	918519	497219
安徽	1882350	1342130	1021414	820863	72403		128148	316846	294938
福建	891191	685243	585202	499205	25296		60701	99756	88206
江西	1017850	715259	671019	556504	59779		54736	44240	42994
山东	3917649	2835838	2135181	2095474	22850		16857	689098	538613
河南	1991757	1482319	1305054	1179618	39557		85879	175610	175610
湖北	1016648	629160	573166	504296	31180		37690	53226	47489
湖南	2658788	1588774	1177057	1008778	63843		104436	405516	370283
广东	2370220	1774702	1567614	1161066	223513		183035	207016	185785
广西	570869	483710	413991	335489	68537		9965	69719	42159
海南	150528	129853	126163	117347	2680		6136	3690	3426
重庆	1443763	1094872	964779	758216	74318		132245	130093	126628
四川	3504316	2436094	2133493	1569510	74935		489048	301602	265534
贵州	517377	376333	358273	330396	15967		11910	18060	15313
云南	1108783	885379	802143	684573	33777		83793	82314	80903
西藏									
陕西	1828357	1262280	1162101	1056566	80734		24801	91830	91830
甘肃	667018	533312	489237	427361	22020		39856	43901	40038
青海	253675	228565	222877	136610	64117		22150	5688	4722
宁夏	209730	175035	156188	126846	23000		6342	18847	18250
新疆	306148	253305	243942	210055	19625		14262	9358	8896

教育经费收入情况

单位：千元

地方教育附加	地方教育基金	企业办学中的企业拨款	校办产业和社会服务收入用于教育的经费	民办学校中举办者投入	社会捐赠经费	#农村	事业收入	#学杂费	其他收入
639378	**314575**	**54124**	**21300**	**569689**	**261818**	**6333**	**10590451**	**8922818**	**1001536**
					8880		169909	119413	39959
				300			5182	5066	547
8598	21300		6		3401		494295	447477	8708
	100	17642		70722	1027		258704	230224	3834
7351			177	3310	193		131971	121222	9003
2855			57	1711	434		225933	205911	2127
		13142	647	1742	300		199924	177298	6842
		3239	450	2830	153		154098	123138	3650
					301		155314	148104	52278
132534	35122	110	332	305	8593	389	1173716	864136	188532
198849	222451	1433	1330	8644	32519	4682	1405767	1167797	192982
21908			3870	47162	2659	505	462330	398078	28069
11110	440		285	600	3626	1	194245	176960	7477
1046	200			11614	1852		265928	235602	23197
143852	6633	11099	460	148280	16610	101	844387	708480	72534
			1655	47165	1368		454122	414480	6783
5717	20		2768	2980	2087	80	325345	283091	57076
35233		100	6101	125504	1094		904023	795596	39393
	21231		72	1915	4245	500	546383	462529	42975
25003	2557			673	150		81820	59142	4516
264					4441		14554	10872	1680
665	2800			3013	2262		311043	254187	32573
34352	1716		999	46249	156799	75	836379	673130	28795
2747				7541	506		122893	108328	10104
1411		180	742	6314	1271		197219	164557	18600
		7035	1314	21603	62		445303	398617	99109
3863		144	30	7596	5355		116988	105307	3767
966				1916			21615	18137	1579
597					130		31153	24209	3412
457	5		5		1500		39908	21730	11435

3—26 分地区中央属职业高中

地区	总计	国家财政性教育经费	预算内教育经费	教育事业费拨款	基本建设拨款	科研拨款	其他拨款	各级政府征收用于教育的税费	教育费附加
合计	**26324**	**23137**	**20058**	**10989**			**9069**		
北京									
天津									
河北									
山西									
内蒙古									
辽宁									
吉林									
黑龙江	12373	12007	8928	8558			370		
上海									
江苏									
浙江									
安徽									
福建									
江西									
山东									
河南									
湖北	300								
湖南									
广东									
广西									
海南									
重庆									
四川	13651	11130	11130	2431			8699		
贵州									
云南									
西藏									
陕西									
甘肃									
青海									
宁夏									
新疆									

教育经费收入情况

单位：千元

地方教育附加	地方教育基金	企业办学中的企业拨款	校办产业和社会服务收入用于教育的经费	民办学校中举办者投入	社会捐赠经费	＃农村	事业收入	＃学杂费	其他收入
		3079					**2761**	**1152**	**426**
		3079					345	345	21
							200	200	100
							2216	607	305

3－27 分地区地方职业高中

地区	总计	国家财政性教育经费	预算内教育经费	教育事业费拨款	基本建设拨款	科研拨款	其他拨款	各级政府征收用于教育的税费	教育费附加
合计	**47056041**	**34635734**	**28575312**	**24468116**	**1477621**		**2629575**	**5988077**	**5034124**
北京	1714146	1495398	1011560	772249	29103		210208	483838	483838
天津	45326	39297	38297	37205			1092	1000	1000
河北	2553271	2046867	1716723	1570338	51104		95281	330138	300240
山西	1226872	892585	743405	710596	17159		15650	131538	131438
内蒙古	1025195	880718	808716	640393	49800		118523	71825	64474
辽宁	1782759	1552554	1287318	1111018	30200		146100	265179	262324
吉林	952968	744160	648178	536527	39080		72571	82193	82193
黑龙江	1009739	849374	824565	770902	36201		17462	24199	24199
上海	1211689	1003796	599184	574712	10892		13580	404612	404612
江苏	3976080	2604934	2095866	1854967	151480		89419	508626	340970
浙江	5264930	3625018	2703736	2312867	44471		346398	918519	497219
安徽	1882350	1342130	1021414	820863	72403		128148	316846	294938
福建	891191	685243	585202	499205	25296		60701	99756	88206
江西	1017850	715259	671019	556504	59779		54736	44240	42994
山东	3917649	2835838	2135181	2095474	22850		16857	689098	538613
河南	1991757	1482319	1305054	1179618	39557		85879	175610	175610
湖北	1016348	629160	573166	504296	31180		37690	53226	47489
湖南	2658788	1588774	1177057	1008778	63843		104436	405516	370283
广东	2370220	1774702	1567614	1161066	223513		183035	207016	185785
广西	570869	483710	413991	335489	68537		9965	69719	42159
海南	150528	129853	126163	117347	2680		6136	3690	3426
重庆	1443763	1094872	964779	758216	74318		132245	130093	126628
四川	3490665	2424964	2122363	1567079	74935		480349	301602	265534
贵州	517377	376333	358273	330396	15967		11910	18060	15313
云南	1108783	885379	802143	684573	33777		83793	82314	80903
西藏									
陕西	1828357	1262280	1162101	1056566	80734		24801	91830	91830
甘肃	667018	533312	489237	427361	22020		39856	43901	40038
青海	253675	228565	222877	136610	64117		22150	5688	4722
宁夏	209730	175035	156188	126846	23000		6342	18847	18250
新疆	306148	253305	243942	210055	19625		14262	9358	8896

教育经费收入情况

单位:千元

地方教育附加	地方教育基金	企业办学中的企业拨款	校办产业和社会服务收入用于教育的经费	民办学校中举办者投入	社会捐赠经费	#农村	事业收入	#学杂费	其他收入
639378	**314575**	**51045**	**21300**	**569689**	**261818**	**6333**	**10587690**	**8921666**	**1001110**
					8880		169909	119413	39959
				300			5182	5066	547
8598	21300		6		3401		494295	447477	8708
	100	17642		70722	1027		258704	230224	3834
7351			177	3310	193		131971	121222	9003
2855			57	1711	434		225933	205911	2127
		13142	647	1742	300		199924	177298	6842
		160	450	2830	153		153753	122793	3629
					301		155314	148104	52278
132534	35122	110	332	305	8593	389	1173716	864136	188532
198849	222451	1433	1330	8644	32519	4682	1405767	1167797	192982
21908			3870	47162	2659	505	462330	398078	28069
11110	440		285	600	3626	1	194245	176960	7477
1046	200			11614	1852		265928	235602	23197
143852	6633	11099	460	148280	16610	101	844387	708480	72534
			1655	47165	1368		454122	414480	6783
5717	20		2768	2980	2087	80	325145	282891	56976
35233		100	6101	125504	1094		904023	795596	39393
	21231		72	1915	4245	500	546383	462529	42975
25003	2557			673	150		81820	59142	4516
264					4441		14554	10872	1680
665	2800			3013	2262		311043	254187	32573
34352	1716		999	46249	156799	75	834163	672523	28490
2747				7541	506		122893	108328	10104
1411		180	742	6314	1271		197219	164557	18600
		7035	1314	21603	62		445303	398617	99109
3863		144	30	7596	5355		116988	105307	3767
966				1916			21615	18137	1579
597					130		31153	24209	3412
457	5		5		1500		39908	21730	11435

3—28　分地区农村职业高中

地　区	总　计	国家财政性教育经费	预算内教育经费	教育事业费拨款	基本建设拨款	科研拨款	其他拨款	各级政府征收用于教育的税费	教育费附加
合　计	**5961589**	**4365558**	**3725012**	**3167483**	**201002**		**356527**	**626779**	**525041**
北　京	203280	157537	100036	75670	15122		9244	57501	57501
天　津									
河　北	243675	201193	168905	156768	4200		7937	32288	30868
山　西	123889	100481	86271	85894			377	14210	14210
内蒙古	56842	47409	47087	41591	3200		2296	322	16
辽　宁	26186	24290	23230	20098			3132	1060	1060
吉　林	7719	5347	5347	4207			1140		
黑龙江	19320	17090	17060	17060				30	30
上　海	11739	8495	8495	8495					
江　苏	549758	355495	322266	247390	59880		14996	33095	14751
浙　江	954688	630960	478533	418256	11913		48364	150378	101634
安　徽	495149	366607	307315	260535	15408		31372	55550	51932
福　建	121307	96781	86336	75975	1800		8561	10443	8161
江　西	69955	46985	44993	38173	3822		2998	1992	1992
山　东	380259	290932	212506	209735			2771	71426	58101
河　南	489554	420267	365141	343606	3000		18535	55126	55126
湖　北	46566	25455	19896	19129			767	5559	5324
湖　南	334048	201132	153204	137151	3050		13003	47898	42175
广　东	198027	143639	134086	127911			6175	9553	9553
广　西	51933	45630	38476	31991	5720		765	7154	2800
海　南	17039	16639	16639	14345	680		1614		
重　庆	243756	174567	162970	126508	25390		11072	11597	11597
四　川	813591	578984	542765	367887	23100		151778	35619	33023
贵　州	52165	41830	39162	30041	8517		604	2668	2578
云　南	40812	30875	29030	26917			2113	1845	1845
西　藏									
陕　西	272487	218090	197916	178591	9800		9525	19964	19964
甘　肃	123216	109283	107782	94084	6400		7298	1501	800
青　海									
宁　夏									
新　疆	14629	9565	9565	9475			90		

教育经费收入情况

单位：千元

地方教育附加	地方教育基金	企业办学中的企业拨款	校办产业和社会服务收入用于教育的经费	民办学校中举办者投入	社会捐赠经费	#农村	事业收入	#学杂费	其他收入
67823	**33915**	**8433**	**5334**	**34048**	**88087**	**5482**	**1325475**	**1114421**	**148421**
					220		41674	18084	3849
152	1268				210		41025	34628	1247
				415			22690	21435	303
306				310			7892	7892	1231
							1896	1896	
							2372	2242	
							2174	2171	56
							2814	1039	430
14999	3345		134		558	170	154370	108014	39335
19462	29282	1433	616	117	8363	4682	279655	237625	35593
3618			3742	16761	1679	505	102222	91810	7880
2282			2	600	1	1	22370	20709	1555
				72			20553	14113	2345
13325		7000		1112	313	57	63113	61021	24789
				1862	86		66007	59328	1332
215	20			1000	57	57	19429	18991	625
5723			30		20		127731	119148	5165
					164		53870	49169	354
4354							5606	5145	697
							391	292	9
				1100			61009	55377	7080
2596			600	7563	76075	10	137929	108733	13040
90							10328	8348	7
				496	202		9134	8045	105
			210	2540	22		50493	46022	1342
701				100	117		13716	11932	
							5012	1212	52

3－29 分地区技工学校

地区	总计	国家财政性教育经费	预算内教育经费	教育事业费拨款	基本建设拨款	科研拨款	其他拨款	各级政府征收用于教育的税费	教育费附加
合计	**14620590**	**8783535**	**8016274**	**6196739**	**972031**		**847504**	**365713**	**298533**
北京	986676	839178	740224	681764			58460	10442	10442
天津	331568	244135	229456	211470	3000		14986	5596	5596
河北	552833	280939	250943	226611	3000		21332	4767	4755
山西	232556	163857	129015	115307	12000		1708	1000	1000
内蒙古	117123	82329	73732	54514	9200		10018	1000	1000
辽宁	524775	405280	353145	199482	112100		41563	50969	39915
吉林	73754	36008	33205	29848			3357	2803	2803
黑龙江	180197	138917	118388	113334	1099		3955		
上海	193214	93724	58359	46836			11523		
江苏	1203212	451319	397739	365150	11800		20789	35706	27322
浙江	677490	426444	405108	342095	27024		35989	20659	14316
安徽	186189	79123	29677	24228			5449	4737	3687
福建	376042	242766	230620	181321	15434		33865	12146	8889
江西	17653	8296	7797	7103			694	499	499
山东	1566348	921505	784548	714919	8380		61249	104746	70936
河南	738790	457466	435469	381876	9890		43703	5446	5446
湖北	86721	41965	40860	34737	4100		2023	1105	850
湖南	297912	115114	99793	87726	2700		9367	5038	2674
广东	3666858	2140911	2101255	1585588	230606		285061	38058	38058
广西	431011	230127	227729	180669	18856		28204	72	72
海南	543838	525906	525906	45906	480000				
重庆	381427	161022	139109	101902	3480		33727	1870	1870
四川	405134	239204	208002	135276	10700		62026	6534	5918
贵州	185574	74086	74086	74086					
云南	310777	161287	157570	121508	1500		34562	92	62
西藏									
陕西	10315	4771	4771	4771					
甘肃	45030	22135	16538	11858	3000		1680		
青海									
宁夏									
新疆	297573	195721	143230	116854	4162		22214	52428	52423

教育经费收入情况

单位:千元

地方教育附加	地方教育基金	企业办学中的企业拨款	校办产业和社会服务收入用于教育的经费	民办学校中举办者投入	社会捐赠经费	#农村	事业收入	#学杂费	其他收入
65595	**1585**	**350920**	**50628**	**76390**	**26780**		**5245124**	**4285582**	**488761**
		73370	15142		263		130861	101269	16374
		9083			196		80865	79036	6372
12		25002	227	6250			232080	201873	33564
		33640	202				63259	62321	5440
		7597			2		34752	17902	40
11054		1070	96	30			91943	74395	27522
							37735	37705	11
		20329	200	80			38879	29190	2321
		29917	5448				50271	37289	49219
7804	580	12600	5274		959		723552	537303	27382
5343	1000		677		5991		200114	162887	44941
1050		44709					99811	78792	7255
3257					38		120088	98773	13150
				968			5389	5389	3000
33810		23910	8301	1000	208		614241	534084	29394
		15563	988		22		264333	212129	16969
255							42937	38332	1819
2364		9650	633	500			173243	156026	9055
		500	1098	65689	1279		1375669	1146769	83310
		2084	242		11		197251	170693	3622
							11804	11804	6128
		15358	4685	1312	70		183541	149387	35482
616		18341	6327	180	390		158785	107463	6575
				174	50		73350	72864	37914
30		2600	1025		12306		135979	105739	1205
							5540	4724	4
		5597		207			22666	21201	22
	5		63		4995		76186	30243	20671

3—30 分地区中央属技工学校

地区	总计	国家财政性教育经费	预算内教育经费					各级政府征收用于教育的税费	
				教育事业费拨款	基本建设拨款	科研拨款	其他拨款		教育费附加
合计	**211008**	**119836**	**24659**	**21346**			**3313**		
北京	68306	62623	1540	660			880		
天津	4419	656	656	656					
河北	9159	3623	433				433		
山西									
内蒙古	5173	1263	1263	1263					
辽宁									
吉林									
黑龙江	26898	19875	12886	12886					
上海									
江苏									
浙江									
安徽	29862	11051	1342	1342					
福建									
江西									
山东									
河南									
湖北									
湖南	18281	4317	2000				2000		
广东	12020	4502	4502	4502					
广西									
海南									
重庆	1033	732							
四川	31554	11194	37	37					
贵州									
云南	4303								
西藏									
陕西									
甘肃									
青海									
宁夏									
新疆									

教育经费收入情况

单位：千元

地方教育附加	地方教育基金	企业办学中的企业拨款	校办产业和社会服务收入用于教育的经费	民办学校中举办者投入	社会捐赠经费	#农村	事业收入	#学杂费	其他收入
		89115	**6062**		**397**		**84461**	**58261**	**6314**
		59951	1132		7		4825	4825	851
							3763	3763	
		3190					3857	2450	1679
							3910	3910	
		6989					7023	1034	
		9709					18811	13404	
		1887	430				13577	10684	387
							7333	6951	185
		732					301	301	
		6657	4500		390		16758	6636	3212
							4303	4303	

3—31 分地区地方技工学校

地区	总计	国家财政性教育经费	预算内教育经费	教育事业费拨款	基本建设拨款	科研拨款	其他拨款	各级政府征收用于教育的税费	教育费附加
合计	**14409582**	**8663699**	**7991615**	**6175393**	**972031**		**844191**	**365713**	**298533**
北京	918370	776555	738684	681104			57580	10442	10442
天津	327149	243479	228800	210814	3000		14986	5596	5596
河北	543674	277316	250510	226611	3000		20899	4767	4755
山西	232556	163857	129015	115307	12000		1708	1000	1000
内蒙古	111950	81066	72469	53251	9200		10018	1000	1000
辽宁	524775	405280	353145	199482	112100		41563	50969	39915
吉林	73754	36008	33205	29848			3357	2803	2803
黑龙江	153299	119042	105502	100448	1099		3955		
上海	193214	93724	58359	46836			11523		
江苏	1203212	451319	397739	365150	11800		20789	35706	27322
浙江	677490	426444	405108	342095	27024		35989	20659	14316
安徽	156327	68072	28335	22886			5449	4737	3687
福建	376042	242766	230620	181321	15434		33865	12146	8889
江西	17653	8296	7797	7103			694	499	499
山东	1566348	921505	784548	714919	8380		61249	104746	70936
河南	738790	457466	435469	381876	9890		43703	5446	5446
湖北	86721	41965	40860	34737	4100		2023	1105	850
湖南	279631	110797	97793	87726	2700		7367	5038	2674
广东	3654838	2136409	2096753	1581086	230606		285061	38058	38058
广西	431011	230127	227729	180669	18856		28204	72	72
海南	543838	525906	525906	45906	480000				
重庆	380394	160290	139109	101902	3480		33727	1870	1870
四川	373580	228010	207965	135239	10700		62026	6534	5918
贵州	185574	74086	74086	74086					
云南	306474	161287	157570	121508	1500		34562	92	62
西藏									
陕西	10315	4771	4771	4771					
甘肃	45030	22135	16538	11858	3000		1680		
青海									
宁夏									
新疆	297573	195721	143230	116854	4162		22214	52428	52423

教育经费收入情况

单位：千元

地方教育附加	地方教育基金	企业办学中的企业拨款	校办产业和社会服务收入用于教育的经费	民办学校中举办者投入	社会捐赠经费	#农村	事业收入	#学杂费	其他收入
65595	**1585**	**261805**	**44566**	**76390**	**26383**		**5160663**	**4227321**	**482447**
		13419	14010		256		126036	96444	15523
		9083			196		77102	75273	6372
12		21812	227	6250			228223	199423	31885
		33640	202				63259	62321	5440
		7597			2		30842	13992	40
11054		1070	96	30			91943	74395	27522
							37735	37705	11
		13340	200	80			31856	28156	2321
		29917	5448				50271	37289	49219
7804	580	12600	5274		959		723552	537303	27382
5343	1000		677		5991		200114	162887	44941
1050		35000					81000	65388	7255
3257					38		120088	98773	13150
				968			5389	5389	3000
33810		23910	8301	1000	208		614241	534084	29394
		15563	988		22		264333	212129	16969
255							42937	38332	1819
2364		7763	203	500			159666	145342	8668
		500	1098	65689	1279		1368336	1139818	83125
		2084	242		11		197251	170693	3622
							11804	11804	6128
		14626	4685	1312	70		183240	149086	35482
616		11684	1827	180			142027	100827	3363
				174	50		73350	72864	37914
30		2600	1025		12306		131676	101436	1205
							5540	4724	4
		5597		207			22666	21201	22
	5		63		4995		76186	30243	20671

3—32 分地区成人中等专业学校

地区	总计	国家财政性教育经费	预算内教育经费					各级政府征收用于教育的税费	
				教育事业费拨款	基本建设拨款	科研拨款	其他拨款		教育费附加
合计	**6840138**	**4904974**	**4563968**	**3723487**	**44578**		**795903**	**299453**	**232549**
北京	53690	34900	28639	22592	3800		2247	6261	6261
天津	115498	76487	76487	73317			3170		
河北	397202	345189	336745	294492			42253	8444	7256
山西	175666	148518	140969	132177			8792	5434	5434
内蒙古	197845	182342	172784	123513	9848		39423	9538	4797
辽宁	19939	15670	15670	11597			4073		
吉林	304717	283223	280342	211599			68743	2876	2876
黑龙江	213413	162427	156563	151956			4607	935	935
上海	283200	233018	218239	211780			6459	13867	3543
江苏	360827	226449	211164	199140			12024	15285	10214
浙江	510169	326522	255639	234587			21052	70883	41944
安徽	170054	90929	82319	65162			17157	8610	5110
福建	285991	236519	226106	179808			46298	10413	10107
江西	128988	93387	83641	62658			20983	9746	9688
山东	475128	315012	280532	274308			6224	34330	26322
河南	498616	301852	285638	234788	4670		46180	16126	16126
湖北	216106	118070	116622	111411			5211	1448	1218
湖南	274167	184568	176081	122084			53997	7722	7165
广东	399858	242099	225568	186104	620		38844	16332	16332
广西	159073	106506	101732	78135			23597	4660	3460
海南	24863	19107	15939	14982			957	2487	2487
重庆	376887	247583	194767	152020	2400		40347	38197	38197
四川	738330	544478	527357	301699	9450		216208	7715	6262
贵州	17645	11030	11030	11030					
云南	148465	127654	121762	85791			35971	5041	3991
西藏	12521	12521	12521	5771	6750				
陕西	132276	101605	99387	89296			10091	2218	2218
甘肃	44077	39080	32224	17802	4040		10382	256	256
青海									
宁夏	26846	18613	18514	16502			2012		
新疆	78081	59616	58987	47386	3000		8601	629	350

教育经费收入情况

单位：千元

地方教育附加	地方教育基金	企业办学中的企业拨款	校办产业和社会服务收入用于教育的经费	民办学校中举办者投入	社会捐赠经费	#农村	事业收入	#学杂费	其他收入
49916	**16988**	**37819**	**3734**	**54204**	**3028**	**1**	**1651595**	**994496**	**226337**
							17578	10277	1212
							22860	15346	16151
988	200			173	11		48967	24366	2862
		2115					26611	7630	537
4741			20				14653	3511	850
							4260	3911	9
			5		401		18975	2676	2118
		4929		2700	4		47237	42821	1045
10324			912		29		29862	15373	20291
4921	150			200	277		116132	43473	17769
12501	16438				367		135813	62670	47467
3500				17668			56547	25002	4910
306					30		43698	16058	5744
58							33068	8277	2533
8008		150		1215	147		147681	121628	11073
			88	29070	575		163643	117284	3476
230					110		88789	71493	9137
557			765	700	23		63363	39905	25513
			199	340	163		147578	99510	9678
1200			114				49170	31581	3397
			681		2		4552	712	1202
		14619		250			122913	87163	6141
1253	200	9406		1888	884		163291	109915	27789
							6606	4056	9
1050			851		1	1	19287	4715	1523
							30099	6050	572
		6600					4970	3654	27
			99				7972	7870	261
279					4		15420	7569	3041

3—33 分地区中央属成人中等专业学校

地区	总计	国家财政性教育经费	预算内教育经费					各级政府征收用于教育的税费	
				教育事业费拨款	基本建设拨款	科研拨款	其他拨款		教育费附加
合计	**16846**	**15929**	**9769**	**9307**			**462**		
北京									
天津									
河北									
山西	2115	2115							
内蒙古									
辽宁									
吉林									
黑龙江	12917	12560	8515	8413			102		
上海									
江苏									
浙江									
安徽									
福建									
江西									
山东									
河南									
湖北									
湖南									
广东									
广西									
海南									
重庆									
四川									
贵州									
云南									
西藏									
陕西									
甘肃									
青海									
宁夏									
新疆	1814	1254	1254	894			360		

教育经费收入情况

单位：千元

地方教育附加	地方教育基金	企业办学中的企业拨款	校办产业和社会服务收入用于教育的经费	民办学校中举办者投入	社会捐赠经费	#农村	事业收入	#学杂费	其他收入
		6160					**914**	**560**	**3**
		2115							
		4045					354		3
							560	560	

3—34 分地区地方成人中等专业学校

地区	总计	国家财政性教育经费	预算内教育经费	教育事业费拨款	基本建设拨款	科研拨款	其他拨款	各级政府征收用于教育的税费	教育费附加
合计	**6823292**	**4889045**	**4554199**	**3714180**	**44578**		**795441**	**299453**	**232549**
北京	53690	34900	28639	22592	3800		2247	6261	6261
天津	115498	76487	76487	73317			3170		
河北	397202	345189	336745	294492			42253	8444	7256
山西	173551	146403	140969	132177			8792	5434	5434
内蒙古	197845	182342	172784	123513	9848		39423	9538	4797
辽宁	19939	15670	15670	11597			4073		
吉林	304717	283223	280342	211599			68743	2876	2876
黑龙江	200496	149867	148048	143543			4505	935	935
上海	283200	233018	218239	211780			6459	13867	3543
江苏	360827	226449	211164	199140			12024	15285	10214
浙江	510169	326522	255639	234587			21052	70883	41944
安徽	170054	90929	82319	65162			17157	8610	5110
福建	285991	236519	226106	179808			46298	10413	10107
江西	128988	93387	83641	62658			20983	9746	9688
山东	475128	315012	280532	274308			6224	34330	26322
河南	498616	301852	285638	234788	4670		46180	16126	16126
湖北	216106	118070	116622	111411			5211	1448	1218
湖南	274167	184568	176081	122084			53997	7722	7165
广东	399858	242099	225568	186104	620		38844	16332	16332
广西	159073	106506	101732	78135			23597	4660	3460
海南	24863	19107	15939	14982			957	2487	2487
重庆	376887	247583	194767	152020	2400		40347	38197	38197
四川	738330	544478	527357	301699	9450		216208	7715	6262
贵州	17645	11030	11030	11030					
云南	148465	127654	121762	85791			35971	5041	3991
西藏	12521	12521	12521	5771	6750				
陕西	132276	101605	99387	89296			10091	2218	2218
甘肃	44077	39080	32224	17802	4040		10382	256	256
青海									
宁夏	26846	18613	18514	16502			2012		
新疆	76267	58362	57733	46492	3000		8241	629	350

教育经费收入情况

单位：千元

地方教育附加	地方教育基金	企业办学中的企业拨款	校办产业和社会服务收入用于教育的经费	民办学校中举办者投入	社会捐赠经费	#农村	事业收入	#学杂费	其他收入
49916	**16988**	**31659**	**3734**	**54204**	**3028**	**1**	**1650681**	**993936**	**226334**
							17578	10277	1212
							22860	15346	16151
988	200			173	11		48967	24366	2862
							26611	7630	537
4741			20				14653	3511	850
							4260	3911	9
			5		401		18975	2676	2118
		884		2700	4		46883	42821	1042
10324			912		29		29862	15373	20291
4921	150			200	277		116132	43473	17769
12501	16438				367		135813	62670	47467
3500				17668			56547	25002	4910
306					30		43698	16058	5744
58							33068	8277	2533
8008		150		1215	147		147681	121628	11073
			88	29070	575		163643	117284	3476
230					110		88789	71493	9137
557			765	700	23		63363	39905	25513
			199	340	163		147578	99510	9678
1200			114				49170	31581	3397
			681		2		4552	712	1202
		14619		250			122913	87163	6141
1253	200	9406		1888	884		163291	109915	27789
							6606	4056	9
1050			851		1	1	19287	4715	1523
							30099	6050	572
		6600					4970	3654	27
			99				7972	7870	261
279					4		14860	7009	3041

3—35 分地区中学

地区	总计	国家财政性教育经费							
			预算内教育经费	教育事业费拨款	基本建设拨款	科研拨款	其他拨款	各级政府征收用于教育的税费	教育费附加
合计	**476809228**	**383437666**	**353503763**	**308094543**	**14270656**		**31138564**	**28504297**	**21808510**
北京	13341859	11083157	10426455	8085135	1018185		1323135	632073	632073
天津	6772244	5690006	5058418	4928409			130009	617852	617852
河北	19762007	16983819	15441083	14012772	416715		1011596	1538788	1018498
山西	13231323	10411585	9223737	8531410	392105		300222	1164126	1074520
内蒙古	10422429	9203895	8416097	7289742	284175		842180	750059	649446
辽宁	15016763	13363985	12456829	10406343	110731		1939755	906950	684684
吉林	9612103	8297001	7774724	6528169	181728		1064827	375781	375781
黑龙江	11217331	9957522	9181483	8770133	231173		180177	307945	285240
上海	13999430	11486079	10061326	9567975	267256		226095	1424466	1310490
江苏	33947746	23903109	21013265	19367542	978903		666820	2885698	1982833
浙江	29207193	19903830	16484024	15529397	302105		652522	3404607	1629675
安徽	18000036	13548093	12786970	10669770	499585		1617615	741273	589690
福建	14516596	11174604	10167085	8949201	230654		987230	1005066	656626
江西	11236322	9160456	8719616	7508035	344734		866847	438982	348128
山东	29148573	24264077	21442179	20987298	75210		379671	2808212	2143715
河南	24822734	20856759	19867960	17565402	367487		1935071	985354	985354
湖北	18804615	14307118	13282322	12109835	530116		642371	970616	602647
湖南	19834800	15466549	14390931	11883027	413331		2094573	963488	717353
广东	41776935	30918864	28876631	24202537	1183465		3490629	1950113	1916857
广西	11853223	9975394	9389513	8531273	254282		603958	569598	250708
海南	3658337	2978416	2686043	2247072	331656		107315	147959	147659
重庆	10806407	8601571	8057082	6302966	401324		1352792	534641	478419
四川	28590804	22403989	21132856	15129507	723235		5280114	1258276	855116
贵州	8706166	7439891	7180808	6880803	156780		143225	257763	204301
云南	13564100	12349370	11921666	9665794	1238338		1017534	415963	367289
西藏	1736278	1707344	1707012	1330228	322620		54164		
陕西	15609391	13142948	12502183	11231498	885158		385527	614262	610414
甘肃	10046453	9042959	8673952	7354235	685137		634580	301229	254074
青海	2541490	2390095	2318878	1707766	329640		281472	65602	56415
宁夏	3256355	2732675	2603026	2163317	274926		164783	129649	114693
新疆	11769185	10692506	10259609	8657952	839902		761755	337906	247960

教育经费收入情况

单位：千元

地方教育附加	地方教育基金	企业办学中的企业拨款	校办产业和社会服务收入用于教育的经费	民办学校中举办者投入	社会捐赠经费	#农村	事业收入	#学杂费	其他收入
5291759	**1404028**	**1156235**	**273371**	**1783835**	**5296599**	**335034**	**76943472**	**49716806**	**9347656**
		14344	10285	2000	207448	705	1719173	1013269	330081
		11807	1929	6128	34824	4740	828524	385637	212762
412238	108052	3003	945	25651	51593	34465	2597343	1868984	103601
	89606	19533	4189	83568	37715	11625	2645045	2059231	53410
87449	13164	34132	3607	2011	10576	412	1148798	960172	57149
209947	12319		206	47261	3460	17	1507628	1138812	94429
		140922	5574	23702	18437	2138	1207989	673193	64974
22705		466167	1927	9603	2852	6	1203831	815921	43523
113976			287	5848	48271		1757204	1420145	702028
705563	197302		4146	93633	567362	60479	8118963	4699266	1264679
1181049	593883	10000	5199	46864	959273	83296	6624258	3987394	1672968
145683	5900	15378	4472	140240	115557	5780	3921249	2722117	274897
327331	21109		2453	202185	121059	38171	2734896	1966128	283852
70593	20261	1288	570	78408	54582	8009	1767493	1244351	175383
590428	74069	11839	1847	11755	83299	20148	4362736	3091247	426706
		1472	1973	236707	11216	111	3538449	1986043	179603
351868	16101	12620	41560	73492	68084	3389	3847885	2208160	508036
241835	4300		112130	50979	48230	6267	3843024	2579691	426018
	33256	74089	18031	355994	399820	36235	9377659	6328952	724598
315800	3090	4419	11864	12889	61068	825	1626386	1004845	177486
298	2	142475	1939	35448	41090	760	552286	303880	51097
27091	29131		9848	8473	278924	2642	1488458	766720	428981
260767	142393	1886	10971	115797	1640427	6516	4026620	1749494	403971
50503	2959	657	663	47909	16873	506	1126388	786433	75105
48674		3399	8342	12402	31384	1345	1057071	713967	113873
			332	180			28754	26608	
3848		21961	4542	31405	48168	764	2102800	1584045	284070
47155		66076	1702	10686	115583	5430	861165	656590	16060
9187		5235	380	1288	9206		126116	63878	14785
12574	2382			3720	194000	100	255401	195577	70559
55197	34749	93533	1458	7609	16218	153	939880	716056	112972

3—36 分地区中央属中学

地区	总计	国家财政性教育经费	预算内教育经费	教育事业费拨款	基本建设拨款	科研拨款	其他拨款	各级政府征收用于教育的税费	教育费附加
合计	**2308066**	**1832182**	**1633458**	**1309800**	**147511**		**176147**		
北京	407677	224269	224269	198337			25932		
天津									
河北	510	310							
山西	11613	9929	7625	7625					
内蒙古									
辽宁									
吉林	114820	63079	37604	36372	800		432		
黑龙江	165428	153140	97741	69144	14878		13719		
上海	72987	28656	28656	26613			2043		
江苏									
浙江									
安徽									
福建									
江西									
山东									
河南									
湖北	54653	38736	26864	25607			1257		
湖南									
广东	14957	7203	5973	4834			1139		
广西									
海南	8599	6885	6885	3425			3460		
重庆	50313	22276	22276	22276					
四川	23260	20281	20281	15491			4790		
贵州									
云南	23080	23080	23080	23080					
西藏									
陕西	11321	11032	410	410					
甘肃									
青海									
宁夏									
新疆	1348848	1223306	1131794	876586	131833		123375		

教育经费收入情况

单位:千元

地方教育附加	地方教育基金	企业办学中的企业拨款	校办产业和社会服务收入用于教育的经费	民办学校中举办者投入	社会捐赠经费	#农村	事业收入	#学杂费	其他收入
		198154	**570**		**41483**		**285960**	**188548**	**148441**
					12331		76418	22885	94659
		310					200	200	
		2304					1684	1684	
		25460	15		2903		45920	45122	2918
		55399					10868	10017	1420
					150		30121	20015	14060
		11872			2001		5038	3616	8878
		1230					6693	6132	1061
							473		1241
					20865		3910	3910	3262
					500		2479	1210	
		10622					249	219	40
		90957	555		2733		101907	73538	20902

3—37 分地区地方中学

地 区	总 计	国家财政性教育经费	预算内教育经费	教育事业费拨款	基本建设拨款	科研拨款	其他拨款	各级政府征收用于教育的税费	教育费附加
合 计	**474501162**	**381605484**	**351870305**	**306784743**	**14123145**		**30962417**	**28504297**	**21808510**
北 京	12934182	10858888	10202186	7886798	1018185		1297203	632073	632073
天 津	6772244	5690006	5058418	4928409			130009	617852	617852
河 北	19761497	16983509	15441083	14012772	416715		1011596	1538788	1018498
山 西	13219710	10401656	9216112	8523785	392105		300222	1164126	1074520
内蒙古	10422429	9203895	8416097	7289742	284175		842180	750059	649446
辽 宁	15016763	13363985	12456829	10406343	110731		1939755	906950	684684
吉 林	9497283	8233922	7737120	6491797	180928		1064395	375781	375781
黑龙江	11051903	9804382	9083742	8700989	216295		166458	307945	285240
上 海	13926443	11457423	10032670	9541362	267256		224052	1424466	1310490
江 苏	33947746	23903109	21013265	19367542	978903		666820	2885698	1982833
浙 江	29207193	19903830	16484024	15529397	302105		652522	3404607	1629675
安 徽	18000036	13548093	12786970	10669770	499585		1617615	741273	589690
福 建	14516596	11174604	10167085	8949201	230654		987230	1005066	656626
江 西	11236322	9160456	8719616	7508035	344734		866847	438982	348128
山 东	29148573	24264077	21442179	20987298	75210		379671	2808212	2143715
河 南	24822734	20856759	19867960	17565402	367487		1935071	985354	985354
湖 北	18749962	14268382	13255458	12084228	530116		641114	970616	602647
湖 南	19834800	15466549	14390931	11883027	413331		2094573	963488	717353
广 东	41761978	30911661	28870658	24197703	1183465		3489490	1950113	1916857
广 西	11853223	9975394	9389513	8531273	254282		603958	569598	250708
海 南	3649738	2971531	2679158	2243647	331656		103855	147959	147659
重 庆	10756094	8579295	8034806	6280690	401324		1352792	534641	478419
四 川	28567544	22383708	21112575	15114016	723235		5275324	1258276	855116
贵 州	8706166	7439891	7180808	6880803	156780		143225	257763	204301
云 南	13541020	12326290	11898586	9642714	1238338		1017534	415963	367289
西 藏	1736278	1707344	1707012	1330228	322620		54164		
陕 西	15598070	13131916	12501773	11231088	885158		385527	614262	610414
甘 肃	10046453	9042959	8673952	7354235	685137		634580	301229	254074
青 海	2541490	2390095	2318878	1707766	329640		281472	65602	56415
宁 夏	3256355	2732675	2603026	2163317	274926		164783	129649	114693
新 疆	10420337	9469200	9127815	7781366	708069		638380	337906	247960

教育经费收入情况

单位：千元

地方教育附加	地方教育基金	企业办学中的企业拨款	校办产业和社会服务收入用于教育的经费	民办学校中举办者投入	社会捐赠经费	＃农村	事业收入	＃学杂费	其他收入
5291759	**1404028**	**958081**	**272801**	**1783835**	**5255116**	**335034**	**76657512**	**49528258**	**9199215**
		14344	10285	2000	195117	705	1642755	990384	235422
		11807	1929	6128	34824	4740	828524	385637	212762
412238	108052	2693	945	25651	51593	34465	2597143	1868784	103601
	89606	17229	4189	83568	37715	11625	2643361	2057547	53410
87449	13164	34132	3607	2011	10576	412	1148798	960172	57149
209947	12319		206	47261	3460	17	1507628	1138812	94429
		115462	5559	23702	15534	2138	1162069	628071	62056
22705		410768	1927	9603	2852	6	1192963	805904	42103
113976			287	5848	48121		1727083	1400130	687968
705563	197302		4146	93633	567362	60479	8118963	4699266	1264679
1181049	593883	10000	5199	46864	959273	83296	6624258	3987394	1672968
145683	5900	15378	4472	140240	115557	5780	3921249	2722117	274897
327331	21109		2453	202185	121059	38171	2734896	1966128	283852
70593	20261	1288	570	78408	54582	8009	1767493	1244351	175383
590428	74069	11839	1847	11755	83299	20148	4362736	3091247	426706
		1472	1973	236707	11216	111	3538449	1986043	179603
351868	16101	748	41560	73492	66083	3389	3842847	2204544	499158
241835	4300		112130	50979	48230	6267	3843024	2579691	426018
	33256	72859	18031	355994	399820	36235	9370966	6322820	723537
315800	3090	4419	11864	12889	61068	825	1626386	1004845	177486
298	2	142475	1939	35448	41090	760	551813	303880	49856
27091	29131		9848	8473	258059	2642	1484548	762810	425719
260767	142393	1886	10971	115797	1639927	6516	4024141	1748284	403971
50503	2959	657	663	47909	16873	506	1126388	786433	75105
48674		3399	8342	12402	31384	1345	1057071	713967	113873
			332	180			28754	26608	
3848		11339	4542	31405	48168	764	2102551	1583826	284030
47155		66076	1702	10686	115583	5430	861165	656590	16060
9187		5235	380	1288	9206		126116	63878	14785
12574	2382			3720	194000	100	255401	195577	70559
55197	34749	2576	903	7609	13485	153	837973	642518	92070

3—38 分地区普通中学

地区	总计	国家财政性教育经费	预算内教育经费	教育事业费拨款	基本建设拨款	科研拨款	其他拨款	各级政府征收用于教育的税费	教育费附加
合计	**476343035**	**383118495**	**353261687**	**307870853**	**14267156**		**31123678**	**28427244**	**21762835**
北京	13341859	11083157	10426455	8085135	1018185		1323135	632073	632073
天津	6771432	5689196	5057608	4927611			129997	617852	617852
河北	19759271	16981971	15439235	14011029	416715		1011491	1538788	1018498
山西	13231323	10411585	9223737	8531410	392105		300222	1164126	1074520
内蒙古	10422429	9203895	8416097	7289742	284175		842180	750059	649446
辽宁	15016763	13363985	12456829	10406343	110731		1939755	906950	684684
吉林	9609492	8294502	7772288	6525826	181728		1064734	375718	375718
黑龙江	11217331	9957522	9181483	8770133	231173		180177	307945	285240
上海	13914516	11427399	10013296	9521078	267256		224962	1413816	1310490
江苏	33909035	23875944	20986612	19340889	978903		666820	2885186	1982321
浙江	28967077	19757385	16368648	15422148	302105		644395	3373556	1619352
安徽	18000036	13548093	12786970	10669770	499585		1617615	741273	589690
福建	14512914	11171260	10163741	8946393	230654		986694	1005066	656626
江西	11236322	9160456	8719616	7508035	344734		866847	438982	348128
山东	29148573	24264077	21442179	20987298	75210		379671	2808212	2143715
河南	24798677	20835510	19846713	17547855	367487		1931371	985354	985354
湖北	18801698	14306043	13281269	12108782	530116		642371	970616	602647
湖南	19834800	15466549	14390931	11883027	413331		2094573	963488	717353
广东	41763919	30914219	28872253	24199066	1183465		3489722	1949846	1916590
广西	11853223	9975394	9389513	8531273	254282		603958	569598	250708
海南	3658337	2978416	2686043	2247072	331656		107315	147959	147659
重庆	10806127	8601291	8056802	6302686	401324		1352792	534641	478419
四川	28589089	22402274	21131181	15128082	723235		5279864	1258236	855076
贵州	8706166	7439891	7180808	6880803	156780		143225	257763	204301
云南	13564100	12349370	11921666	9665794	1238338		1017534	415963	367289
西藏	1736278	1707344	1707012	1330228	322620		54164		
陕西	15561014	13095579	12489284	11222099	881658		385527	579792	575944
甘肃	10046453	9042959	8673952	7354235	685137		634580	301229	254074
青海	2541490	2390095	2318878	1707766	329640		281472	65602	56415
宁夏	3256355	2732675	2603026	2163317	274926		164783	129649	114693
新疆	11766936	10690459	10257562	8655928	839902		761732	337906	247960

教育经费收入情况

单位:千元

地方教育附加	地方教育基金	企业办学中的企业拨款	校办产业和社会服务收入用于教育的经费	民办学校中举办者投入	社会捐赠经费	#农村	事业收入	#学杂费	其他收入
5261857	**1402552**	**1156235**	**273329**	**1783835**	**5295974**	**335031**	**76836295**	**49694282**	**9308436**
		14344	10285	2000	207448	705	1719173	1013269	330081
		11807	1929	6128	34824	4740	828524	385637	212760
412238	108052	3003	945	25651	51593	34465	2596455	1868096	103601
	89606	19533	4189	83568	37715	11625	2645045	2059231	53410
87449	13164	34132	3607	2011	10576	412	1148798	960172	57149
209947	12319		206	47261	3460	17	1507628	1138812	94429
		140922	5574	23702	18437	2138	1207877	673193	64974
22705		466167	1927	9603	2852	6	1203831	815921	43523
103326			287	5848	48271		1737290	1413287	695708
705563	197302		4146	93633	567358	60479	8107689	4696674	1264411
1161797	592407	10000	5181	46864	958652	83293	6560609	3979897	1643567
145683	5900	15378	4472	140240	115557	5780	3921249	2722117	274897
327331	21109		2453	202185	121059	38171	2734609	1966128	283801
70593	20261	1288	570	78408	54582	8009	1767493	1244351	175383
590428	74069	11839	1847	11755	83299	20148	4362736	3091247	426706
		1472	1971	236707	11216	111	3535641	1983235	179603
351868	16101	12620	41538	73492	68084	3389	3846735	2207140	507344
241835	4300		112130	50979	48230	6267	3843024	2579691	426018
	33256	74089	18031	355994	399820	36235	9371396	6328591	722490
315800	3090	4419	11864	12889	61068	825	1626386	1004845	177486
298	2	142475	1939	35448	41090	760	552286	303880	51097
27091	29131		9848	8473	278924	2642	1488458	766720	428981
260767	142393	1886	10971	115797	1640427	6516	4026620	1749494	403971
50503	2959	657	663	47909	16873	506	1126388	786433	75105
48674		3399	8342	12402	31384	1345	1057071	713967	113873
			332	180			28754	26608	
3848		21961	4542	31405	48168	764	2102170	1583545	283692
47155		66076	1702	10686	115583	5430	861165	656590	16060
9187		5235	380	1288	9206		126116	63878	14785
12574	2382			3720	194000	100	255401	195577	70559
55197	34749	93533	1458	7609	16218	153	939678	716056	112972

3－39 分地区中央属普通中学

地区	总计	国家财政性教育经费	预算内教育经费	教育事业费拨款	基本建设拨款	科研拨款	其他拨款	各级政府征收用于教育的税费	教育费附加
合计	**2308066**	**1832182**	**1633458**	**1309800**	**147511**		**176147**		
北京	407677	224269	224269	198337			25932		
天津									
河北	510	310							
山西	11613	9929	7625	7625					
内蒙古									
辽宁									
吉林	114820	63079	37604	36372	800		432		
黑龙江	165428	153140	97741	69144	14878		13719		
上海	72987	28656	28656	26613			2043		
江苏									
浙江									
安徽									
福建									
江西									
山东									
河南									
湖北	54653	38736	26864	25607			1257		
湖南									
广东	14957	7203	5973	4834			1139		
广西									
海南	8599	6885	6885	3425			3460		
重庆	50313	22276	22276	22276					
四川	23260	20281	20281	15491			4790		
贵州									
云南	23080	23080	23080	23080					
西藏									
陕西	11321	11032	410	410					
甘肃									
青海									
宁夏									
新疆	1348848	1223306	1131794	876586	131833		123375		

教育经费收入情况

单位：千元

地方教育附加	地方教育基金	企业办学中的企业拨款	校办产业和社会服务收入用于教育的经费	民办学校中举办者投入	社会捐赠经费	#农村	事业收入	#学杂费	其他收入
		198154	**570**		**41483**		**285960**	**188548**	**148441**
					12331		76418	22885	94659
		310					200	200	
		2304					1684	1684	
		25460	15		2903		45920	45122	2918
		55399					10868	10017	1420
					150		30121	20015	14060
		11872			2001		5038	3616	8878
		1230					6693	6132	1061
							473		1241
					20865		3910	3910	3262
					500		2479	1210	
		10622					249	219	40
		90957	555		2733		101907	73538	20902

3－40 分地区地方普通中学

地 区	总 计	国家财政性教育经费	预算内教育经费	教育事业费拨款	基本建设拨款	科研拨款	其他拨款	各级政府征收用于教育的税费	教育费附加
合 计	**474034969**	**381286313**	**351628229**	**306561053**	**14119645**		**30947531**	**28427244**	**21762835**
北 京	12934182	10858888	10202186	7886798	1018185		1297203	632073	632073
天 津	6771432	5689196	5057608	4927611			129997	617852	617852
河 北	19758761	16981661	15439235	14011029	416715		1011491	1538788	1018498
山 西	13219710	10401656	9216112	8523785	392105		300222	1164126	1074520
内蒙古	10422429	9203895	8416097	7289742	284175		842180	750059	649446
辽 宁	15016763	13363985	12456829	10406343	110731		1939755	906950	684684
吉 林	9494672	8231423	7734684	6489454	180928		1064302	375718	375718
黑龙江	11051903	9804382	9083742	8700989	216295		166458	307945	285240
上 海	13841529	11398743	9984640	9494465	267256		222919	1413816	1310490
江 苏	33909035	23875944	20986612	19340889	978903		666820	2885186	1982321
浙 江	28967077	19757385	16368648	15422148	302105		644395	3373556	1619352
安 徽	18000036	13548093	12786970	10669770	499585		1617615	741273	589690
福 建	14512914	11171260	10163741	8946393	230654		986694	1005066	656626
江 西	11236322	9160456	8719616	7508035	344734		866847	438982	348128
山 东	29148573	24264077	21442179	20987298	75210		379671	2808212	2143715
河 南	24798677	20835510	19846713	17547855	367487		1931371	985354	985354
湖 北	18747045	14267307	13254405	12083175	530116		641114	970616	602647
湖 南	19834800	15466549	14390931	11883027	413331		2094573	963488	717353
广 东	41748962	30907016	28866280	24194232	1183465		3488583	1949846	1916590
广 西	11853223	9975394	9389513	8531273	254282		603958	569598	250708
海 南	3649738	2971531	2679158	2243647	331656		103855	147959	147659
重 庆	10755814	8579015	8034526	6280410	401324		1352792	534641	478419
四 川	28565829	22381993	21110900	15112591	723235		5275074	1258236	855076
贵 州	8706166	7439891	7180808	6880803	156780		143225	257763	204301
云 南	13541020	12326290	11898586	9642714	1238338		1017534	415963	367289
西 藏	1736278	1707344	1707012	1330228	322620		54164		
陕 西	15549693	13084547	12488874	11221689	881658		385527	579792	575944
甘 肃	10046453	9042959	8673952	7354235	685137		634580	301229	254074
青 海	2541490	2390095	2318878	1707766	329640		281472	65602	56415
宁 夏	3256355	2732675	2603026	2163317	274926		164783	129649	114693
新 疆	10418088	9467153	9125768	7779342	708069		638357	337906	247960

教育经费收入情况

单位:千元

地方教育附加	地方教育基金	企业办学中的企业拨款	校办产业和社会服务收入用于教育的经费	民办学校中举办者投入	社会捐赠经费	#农村	事业收入	#学杂费	其他收入
5261857	**1402552**	**958081**	**272759**	**1783835**	**5254491**	**335031**	**76550335**	**49505734**	**9159995**
		14344	10285	2000	195117	705	1642755	990384	235422
		11807	1929	6128	34824	4740	828524	385637	212760
412238	108052	2693	945	25651	51593	34465	2596255	1867896	103601
	89606	17229	4189	83568	37715	11625	2643361	2057547	53410
87449	13164	34132	3607	2011	10576	412	1148798	960172	57149
209947	12319		206	47261	3460	17	1507628	1138812	94429
		115462	5559	23702	15534	2138	1161957	628071	62056
22705		410768	1927	9603	2852	6	1192963	805904	42103
103326			287	5848	48121		1707169	1393272	681648
705563	197302		4146	93633	567358	60479	8107689	4696674	1264411
1161797	592407	10000	5181	46864	958652	83293	6560609	3979897	1643567
145683	5900	15378	4472	140240	115557	5780	3921249	2722117	274897
327331	21109		2453	202185	121059	38171	2734609	1966128	283801
70593	20261	1288	570	78408	54582	8009	1767493	1244351	175383
590428	74069	11839	1847	11755	83299	20148	4362736	3091247	426706
		1472	1971	236707	11216	111	3535641	1983235	179603
351868	16101	748	41538	73492	66083	3389	3841697	2203524	498466
241835	4300		112130	50979	48230	6267	3843024	2579691	426018
	33256	72859	18031	355994	399820	36235	9364703	6322459	721429
315800	3090	4419	11864	12889	61068	825	1626386	1004845	177486
298	2	142475	1939	35448	41090	760	551813	303880	49856
27091	29131		9848	8473	258059	2642	1484548	762810	425719
260767	142393	1886	10971	115797	1639927	6516	4024141	1748284	403971
50503	2959	657	663	47909	16873	506	1126388	786433	75105
48674		3399	8342	12402	31384	1345	1057071	713967	113873
			332	180			28754	26608	
3848		11339	4542	31405	48168	764	2101921	1583326	283652
47155		66076	1702	10686	115583	5430	861165	656590	16060
9187		5235	380	1288	9206		126116	63878	14785
12574	2382			3720	194000	100	255401	195577	70559
55197	34749	2576	903	7609	13485	153	837771	642518	92070

3—41 分地区普通高中

地 区	总 计	国家财政性教育经费	预算内教育经费	教育事业费拨款	基本建设拨款	科研拨款	其他拨款	各级政府征收用于教育的税费	教育费附加
合 计	**177944346**	**110934070**	**98536957**	**84852268**	**3700128**		**9984561**	**11878637**	**9551773**
北 京	5972567	4508661	4311489	3261626	476961		572902	185496	185496
天 津	2898673	2155536	1851822	1798058			53764	297786	297786
河 北	7205684	5008014	4419029	4043409	36803		338817	588758	473369
山 西	5512397	3268216	2641559	2399861	158364		83334	622961	610411
内蒙古	3995648	2877031	2593165	2245162	50116		297887	269840	232282
辽 宁	4906000	3534182	3254146	2676586	67590		509970	279968	197852
吉 林	3388806	2396089	2169921	1859417	7792		302712	173827	173827
黑龙江	3731105	2780428	2473453	2405576	31395		36482	161462	142579
上 海	5696283	4233106	3249226	2989362	174625		85239	983880	969271
江 苏	14389607	7601469	6408237	5624081	544680		239476	1191814	764405
浙 江	11591520	5367379	4306125	3971799	99813		234513	1059989	609557
安 徽	6869749	3548040	3195465	2595849	127076		472540	345369	299478
福 建	6053651	3759518	3425630	2886761	97344		441525	332837	251397
江 西	4028161	2412937	2248314	1853106	56522		338686	164464	117201
山 东	10866606	7131761	6120315	5927390	1120		191805	1010105	893268
河 南	8332240	5204104	4717438	4252690	6200		458548	484864	484864
湖 北	6773712	3162630	2730349	2577037	13366		139946	404070	237130
湖 南	7407699	3962966	3407442	2909461	23931		474050	504086	363358
广 东	18531872	11487386	10631072	8659193	667618		1304261	816105	793577
广 西	3880479	2414289	2057281	1841380	27179		188722	353767	129617
海 南	1223846	770800	678408	581063	71174		26171	52729	52729
重 庆	3842979	2385969	2180854	1660901	78071		441882	199586	173550
四 川	9025052	5268348	4669316	3123994	17552		1527770	591012	391042
贵 州	2733902	1707927	1610589	1556836	11923		41830	96532	77605
云 南	3843747	2893969	2727849	2268383	57999		401467	161171	136820
西 藏	445592	417340	417008	244359	163363		9286		
陕 西	5267816	3464839	3236352	2960421	169980		105951	211345	211135
甘 肃	3404301	2552438	2386083	1961231	162885		261967	128151	111022
青 海	973443	860871	827947	621071	80167		126709	30385	26202
宁 夏	1365658	899581	844825	766660	12049		66116	54756	47569
新 疆	3785551	2898246	2746248	2329545	206470		210233	121522	97368

教育经费收入情况

单位：千元

地方教育附加	地方教育基金	企业办学中的企业拨款	校办产业和社会服务收入用于教育的经费	民办学校中举办者投入	社会捐赠经费	#农村	事业收入	#学杂费	其他收入
1713392	**613472**	**390724**	**127752**	**705720**	**2419778**	**116593**	**58982355**	**40719479**	**4902423**
		5156	6520	2000	94654		1174352	851912	192900
		4477	1451	1860	20221	1564	584790	291639	136266
17712	97677		227	18408	12258	1147	2092099	1518660	74905
	12550	1364	2332	58559	25311	11000	2130396	1730835	29915
32679	4879	12681	1345	508	6779	3	1074430	920521	36900
81938	178		68	15992	218		1315389	1040006	40219
		50769	1572	8763	8937	358	930757	577057	44260
18883		145012	501	2063	2026		917377	690348	29211
14609				1449	27159		1015323	854492	419246
310642	116767		1418	20357	245088	26056	5846336	3712202	676357
242099	208333		1265	18587	418124	20502	5006110	3375750	781320
45891		5361	1845	46139	27874	1508	3093499	2098844	154197
78953	2487		1051	81569	54362	19687	2031842	1426480	126360
32433	14830		159	29039	29013	5889	1465126	1056175	92046
104947	11890	1016	325	3142	18481	766	3552854	2516812	160368
		258	1544	111814	6574	60	2906864	1737990	102884
159528	7412	10620	17591	47643	28397	548	3263715	1943184	271327
136428	4300		51438	26842	27403	2079	3178186	2172014	212302
	22528	28201	12008	138834	218531	21042	6335215	4772701	351906
223049	1101	739	2502	2101	23362	424	1364411	900681	76316
		38672	991	14205	8668	38	405185	257105	24988
5791	20239		5529		145898	1183	1079994	702506	231118
125363	74607		8020	11942	711206	59	2804866	1330158	228690
16231	2696	206	600	16364	9180	255	956208	708743	44223
24351		1834	3115	6719	16628	92	878507	650220	47924
			332				28252	26479	
210		14237	2905	8128	4558	173	1603704	1308820	186587
17129		37840	364	6017	26447	2097	813063	647901	6336
4183		2159	380	583	4588		96761	48671	10640
7187				2707	189214		215282	167170	58874
13156	10998	30122	354	3386	8619	63	821462	683403	53838

3—42 分地区中央属普通高中

地区	总计	国家财政性教育经费							
			预算内教育经费	教育事业费拨款	基本建设拨款	科研拨款	其他拨款	各级政府征收用于教育的税费	教育费附加
合计	**1208632**	**811112**	**725456**	**587807**	**79294**		**58355**		
北京	315545	176400	176400	156865			19535		
天津									
河北									
山西	4381	2697	2514	2514					
内蒙古									
辽宁									
吉林	95104	43729	36192	35275	800		117		
黑龙江	92189	80788	52956	38696	8640		5620		
上海	72987	28656	28656	26613			2043		
江苏									
浙江									
安徽									
福建									
江西									
山东									
河南									
湖北	38364	26265	15645	15645					
湖南									
广东	11943	4750	4750	3611			1139		
广西									
海南	5431	4348	4348	2163			2185		
重庆	36061	15434	15434	15434					
四川	12318	10763	10763	8410			2353		
贵州									
云南	23080	23080	23080	23080					
西藏									
陕西	11321	11032	410	410					
甘肃									
青海									
宁夏									
新疆	489908	383170	354308	259091	69854		25363		

教育经费收入情况

单位：千元

地方教育附加	地方教育基金	企业办学中的企业拨款	校办产业和社会服务收入用于教育的经费	民办学校中举办者投入	社会捐赠经费	#农村	事业收入	#学杂费	其他收入
		85455	**201**		**33107**		**251176**	**188348**	**113237**
					12130		52595	22885	74420
		183					1684	1684	
		7532	5		2903		45554	45122	2918
		27832					10017	10017	1384
					150		30121	20015	14060
		10620			1337		4799	3616	5963
							6132	6132	1061
							299		784
					14457		3910	3910	2260
					325		1230	1210	
		10622					249	219	40
		28666	196		1805		94586	73538	10347

3—43 分地区地方普通高中

地区	总计	国家财政性教育经费	预算内教育经费	教育事业费拨款	基本建设拨款	科研拨款	其他拨款	各级政府征收用于教育的税费	教育费附加
合计	**176735714**	**110122958**	**97811501**	**84264461**	**3620834**		**9926206**	**11878637**	**9551773**
北京	5657022	4332261	4135089	3104761	476961		553367	185496	185496
天津	2898673	2155536	1851822	1798058			53764	297786	297786
河北	7205684	5008014	4419029	4043409	36803		338817	588758	473369
山西	5508016	3265519	2639045	2397347	158364		83334	622961	610411
内蒙古	3995648	2877031	2593165	2245162	50116		297887	269840	232282
辽宁	4906000	3534182	3254146	2676586	67590		509970	279968	197852
吉林	3293702	2352360	2133729	1824142	6992		302595	173827	173827
黑龙江	3638916	2699640	2420497	2366880	22755		30862	161462	142579
上海	5623296	4204450	3220570	2962749	174625		83196	983880	969271
江苏	14389607	7601469	6408237	5624081	544680		239476	1191814	764405
浙江	11591520	5367379	4306125	3971799	99813		234513	1059989	609557
安徽	6869749	3548040	3195465	2595849	127076		472540	345369	299478
福建	6053651	3759518	3425630	2886761	97344		441525	332837	251397
江西	4028161	2412937	2248314	1853106	56522		338686	164464	117201
山东	10866606	7131761	6120315	5927390	1120		191805	1010105	893268
河南	8332240	5204104	4717438	4252690	6200		458548	484864	484864
湖北	6735348	3136365	2714704	2561392	13366		139946	404070	237130
湖南	7407699	3962966	3407442	2909461	23931		474050	504086	363358
广东	18519929	11482636	10626322	8655582	667618		1303122	816105	793577
广西	3880479	2414289	2057281	1841380	27179		188722	353767	129617
海南	1218415	766452	674060	578900	71174		23986	52729	52729
重庆	3806918	2370535	2165420	1645467	78071		441882	199586	173556
四川	9012734	5257585	4658553	3115584	17552		1525417	591012	391042
贵州	2733902	1707927	1610589	1556836	11923		41830	96532	77605
云南	3820667	2870889	2704769	2245303	57999		401467	161171	136820
西藏	445592	417340	417008	244359	163363		9286		
陕西	5256495	3453807	3235942	2960011	169980		105951	211345	211135
甘肃	3404301	2552438	2386083	1961231	162885		261967	128151	111022
青海	973443	860871	827947	621071	80167		126709	30385	26202
宁夏	1365658	899581	844825	766660	12049		66116	54756	47569
新疆	3295643	2515076	2391940	2070454	136616		184870	121522	97368

教育经费收入情况

单位:千元

地方教育附加	地方教育基金	企业办学中的企业拨款	校办产业和社会服务收入用于教育的经费	民办学校中举办者投入	社会捐赠经费	#农村	事业收入	#学杂费	其他收入
1713392	**613472**	**305269**	**127551**	**705720**	**2386671**	**116593**	**58731179**	**40531131**	**4789186**
		5156	6520	2000	82524		1121757	829027	118480
		4477	1451	1860	20221	1564	584790	291639	136266
17712	97677		227	18408	12258	1147	2092099	1518660	74905
	12550	1181	2332	58559	25311	11000	2128712	1729151	29915
32679	4879	12681	1345	508	6779	3	1074430	920521	36900
81938	178		68	15992	218		1315389	1040006	40219
		43237	1567	8763	6034	358	885203	531935	41342
18883		117180	501	2063	2026		907360	680331	27827
14609				1449	27009		985202	834477	405186
310642	116767		1418	20357	245088	26056	5846336	3712202	676357
242099	208333		1265	18587	418124	20502	5006110	3375750	781320
45891		5361	1845	46139	27874	1508	3093499	2098844	154197
78953	2487		1051	81569	54362	19687	2031842	1426480	126360
32433	14830		159	29039	29013	5889	1465126	1056175	92046
104947	11890	1016	325	3142	18481	766	3552854	2516812	160368
		258	1544	111814	6574	60	2906864	1737990	102884
159528	7412		17591	47643	27060	548	3258916	1939568	265364
136428	4300		51438	26842	27403	2079	3178186	2172014	212302
	22528	28201	12008	138834	218531	21042	6329083	4766569	350845
223049	1101	739	2502	2101	23362	424	1364411	900681	76316
		38672	991	14205	8668	38	404886	257105	24204
5791	20239		5529		131441	1183	1076084	698596	228858
125363	74607		8020	11942	710881	59	2803636	1328948	228690
16231	2696	206	600	16364	9180	255	956208	708743	44223
24351		1834	3115	6719	16628	92	878507	650220	47924
			332				28252	26479	
210		3615	2905	8128	4558	173	1603455	1308601	186547
17129		37840	364	6017	26447	2097	813063	647901	6336
4183		2159	380	583	4588		96761	48671	10640
7187				2707	189214		215282	167170	58874
13156	10998	1456	158	3386	6814	63	726876	609865	43491

3—44 分地区农村高中

地 区	总 计	国家财政性教育经费	预算内教育经费	教育事业费拨款	基本建设拨款	科研拨款	其他拨款	各级政府征收用于教育的税费	教育费附加
合 计	**24356993**	**15108197**	**13925327**	**12258866**	**270536**		**1395925**	**1038210**	**695332**
北 京	586072	480756	464237	346465	77506		40266	16519	16519
天 津	419037	319426	243722	235623			8099	75704	75704
河 北	630486	516979	479180	448417			30763	37769	34851
山 西	313569	174708	155610	146892	1936		6782	19098	19098
内蒙古	160920	123832	117586	104504	1146		11936	6246	2891
辽 宁	261934	200419	195384	177447			17937	5035	4574
吉 林	151121	121275	120775	105808	1683		13284	500	500
黑龙江	184852	155355	76136	74874	1225		37	2572	2572
上 海	159450	134703	125758	124482			1276	8945	692
江 苏	2814851	1598005	1380729	1279726	61823		39180	217276	113660
浙 江	2639404	1142259	931938	908339	4288		19311	209320	75276
安 徽	1385694	741747	726508	631432	4671		90405	14224	11319
福 建	1924499	1264748	1214389	1099044	5125		110220	50155	28866
江 西	368612	188483	186429	156174	834		29421	2054	1671
山 东	948201	643212	592335	589901			2434	50206	43203
河 南	825576	540288	515034	479939			35095	25091	25091
湖 北	775515	365615	356449	334713	7873		13863	6627	3471
湖 南	1480430	720885	671666	560066	3200		108400	36730	33002
广 东	2273017	1388967	1331992	1222775	3238		105979	54106	54106
广 西	291376	204354	203050	190387	1252		11411	1277	414
海 南	134077	100380	77628	65706	7212		4710	660	660
重 庆	958403	679067	595869	480809	6612		108448	82954	61234
四 川	2048761	1255536	1192923	743617	3000		446306	62088	41635
贵 州	342173	242652	236820	230830	3552		2438	5832	3058
云 南	399852	331978	319125	276881	5958		36286	12587	9147
西 藏									
陕 西	961229	704131	680691	618607	20816		41268	21163	21163
甘 肃	592483	480484	471074	407563	27154		36357	9410	7226
青 海	38749	34331	33314	28317			4997	93	93
宁 夏	36284	33700	33502	24814	7464		1224	198	198
新 疆	250366	219922	195474	164714	12968		17792	3771	3438

教育经费收入情况

单位：千元

地方教育附加	地方教育基金	企业办学中的企业拨款	校办产业和社会服务收入用于教育的经费	民办学校中举办者投入	社会捐赠经费	#农村	事业收入	#学杂费	其他收入
184101	**158777**	**122877**	**21783**	**138151**	**442253**	**75788**	**8059148**	**5559613**	**609244**
				2000	5380		91009	78287	6927
					1683	69	96514	43623	1414
2541	377		30	1043	214		106868	86456	5382
				178	341		137686	111086	656
3355					3	3	36208	34137	877
461					108		61390	55246	17
					68	38	27736	19181	2042
		76647			211		26547	25519	2739
8253					106		23185	17681	1456
42874	60742			193	32271	20790	1059782	606942	124600
62862	71182		1001	5131	84187	19810	1318537	812846	89290
2905		488	527	32308	5545	984	577418	428182	28676
21196	93		204		36501	19588	584142	437614	39108
383				16145	4756	4589	144114	114813	15114
6003	1000	616	55	784	2588	46	291071	234051	10546
			163	10032	56		263202	191526	11998
3156			2539	1967	10717	173	373122	259894	24094
3728			12489	8264	9509	909	675241	451929	66531
			2869	51101	65105	5132	738651	542817	29193
725	138		27		985	232	81396	63448	4641
		21902	190	1161	2255	38	27461	24244	2820
1681	20039		244		5346	1183	236744	179890	37246
15433	5020		525	3046	156460		544578	280084	89141
2758	16			3692	736		91299	70240	3794
3440			266	114	994	16	65010	57922	1756
		1715	562	409	1578	28	248009	220818	7102
2184					12006	2097	99300	87059	693
		924		583	285		3537	1823	13
					45		2342	1917	197
163	170	20585	92		2214	63	27049	20338	1181

3—45 分地区中央属农村高中

地区	总计	国家财政性教育经费	预算内教育经费	教育事业费拨款	基本建设拨款	科研拨款	其他拨款	各级政府征收用于教育的税费	教育费附加
合计	**163208**	**136878**	**117661**	**93414**	**8755**		**15492**		
北京									
天津									
河北									
山西									
内蒙古									
辽宁									
吉林									
黑龙江									
上海									
江苏									
浙江									
安徽									
福建									
江西									
山东									
河南									
湖北									
湖南									
广东									
广西									
海南	5431	4348	4348	2163			2185		
重庆									
四川									
贵州									
云南									
西藏									
陕西									
甘肃									
青海									
宁夏									
新疆	157777	132530	113313	91251	8755		13307		

教育经费收入情况

单位:千元

地方教育附加	地方教育基金	企业办学中的企业拨款	校办产业和社会服务收入用于教育的经费	民办学校中举办者投入	社会捐赠经费	#农村	事业收入	#学杂费	其他收入
		19129	**88**		**1000**		**23619**	**16835**	**1711**
							299		784
		19129	88		1000		23320	16835	927

3—46 分地区地方农村高中

地区	总计	国家财政性教育经费	预算内教育经费	教育事业费拨款	基本建设拨款	科研拨款	其他拨款	各级政府征收用于教育的税费	教育费附加
合计	**24193785**	**14971319**	**13807666**	**12165452**	**261781**		**1380433**	**1038210**	**695332**
北京	586072	480756	464237	346465	77506		40266	16519	16519
天津	419037	319426	243722	235623			8099	75704	75704
河北	630486	516979	479180	448417			30763	37769	34851
山西	313569	174708	155610	146892	1936		6782	19098	19098
内蒙古	160920	123832	117586	104504	1146		11936	6246	2891
辽宁	261934	200419	195384	177447			17937	5035	4574
吉林	151121	121275	120775	105808	1683		13284	500	500
黑龙江	184852	155355	76136	74874	1225		37	2572	2572
上海	159450	134703	125758	124482			1276	8945	692
江苏	2814851	1598005	1380729	1279726	61823		39180	217276	113660
浙江	2639404	1142259	931938	908339	4288		19311	209320	75276
安徽	1385694	741747	726508	631432	4671		90405	14224	11319
福建	1924499	1264748	1214389	1099044	5125		110220	50155	28866
江西	368612	188483	186429	156174	834		29421	2054	1671
山东	948201	643212	592335	589901			2434	50206	43203
河南	825576	540288	515034	479939			35095	25091	25091
湖北	775515	365615	356449	334713	7873		13863	6627	3471
湖南	1480430	720885	671666	560066	3200		108400	36730	33002
广东	2273017	1388967	1331992	1222775	3238		105979	54106	54106
广西	291376	204354	203050	190387	1252		11411	1277	414
海南	128646	96032	73280	63543	7212		2525	660	660
重庆	958403	679067	595869	480809	6612		108448	82954	61234
四川	2048761	1255536	1192923	743617	3000		446306	62088	41635
贵州	342173	242652	236820	230830	3552		2438	5832	3058
云南	399852	331978	319125	276881	5958		36286	12587	9147
西藏									
陕西	961229	704131	680691	618607	20816		41268	21163	21163
甘肃	592483	480484	471074	407563	27154		36357	9410	7226
青海	38749	34331	33314	28317			4997	93	93
宁夏	36284	33700	33502	24814	7464		1224	198	198
新疆	92589	87392	82161	73463	4213		4485	3771	3438

教育经费收入情况

单位:千元

地方教育附加	地方教育基金	企业办学中的企业拨款	校办产业和社会服务收入用于教育的经费	民办学校中举办者投入	社会捐赠经费	#农村	事业收入	#学杂费	其他收入
184101	**158777**	**103748**	**21695**	**138151**	**441253**	**75788**	**8035529**	**5542778**	**607533**
				2000	5380		91009	78287	6927
					1683	69	96514	43623	1414
2541	377		30	1043	214		106868	86456	5382
				178	341		137686	111086	656
3355					3	3	36208	34137	877
461					108		61390	55246	17
					68	38	27736	19181	2042
		76647			211		26547	25519	2739
8253					106		23185	17681	1456
42874	60742			193	32271	20790	1059782	606942	124600
62862	71182		1001	5131	84187	19810	1318537	812846	89290
2905		488	527	32308	5545	984	577418	428182	28676
21196	93		204		36501	19588	584142	437614	39108
383				16145	4756	4589	144114	114813	15114
6003	1000	616	55	784	2588	46	291071	234051	10546
			163	10032	56		263202	191526	11998
3156			2539	1967	10717	173	373122	259894	24094
3728			12489	8264	9509	909	675241	451929	66531
			2869	51101	65105	5132	738651	542817	29193
725	138		27		985	232	81396	63448	4641
		21902	190	1161	2255	38	27162	24244	2036
1681	20039		244		5346	1183	236744	179890	37246
15433	5020		525	3046	156460		544578	280084	89141
2758	16			3692	736		91299	70240	3794
3440			266	114	994	16	65010	57922	1756
		1715	562	409	1578	28	248009	220818	7102
2184					12006	2097	99300	87059	693
		924		583	285		3537	1823	13
					45		2342	1917	197
163	170	1456	4		1214	63	3729	3503	254

3—47 分地区普通初中

地区	总计	国家财政性教育经费	预算内教育经费	教育事业费拨款	基本建设拨款	科研拨款	其他拨款	各级政府征收用于教育的税费	教育费附加
合计	**298398689**	**272184425**	**254724730**	**223018585**	**10567028**		**21139117**	**16548607**	**12211062**
北京	7369292	6574496	6114966	4823509	541224		750233	446577	446577
天津	3872759	3533660	3205786	3129553			76233	320066	320066
河北	12553587	11973957	11020206	9967620	379912		672674	950030	545129
山西	7718926	7143369	6582178	6131549	233741		216888	541165	464109
内蒙古	6426781	6326864	5822932	5044580	234059		544293	480219	417164
辽宁	10110763	9829803	9202683	7729757	43141		1429785	626982	486832
吉林	6220686	5898413	5602367	4666409	173936		762022	201891	201891
黑龙江	7486226	7177094	6708030	6364557	199778		143695	146483	142661
上海	8218233	7194293	6764070	6531716	92631		139723	429936	341219
江苏	19519428	16274475	14578375	13716808	434223		427344	1693372	1217916
浙江	17375557	14390006	12062523	11450349	202292		409882	2313567	1009795
安徽	11130287	10000053	9591505	8073921	372509		1145075	395904	290212
福建	8459263	7411742	6738111	6059632	133310		545169	672229	405229
江西	7208161	6747519	6471302	5654929	288212		528161	274518	230927
山东	18281967	17132316	15321864	15059908	74090		187866	1798107	1250447
河南	16466437	15631406	15129275	13295165	361287		1472823	500490	500490
湖北	12027986	11143413	10550920	9531745	516750		502425	566546	365517
湖南	12427101	11503583	10983489	8973566	389400		1620523	459402	353995
广东	23232047	19426833	18241181	15539873	515847		2185461	1133741	1123013
广西	7972744	7561105	7332232	6689893	227103		415236	215831	121091
海南	2434491	2207616	2007635	1666009	260482		81144	95230	94930
重庆	6963148	6215322	5875948	4641785	323253		910910	335055	304863
四川	19564037	17133926	16461865	12004088	705683		3752094	667224	464034
贵州	5972264	5731964	5570219	5323967	144857		101395	161231	126696
云南	9720353	9455401	9193817	7397411	1180339		616067	254792	230469
西藏	1290686	1290004	1290004	1085869	159257		44878		
陕西	10293198	9630740	9252932	8261678	711678		279576	368447	364809
甘肃	6642152	6490521	6287869	5393004	522252		372613	173078	143052
青海	1568047	1529224	1490931	1086695	249473		154763	35217	30213
宁夏	1890697	1833094	1758201	1396657	262877		98667	74893	67124
新疆	7981385	7792213	7511314	6326383	633432		551499	216384	150592

教育经费收入情况

单位：千元

地方教育附加	地方教育基金	企业办学中的企业拨款	校办产业和社会服务收入用于教育的经费	民办学校中举办者投入	社会捐赠经费	#农村	事业收入	#学杂费	其他收入
3548465	**789080**	**765511**	**145577**	**1078115**	**2876196**	**218438**	**17853940**	**8974803**	**4406013**
		9188	3765		112794	705	544821	161357	137181
		7330	478	4268	14603	3176	243734	93998	76494
394526	10375	3003	718	7243	39335	33318	504356	349436	28696
	77056	18169	1857	25009	12404	625	514649	328396	23495
54770	8285	21451	2262	1503	3797	409	74368	39651	20249
128009	12141		138	31269	3242	17	192239	98806	54210
		90153	4002	14939	9500	1780	277120	96136	20714
3822		321155	1426	7540	826	6	286454	125573	14312
88717			287	4399	21112		721967	558795	276462
394921	80535		2728	73276	322270	34423	2261353	984472	588054
919698	384074	10000	3916	28277	540528	62791	1554499	604147	862247
99792	5900	10017	2627	94101	87683	4272	827750	623273	120700
248378	18622		1402	120616	66697	18484	702767	539648	157441
38160	5431	1288	411	49369	25569	2120	302367	188176	83337
485481	62179	10823	1522	8613	64818	19382	809882	574435	266338
		1214	427	124893	4642	51	628777	245245	76719
192340	8689	2000	23947	25849	39687	2841	583020	263956	236017
105407			60692	24137	20827	4188	664838	407677	213716
	10728	45888	6023	217160	181289	15193	3036181	1555890	370584
92751	1989	3680	9362	10788	37706	401	261975	104164	101170
298	2	103803	948	21243	32422	722	147101	46775	26109
21300	8892		4319	8473	133026	1459	408464	64214	197863
135404	67786	1886	2951	103855	929221	6457	1221754	419336	175281
34272	263	451	63	31545	7693	251	170180	77690	30882
24323		1565	5227	5683	14756	1253	178564	63747	65949
				180			502	129	
3638		7724	1637	23277	43610	591	498466	274725	97105
30026		28236	1338	4669	89136	3333	48102	8689	9724
5004		3076		705	4618		29355	15207	4145
5387	2382			1013	4786	100	40119	28407	11685
42041	23751	63411	1104	4223	7599	90	118216	32653	59134

3—48 分地区中央属普通初中

地区	总计	国家财政性教育经费							
			预算内教育经费					各级政府征收用于教育的税费	
				教育事业费拨款	基本建设拨款	科研拨款	其他拨款		教育费附加
合计	**1099434**	**1021070**	**908002**	**721993**	**68217**		**117792**		
北京	92132	47869	47869	41472			6397		
天津									
河北	510	310							
山西	7232	7232	5111	5111					
内蒙古									
辽宁									
吉林	19716	19350	1412	1097			315		
黑龙江	73239	72352	44785	30448	6238		8099		
上海									
江苏									
浙江									
安徽									
福建									
江西									
山东									
河南									
湖北	16289	12471	11219	9962			1257		
湖南									
广东	3014	2453	1223	1223					
广西									
海南	3168	2537	2537	1262			1275		
重庆	14252	6842	6842	6842					
四川	10942	9518	9518	7081			2437		
贵州									
云南									
西藏									
陕西									
甘肃									
青海									
宁夏									
新疆	858940	840136	777486	617495	61979		98012		

教育经费收入情况

单位：千元

地方教育附加	地方教育基金	企业办学中的企业拨款	校办产业和社会服务收入用于教育的经费	民办学校中举办者投入	社会捐赠经费	#农村	事业收入	#学杂费	其他收入
		112699	**369**		**8376**		**34784**	**200**	**35204**
					201		23823		20239
		310					200	200	
		2121							
		17928	10				366		
		27567					851		36
		1252			664		239		2915
		1230					561		
							174		457
					6408				1002
					175		1249		
		62291	359		928		7321		10555

3—49 分地区地方普通初中

地区	总计	国家财政性教育经费	预算内教育经费					各级政府征收用于教育的税费	
				教育事业费拨款	基本建设拨款	科研拨款	其他拨款		教育费附加
合计	**297299255**	**271163355**	**253816728**	**222296592**	**10498811**		**21021325**	**16548607**	**12211062**
北京	7277160	6526627	6067097	4782037	541224		743836	446577	446577
天津	3872759	3533660	3205786	3129553			76233	320066	320066
河北	12553077	11973647	11020206	9967620	379912		672674	950030	545129
山西	7711694	7136137	6577067	6126438	233741		216888	541165	464109
内蒙古	6426781	6326864	5822932	5044580	234059		544293	480219	417164
辽宁	10110763	9829803	9202683	7729757	43141		1429785	626982	486832
吉林	6200970	5879063	5600955	4665312	173936		761707	201891	201891
黑龙江	7412987	7104742	6663245	6334109	193540		135596	146483	142661
上海	8218233	7194293	6764070	6531716	92631		139723	429936	341219
江苏	19519428	16274475	14578375	13716808	434223		427344	1693372	1217916
浙江	17375557	14390006	12062523	11450349	202292		409882	2313567	1009795
安徽	11130287	10000053	9591505	8073921	372509		1145075	395904	290212
福建	8459263	7411742	6738111	6059632	133310		545169	672229	405229
江西	7208161	6747519	6471302	5654929	288212		528161	274518	230927
山东	18281967	17132316	15321864	15059908	74090		187866	1798107	1250447
河南	16466437	15631406	15129275	13295165	361287		1472823	500490	500490
湖北	12011697	11130942	10539701	9521783	516750		501168	566546	365517
湖南	12427101	11503583	10983489	8973566	389400		1620523	459402	353995
广东	23229033	19424380	18239958	15538650	515847		2185461	1133741	1123013
广西	7972744	7561105	7332232	6689893	227103		415236	215831	121091
海南	2431323	2205079	2005098	1664747	260482		79869	95230	94930
重庆	6948896	6208480	5869106	4634943	323253		910910	335055	304863
四川	19553095	17124408	16452347	11997007	705683		3749657	667224	464034
贵州	5972264	5731964	5570219	5323967	144857		101395	161231	126696
云南	9720353	9455401	9193817	7397411	1180339		616067	254792	230469
西藏	1290686	1290004	1290004	1085869	159257		44878		
陕西	10293198	9630740	9252932	8261678	711678		279576	368447	364809
甘肃	6642152	6490521	6287869	5393004	522252		372613	173078	143052
青海	1568047	1529224	1490931	1086695	249473		154763	35217	30213
宁夏	1890697	1833094	1758201	1396657	262877		98667	74893	67124
新疆	7122445	6952077	6733828	5708888	571453		453487	216384	150592

教育经费收入情况

单位：千元

地方教育附加	地方教育基金	企业办学中的企业拨款	校办产业和社会服务收入用于教育的经费	民办学校中举办者投入	社会捐赠经费	#农村	事业收入	#学杂费	其他收入
3548465	**789080**	**652812**	**145208**	**1078115**	**2867820**	**218438**	**17819156**	**8974603**	**4370809**
		9188	3765		112593	705	520998	161357	116942
		7330	478	4268	14603	3176	243734	93998	76494
394526	10375	2693	718	7243	39335	33318	504156	349236	28696
	77056	16048	1857	25009	12404	625	514649	328396	23495
54770	8285	21451	2262	1503	3797	409	74368	39651	20249
128009	12141		138	31269	3242	17	192239	98806	54210
		72225	3992	14939	9500	1780	276754	96136	20714
3822		293588	1426	7540	826	6	285603	125573	14276
88717			287	4399	21112		721967	558795	276462
394921	80535		2728	73276	322270	34423	2261353	984472	588054
919698	384074	10000	3916	28277	540528	62791	1554499	604147	862247
99792	5900	10017	2627	94101	87683	4272	827750	623273	120700
248378	18622		1402	120616	66697	18484	702767	539648	157441
38160	5431	1288	411	49369	25569	2120	302367	188176	83337
485481	62179	10823	1522	8613	64818	19382	809882	574435	266338
		1214	427	124893	4642	51	628777	245245	76719
192340	8689	748	23947	25849	39023	2841	582781	263956	233102
105407			60692	24137	20827	4188	664838	407677	213716
	10728	44658	6023	217160	181289	15193	3035620	1555890	370584
92751	1989	3680	9362	10788	37706	401	261975	104164	101170
298	2	103803	948	21243	32422	722	146927	46775	25652
21300	8892		4319	8473	126618	1459	408464	64214	196861
135404	67786	1886	2951	103855	929046	6457	1220505	419336	175281
34272	263	451	63	31545	7693	251	170180	77690	30882
24323		1565	5227	5683	14756	1253	178564	63747	65949
				180			502	129	
3638		7724	1637	23277	43610	591	498466	274725	97105
30026		28236	1338	4669	89136	3333	48102	8689	9724
5004		3076		705	4618		29355	15207	4145
5387	2382			1013	4786	100	40119	28407	11685
42041	23751	1120	745	4223	6671	90	110895	32653	48579

3—50 分地区农村初中

地区	总计	国家财政性教育经费	预算内教育经费	教育事业费拨款	基本建设拨款	科研拨款	其他拨款	各级政府征收用于教育的税费	教育费附加
合计	**169750266**	**163135203**	**154978593**	**136296476**	**6732277**		**11949840**	**7737764**	**5237071**
北京	2280238	2205222	2019442	1672395	187754		159293	185780	185780
天津	1564048	1504871	1321610	1283769			37841	183261	183261
河北	7391715	7260772	6741118	6028020	319143		393955	519294	250403
山西	4203714	4083690	3911708	3647664	165090		98954	171913	159660
内蒙古	1882476	1870556	1788037	1556824	61065		170148	82100	60405
辽宁	4960838	4909168	4562819	3986255	39160		537404	346211	313524
吉林	3231544	3211472	3165379	2693072	126445		345862	43053	43053
黑龙江	3040057	3011290	2807586	2683763	109420		14403	41954	39832
上海	2275735	2189213	2102531	2059933			42598	86682	17525
江苏	9452100	8742936	7930483	7589219	153819		187445	809932	565097
浙江	9921828	8945753	7523688	7209155	106452		208081	1418149	582148
安徽	7561853	7315956	7156544	6044399	316142		796003	156988	113128
福建	5487062	5161572	4796880	4391759	92417		312704	363590	179396
江西	4705355	4521826	4409017	3835017	251543		322457	112046	103320
山东	12884356	12383806	11288413	11101119	69090		118204	1087478	653968
河南	10661517	10491627	10303029	9106962	234534		961533	188492	188492
湖北	7660919	7471141	7255581	6467432	464868		323281	202707	158296
湖南	8672137	8460799	8207131	6632731	324558		1249842	203052	166786
广东	9824514	8770590	8427074	7394175	144239		888660	337924	336910
广西	5146329	5037224	4932690	4542778	139324		250588	101480	51985
海南	1301995	1257015	1152719	988535	108097		56087	15831	15531
重庆	4065878	3877678	3694790	2965856	212974		515960	182601	161210
四川	12591779	11870977	11553968	8339174	589481		2625313	314105	191187
贵州	4327718	4261931	4186610	3986793	125625		74192	75275	61659
云南	6736750	6665771	6512143	5318512	823743		369888	149707	139407
西藏									
陕西	7074593	6951225	6752021	6065091	472107		214823	192303	188879
甘肃	4725407	4630689	4560344	3882776	432134		245434	69304	54122
青海	611364	606069	595131	426190	118233		50708	9783	9171
宁夏	895569	889624	872930	720619	125600		26711	16694	15862
新疆	4610878	4574740	4447177	3676489	419220		351468	70075	47074

教育经费收入情况

单位：千元

地方教育附加	地方教育基金	企业办学中的企业拨款	校办产业和社会服务收入用于教育的经费	民办学校中举办者投入	社会捐赠经费	#农村	事业收入	#学杂费	其他收入
2058190	**442503**	**323864**	**94982**	**223138**	**1181344**	**206039**	**3546488**	**1423796**	**1664093**
					6962	705	57065	40950	10989
				705	2611	81	53847	6107	2014
261075	7816		360	1088	36569	32567	86622	74109	6664
	12253	59	10	6108	10474	624	96004	73555	7438
20205	1490		419		470	64	7069	2294	4381
20596	12091		138		2070	17	17434	1350	32166
			3040		5893	1764	9570	392	4609
2122		160729	1021	107	238	6	22470	1676	5952
69157					3159		48730	11163	34633
188586	56249		2521	12940	64061	32079	441647	101310	190516
612562	223439		3916	20100	180366	60903	413540	78197	362069
41862	1998	490	1934	37354	16992	4039	139682	103376	51869
177175	7019		1102	764	56284	18284	153187	84339	115255
8706	20	382	381	18407	8868	1856	107870	77231	48384
378084	55426	6393	1522	4793	31871	18929	331417	259528	132469
			106	38036	2533	46	119957	72472	9364
43311	1100	628	12225	1871	9854	2424	84346	30694	93707
36266			50616	7529	13797	4165	69137	11044	120875
	1014	2488	3104	26986	62851	14581	879764	280914	84323
47743	1752		3054	2337	5734	225	36959	7217	64075
298	2	88131	334	5334	11178	722	19295	9928	9173
20700	691		287	6883	12374	960	99893	3006	69050
74072	48846	810	2094	15369	496513	6457	115032	33338	93888
13599	17		46	12973	3876	16	37440	20549	11498
10300			3921	76	6269	696	20805	2961	43829
3424		5622	1279	2532	41797	346	46346	35978	32693
15182			1041		80425	3333	8499		5794
612		1155		705	3835		685		70
450	382				546	60	1724		3675
12103	10898	56977	511	141	2874	90	20452	118	12671

3－51 分地区中央属农村初中

地区	总计	国家财政性教育经费	预算内教育经费	教育事业费拨款	基本建设拨款	科研拨款	其他拨款	各级政府征收用于教育的税费	教育费附加
合计	**713936**	**706918**	**649758**	**505716**	**55349**		**88693**		
北京									
天津									
河北									
山西									
内蒙古									
辽宁									
吉林									
黑龙江									
上海									
江苏									
浙江									
安徽									
福建									
江西									
山东									
河南									
湖北									
湖南									
广东	2752	2208	1208	1208					
广西									
海南	3168	2537	2537	1262			1275		
重庆									
四川									
贵州									
云南									
西藏									
陕西									
甘肃									
青海									
宁夏									
新疆	708016	702173	646013	503246	55349		87418		

教育经费收入情况

单位：千元

地方教育附加	地方教育基金	企业办学中的企业拨款	校办产业和社会服务收入用于教育的经费	民办学校中举办者投入	社会捐赠经费	＃农村	事业收入	＃学杂费	其他收入
		56857	**303**		**685**		**3976**		**2357**
		1000					544		
							174		457
		55857	303		685		3258		1900

3—52 分地区地方农村初中

地区	总计	国家财政性教育经费	预算内教育经费	教育事业费拨款	基本建设拨款	科研拨款	其他拨款	各级政府征收用于教育的税费	教育费附加
合计	**169036330**	**162428285**	**154328835**	**135790760**	**6676928**		**11861147**	**7737764**	**5237071**
北京	2280238	2205222	2019442	1672395	187754		159293	185780	185780
天津	1564048	1504871	1321610	1283769			37841	183261	183261
河北	7391715	7260772	6741118	6028020	319143		393955	519294	250403
山西	4203714	4083690	3911708	3647664	165090		98954	171913	159660
内蒙古	1882476	1870556	1788037	1556824	61065		170148	82100	60405
辽宁	4960838	4909168	4562819	3986255	39160		537404	346211	313524
吉林	3231544	3211472	3165379	2693072	126445		345862	43053	43053
黑龙江	3040057	3011290	2807586	2683763	109420		14403	41954	39832
上海	2275735	2189213	2102531	2059933			42598	86682	17525
江苏	9452100	8742936	7930483	7589219	153819		187445	809932	565097
浙江	9921828	8945753	7523688	7209155	106452		208081	1418149	582148
安徽	7561853	7315956	7156544	6044399	316142		796003	156988	113128
福建	5487062	5161572	4796880	4391759	92417		312704	363590	179396
江西	4705355	4521826	4409017	3835017	251543		322457	112046	103320
山东	12884356	12383806	11288413	11101119	69090		118204	1087478	653968
河南	10661517	10491627	10303029	9106962	234534		961533	188492	188492
湖北	7660919	7471141	7255581	6467432	464868		323281	202707	158296
湖南	8672137	8460799	8207131	6632731	324558		1249842	203052	166786
广东	9821762	8768382	8425866	7392967	144239		888660	337924	336910
广西	5146329	5037224	4932690	4542778	139324		250588	101480	51985
海南	1298827	1254478	1150182	987273	108097		54812	15831	15531
重庆	4065878	3877678	3694790	2965856	212974		515960	182601	161210
四川	12591779	11870977	11553968	8339174	589481		2625313	314105	191187
贵州	4327718	4261931	4186610	3986793	125625		74192	75275	61659
云南	6736750	6665771	6512143	5318512	823743		369888	149707	139407
西藏									
陕西	7074593	6951225	6752021	6065091	472107		214823	192303	188879
甘肃	4725407	4630689	4560344	3882776	432134		245434	69304	54122
青海	611364	606069	595131	426190	118233		50708	9783	9171
宁夏	895569	889624	872930	720619	125600		26711	16694	15862
新疆	3902862	3872567	3801164	3173243	363871		264050	70075	47074

教育经费收入情况

单位：千元

地方教育附加	地方教育基金	企业办学中的企业拨款	校办产业和社会服务收入用于教育的经费	民办学校中举办者投入	社会捐赠经费	#农村	事业收入	#学杂费	其他收入
2058190	**442503**	**267007**	**94679**	**223138**	**1180659**	**206039**	**3542512**	**1423796**	**1661736**
					6962	705	57065	40950	10989
				705	2611	81	53847	6107	2014
261075	7816		360	1088	36569	32567	86622	74109	6664
	12253	59	10	6108	10474	624	96004	73555	7438
20205	1490		419		470	64	7069	2294	4381
20596	12091		138		2070	17	17434	1350	32166
			3040		5893	1764	9570	392	4609
2122		160729	1021	107	238	6	22470	1676	5952
69157					3159		48730	11163	34633
188586	56249		2521	12940	64061	32079	441647	101310	190516
612562	223439		3916	20100	180366	60903	413540	78197	362069
41862	1998	490	1934	37354	16992	4039	139682	103376	51869
177175	7019		1102	764	56284	18284	153187	84339	115255
8706	20	382	381	18407	8868	1856	107870	77231	48384
378084	55426	6393	1522	4793	31871	18929	331417	259528	132469
			106	38036	2533	46	119957	72472	9364
43311	1100	628	12225	1871	9854	2424	84346	30694	93707
36266			50616	7529	13797	4165	69137	11044	120875
	1014	1488	3104	26986	62851	14581	879220	280914	84323
47743	1752		3054	2337	5734	225	36959	7217	64075
298	2	88131	334	5334	11178	722	19121	9928	8716
20700	691		287	6883	12374	960	99893	3006	69050
74072	48846	810	2094	15369	496513	6457	115032	33338	93888
13599	17		46	12973	3876	16	37440	20549	11498
10300			3921	76	6269	696	20805	2961	43829
3424		5622	1279	2532	41797	346	46346	35978	32693
15182			1041		80425	3333	8499		5794
612		1155		705	3835		685		70
450	382				546	60	1724		3675
12103	10898	1120	208	141	2189	90	17194	118	10771

3—53 分地区成人中学

地区	总计	国家财政性教育经费	预算内教育经费	教育事业费拨款	基本建设拨款	科研拨款	其他拨款	各级政府征收用于教育的税费	教育费附加
合计	**466193**	**319171**	**242076**	**223690**	**3500**		**14886**	**77053**	**45675**
北京									
天津	812	810	810	798			12		
河北	2736	1848	1848	1743			105		
山西									
内蒙古									
辽宁									
吉林	2611	2499	2436	2343			93	63	63
黑龙江									
上海	84914	58680	48030	46897			1133	10650	
江苏	38711	27165	26653	26653				512	512
浙江	240116	146445	115376	107249			8127	31051	10323
安徽									
福建	3682	3344	3344	2808			536		
江西									
山东									
河南	24057	21249	21247	17547			3700		
湖北	2917	1075	1053	1053					
湖南									
广东	13016	4645	4378	3471			907	267	267
广西									
海南									
重庆	280	280	280	280					
四川	1715	1715	1675	1425			250	40	40
贵州									
云南									
西藏									
陕西	48377	47369	12899	9399	3500			34470	34470
甘肃									
青海									
宁夏									
新疆	2249	2047	2047	2024			23		

教育经费收入情况

单位：千元

地方教育附加	地方教育基金	企业办学中的企业拨款	校办产业和社会服务收入用于教育的经费	民办学校中举办者投入	社会捐赠经费	#农村	事业收入	#学杂费	其他收入
29902	**1476**		**42**		**625**	**3**	**107177**	**22524**	**39220**
									2
							888	888	
							112		
10650							19914	6858	6320
					4		11274	2592	268
19252	1476		18		621	3	63649	7497	29401
							287		51
			2				2808	2808	
			22				1150	1020	692
							6263	361	2108
							630	500	378
							202		

3—54 分地区小学

地区	总计	国家财政性教育经费	预算内教育经费	教育事业费拨款	基本建设拨款	科研拨款	其他拨款	各级政府征收用于教育的税费	教育费附加
合计	**421738715**	**397302507**	**377010291**	**328999581**	**6590462**		**41420248**	**19096713**	**14448552**
北京	10378775	9536351	8772585	7261505	363646		1147434	750109	750109
天津	5274254	5014841	4727412	4602079			125333	275440	275440
河北	18566823	18172014	17042277	15403661	168923		1469693	1123894	592872
山西	12058491	11633442	10918510	10157382	117703		643425	674471	515720
内蒙古	10142916	10015153	9466078	7803938	125342		1536798	516388	449822
辽宁	12844987	12605276	12121222	9925771	12166		2183285	484049	356685
吉林	8816136	8574548	8349881	6864158	38322		1447401	147907	147907
黑龙江	10263328	10122005	9402930	9155537	55209		192184	313872	303045
上海	9586825	8839930	7842593	7625041	26331		191221	977795	938644
江苏	27875031	25471855	23521730	22464859	397028		659843	1944766	1523387
浙江	23674155	20731726	17933485	17162059	88285		683141	2795564	1221106
安徽	15770622	15263941	14767661	12124302	122966		2520393	474583	378584
福建	12606967	11936741	11315852	9620418	112565		1582869	618488	385661
江西	11189425	10762245	10402785	8884978	89795		1428012	355451	302981
山东	22032671	21037333	19518094	19341894	28700		147500	1509094	1060280
河南	23127463	22189195	21724656	19341172	106552		2276932	460098	460098
湖北	12269391	11541752	11024543	10386716	103018		534809	493845	353369
湖南	16320769	15541160	14878353	12512655	130222		2235476	597840	469951
广东	36119768	30277047	28833186	23368292	890466		4574428	1378469	1378112
广西	13243767	12824447	12547604	11493221	105462		948921	263900	135202
海南	3692557	3438753	3144664	2844448	119426		180790	81139	80930
重庆	9612984	9184775	8827173	6397615	70321		2359237	356513	330223
四川	27142500	25036760	24222123	17591660	458281		6172182	802808	569632
贵州	11393604	11151333	10936416	10559671	109837		266908	213420	161782
云南	16004108	15669529	15363544	12164993	675654		2522897	296190	273691
西藏	2404317	2375687	2375247	1940651	315794		118802		
陕西	13353020	12831049	12312973	11258302	623802		430869	494710	493553
甘肃	9611798	9469455	9269209	7821526	354801		1092882	174120	143467
青海	2867280	2840020	2757663	2172368	229535		355760	73434	64813
宁夏	2631048	2568239	2454604	2115583	148931		190090	113635	84826
新疆	10862935	10645905	10235238	8633126	401379		1200733	334721	246660

教育经费收入情况

单位：千元

地方教育附加	地方教育基金	企业办学中的企业拨款	校办产业和社会服务收入用于教育的经费	民办学校中举办者投入	社会捐赠经费	#农村	事业收入	#学杂费	其他收入
3822258	**825903**	**1050111**	**145392**	**1125223**	**3448570**	**337350**	**14732233**	**7602803**	**5130182**
		10466	3191	2120	129647	2687	542173	84482	168484
		11748	241	4172	24666	1543	191670	52278	38905
508953	22069	5284	559	4483	35049	19979	308945	255965	46332
	158751	40102	359	52252	36861	9901	310517	201163	25419
61410	5156	30546	2141	3199	8488	721	89326	43839	26750
127316	48		5	14925	1286	431	175267	62422	48233
		68721	8039	12889	11617	1020	177219	52333	39863
10827		403514	1689	12072	3716	24	104092	22790	21443
39151		18427	1115	8032	9780		475763	392326	253320
366284	55095	271	5088	8552	368103	34765	1360327	417512	666194
1159259	415199		2677	28378	572390	108223	1203520	540098	1138141
92494	3505	19588	2109	44700	86258	6962	256550	157209	119173
227408	5419		2401	130720	70016	21027	330907	159569	138583
51506	964	3648	361	30352	62865	6624	249759	125893	84204
439931	8883	9227	918	11881	108428	31085	667500	394402	207529
		3932	509	131833	22194	598	698936	344262	85305
132177	8299	1352	22012	8387	49469	3653	393891	131255	275892
124428	3461	520	64447	19584	50746	6744	491313	233158	217966
	357	55775	9617	425141	397514	51486	4393283	3035609	626783
128013	685	10892	2051	17062	33371	774	239123	82571	129764
209		209363	3587	18706	22398	473	165629	122881	47071
12484	13806		1089	9132	53125	1481	208746	15174	157206
146761	86415	10023	1806	59282	910094	16993	890518	268686	245846
50842	796	1337	160	22246	19209	693	166555	64942	34261
22499		5471	4324	11760	54954	4473	184935	88257	82930
		440		108	24208		1384	455	2930
1157		19706	3660	27608	136131	1733	283209	211330	75023
30653		25802	324	698	111083	500	23128	4044	7434
8471	150	8923		3583	8398	1830	9348	264	5931
11547	17262				12142	885	27102	13445	23565
68478	19583	75033	913	1366	14364	42	111598	24189	89702

3—55 分地区中央属小学

地 区	总 计	国家财政性教育经费							
			预算内教育经费					各级政府征收用于教育的税费	
				教育事业费拨款	基本建设拨款	科研拨款	其他拨款		教育费附加
合 计	**1574291**	**1494970**	**1356887**	**1111453**	**76042**		**169392**		
北 京	90696	54954	54954	54954					
天 津	18460	17788	17788	17788					
河 北	1020	620							
山 西	12266	12266	7137	7137					
内蒙古									
辽 宁									
吉 林	37795	32333	26733	23733			3000		
黑龙江	122185	122137	71921	54008	8475		9438		
上 海									
江 苏									
浙 江									
安 徽									
福 建									
江 西	515	505	36	36					
山 东									
河 南									
湖 北	16516	14048	14048	13636			412		
湖 南	1157	520							
广 东	6985	4537	1667	1667					
广 西									
海 南	3235	2591	2591	1289			1302		
重 庆	15583	11309	11309	11309					
四 川	13866	13764	12539	9969			2570		
贵 州									
云 南									
西 藏									
陕 西	1135	1135	1135	1135					
甘 肃	1118	1118	98	98					
青 海									
宁 夏									
新 疆	1231759	1205345	1134931	914694	67567		152670		

教育经费收入情况

单位：千元

地方教育附加	地方教育基金	企业办学中的企业拨款	校办产业和社会服务收入用于教育的经费	民办学校中举办者投入	社会捐赠经费	#农村	事业收入	#学杂费	其他收入
		137576	**507**		**4886**		**22478**	**655**	**51957**
							2945		32797
					69				603
		620					400	400	
		5129							
		5600					5385		77
		50216					13		35
		469							10
					699				1769
		520					597	255	40
		2870					2184		264
							177		467
					2825		482		967
		1225			66				36
		1020							
		69907	507		1227		10295		14892

3—56 分地区地方小学

地 区	总 计	国家财政性教育经费	预算内教育经费	教育事业费拨款	基本建设拨款	科研拨款	其他拨款	各级政府征收用于教育的税费	教育费附加
合 计	**420164424**	**395807537**	**375653404**	**327888128**	**6514420**		**41250856**	**19096713**	**14448552**
北 京	10288079	9481397	8717631	7206551	363646		1147434	750109	750109
天 津	5255794	4997053	4709624	4584291			125333	275440	275440
河 北	18565803	18171394	17042277	15403661	168923		1469693	1123894	592872
山 西	12046225	11621176	10911373	10150245	117703		643425	674471	515720
内蒙古	10142916	10015153	9466078	7803938	125342		1536798	516388	449822
辽 宁	12844987	12605276	12121222	9925771	12166		2183285	484049	356685
吉 林	8778341	8542215	8323148	6840425	38322		1444401	147907	147907
黑龙江	10141143	9999868	9331009	9101529	46734		182746	313872	303045
上 海	9586825	8839930	7842593	7625041	26331		191221	977795	938644
江 苏	27875031	25471855	23521730	22464859	397028		659843	1944766	1523387
浙 江	23674155	20731726	17933485	17162059	88285		683141	2795564	1221106
安 徽	15770622	15263941	14767661	12124302	122966		2520393	474583	378584
福 建	12606967	11936741	11315852	9620418	112565		1582869	618488	385661
江 西	11188910	10761740	10402749	8884942	89795		1428012	355451	302981
山 东	22032671	21037333	19518094	19341894	28700		147500	1509094	1060280
河 南	23127463	22189195	21724656	19341172	106552		2276932	460098	460098
湖 北	12252875	11527704	11010495	10373080	103018		534397	493845	353369
湖 南	16319612	15540640	14878353	12512655	130222		2235476	597840	469951
广 东	36112783	30272510	28831519	23366625	890466		4574428	1378469	1378112
广 西	13243767	12824447	12547604	11493221	105462		948921	263900	135202
海 南	3689322	3436162	3142073	2843159	119426		179488	81139	80930
重 庆	9597401	9173466	8815864	6386306	70321		2359237	356513	330223
四 川	27128634	25022996	24209584	17581691	458281		6169612	802808	569632
贵 州	11393604	11151333	10936416	10559671	109837		266908	213420	161782
云 南	16004108	15669529	15363544	12164993	675654		2522897	296190	273691
西 藏	2404317	2375687	2375247	1940651	315794		118802		
陕 西	13351885	12829914	12311838	11257167	623802		430869	494710	493553
甘 肃	9610680	9468337	9269111	7821428	354801		1092882	174120	143467
青 海	2867280	2840020	2757663	2172368	229535		355760	73434	64813
宁 夏	2631048	2568239	2454604	2115583	148931		190090	113635	84826
新 疆	9631176	9440560	9100307	7718432	333812		1048063	334721	246660

教育经费收入情况

单位:千元

地方教育附加	地方教育基金	企业办学中的企业拨款	校办产业和社会服务收入用于教育的经费	民办学校中举办者投入	社会捐赠经费	#农村	事业收入	#学杂费	其他收入
3822258	**825903**	**912535**	**144885**	**1125223**	**3443684**	**337350**	**14709755**	**7602148**	**5078225**
		10466	3191	2120	129647	2687	539228	84482	135687
		11748	241	4172	24597	1543	191670	52278	38302
508953	22069	4664	559	4483	35049	19979	308545	255565	46332
	158751	34973	359	52252	36861	9901	310517	201163	25419
61410	5156	30546	2141	3199	8488	721	89326	43839	26750
127316	48		5	14925	1286	431	175267	62422	48233
		63121	8039	12889	11617	1020	171834	52333	39786
10827		353298	1689	12072	3716	24	104079	22790	21408
39151		18427	1115	8032	9780		475763	392326	253320
366284	55095	271	5088	8552	368103	34765	1360327	417512	666194
1159259	415199		2677	28378	572390	108223	1203520	540098	1138141
92494	3505	19588	2109	44700	86258	6962	256550	157209	119173
227408	5419		2401	130720	70016	21027	330907	159569	138583
51506	964	3179	361	30352	62865	6624	249759	125893	84194
439931	8883	9227	918	11881	108428	31085	667500	394402	207529
		3932	509	131833	22194	598	698936	344262	85305
132177	8299	1352	22012	8387	48770	3653	393891	131255	274123
124428	3461		64447	19584	50746	6744	490716	232903	217926
	357	52905	9617	425141	397514	51486	4391099	3035609	626519
128013	685	10892	2051	17062	33371	774	239123	82571	129764
209		209363	3587	18706	22398	473	165452	122881	46604
12484	13806		1089	9132	50300	1481	208264	15174	156239
146761	86415	8798	1806	59282	910028	16993	890518	268686	245810
50842	796	1337	160	22246	19209	693	166555	64942	34261
22499		5471	4324	11760	54954	4473	184935	88257	82930
		440		108	24208		1384	455	2930
1157		19706	3660	27608	136131	1733	283209	211330	75023
30653		24782	324	698	111083	500	23128	4044	7434
8471	150	8923		3583	8398	1830	9348	264	5931
11547	17262				12142	885	27102	13445	23565
68478	19583	5126	406	1366	13137	42	101303	24189	74810

3—57 分地区普通小学

地 区	总 计	国家财政性教育经费							
			预算内教育经费	教育事业费拨款	基本建设拨款	科研拨款	其他拨款	各级政府征收用于教育的税费	教育费附加
合 计	**421692410**	**397257148**	**376965740**	**328963685**	**6590462**		**41411593**	**19095905**	**14447762**
北 京	10378775	9536351	8772585	7261505	363646		1147434	750109	750109
天 津	5274254	5014841	4727412	4602079			125333	275440	275440
河 北	18564637	18169828	17040091	15401475	168923		1469693	1123894	592872
山 西	12058491	11633442	10918510	10157382	117703		643425	674471	515720
内蒙古	10142916	10015153	9466078	7803938	125342		1536798	516388	449822
辽 宁	12844987	12605276	12121222	9925771	12166		2183285	484049	356685
吉 林	8816136	8574548	8349881	6864158	38322		1447401	147907	147907
黑龙江	10263328	10122005	9402930	9155537	55209		192184	313872	303045
上 海	9586825	8839930	7842593	7625041	26331		191221	977795	938644
江 苏	27875031	25471855	23521730	22464859	397028		659843	1944766	1523387
浙 江	23674155	20731726	17933485	17162059	88285		683141	2795564	1221106
安 徽	15770622	15263941	14767661	12124302	122966		2520393	474583	378584
福 建	12589924	11920206	11299544	9605417	112565		1581562	618261	385437
江 西	11189425	10762245	10402785	8884978	89795		1428012	355451	302981
山 东	22032671	21037333	19518094	19341894	28700		147500	1509094	1060280
河 南	23117295	22179029	21714490	19333867	106552		2274071	460098	460098
湖 北	12268225	11540598	11023389	10385623	103018		534748	493845	353369
湖 南	16320769	15541160	14878353	12512655	130222		2235476	597840	469951
广 东	36119768	30277047	28833186	23368292	890466		4574428	1378469	1378112
广 西	13243717	12824397	12547554	11493171	105462		948921	263900	135202
海 南	3692557	3438753	3144664	2844448	119426		180790	81139	80930
重 庆	9607182	9179002	8821575	6392100	70321		2359154	356338	330048
四 川	27135901	25030553	24216272	17590133	458281		6167858	802452	569291
贵 州	11393604	11151333	10936416	10559671	109837		266908	213420	161782
云 南	16001903	15667327	15361362	12162830	675654		2522878	296170	273671
西 藏	2404317	2375687	2375247	1940651	315794		118802		
陕 西	13353020	12831049	12312973	11258302	623802		430869	494710	493553
甘 肃	9611507	9469164	9268948	7821265	354801		1092882	174090	143437
青 海	2867280	2840020	2757663	2172368	229535		355760	73434	64813
宁 夏	2631048	2568239	2454604	2115583	148931		190090	113635	84826
新 疆	10862140	10645110	10234443	8632331	401379		1200733	334721	246660

教育经费收入情况

单位:千元

地方教育附加	地方教育基金	企业办学中的企业拨款	校办产业和社会服务收入用于教育的经费	民办学校中举办者投入	社会捐赠经费	#农村	事业收入	#学杂费	其他收入
3822240	**825903**	**1050111**	**145392**	**1125223**	**3448570**	**337350**	**14731409**	**7602803**	**5130060**
		10466	3191	2120	129647	2687	542173	84482	168484
		11748	241	4172	24666	1543	191670	52278	38905
508953	22069	5284	559	4483	35049	19979	308945	255965	46332
	158751	40102	359	52252	36861	9901	310517	201163	25419
61410	5156	30546	2141	3199	8488	721	89326	43839	26750
127316	48		5	14925	1286	431	175267	62422	48233
		68721	8039	12889	11617	1020	177219	52333	39863
10827		403514	1689	12072	3716	24	104092	22790	21443
39151		18427	1115	8032	9780		475763	392326	253320
366284	55095	271	5088	8552	368103	34765	1360327	417512	666194
1159259	415199		2677	28378	572390	108223	1203520	540098	1138141
92494	3505	19588	2109	44700	86258	6962	256550	157209	119173
227405	5419		2401	130720	70016	21027	330503	159569	138479
51506	964	3648	361	30352	62865	6624	249759	125893	84204
439931	8883	9227	918	11881	108428	31085	667500	394402	207529
		3932	509	131833	22194	598	698936	344262	85303
132177	8299	1352	22012	8387	49469	3653	393879	131255	275892
124428	3461	520	64447	19584	50746	6744	491313	233158	217966
	357	55775	9617	425141	397514	51486	4393283	3035609	626783
128013	685	10892	2051	17062	33371	774	239123	82571	129764
209		209363	3587	18706	22398	473	165629	122881	47071
12484	13806		1089	9132	53125	1481	208730	15174	157193
146746	86415	10023	1806	59282	910094	16993	890126	268686	245846
50842	796	1337	160	22246	19209	693	166555	64942	34261
22499		5471	4324	11760	54954	4473	184935	88257	82927
		440		108	24208		1384	455	2930
1157		19706	3660	27608	136131	1733	283209	211330	75023
30653		25802	324	698	111083	500	23128	4044	7434
8471	150	8923		3583	8398	1830	9348	264	5931
11547	17262				12142	885	27102	13445	23565
68478	19583	75033	913	1366	14364	42	111598	24189	89702

3—58 分地区中央属普通小学

地区	总计	国家财政性教育经费	预算内教育经费					各级政府征收用于教育的税费	
				教育事业费拨款	基本建设拨款	科研拨款	其他拨款		教育费附加
合计	**1574291**	**1494970**	**1356887**	**1111453**	**76042**		**169392**		
北京	90696	54954	54954	54954					
天津	18460	17788	17788	17788					
河北	1020	620							
山西	12266	12266	7137	7137					
内蒙古									
辽宁									
吉林	37795	32333	26733	23733			3000		
黑龙江	122185	122137	71921	54008	8475		9438		
上海									
江苏									
浙江									
安徽									
福建									
江西	515	505	36	36					
山东									
河南									
湖北	16516	14048	14048	13636			412		
湖南	1157	520							
广东	6985	4537	1667	1667					
广西									
海南	3235	2591	2591	1289			1302		
重庆	15583	11309	11309	11309					
四川	13866	13764	12539	9969			2570		
贵州									
云南									
西藏									
陕西	1135	1135	1135	1135					
甘肃	1118	1118	98	98					
青海									
宁夏									
新疆	1231759	1205345	1134931	914694	67567		152670		

教育经费收入情况

单位：千元

地方教育附加	地方教育基金	企业办学中的企业拨款	校办产业和社会服务收入用于教育的经费	民办学校中举办者投入	社会捐赠经费	#农村	事业收入	#学杂费	其他收入
		137576	**507**		**4886**		**22478**	**655**	**51957**
							2945		32797
					69				603
		620					400	400	
		5129							
		5600					5385		77
		50216					13		35
		469							10
					699				1769
		520					597	255	40
		2870					2184		264
							177		467
					2825		482		967
		1225			66				36
		1020							
		69907	507		1227		10295		14892

3—59 分地区地方普通小学

地区	总计	国家财政性教育经费	预算内教育经费					各级政府征收用于教育的税费	
				教育事业费拨款	基本建设拨款	科研拨款	其他拨款		教育费附加
合计	**420118119**	**395762178**	**375608853**	**327852232**	**6514420**		**41242201**	**19095905**	**14447762**
北京	10288079	9481397	8717631	7206551	363646		1147434	750109	750109
天津	5255794	4997053	4709624	4584291			125333	275440	275440
河北	18563617	18169208	17040091	15401475	168923		1469693	1123894	592872
山西	12046225	11621176	10911373	10150245	117703		643425	674471	515720
内蒙古	10142916	10015153	9466078	7803938	125342		1536798	516388	449822
辽宁	12844987	12605276	12121222	9925771	12166		2183285	484049	356685
吉林	8778341	8542215	8323148	6840425	38322		1444401	147907	147907
黑龙江	10141143	9999868	9331009	9101529	46734		182746	313872	303045
上海	9586825	8839930	7842593	7625041	26331		191221	977795	938644
江苏	27875031	25471855	23521730	22464859	397028		659843	1944766	1523387
浙江	23674155	20731726	17933485	17162059	88285		683141	2795564	1221106
安徽	15770622	15263941	14767661	12124302	122966		2520393	474583	378584
福建	12589924	11920206	11299544	9605417	112565		1581562	618261	385437
江西	11188910	10761740	10402749	8884942	89795		1428012	355451	302981
山东	22032671	21037333	19518094	19341894	28700		147500	1509094	1060280
河南	23117295	22179029	21714490	19333867	106552		2274071	460098	460098
湖北	12251709	11526550	11009341	10371987	103018		534336	493845	353369
湖南	16319612	15540640	14878353	12512655	130222		2235476	597840	469951
广东	36112783	30272510	28831519	23366625	890466		4574428	1378469	1378112
广西	13243717	12824397	12547554	11493171	105462		948921	263900	135202
海南	3689322	3436162	3142073	2843159	119426		179488	81139	80930
重庆	9591599	9167693	8810266	6380791	70321		2359154	356338	330048
四川	27122035	25016789	24203733	17580164	458281		6165288	802452	569291
贵州	11393604	11151333	10936416	10559671	109837		266908	213420	161782
云南	16001903	15667327	15361362	12162830	675654		2522878	296170	273671
西藏	2404317	2375687	2375247	1940651	315794		118802		
陕西	13351885	12829914	12311838	11257167	623802		430869	494710	493553
甘肃	9610389	9468046	9268850	7821167	354801		1092882	174090	143437
青海	2867280	2840020	2757663	2172368	229535		355760	73434	64813
宁夏	2631048	2568239	2454604	2115583	148931		190090	113635	84826
新疆	9630381	9439765	9099512	7717637	333812		1048063	334721	246660

教育经费收入情况

单位:千元

地方教育附加	地方教育基金	企业办学中的企业拨款	校办产业和社会服务收入用于教育的经费	民办学校中举办者投入	社会捐赠经费	#农村	事业收入	#学杂费	其他收入
3822240	**825903**	**912535**	**144885**	**1125223**	**3443684**	**337350**	**14708931**	**7602148**	**5078103**
		10466	3191	2120	129647	2687	539228	84482	135687
		11748	241	4172	24597	1543	191670	52278	38302
508953	22069	4664	559	4483	35049	19979	308545	255565	46332
	158751	34973	359	52252	36861	9901	310517	201163	25419
61410	5156	30546	2141	3199	8488	721	89326	43839	26750
127316	48		5	14925	1286	431	175267	62422	48233
		63121	8039	12889	11617	1020	171834	52333	39786
10827		353298	1689	12072	3716	24	104079	22790	21408
39151		18427	1115	8032	9780		475763	392326	253320
366284	55095	271	5088	8552	368103	34765	1360327	417512	666194
1159259	415199		2677	28378	572390	108223	1203520	540098	1138141
92494	3505	19588	2109	44700	86258	6962	256550	157209	119173
227405	5419		2401	130720	70016	21027	330503	159569	138479
51506	964	3179	361	30352	62865	6624	249759	125893	84194
439931	8883	9227	918	11881	108428	31085	667500	394402	207529
		3932	509	131833	22194	598	698936	344262	85303
132177	8299	1352	22012	8387	48770	3653	393879	131255	274123
124428	3461		64447	19584	50746	6744	490716	232903	217926
	357	52905	9617	425141	397514	51486	4391099	3035609	626519
128013	685	10892	2051	17062	33371	774	239123	82571	129764
209		209363	3587	18706	22398	473	165452	122881	46604
12484	13806		1089	9132	50300	1481	208248	15174	156226
146746	86415	8798	1806	59282	910028	16993	890126	268686	245810
50842	796	1337	160	22246	19209	693	166555	64942	34261
22499		5471	4324	11760	54954	4473	184935	88257	82927
		440		108	24208		1384	455	2930
1157		19706	3660	27608	136131	1733	283209	211330	75023
30653		24782	324	698	111083	500	23128	4044	7434
8471	150	8923		3583	8398	1830	9348	264	5931
11547	17262				12142	885	27102	13445	23565
68478	19583	5126	406	1366	13137	42	101303	24189	74810

3—60 分地区农村小学

地区	总计	国家财政性教育经费	预算内教育经费	教育事业费拨款	基本建设拨款	科研拨款	其他拨款	各级政府征收用于教育的税费	教育费附加
合计	**272300022**	**264255493**	**254490249**	**222877292**	**4096899**		**27516058**	**9183487**	**6476989**
北京	3815588	3730842	3321876	2824374	197414		300088	408966	408966
天津	2363331	2311099	2124179	2055008			69171	186194	186194
河北	13232420	13123360	12358720	11124793	135825		1098102	764508	358302
山西	7989194	7857976	7631155	7152356	82647		396152	224723	214857
内蒙古	5292809	5252144	5080550	4134902	35445		910203	167838	133595
辽宁	7445157	7376467	7114597	5955792	5140		1153665	261865	232275
吉林	5583253	5536293	5502882	4620151	20172		862559	26046	26046
黑龙江	5663580	5619654	5353015	5286704	31566		34745	74026	68881
上海	2893211	2808451	2767926	2698510			69416	40038	14037
江苏	15461854	14731436	13809119	13313312	230868		264939	919207	762073
浙江	14442232	13276242	11523154	11172841	59047		291266	1750411	648917
安徽	11636218	11416732	11215639	9308700	102428		1804511	199902	148489
福建	8661735	8383128	8054629	6881962	85181		1087486	328300	185329
江西	8210359	8013868	7827436	6691218	67064		1069154	184514	153385
山东	16550402	16122200	15163693	15029309	28700		105684	953476	623418
河南	17121373	16818764	16636655	14886450	74952		1675253	181552	181552
湖北	7695108	7500980	7334779	6952479	73863		308437	151719	133430
湖南	11126652	10838666	10569165	8847081	97094		1624990	223250	183309
广东	16251101	14710964	14270785	11743711	110669		2416405	429547	429190
广西	10445198	10293179	10171081	9373890	81250		715941	121010	64271
海南	2676595	2599089	2375795	2175559	52267		147969	28401	28192
重庆	6369295	6193418	6020683	4434783	27108		1558792	172842	162593
四川	20259584	19294305	18803698	13493360	355953		4954385	483301	339203
贵州	9023274	8935901	8790665	8484092	99550		207023	145115	111483
云南	13176749	13024810	12807402	10180097	585758		2041547	212753	200554
西藏	1554711	1546727	1546727	1264135	212790		69802		
陕西	9702745	9486770	9226056	8379641	527953		318462	245106	244149
甘肃	7403120	7301039	7196506	6053167	309210		834129	104322	81628
青海	1638710	1627740	1585954	1301845	109789		174320	36137	30913
宁夏	1591951	1566708	1527197	1358089	66073		103035	39511	35289
新疆	7022513	6956541	6778531	5698981	231123		848427	119407	86469

教育经费收入情况

单位：千元

地方教育附加	地方教育基金	企业办学中的企业拨款	校办产业和社会服务收入用于教育的经费	民办学校中举办者投入	社会捐赠经费	＃农村	事业收入	＃学杂费	其他收入
2269481	**437017**	**485830**	**95927**	**283656**	**1695367**	**322056**	**3742852**	**1588981**	**2322654**
				120	17197	2687	44024	10004	23405
		576	150	1395	8628	1151	35617	2772	6592
384996	21210		132	1778	28190	19856	69177	57643	9915
	9866	2098		2277	32246	9885	85385	62594	11310
32743	1500	2702	1054	2428	1705	458	28370	8240	8162
29590			5		614	309	35324	750	32752
			7365		8949	1020	17485	478	20526
5145		190924	1689	8150	2600	24	22848	1759	10328
26001			487	3000	3869		13928	4766	63963
144665	12469		3110	1886	76820	33970	398908	72068	252804
784287	317207		2677	12779	213005	103956	315230	78667	624976
48901	2512	538	653	31680	35812	6794	90241	48147	61753
138082	4889		199	3430	55777	20550	125276	37806	94124
30564	565	1563	355	841	41558	6232	101484	34939	52608
328275	1783	4141	890	7214	57312	29922	268093	178962	95583
		444	113	77027	11549	587	200408	133106	13625
18139	150	762	13720	1930	20707	3117	78536	18422	92955
39941			46251	12162	41110	6676	99039	10813	135675
	357	4623	6009	42690	121367	51407	1143048	697504	233032
56259	480	560	528	4717	8793	635	63388	5032	75121
209		192436	2457	6242	20074	473	35953	20877	15237
8549	1200		393	6680	17571	1290	82456	3075	69170
94344	49754	5814	1492	37174	578742	11929	197253	34338	152110
32836	796		121	8094	16304	633	48831	14549	14144
12199		750	3905	1256	46547	4180	44410	10310	59726
					5084				2900
957		14495	1113	4664	108664	1135	54156	40630	48491
22694			211		92772	500	5362		3947
5074	150	5649		3583	6431	1830	448		508
3840	382				9544	813	6151		9548
21191	11747	57755	848	459	5826	37	32023	730	27664

3－61　分地区中央属农村小学

地　区	总　计	国　家 财政性 教育经费						各级政府 征　收 用于教育 的税费	
			预算内 教育经费	教育事业 费拨款	基本建设 拨　款	科　研 拨　款	其　他 拨　款		教育费 附　加
合　计	**1014620**	**1002876**	**945975**	**749309**	**59796**		**136870**		
北　京									
天　津									
河　北									
山　西									
内蒙古									
辽　宁									
吉　林									
黑龙江									
上　海									
江　苏									
浙　江									
安　徽									
福　建									
江　西									
山　东									
河　南									
湖　北									
湖　南									
广　东	4040	3402	1602	1602					
广　西									
海　南	3235	2591	2591	1289			1302		
重　庆									
四　川									
贵　州									
云　南									
西　藏									
陕　西									
甘　肃									
青　海									
宁　夏									
新　疆	1007345	996883	941782	746418	59796		135568		

教育经费收入情况

单位：千元

地方教育附加	地方教育基金	企业办学中的企业拨款	校办产业和社会服务收入用于教育的经费	民办学校中举办者投入	社会捐赠经费	#农村	事业收入	#学杂费	其他收入
		56447	**454**		**797**		**6505**		**4442**
		1800					638		
							177		467
		54647	454		797		5690		3975

3—62 分地区地方农村小学

地区	总计	国家财政性教育经费	预算内教育经费	教育事业费拨款	基本建设拨款	科研拨款	其他拨款	各级政府征收用于教育的税费	教育费附加
合计	**271285402**	**263252617**	**253544274**	**222127983**	**4037103**		**27379188**	**9183487**	**6476989**
北京	3815588	3730842	3321876	2824374	197414		300088	408966	408966
天津	2363331	2311099	2124179	2055008			69171	186194	186194
河北	13232420	13123360	12358720	11124793	135825		1098102	764508	358302
山西	7989194	7857976	7631155	7152356	82647		396152	224723	214857
内蒙古	5292809	5252144	5080550	4134902	35445		910203	167838	133595
辽宁	7445157	7376467	7114597	5955792	5140		1153665	261865	232275
吉林	5583253	5536293	5502882	4620151	20172		862559	26046	26046
黑龙江	5663580	5619654	5353015	5286704	31566		34745	74026	68881
上海	2893211	2808451	2767926	2698510			69416	40038	14037
江苏	15461854	14731436	13809119	13313312	230868		264939	919207	762073
浙江	14442232	13276242	11523154	11172841	59047		291266	1750411	648917
安徽	11636218	11416732	11215639	9308700	102428		1804511	199902	148489
福建	8661735	8383128	8054629	6881962	85181		1087486	328300	185329
江西	8210359	8013868	7827436	6691218	67064		1069154	184514	153385
山东	16550402	16122200	15163693	15029309	28700		105684	953476	623418
河南	17121373	16818764	16636655	14886450	74952		1675253	181552	181552
湖北	7695108	7500980	7334779	6952479	73863		308437	151719	133430
湖南	11126652	10838666	10569165	8847081	97094		1624990	223250	183309
广东	16247061	14707562	14269183	11742109	110669		2416405	429547	429190
广西	10445198	10293179	10171081	9373890	81250		715941	121010	64271
海南	2673360	2596498	2373204	2174270	52267		146667	28401	28192
重庆	6369205	6193418	6020683	4434783	27108		1558792	172342	162593
四川	20259584	19294305	18803698	13493360	355953		4954385	483301	339203
贵州	9023274	8935901	8790665	8484092	99550		207023	145115	111483
云南	13176749	13024810	12807402	10180097	585758		2041547	212753	200554
西藏	1554711	1546727	1546727	1264135	212790		69802		
陕西	9702745	9486770	9226056	8379641	527953		318462	245106	244149
甘肃	7403120	7301039	7196506	6053167	309210		834129	104322	81628
青海	1638710	1627740	1585954	1301845	109789		174320	36137	30913
宁夏	1591951	1566708	1527197	1358089	66073		103035	39511	35289
新疆	6015168	5959658	5836749	4952563	171327		712859	119407	86469

教育经费收入情况

单位：千元

地方教育附加	地方教育基金	企业办学中的企业拨款	校办产业和社会服务收入用于教育的经费	民办学校中举办者投入	社会捐赠经费	#农村	事业收入	#学杂费	其他收入
2269481	**437017**	**429383**	**95473**	**283656**	**1694570**	**322056**	**3736347**	**1588981**	**2318212**
				120	17197	2687	44024	10004	23405
		576	150	1395	8628	1151	35617	2772	6592
384996	21210		132	1778	28190	19856	69177	57643	9915
	9866	2098		2277	32246	9885	85385	62594	11310
32743	1500	2702	1054	2428	1705	458	28370	8240	8162
29590			5		614	309	35324	750	32752
			7365		8949	1020	17485	478	20526
5145		190924	1689	8150	2600	24	22848	1759	10328
26001			487	3000	3869		13928	4766	63963
144665	12469		3110	1886	76820	33970	398908	72068	252804
784287	317207		2677	12779	213005	103956	315230	78667	624976
48901	2512	538	653	31680	35812	6794	90241	48147	61753
138082	4889		199	3430	55777	20550	125276	37806	94124
30564	565	1563	355	841	41558	6232	101484	34939	52608
328275	1783	4141	890	7214	57312	29922	268093	178962	95583
		444	113	77027	11549	587	200408	133106	13625
18139	150	762	13720	1930	20707	3117	78536	18422	92955
39941			46251	12162	41110	6676	99039	10813	135675
	357	2823	6009	42690	121367	51407	1142410	697504	233032
56259	480	560	528	4717	8793	635	63388	5032	75121
209		192436	2457	6242	20074	473	35776	20877	14770
8549	1200		393	6680	17571	1290	82456	3075	69170
94344	49754	5814	1492	37174	578742	11929	197253	34338	152110
32836	796		121	8094	16304	633	48831	14549	14144
12199		750	3905	1256	46547	4180	44410	10310	59726
					5084				2900
957		14495	1113	4664	108664	1135	54156	40630	48491
22694			211		92772	500	5362		3947
5074	150	5649		3583	6431	1830	448		508
3840	382				9544	813	6151		9548
21191	11747	3108	394	459	5029	37	26333	730	23689

3—63 分地区成人小学

地区	总计	国家财政性教育经费	预算内教育经费	教育事业费拨款	基本建设拨款	科研拨款	其他拨款	各级政府征收用于教育的税费	教育费附加
合计	**46305**	**45359**	**44551**	**35896**			**8655**	**808**	**790**
北京									
天津									
河北	2186	2186	2186	2186					
山西									
内蒙古									
辽宁									
吉林									
黑龙江									
上海									
江苏									
浙江									
安徽									
福建	17043	16535	16308	15001			1307	227	224
江西									
山东									
河南	10168	10166	10166	7305			2861		
湖北	1166	1154	1154	1093			61		
湖南									
广东									
广西	50	50	50	50					
海南									
重庆	5802	5773	5598	5515			83	175	175
四川	6599	6207	5851	1527			4324	356	341
贵州									
云南	2205	2202	2182	2163			19	20	20
西藏									
陕西									
甘肃	291	291	261	261				30	30
青海									
宁夏									
新疆	795	795	795	795					

教育经费收入情况

单位：千元

地方教育附加	地方教育基金	企业办学中的企业拨款	校办产业和社会服务收入用于教育的经费	民办学校中举办者投入	社会捐赠经费	#农村	事业收入	#学杂费	其他收入
18							**824**		**122**
3							404		104
									2
							12		
							16		13
15							392		
									3

3—64 分地区特殊教育

地区	总计	国家财政性教育经费	预算内教育经费	教育事业费拨款	基本建设拨款	科研拨款	其他拨款	各级政府征收用于教育的税费	教育费附加
合计	**4828508**	**4548161**	**4069147**	**3507817**	**237992**		**323338**	**478524**	**353586**
北京	309260	297120	259536	228450			31086	37451	37451
天津	101044	99437	99231	96670			2561	206	206
河北	184836	181543	160873	137122	12200		11551	20670	13995
山西	106502	97981	92832	84429	740		7663	5149	5149
内蒙古	124645	123160	94243	69317	17252		7674	28917	9096
辽宁	243938	239676	228851	191058			37793	10825	9546
吉林	171530	166505	163663	117758	20800		25105	2837	2837
黑龙江	165647	163838	159934	153889	3300		2745	3904	3154
上海	382652	359510	339931	329561	910		9460	19579	19579
江苏	421099	386054	318825	307572			11253	67229	36534
浙江	288945	261749	212192	186723	13205		12264	49557	42292
安徽	118198	111725	92981	70508	8000		14473	18744	12604
福建	167783	161111	132146	119046	1550		11550	28951	21276
江西	91037	86914	70100	55664	7300		7136	16814	14828
山东	375582	358070	310307	306778			3529	47763	40796
河南	185375	178046	169014	141736	7766		19512	9032	9032
湖北	132501	122824	112864	90610	18500		3754	9953	7996
湖南	146547	135366	100503	75788	16350		8365	34793	11921
广东	300249	276882	265425	214653	19516		31256	11279	11279
广西	79980	67200	59805	52738	3800		3267	7395	1546
海南	11507	11311	11191	10367			824	120	120
重庆	103386	99254	96333	60870	24278		11185	2840	2840
四川	189988	166460	154487	114543	12740		27204	11971	9769
贵州	69283	62111	57089	51661	3831		1597	5022	3381
云南	89070	82398	82054	61754	13250		7050	344	344
西藏	4890	4835	4835	4237			598		
陕西	83288	73210	56635	49129	6960		546	16575	16531
甘肃	72441	71877	71394	62453	2800		6141	483	483
青海	13837	13433	12680	10106			2574	753	3
宁夏	26792	25139	22773	15404	5700		1669	2366	2316
新疆	66676	63422	56420	37223	17244		1953	7002	6682

教育经费收入情况

单位：千元

地方教育附加	地方教育基金	企业办学中的企业拨款	校办产业和社会服务收入用于教育的经费	民办学校中举办者投入	社会捐赠经费	#农村	事业收入	#学杂费	其他收入
102779	**22159**		**490**	**904**	**48993**	**4738**	**117219**	**3008**	**113231**
			133		1048		7882		3210
					62		963		582
5675	1000			65	237		1985	528	1006
					1		3995	100	4525
19821					642		73		770
1256	23				901		3074		287
			5		256		4010		759
750					57		1203		549
					992		2894		19256
28939	1756				7109	2433	12206		15730
3127	4138			550	2593	80	9966		14087
2640	3500				953	118	3167		2353
2628	5047		14		2092	130	2310		2270
1986					2021	56	852		1250
6925	42			40	5742	961	6878	1327	4852
					1231	246	3237	550	2861
1957			7		5008	472	1546		3123
22872			70	200	2183	111	4986		3812
			178		1085		17703		4579
964	4885			49	3173	12	7945	169	1613
					154		25		17
			81		823		388		2921
620	1582		2		9232	119	9924		4372
1575	66				153		3129		3890
							1939		4733
					50				5
44					593		2097	314	7388
					2		535		27
750					325		63		16
50					63		555		1035
200	120				212		1689	20	1353

3—65 分地区特殊教育学校

地 区	总 计	国 家 财 政 性 教育经费							
			预 算 内 教育经费	教育事业费 拨 款	基本建设 拨 款	科 研 拨 款	其 他 拨 款	各级政府 征 收 用于教育 的 税 费	教育费 附 加
合 计	**4632131**	**4376008**	**3910629**	**3385900**	**219902**		**304827**	**465067**	**340917**
北 京	292600	281692	245753	217570			28183	35903	35903
天 津	87536	86176	85970	83867			2103	206	206
河 北	184836	181543	160873	137122	12200		11551	20670	13995
山 西	99808	92793	87644	79241	740		7663	5149	5149
内蒙古	124645	123160	94243	69317	17252		7674	28917	9096
辽 宁	206721	202661	192839	162856			29983	9822	9146
吉 林	167498	162574	159832	115271	20800		23761	2737	2737
黑龙江	165647	163838	159934	153889	3300		2745	3904	3154
上 海	382652	359510	339931	329561	910		9460	19579	19579
江 苏	421099	386054	318825	307572			11253	67229	36534
浙 江	276490	249294	203837	179804	13205		10828	45457	38192
安 徽	116611	110138	91725	69784	8000		13941	18413	12273
福 建	158754	152397	124756	113212	200		11344	27627	19952
江 西	90685	86562	69748	55387	7300		7061	16814	14828
山 东	375582	358070	310307	306778			3529	47763	40796
河 南	179822	173013	164153	137787	7766		18600	8860	8860
湖 北	132501	122824	112864	90610	18500		3754	9953	7996
湖 南	146547	135366	100503	75788	16350		8365	34793	11921
广 东	255368	243262	233850	193104	9516		31230	9234	9234
广 西	76989	64234	56914	49879	3800		3235	7320	1546
海 南	11507	11311	11191	10367			824	120	120
重 庆	98143	94012	91223	57375	24278		9570	2789	2789
四 川	163085	147281	137737	105432	6000		26305	9542	7440
贵 州	64324	58162	53298	47870	3831		1597	4864	3233
云 南	84757	78165	77942	57905	13250		6787	223	223
西 藏	4890	4835	4835	4237			598		
陕 西	83288	73210	56635	49129	6960		546	16575	16531
甘 肃	72441	71877	71394	62453	2800		6141	483	483
青 海	13837	13433	12680	10106			2574	753	3
宁 夏	26792	25139	22773	15404	5700		1669	2366	2316
新 疆	66676	63422	56420	37223	17244		1953	7002	6682

教育经费收入情况

单位：千元

地方教育附加	地方教育基金	企业办学中的企业拨款	校办产业和社会服务收入用于教育的经费	民办学校中举办者投入	社会捐赠经费	#农村	事业收入	#学杂费	其他收入
102014	**22136**		**312**	**904**	**48573**	**4738**	**94686**	**3008**	**111960**
			36		659		7595		2654
					62		963		335
5675	1000			65	237		1985	528	1006
					1		2495	100	4519
19821					642		73		770
676					901		2874		285
			5		256		3910		758
750					57		1203		549
					992		2894		19256
28939	1756				7109	2433	12206		15730
3127	4138			550	2593	80	9966		14087
2640	3500				953	118	3167		2353
2628	5047		14		2092	130	2159		2106
1986					2021	56	852		1250
6925	42			40	5742	961	6878	1327	4852
					1231	246	2967	550	2611
1957			7		5008	472	1546		3123
22872			70	200	2183	111	4986		3812
			178		1085		6462		4559
889	4885			49	3173	12	7945	169	1588
					154		25		17
					823		387		2921
520	1582		2		9201	119	2231		4372
1565	66				153		2119		3890
							1859		4733
					50				5
44					593		2097	314	7388
					2		535		27
750					325		63		16
50					63		555		1035
200	120				212		1689	20	1353

3—66 分地区工读学校

地区	总计	国家财政性教育经费	预算内教育经费	教育事业费拨款	基本建设拨款	科研拨款	其他拨款	各级政府征收用于教育的税费	教育费附加
合计	**196377**	**172153**	**158518**	**121917**	**18090**		**18511**	**13457**	**12669**
北京	16660	15428	13783	10880			2903	1548	1548
天津	13508	13261	13261	12803			458		
河北									
山西	6694	5188	5188	5188					
内蒙古									
辽宁	37217	37015	36012	28202			7810	1003	400
吉林	4032	3931	3831	2487			1344	100	100
黑龙江									
上海									
江苏									
浙江	12455	12455	8355	6919			1436	4100	4100
安徽	1587	1587	1256	724			532	331	331
福建	9029	8714	7390	5834	1350		206	1324	1324
江西	352	352	352	277			75		
山东									
河南	5553	5033	4861	3949			912	172	172
湖北									
湖南									
广东	44881	33620	31575	21549	10000		26	2045	2045
广西	2991	2966	2891	2859			32	75	
海南									
重庆	5243	5242	5110	3495			1615	51	51
四川	26903	19179	16750	9111	6740		899	2429	2329
贵州	4959	3949	3791	3791				158	148
云南	4313	4233	4112	3849			263	121	121
西藏									
陕西									
甘肃									
青海									
宁夏									
新疆									

教育经费收入情况

单位:千元

地方教育附加	地方教育基金	企业办学中的企业拨款	校办产业和社会服务收入用于教育的经费	民办学校中举办者投入	社会捐赠经费	#农村	事业收入	#学杂费	其他收入
765	**23**		**178**		**420**		**22533**		**1271**
			97		389		287		556
									247
							1500		6
580	23						200		2
							100		1
							151		164
							270		250
							11241		20
75									25
			81				1		
100					31		7693		
10							1010		
							80		

3—67 分地区幼儿园

地 区	总 计	国家财政性教育经费	预算内教育经费					各级政府征收用于教育的税费	
				教育事业费拨款	基本建设拨款	科研拨款	其他拨款		教育费附加
合 计	**24478920**	**16627392**	**15245433**	**13342362**	**544464**		**1358607**	**1322576**	**1019428**
北 京	1127250	787961	716567	603994	29269		83304	71394	65276
天 津	676904	450864	418273	404643			13630	32591	32591
河 北	1801340	1372006	1348941	1266005			82936	23038	20773
山 西	542169	357062	339725	325184			14541	17080	16624
内蒙古	701423	566783	507083	425259	700		81124	59539	57545
辽 宁	419354	316633	312318	262702	520		49096	4315	1594
吉 林	297004	237066	232515	189869			42646	4545	4545
黑龙江	253527	207152	190161	189620			541	16991	16971
上 海	3814385	3031727	2613235	2519834	42161		51240	418492	362713
江 苏	2377315	1270838	1051974	1012569	1360		38045	218257	173044
浙 江	1964439	1056819	818197	785496	10900		21801	238286	80603
安 徽	423894	264050	251679	207821			43858	12221	10517
福 建	1015403	697455	664494	602415	608		61471	32949	29774
江 西	238213	139117	133045	106852			26193	6010	4081
山 东	858016	348640	327302	324636			2666	21263	15299
河 南	735499	450726	442053	383268			58785	8670	8670
湖 北	423651	240647	230711	214552	1800		14359	8486	6639
湖 南	296622	160305	151439	126501	2000		22938	8647	6223
广 东	1191792	608848	595321	461154			134167	9433	9433
广 西	486098	247919	244953	224018			20935	2460	1266
海 南	37698	25329	23978	22392			1586		
重 庆	255287	178144	166539	122448	531		43560	11542	11542
四 川	1024164	701952	673911	432732	33199		207980	28001	21851
贵 州	268356	192333	188909	183945			4964	3424	2228
云 南	646333	465712	463102	381169			81933	2585	2226
西 藏	63028	58298	58138	49797	4500		3841		
陕 西	455615	376659	327264	313670	5340		8254	49395	48320
甘 肃	367073	296519	293465	249872	3028		40565	3007	2355
青 海	78137	69317	68292	51606	2350		14336	1025	753
宁 夏	150189	103377	102341	83959	3000		15382	1036	825
新 疆	1488742	1347134	1289508	814380	403198		71930	7894	5147

教育经费收入情况

单位:千元

地方教育附加	地方教育基金	企业办学中的企业拨款	校办产业和社会服务收入用于教育的经费	民办学校中举办者投入	社会捐赠经费	#农村	事业收入	#学杂费	其他收入
245762	**57386**	**49638**	**9745**		**183645**	**11273**	**7246370**	**6356699**	**421513**
	6118				94219	267	239832	164572	5238
					326		223587	212387	2127
2045	220		27		1148		415291	388281	12895
	456		257		4146	3423	177704	161820	3257
1994			161		1508		129229	128639	3903
2681	40				116		99057	91808	3548
			6		141		58682	46045	1115
20					136		45771	44140	468
55779					2387	37	699434	662832	80837
41798	3415		607		4306	2070	1065852	977581	36319
115311	42372		336		17695	2047	789595	763292	100330
1369	335		150		933	77	145484	126615	13427
1175	2000		12		5967	85	302540	259398	9441
1487	442		62		186	76	89785	78295	9125
5964			75		4194	963	491884	407050	13298
			3		81	42	271923	254743	12769
1827	20		1450		839	127	171266	124301	10899
2424			219		504		127502	117678	8311
			4094		27772		532546	429111	22626
1194			506		664		228552	201703	8963
			1351		8		10747	10332	1614
			63		2534		65181	47323	9428
4326	1824		40		9583	32	294280	185659	18349
1196					89	27	74309	60445	1625
359			25		2574	2000	174360	123470	3687
			160				4730	3745	
1075					43		75365	74197	3548
652			47		1199		69201	65685	154
272					4		8688	7121	128
211					123		45694	43761	995
2603	144	49638	94		220		118299	94670	23089

3—68 分地区中央属幼儿园

地 区	总 计	国家财政性教育经费	预算内教育经费	教育事业费拨款	基本建设拨款	科研拨款	其他拨款	各级政府征收用于教育的税费	教育费附加
合 计	**146831**	**98220**	**48488**	**17594**	**21500**		**9394**		
北 京									
天 津									
河 北									
山 西	2420	1643	1643	1643					
内蒙古									
辽 宁									
吉 林									
黑龙江									
上 海									
江 苏									
浙 江									
安 徽									
福 建									
江 西									
山 东									
河 南									
湖 北									
湖 南									
广 东									
广 西									
海 南									
重 庆									
四 川									
贵 州									
云 南	96								
西 藏									
陕 西									
甘 肃									
青 海									
宁 夏									
新 疆	144315	96577	46845	15951	21500		9394		

教育经费收入情况

单位:千元

地方教育附加	地方教育基金	企业办学中的企业拨款	校办产业和社会服务收入用于教育的经费	民办学校中举办者投入	社会捐赠经费	#农村	事业收入	#学杂费	其他收入
		49638	**94**		**87**		**44565**	**35557**	**3959**
							777	777	
							96	70	
		49638	94		87		43692	34710	3959

3—69 分地区地方幼儿园

地区	总计	国家财政性教育经费	预算内教育经费	教育事业费拨款	基本建设拨款	科研拨款	其他拨款	各级政府征收用于教育的税费	教育费附加
合计	**24332089**	**16529172**	**15196945**	**13324768**	**522964**		**1349213**	**1322576**	**1019428**
北京	1127250	787961	716567	603994	29269		83304	71394	65276
天津	676904	450864	418273	404643			13630	32591	32591
河北	1801340	1372006	1348941	1266005			82936	23038	20773
山西	539749	355419	338082	323541			14541	17080	16624
内蒙古	701423	566783	507083	425259	700		81124	59539	57545
辽宁	419354	316633	312318	262702	520		49096	4315	1594
吉林	297004	237066	232515	189869			42646	4545	4545
黑龙江	253527	207152	190161	189620			541	16991	16971
上海	3814385	3031727	2613235	2519834	42161		51240	418492	362713
江苏	2377315	1270838	1051974	1012569	1360		38045	218257	173044
浙江	1964439	1056819	818197	785496	10900		21801	238286	80603
安徽	423894	264050	251679	207821			43858	12221	10517
福建	1015403	697455	664494	602415	608		61471	32949	29774
江西	238213	139117	133045	106852			26193	6010	4081
山东	858016	348640	327302	324636			2666	21263	15299
河南	735499	450726	442053	383268			58785	8670	8670
湖北	423651	240647	230711	214552	1800		14359	8486	6639
湖南	296622	160305	151439	126501	2000		22938	8647	6223
广东	1191792	608848	595321	461154			134167	9433	9433
广西	486098	247919	244953	224018			20935	2460	1266
海南	37698	25329	23978	22392			1586		
重庆	255287	178144	166539	122448	531		43560	11542	11542
四川	1024164	701952	673911	432732	33199		207980	28001	21851
贵州	268356	192333	188909	183945			4964	3424	2228
云南	646237	465712	463102	381169			81933	2585	2226
西藏	63028	58298	58138	49797	4500		3841		
陕西	455615	376659	327264	313670	5340		8254	49395	48320
甘肃	367073	296519	293465	249872	3028		40565	3007	2355
青海	78137	69317	68292	51606	2350		14336	1025	753
宁夏	150189	103377	102341	83959	3000		15382	1036	825
新疆	1344427	1250557	1242663	798429	381698		62536	7894	5147

教育经费收入情况

单位：千元

地方教育附加	地方教育基金	企业办学中的企业拨款	校办产业和社会服务收入用于教育的经费	民办学校中举办者投入	社会捐赠经费	#农村	事业收入	#学杂费	其他收入
245762	**57386**		**9651**		**183558**	**11273**	**7201805**	**6321142**	**417554**
	6118				94219	267	239832	164572	5238
					326		223587	212387	2127
2045	220		27		1148		415291	388281	12895
	456		257		4146	3423	176927	161043	3257
1994			161		1508		129229	128639	3903
2681	40				116		99057	91808	3548
			6		141		58682	46045	1115
20					136		45771	44140	468
55779					2387	37	699434	662832	80837
41798	3415		607		4306	2070	1065852	977581	36319
115311	42372		336		17695	2047	789595	763292	100330
1369	335		150		933	77	145484	126615	13427
1175	2000		12		5967	85	302540	259398	9441
1487	442		62		186	76	89785	78295	9125
5964			75		4194	963	491884	407050	13298
			3		81	42	271923	254743	12769
1827	20		1450		839	127	171266	124301	10899
2424			219		504		127502	117678	8311
			4094		27772		532546	429111	22626
1194			506		664		228552	201703	8963
			1351		8		10747	10332	1614
			63		2534		65181	47323	9428
4326	1824		40		9583	32	294280	185659	18349
1196					89	27	74309	60445	1625
359			25		2574	2000	174264	123400	3687
			160				4730	3745	
1075					43		75365	74197	3548
652			47		1199		69201	65685	154
272					4		8688	7121	128
211					123		45694	43761	995
2603	144				133		74607	59960	19130

3—70 分地区教育行政单位

地区	总计	国家财政性教育经费	预算内教育经费					各级政府征收用于教育的税费	
				教育事业费拨款	基本建设拨款	科研拨款	其他拨款		教育费附加
合计	**24635870**	**21402936**	**18087292**	**15009237**	**738325**		**2339730**	**3305769**	**2687682**
北京	421098	413228	350534	267407			83127	62694	62694
天津	160554	151767	151767	147996			3771		
河北	731727	670345	607756	527562	7000		73194	62589	61259
山西	521307	466293	428352	402141	8940		17271	37941	37880
内蒙古	597034	533484	492468	292217	54414		145837	41016	23441
辽宁	728811	690019	564330	438657			125673	125689	107845
吉林	210167	185907	180907	156561			24346	5000	5000
黑龙江	883500	779237	666563	609970	53603		2990	112655	76639
上海	188117	175819	175819	145422			30397		
江苏	2173609	1686224	1348357	1117815	155827		74715	337867	193829
浙江	632754	537627	514572	401425	202		112945	23055	16016
安徽	615512	495102	406233	336783			69450	88869	74593
福建	349838	286370	266185	213903	3350		48932	20185	12911
江西	1010806	919563	881684	820930			60754	37879	35131
山东	1421388	1151643	765954	755456			10498	381889	298624
河南	1966700	1828138	1519949	1260104	138854		120991	308149	308149
湖北	746128	612627	527432	464310	400		62722	84947	78483
湖南	1261788	979734	872146	741961	1600		128585	105205	82161
广东	1822307	1591015	1427563	1038077	340		389146	163032	163032
广西	480320	407523	407315	333768	10851		62696		
海南	377504	271125	237075	155403	21230		60442	34050	31550
重庆	345835	306716	270962	180838	5630		84494	35754	29434
四川	1201802	993156	850603	635942	975		213686	142544	91655
贵州	2116832	1992216	1381710	1165172	125676		90862	610506	494194
云南	1251088	1080077	935312	782070	49379		103863	144765	136739
西藏	119080	119080	118013	116731			1282		
陕西	432588	413624	385405	380865			4540	28219	28219
甘肃	272242	241730	224396	190148	1000		33248	17312	16490
青海	201496	193131	156067	144290			11777	37051	32442
宁夏	103952	87792	82341	69527			12814	5451	5051
新疆	1289986	1142624	889522	715786	99054		74682	251456	184221

教育经费收入情况

单位：千元

地方教育附加	地方教育基金	企业办学中的企业拨款	校办产业和社会服务收入用于教育的经费	民办学校中举办者投入	社会捐赠经费	#农村	事业收入	#学杂费	其他收入
526158	**91929**	**1611**	**8264**		**223058**	**1212**	**1785250**		**1224626**
					200		60		7610
							5435		3352
1300	30				440		58577		2365
	61				26		47599		7389
17575							41141		22409
17542	302						21487		17305
					1816		5989		16455
36016			19		706		99419		4138
									12298
106947	37091				11077		123244		353064
6848	191				1469		36513		57145
14276					2605	12	92237		25568
4600	2674				2684	10	37974		22810
2600	148				2633		38334		50276
74277	8988		3800		30078		156196		83471
			40		11		105150		33401
2291	4173		248		1905	300	69781		61815
23044			2383		1279		230954		49821
			420		11770	696	140679		78843
			208		5765		51854		15178
	2500				1194		28790		76395
6320					201		19670		19248
47909	2980		9		111645		63766		33235
105709	10603				4188		95400		25028
8026					21988	194	113556		35467
			1067						
					1108		11783		6073
822			22		2483		23915		4114
4609			13		2310		2484		3571
400					546		11386		4228
45047	22188	1611	35		2931		51877		92554

3－71 分地区中央属教育行政单位

地区	总计	国家财政性教育经费	预算内教育经费	教育事业费拨款	基本建设拨款	科研拨款	其他拨款	各级政府征收用于教育的税费	教育费附加
合计	**50204**	**48049**	**46403**	**30440**			**15963**		
北京									
天津									
河北									
山西	4420	4420	4420	4420					
内蒙古									
辽宁									
吉林									
黑龙江									
上海									
江苏									
浙江									
安徽									
福建									
江西									
山东									
河南									
湖北									
湖南									
广东									
广西									
海南									
重庆									
四川									
贵州									
云南									
西藏									
陕西									
甘肃									
青海									
宁夏									
新疆	45784	43629	41983	26020			15963		

教育经费收入情况

单位：千元

地方教育附加	地方教育基金	企业办学中的企业拨款	校办产业和社会服务收入用于教育的经费	民办学校中举办者投入	社会捐赠经费	#农村	事业收入	#学杂费	其他收入
		1611	35				2090		65
		1611	35				2090		65

3—72 分地区地方教育行政单位

地区	总计	国家财政性教育经费	预算内教育经费	教育事业费拨款	基本建设拨款	科研拨款	其他拨款	各级政府征收用于教育的税费	教育费附加
合计	**24585666**	**21354887**	**18040889**	**14978797**	**738325**		**2323767**	**3305769**	**2687682**
北京	421098	413228	350534	267407			83127	62694	62694
天津	160554	151767	151767	147996			3771		
河北	731727	670345	607756	527562	7000		73194	62589	61259
山西	516887	461873	423932	397721	8940		17271	37941	37880
内蒙古	597034	533484	492468	292217	54414		145837	41016	23441
辽宁	728811	690019	564330	438657			125673	125689	107845
吉林	210167	185907	180907	156561			24346	5000	5000
黑龙江	883500	779237	666563	609970	53603		2990	112655	76639
上海	188117	175819	175819	145422			30397		
江苏	2173609	1686224	1348357	1117815	155827		74715	337867	193829
浙江	632754	537627	514572	401425	202		112945	23055	16016
安徽	615512	495102	406233	336783			69450	88869	74593
福建	349838	286370	266185	213903	3350		48932	20185	12911
江西	1010806	919563	881684	820930			60754	37879	35131
山东	1421388	1151643	765954	755456			10498	381889	298624
河南	1966700	1828138	1519949	1260104	138854		120991	308149	308149
湖北	746128	612627	527432	464310	400		62722	84947	78483
湖南	1261788	979734	872146	741961	1600		128585	105205	82161
广东	1822307	1591015	1427563	1038077	340		389146	163032	163032
广西	480320	407523	407315	333768	10851		62696		
海南	377504	271125	237075	155403	21230		60442	34050	31550
重庆	345835	306716	270962	180838	5630		84494	35754	29434
四川	1201802	993156	850603	635942	975		213686	142544	91655
贵州	2116832	1992216	1381710	1165172	125676		90862	610506	494194
云南	1251088	1080077	935312	782070	49379		103863	144765	136739
西藏	119080	119080	118013	116731			1282		
陕西	432588	413624	385405	380865			4540	28219	28219
甘肃	272242	241730	224396	190148	1000		33248	17312	16490
青海	201496	193131	156067	144290			11777	37051	32442
宁夏	103952	87792	82341	69527			12814	5451	5051
新疆	1244202	1098995	847539	689766	99054		58719	251456	184221

教育经费收入情况

单位：千元

地方教育附加	地方教育基金	企业办学中的企业拨款	校办产业和社会服务收入用于教育的经费	民办学校中举办者投入	社会捐赠经费	#农村	事业收入	#学杂费	其他收入
526158	**91929**		**8229**		**223058**	**1212**	**1783160**		**1224561**
					200		60		7610
							5435		3352
1300	30				440		58577		2365
	61				26		47599		7389
17575							41141		22409
17542	302						21487		17305
					1816		5989		16455
36016			19		706		99419		4138
									12298
106947	37091				11077		123244		353064
6848	191				1469		36513		57145
14276					2605	12	92237		25568
4600	2674				2684	10	37974		22810
2600	148				2633		38334		50276
74277	8988		3800		30078		156196		83471
			40		11		105150		33401
2291	4173		248		1905	300	69781		61815
23044			2383		1279		230954		49821
			420		11770	696	140679		78843
			208		5765		51854		15178
	2500				1194		28790		76395
6320					201		19670		19248
47909	2980		9		111645		63766		33235
105709	10603				4188		95400		25028
8026					21988	194	113556		35467
			1067						
					1108		11783		6073
822			22		2483		23915		4114
4609			13		2310		2484		3571
400					546		11386		4228
45047	22188				2931		49787		92489

3—73 分地区教育事业单位

地区	总计	国家财政性教育经费	预算内教育经费	教育事业费拨款	基本建设拨款	科研拨款	其他拨款	各级政府征收用于教育的税费	教育费附加
合计	**57339822**	**46392158**	**39119351**	**31943717**	**1703613**		**5472021**	**6500104**	**4897928**
北京	14685210	11958670	10960676	7826935	541337		2592404	958196	955196
天津	1554736	1331323	1203375	1160777			42598	124178	124178
河北	1030648	766736	687230	604825	1100		81305	79013	72673
山西	1317185	1185452	633765	589641	9690		34434	143196	141896
内蒙古	1163856	1020222	708507	522607	93784		92116	310118	280271
辽宁	3323900	3115188	2407171	2004261	114190		288720	698308	551021
吉林	1077513	921136	850710	720713			129997	68970	68970
黑龙江	1234504	1150274	1107000	1096148	1879		8973	36580	36527
上海	2840437	2249922	1848010	1817882	3373		26755	372008	12262
江苏	3911489	2645098	1597593	1136201	180458		280934	865009	422653
浙江	2809321	2156285	1502236	1420607	903		80726	641297	323120
安徽	452354	342378	256350	175811	4990		75549	84181	52229
福建	1099746	829913	680351	552448	58000		69903	143869	108666
江西	1114080	884361	726478	674285	3070		49123	157843	151412
山东	1740460	1393213	1140260	1089843			50417	245776	172630
河南	1964600	1646035	1487821	1292836	3840		191145	158214	158214
湖北	1134032	655669	499749	479683			20066	145220	141921
湖南	707000	359556	329040	286947	3000		39093	30314	28497
广东	3102146	2437931	2028565	1567121	69034		392410	405675	405675
广西	841864	708794	586596	474502	1700		110394	121498	87222
海南	152881	122336	120460	118593			1867	321	321
重庆	722493	410748	344270	256763			87507	60136	59636
四川	1516768	1054953	964377	713626	1200		249551	77806	58021
贵州	2263242	2178173	2103711	2016720	26190		60801	74091	47692
云南	1490512	1298159	1145053	903200	162074		79779	138121	127327
西藏	741507	731545	721438	496247	190900		34291	10107	10107
陕西	798313	675824	557133	493376			63757	117444	117444
甘肃	518809	375673	344120	283851	2530		57739	23730	20184
青海	681076	639437	623558	535771			87787	15879	12071
宁夏	221777	168935	162460	139685			22775	6475	3978
新疆	1127363	978219	791288	491812	230371		69105	186531	145914

教育经费收入情况

单位：千元

地方教育附加	地方教育基金	企业办学中的企业拨款	校办产业和社会服务收入用于教育的经费	民办学校中举办者投入	社会捐赠经费	#农村	事业收入	#学杂费	其他收入
1448966	**153210**	**283**	**772420**		**299541**	**6371**	**7611655**		**3036468**
	3000		39798		97659		1698310		930571
			3770		116	100	173044		50253
5290	1050		493		1130		242703		20079
	1300		408491		756		126624		4353
25517	4330		1597		2030		134974		6630
139502	7785		9709		850		186100		21762
			1456		813		144568		10996
53			6694		2		79848		4380
359746			29904		1746		88321		500448
389633	52723		182496		13349		885978		367064
254488	63689		12752		29008	1127	381673		242355
31952			1847		1162		83624		25190
35036	167		5693		62332		172369		35132
5941	490		40		15		197455		32249
73146			7177		2338	492	293100		51809
					40		275983		42542
2799	500		10700		13972		348066		116325
1817			202		77		296973		50394
			3691		2633		580400		81182
34008	268		700		8504		108931		15635
			1555		314		15282		14949
500			6342		741		157157		153847
18697	1088		12770		36271		331757		93787
26399			371		4185		63017		17867
10794			14985		7420	4500	139210		45723
					7885		2077		
			1247		234		106027		16228
1146	2400		7823		219		125960		16957
3808							20221		21418
97	2400				3049		41236		8557
28597	12020	283	117		691	152	110667		37786

3－74 分地区中央属教育事业单位

地区	总计	国家财政性教育经费	预算内教育经费	教育事业费拨款	基本建设拨款	科研拨款	其他拨款	各级政府征收用于教育的税费	教育费附加
合计	**7256889**	**5527710**	**5498078**	**4186370**	**6000**		**1305708**		
北京	7237528	5514202	5484853	4174033	6000		1304820		
天津									
河北									
山西	2457	334	334	334					
内蒙古									
辽宁									
吉林									
黑龙江									
上海									
江苏									
浙江									
安徽									
福建									
江西									
山东									
河南									
湖北									
湖南									
广东									
广西									
海南									
重庆									
四川									
贵州									
云南									
西藏									
陕西									
甘肃									
青海									
宁夏									
新疆	16904	13174	12891	12003			888		

教育经费收入情况

单位：千元

地方教育附加	地方教育基金	企业办学中的企业拨款	校办产业和社会服务收入用于教育的经费	民办学校中举办者投入	社会捐赠经费	#农村	事业收入	#学杂费	其他收入
		283	**29349**				**1064686**		**664493**
			29349				1059678		663648
							2072		51
		283					2936		794

3—75 分地区地方教育事业单位

地区	总计	国家财政性教育经费	预算内教育经费					各级政府征收用于教育的税费	
				教育事业费拨款	基本建设拨款	科研拨款	其他拨款		教育费附加
合计	**50082933**	**40864448**	**33621273**	**27757347**	**1697613**		**4166313**	**6500104**	**4897928**
北京	7447682	6444468	5475823	3652902	535337		1287584	958196	955196
天津	1554736	1331323	1203375	1160777			42598	124178	124178
河北	1030648	766736	687230	604825	1100		81305	79013	72673
山西	1314728	1185118	633431	589307	9690		34434	143196	141896
内蒙古	1163856	1020222	708507	522607	93784		92116	310118	280271
辽宁	3323900	3115188	2407171	2004261	114190		288720	698308	551021
吉林	1077513	921136	850710	720713			129997	68970	68970
黑龙江	1234504	1150274	1107000	1096148	1879		8973	36580	36527
上海	2840437	2249922	1848010	1817882	3373		26755	372008	12262
江苏	3911489	2645098	1597593	1136201	180458		280934	865009	422653
浙江	2809321	2156285	1502236	1420607	903		80726	641297	323120
安徽	452354	342378	256350	175811	4990		75549	84181	52229
福建	1099746	829913	680351	552448	58000		69903	143869	108666
江西	1114080	884361	726478	674285	3070		49123	157843	151412
山东	1740460	1393213	1140260	1089843			50417	245776	172630
河南	1964600	1646035	1487821	1292836	3840		191145	158214	158214
湖北	1134032	655669	499749	479683			20066	145220	141921
湖南	707000	359556	329040	286947	3000		39093	30314	28497
广东	3102146	2437931	2028565	1567121	69034		392410	405675	405675
广西	841864	708794	586596	474502	1700		110394	121498	87222
海南	152881	122336	120460	118593			1867	321	321
重庆	722493	410748	344270	256763			87507	60136	59636
四川	1516768	1054953	964377	713626	1200		249551	77806	58021
贵州	2263242	2178173	2103711	2016720	26190		60801	74091	47692
云南	1490512	1298159	1145053	903200	162074		79779	138121	127327
西藏	741507	731545	721438	496247	190900		34291	10107	10107
陕西	798313	675824	557133	493376			63757	117444	117444
甘肃	518809	375673	344120	283851	2530		57739	23730	20184
青海	681076	639437	623558	535771			87787	15879	12071
宁夏	221777	168935	162460	139685			22775	6475	3978
新疆	1110459	965045	778397	479809	230371		68217	186531	145914

教育经费收入情况

单位：千元

地方教育附加	地方教育基金	企业办学中的企业拨款	校办产业和社会服务收入用于教育的经费	民办学校中举办者投入	社会捐赠经费	#农村	事业收入	#学杂费	其他收入
1448966	**153210**		**743071**		**299541**	**6371**	**6546969**		**2371975**
	3000		10449		97659		638632		266923
			3770		116	100	173044		50253
5290	1050		493		1130		242703		20079
	1300		408491		756		124552		4302
25517	4330		1597		2030		134974		6630
139502	7785		9709		850		186100		21762
			1456		813		144568		10996
53			6694		2		79848		4380
359746			29904		1746		88321		500448
389633	52723		182496		13349		885978		367064
254488	63689		12752		29008	1127	381673		242355
31952			1847		1162		83624		25190
35036	167		5693		62332		172369		35132
5941	490		40		15		197455		32249
73146			7177		2338	492	293100		51809
					40		275983		42542
2799	500		10700		13972		348066		116325
1817			202		77		296973		50394
			3691		2633		580400		81182
34008	268		700		8504		108931		15635
			1555		314		15282		14949
500			6342		741		157157		153847
18697	1088		12770		36271		331757		93787
26399			371		4185		63017		17867
10794			14985		7420	4500	139210		45723
					7885		2077		
			1247		234		106027		16228
1146	2400		7823		219		125960		16957
3808							20221		21418
97	2400				3049		41236		8557
28597	12020		117		691	152	107731		36992

3－76 分地区其他教育机构

地区	总计	国家财政性教育经费							
			预算内教育经费					各级政府征收用于教育的税费	
				教育事业费拨款	基本建设拨款	科研拨款	其他拨款		教育费附加
合计	**13615243**	**10581630**	**10438509**	**8337968**	**806855**		**1293686**	**82509**	**32660**
北京	1207947	919825	896350	792373	8150		95827	5617	5617
天津	154499	130529	130394	128724			1670		
河北	483882	389847	387758	311740	15433		60585	2089	89
山西	284992	241174	241174	220966			20208		
内蒙古	343448	282290	282289	228183	2168		51938	1	1
辽宁	541435	488199	487927	336250	45000		106677	272	272
吉林	325322	287116	285603	247452	5800		32351		
黑龙江	208060	192747	186341	186071			270	6406	60
上海	727088	550413	546997	455222	70000		21775		
江苏	770919	542560	533539	491693	23642		18204	6110	390
浙江	763499	543074	539349	452086	58852		28411	2031	1455
安徽	274743	199731	197221	157560			39661	980	980
福建	648449	396508	389767	241418	103223		45126	6484	6484
江西	236562	167246	159464	134040	2101		23323	6581	1581
山东	799256	640782	632712	535326	60580		36806	8070	470
河南	521182	406015	406015	278804	21489		105722		
湖北	465476	399469	395354	356175			39179	2992	2992
湖南	463937	384901	384387	313765	9362		61260	80	53
广东	650942	472237	469307	373224	5397		90686	40	40
广西	522648	478073	472229	250745	200822		20662	361	
海南	142866	137376	137362	131220	5000		1142		
重庆	327483	251062	223058	132114	15653		75291	22076	1516
四川	666774	418212	415188	327909	15538		71741	1049	
贵州	210540	176161	175551	156125	10780		8646	610	
云南	448499	336343	324293	234128	19894		70271	10300	10300
西藏	93516	70513	70513	70296			217		
陕西	310911	237320	237301	208507	4400		24394		
甘肃	351305	270598	270598	187483	21100		62015		
青海	124518	112659	110702	77892	11500		21310		
宁夏	96744	73184	73184	62123	1260		9801		
新疆	447801	385466	376582	258354	69711		48517	360	360

教育经费收入情况

单位:千元

地方教育附加	地方教育基金	企业办学中的企业拨款	校办产业和社会服务收入用于教育的经费	民办学校中举办者投入	社会捐赠经费	#农村	事业收入	#学杂费	其他收入
377	**49472**	**8524**	**52088**		**21053**		**2442141**	**708086**	**570419**
			17858				193315	37395	94807
			135				20700	10767	3270
	2000						83382	42379	10653
							43818	7764	
					3		47005	26706	14150
							52018		1218
			1513				35406	12041	2800
	6346				660		10154	110	4499
			3416		789		141046		34840
300	5420		2911		160		212795	113597	15404
50	526		1694				140063	38891	80362
			1530		186		69396	37854	5430
			257		81		105174	13454	146686
	5000		1201		30		66554	18294	2732
	7600				1292		130280	51303	26902
							112503	47336	2664
			1123				57838	5485	8169
27			434		310		65609	13851	13117
			2890		372		157116	29227	21217
	361		5483		1252		36999	8424	6324
			14				1634	35	3856
	20560		5928				68065	6810	8356
	1049		1975		137		231816	48278	16609
	610						32500	12126	1879
			1750		115		107173	80369	4868
					14256		8747	2890	
			19				68512	11127	5079
					1410		71574	17561	7723
			1957				7079	3262	4780
							19902	5303	3658
		8524					43968	5447	18367

3—77 分地区中央属其他教育机构

地区	总计	国家财政性教育经费	预算内教育经费	教育事业费拨款	基本建设拨款	科研拨款	其他拨款	各级政府征收用于教育的税费	教育费附加
合计	**1241020**	**823132**	**814599**	**782278**	**5410**		**26911**		
北京	754367	570697	570697	554167			16530		
天津	77289	60179	60179	60179					
河北									
山西									
内蒙古									
辽宁									
吉林									
黑龙江									
上海	234960	97613	97604	96864			740		
江苏									
浙江									
安徽									
福建	96806	36020	36020	32390	3630				
江西									
山东									
河南									
湖北									
湖南									
广东									
广西									
海南									
重庆									
四川									
贵州									
云南									
西藏									
陕西									
甘肃									
青海									
宁夏									
新疆	77598	58623	50099	38678	1780		9641		

教育经费收入情况

单位：千元

地方教育附加	地方教育基金	企业办学中的企业拨款	校办产业和社会服务收入用于教育的经费	民办学校中举办者投入	社会捐赠经费	#农村	事业收入	#学杂费	其他收入
		8524	**9**		**789**		**306994**	**20303**	**110105**
							110655	9576	73015
							14283	6870	2827
			9		789		112925		23633
							53619		7167
		8524					15512	3857	3463

3—78 分地区地方其他教育机构

地区	总计	国家财政性教育经费	预算内教育经费	教育事业费拨款	基本建设拨款	科研拨款	其他拨款	各级政府征收用于教育的税费	教育费附加
合计	**12374223**	**9758498**	**9623910**	**7555690**	**801445**		**1266775**	**82509**	**32660**
北京	453580	349128	325653	238206	8150		79297	5617	5617
天津	77210	70350	70215	68545			1670		
河北	483882	389847	387758	311740	15433		60585	2089	89
山西	284992	241174	241174	220966			20208		
内蒙古	343448	282290	282289	228183	2168		51938	1	1
辽宁	541435	488199	487927	336250	45000		106677	272	272
吉林	325322	287116	285603	247452	5800		32351		
黑龙江	208060	192747	186341	186071			270	6406	60
上海	492128	452800	449393	358358	70000		21035		
江苏	770919	542560	533539	491693	23642		18204	6110	390
浙江	763499	543074	539349	452086	58852		28411	2031	1455
安徽	274743	199731	197221	157560			39661	980	980
福建	551643	360488	353747	209028	99593		45126	6484	6484
江西	236562	167246	159464	134040	2101		23323	6581	1581
山东	799256	640782	632712	535326	60580		36806	8070	470
河南	521182	406015	406015	278804	21489		105722		
湖北	465476	399469	395354	356175			39179	2992	2992
湖南	463937	384901	384387	313765	9362		61260	80	53
广东	650942	472237	469307	373224	5397		90686	40	40
广西	522648	478073	472229	250745	200822		20662	361	
海南	142866	137376	137362	131220	5000		1142		
重庆	327483	251062	223058	132114	15653		75291	22076	1516
四川	666774	418212	415188	327909	15538		71741	1049	
贵州	210540	176161	175551	156125	10780		8646	610	
云南	448499	336343	324293	234128	19894		70271	10300	10300
西藏	93516	70513	70513	70296			217		
陕西	310911	237320	237301	208507	4400		24394		
甘肃	351305	270598	270598	187483	21100		62015		
青海	124518	112659	110702	77892	11500		21310		
宁夏	96744	73184	73184	62123	1260		9801		
新疆	370203	326843	326483	219676	67931		38876	360	360

教育经费收入情况

单位:千元

地方教育附加	地方教育基金	企业办学中的企业拨款	校办产业和社会服务收入用于教育的经费	民办学校中举办者投入	社会捐赠经费	#农村	事业收入	#学杂费	其他收入
377	**49472**		**52079**		**20264**		**2135147**	**687783**	**460314**
			17858				82660	27819	21792
			135				6417	3897	443
	2000						83382	42379	10653
							43818	7764	
					3		47005	26706	14150
							52018		1218
			1513				35406	12041	2800
	6346				660		10154	110	4499
			3407				28121		11207
300	5420		2911		160		212795	113597	15404
50	526		1694				140063	38891	80362
			1530		186		69396	37854	5430
			257		81		51555	13454	139519
	5000		1201		30		66554	18294	2732
	7600				1292		130280	51303	26902
							112503	47336	2664
			1123				57838	5485	8169
27			434		310		65609	13851	13117
			2890		372		157116	29227	21217
	361		5483		1252		36999	8424	6324
			14				1634	35	3856
	20560		5928				68065	6810	8356
	1049		1975		137		231816	48278	16609
	610						32500	12126	1879
			1750		115		107173	80369	4868
					14256		8747	2890	
			19				68512	11127	5079
					1410		71574	17561	7723
			1957				7079	3262	4780
							19902	5303	3658
							28456	1590	14904

第四部分

省、自治区、直辖市各级各类教育机构教育经费支出明细

4—1 分地区各级各类教育机构

地区	合计	事业性经费支出	个人部分	工资福利支出	对个人和家庭的补助支出	#助学金
合计	**1592340266**	**1535481351**	**901199432**	**635729754**	**265469678**	**64441605**
北京	91708539	87225415	35607049	20981505	14625544	3762833
天津	27195117	26950231	16408943	10306635	6102308	544728
河北	61808310	60964628	39378521	29521158	9857363	2803271
山西	37250832	36275221	22499454	17406797	5092657	1707579
内蒙古	30955834	30023131	19252294	14001728	5250566	1545378
辽宁	57294136	55987830	33364108	21099581	12264527	1592372
吉林	33195821	32723466	19944592	13052884	6891708	1226653
黑龙江	41790272	40510788	23771767	15952325	7819442	982567
上海	62320236	60356112	33217161	26196256	7020905	2055598
江苏	120049023	114504987	67822751	46022030	21800721	3596538
浙江	90790633	88081371	53131823	40508840	12622983	3037107
安徽	50462287	48963542	30794119	21583613	9210506	1800161
福建	46842770	44271734	27670356	19599281	8071075	1703488
江西	37046170	35593493	20503762	14282592	6221170	1988741
山东	88138585	87057528	52444945	40530627	11914318	3499187
河南	75617822	74109635	44234608	32022770	12211838	3351321
湖北	61942055	60797339	35062070	23464533	11597537	2876763
湖南	59983256	58238892	33626533	24249811	9376722	2083269
广东	131391656	125528637	72359595	53335918	19023677	4041981
广西	38377213	37503500	25101129	16277260	8823869	2687128
海南	11136595	9538824	5822438	4982872	839566	309913
重庆	37003308	35949845	20028434	12948107	7080327	1640060
四川	88506959	84809188	48248226	32028193	16220033	5081462
贵州	29509377	28799474	18495747	13167767	5327980	896933
云南	43829578	41473389	26894888	18824784	8070104	3033961
西藏	5971303	5003569	3452718	2386535	1066183	474170
陕西	54648671	51846615	27888327	19566239	8322088	2881131
甘肃	28253162	26867638	16320574	11578770	4741804	1663568
青海	7716253	7001650	4550030	3192897	1357133	416010
宁夏	8081037	7591820	4340440	3222555	1117885	282949
新疆	33523456	30931859	18962030	13434891	5527139	874785

教育经费支出明细

单位:千元

公用部分	商品和服务支出	其他资本性支出	专项公用支出	专项项目支出	基本建设支出
634281919	**358322327**	**275959592**	**110267738**	**165691854**	**56858915**
51618366	33973000	17645366	10360033	7285333	4483124
10541288	5590333	4950955	2384922	2566033	244886
21586107	12682374	8903733	3456736	5446997	843682
13775767	8236785	5538982	1941313	3597669	975611
10770837	6022102	4748735	1635053	3113682	932703
22623722	12498248	10125474	4285199	5840275	1306306
12778874	7516770	5262104	2008526	3253578	472355
16739021	11474420	5264601	2189992	3074609	1279484
27138951	19094895	8044056	5833962	2210094	1964124
46682236	24300821	22381415	9483043	12898372	5544036
34949548	19044802	15904746	5707841	10196905	2709262
18169423	9495920	8673503	3250920	5422583	1498745
16601378	9029743	7571635	3122712	4448923	2571036
15089731	7359382	7730349	2251626	5478723	1452677
34612583	17782320	16830263	5828862	11001401	1081057
29875027	18767679	11107348	4779114	6328234	1508187
25735269	15182393	10552876	4530361	6022515	1144716
24612359	14182239	10430120	5153915	5276205	1744364
53169042	31443147	21725895	9225531	12500364	5863019
12402371	6621569	5780802	2305075	3475727	873713
3716386	1895924	1820462	695916	1124546	1597771
15921411	8366484	7554927	2252205	5302722	1053463
36560962	16680335	19880627	5152118	14728509	3697771
10303727	6229849	4073878	1477630	2596248	709903
14578501	7371435	7207066	1973294	5233772	2356189
1550851	740201	810650	136514	674136	967734
23958288	12526569	11431719	4207411	7224308	2802056
10547064	5215614	5331450	1680474	3650976	1385524
2451620	1186012	1265608	502141	763467	714603
3251380	1421550	1829830	694021	1135809	489217
11969829	6389412	5580417	1761278	3819139	2591597

4—2 分地区中央属各级各类教育机构

地区	合计	事业性经费支出	个人部分	工资福利支出	对个人和家庭的补助支出	#助学金
合 计	**157160370**	**149123922**	**58277913**	**30532517**	**27745396**	**8390878**
北 京	44786531	42910355	14196556	7035343	7161213	3228940
天 津	3424909	3213278	1586361	856544	729817	135700
河 北	1287126	1222925	691024	443149	247875	52570
山 西	41801	41801	30189	26907	3282	1263
内蒙古	5182	5182	2885	1622	1263	1263
辽 宁	4519876	4254725	1599323	813529	785794	193134
吉 林	4278454	4135203	1835435	823125	1012310	219906
黑龙江	6899928	6255590	2113442	1225990	887452	175574
上 海	15689290	14881888	6305407	3610463	2694944	726529
江 苏	10506287	9453742	3875874	2184520	1691354	465976
浙 江	4070028	4064028	1415677	610902	804775	201116
安 徽	2604599	2549488	950022	409392	540630	134997
福 建	2552111	2058911	937115	528425	408690	186845
江 西	17357	17357	10206	8336	1870	1846
山 东	4839326	4393205	1659793	863356	796437	172189
河 南	87322	87322	37294	24684	12610	2034
湖 北	12509640	12281170	5709476	2717779	2991697	699091
湖 南	4080198	4043328	1379519	677118	702401	218910
广 东	5884165	5840407	2431522	1322711	1108811	241736
广 西						
海 南	11781	11781	10756	4560	6196	
重 庆	4232049	4028863	1643448	856400	787048	177525
四 川	9390060	8844031	3480727	1885806	1594921	442925
贵 州	36355	36355	20180	17657	2523	563
云 南	27768	27768	3808	2088	1720	1644
西 藏						
陕 西	8963762	8377614	3117822	1400312	1717510	422230
甘 肃	1892171	1877551	613722	349407	264315	85813
青 海						
宁 夏	324100	324100	104585	73903	30682	14072
新 疆	4198194	3885954	2515745	1758489	757256	186487

教育经费支出明细

单位：千元

公用部分	商品和服务支出	其他资本性支出			基本建设支出
			专项公用支出	专项项目支出	
90846009	**61014965**	**29831044**	**15842782**	**13988262**	**8036448**
28713799	21271232	7442567	3904487	3538080	1876176
1626917	1097341	529576	310170	219406	211631
531901	390583	141318	77179	64139	64201
11612	10635	977	677	300	
2297	291	2006	2006		
2655402	1634333	1021069	749995	271074	265151
2299768	1314045	985723	332057	653666	143251
4142148	2685712	1456436	606164	850272	644338
8576481	6353049	2223432	1581235	642197	807402
5577868	3703326	1874542	1054031	820511	1052545
2648351	2072764	575587	475587	100000	6000
1599466	995729	603737	356658	247079	55111
1121796	804140	317656	248758	68898	493200
7151	3821	3330	2230	1100	
2733412	1548977	1184435	283241	901194	446121
50028	28439	21589	3589	18000	
6571694	4173962	2397732	1467648	930084	228470
2663809	1281606	1382203	583334	798869	36870
3408885	2226600	1182285	577521	604764	43758
1025	976	49	49		
2385415	1638615	746800	274661	472139	203186
5363304	3070532	2292772	704038	1588734	546029
16175	14121	2054	2054		
23960	483	23477	334	23143	
5259792	3081759	2178033	1498672	679361	586148
1263829	792169	471660	304570	167090	14620
219515	72365	147150	143962	3188	
1370209	747360	622849	297875	324974	312240

4—3 分地区地方各级各类教育机构

地区	合计	事业性经费支出	个人部分	工资福利支出	对个人和家庭的补助支出	#助学金
合计	**1435179896**	**1386357429**	**842921519**	**605197237**	**237724282**	**56050727**
北京	46922008	44315060	21410493	13946162	7464331	533893
天津	23770208	23736953	14822582	9450091	5372491	409028
河北	60521184	59741703	38687497	29078009	9609488	2750701
山西	37209031	36233420	22469265	17379890	5089375	1706316
内蒙古	30950652	30017949	19249409	14000106	5249303	1544115
辽宁	52774260	51733105	31764785	20286052	11478733	1399238
吉林	28917367	28588263	18109157	12229759	5879398	1006747
黑龙江	34890344	34255198	21658325	14726335	6931990	806993
上海	46630946	45474224	26911754	22585793	4325961	1329069
江苏	109542736	105051245	63946877	43837510	20109367	3130562
浙江	86720605	84017343	51716146	39897938	11818208	2835991
安徽	47857688	46414054	29844097	21174221	8669876	1665164
福建	44290659	42212823	26733241	19070856	7662385	1516643
江西	37028813	35576136	20493556	14274256	6219300	1986895
山东	83299259	82664323	50785152	39667271	11117881	3326998
河南	75530500	74022313	44197314	31998086	12199228	3349287
湖北	49432415	48516169	29352594	20746754	8605840	2177672
湖南	55903058	54195564	32247014	23572693	8674321	1864359
广东	125507491	119688230	69928073	52013207	17914866	3800245
广西	38377213	37503500	25101129	16277260	8823869	2687128
海南	11124814	9527043	5811682	4978312	833370	309913
重庆	32771259	31920982	18384986	12091707	6293279	1462535
四川	79116899	75965157	44767499	30142387	14625112	4638537
贵州	29473022	28763119	18475567	13150110	5325457	896370
云南	43801810	41445621	26891080	18822696	8068384	3032317
西藏	5971303	5003569	3452718	2386535	1066183	474170
陕西	45684909	43469001	24770505	18165927	6604578	2458901
甘肃	26360991	24990087	15706852	11229363	4477489	1577755
青海	7716253	7001650	4550030	3192897	1357133	416010
宁夏	7756937	7267720	4235855	3148652	1087203	268877
新疆	29325262	27045905	16446285	11676402	4769883	688298

教育经费支出明细

单位：千元

公用部分	商品和服务支出	其他资本性支出	专项公用支出	专项项目支出	基本建设支出
543435910	**297307362**	**246128548**	**94424956**	**151703592**	**48822467**
22904567	12701768	10202799	6455546	3747253	2606948
8914371	4492992	4421379	2074752	2346627	33255
21054206	12291791	8762415	3379557	5382858	779481
13764155	8226150	5538005	1940636	3597369	975611
10768540	6021811	4746729	1633047	3113682	932703
19968320	10863915	9104405	3535204	5569201	1041155
10479106	6202725	4276381	1676469	2599912	329104
12596873	8788708	3808165	1583828	2224337	635146
18562470	12741846	5820624	4252727	1567897	1156722
41104368	20597495	20506873	8429012	12077861	4491491
32301197	16972038	15329159	5232254	10096905	2703262
16569957	8500191	8069766	2894262	5175504	1443634
15479582	8225603	7253979	2873954	4380025	2077836
15082580	7355561	7727019	2249396	5477623	1452677
31879171	16233343	15645828	5545621	10100207	634936
29824999	18739240	11085759	4775525	6310234	1508187
19163575	11008431	8155144	3062713	5092431	916246
21948550	12900633	9047917	4570581	4477336	1707494
49760157	29216547	20543610	8648010	11895600	5819261
12402371	6621569	5780802	2305075	3475727	873713
3715361	1894948	1820413	695867	1124546	1597771
13535996	6727869	6808127	1977544	4830583	850277
31197658	13609803	17587855	4448080	13139775	3151742
10287552	6215728	4071824	1475576	2596248	709903
14554541	7370952	7183589	1972960	5210629	2356189
1550851	740201	810650	136514	674136	967734
18698496	9444810	9253686	2708739	6544947	2215908
9283235	4423445	4859790	1375904	3483886	1370904
2451620	1186012	1265608	502141	763467	714603
3031865	1349185	1682680	550059	1132621	489217
10599620	5642052	4957568	1463403	3494165	2279357

4—4 分地区高等学校

地 区	合 计	事业性经费支出	个人部分	工资福利支出	对个人和家庭的补助支出	♯助学金
合 计	**465331137**	**442388739**	**190743516**	**115635417**	**75108099**	**27424279**
北 京	49150803	46864619	18006628	9418308	8588320	3515547
天 津	10795877	10564309	4773190	2828992	1944198	437892
河 北	13864731	13730430	6590909	4052496	2538413	1004752
山 西	6394617	6056831	3384197	2200010	1184187	607654
内蒙古	5830430	5718903	2531277	1610941	920336	476281
辽 宁	19778298	18947987	8824423	5080975	3743448	925468
吉 林	11268504	11109613	5197779	2809770	2388009	759064
黑龙江	15712654	14842910	5699139	3236963	2462176	675925
上 海	27638828	26124713	11702926	7979232	3723694	1114545
江 苏	39846534	38071409	14927951	9343003	5584948	1745422
浙 江	25003481	23020459	9767342	6584882	3182460	1097861
安 徽	11254218	10800085	5098050	2940232	2157818	814865
福 建	13064880	11430366	4831152	3060168	1770984	744722
江 西	10813799	9969428	4355517	2814168	1541349	835158
山 东	22853765	21998370	9706113	5890142	3815971	1358970
河 南	16226160	15850104	6990547	4500630	2489917	1175718
湖 北	24614832	24199257	10915788	6309213	4606575	1356035
湖 南	16743827	16010583	6632934	4024281	2608653	1024742
广 东	35191221	32402052	14103830	9383843	4719987	1386624
广 西	7313709	7222962	3524901	2175624	1349277	631448
海 南	2031060	1768012	734381	547700	186681	118354
重 庆	12189764	11767056	4369944	2692516	1677428	663735
四 川	22517060	20540494	8877453	5058098	3819355	1724024
贵 州	3965786	3735186	2036602	1175043	861559	347606
云 南	7178626	7126800	3129499	1908503	1220996	571642
西 藏	641746	580499	378574	230422	148152	30050
陕 西	20725977	19627184	7864893	4205481	3659412	1374891
甘 肃	5766729	5604751	2498407	1523237	975170	428346
青 海	860235	845954	558280	337662	220618	52381
宁 夏	1534319	1527319	649751	431807	217944	86053
新 疆	4558667	4330094	2081139	1281075	800064	338504

教育经费支出明细

单位：千元

公用部分	商品和服务支出	其他资本性支出			基本建设支出
			专项公用支出	专项项目支出	
251645223	**145681597**	**105963626**	**52351399**	**53612227**	**22942398**
28857991	18782318	10075673	6446012	3629661	2286184
5791119	3325593	2465526	1077771	1387755	231568
7139521	3701752	3437769	1697749	1740020	134301
2672634	1699601	973033	636448	336585	337786
3187626	1695717	1491909	778379	713530	111527
10123564	5768179	4355385	2452476	1902909	830311
5911834	3443153	2468681	1258119	1210562	158891
9143771	5945582	3198189	1422244	1775945	869744
14421787	10960454	3461333	2505266	956067	1514115
23143458	11696945	11446513	4758687	6687826	1775125
13253117	8594986	4658131	2379204	2278927	1983022
5702035	2898530	2803505	1493046	1310459	454133
6599214	3315236	3283978	1362238	1921740	1634514
5613911	2903821	2710090	1123304	1586786	844371
12292257	6525491	5766766	2693750	3073016	855395
8859557	4946168	3913389	2002928	1910461	376056
13283469	7959478	5323991	2793992	2529999	415575
9377649	5782649	3595000	1899558	1695442	733244
18298222	9938647	8359575	3181182	5178393	2789169
3698061	1885760	1812301	843172	969129	90747
1033631	451402	582229	323233	258996	263048
7397112	3280635	4116477	1278643	2837834	422708
11663041	6768855	4894186	2102679	2791507	1976566
1698584	1053139	645445	341225	304220	230600
3997301	2089169	1908132	774778	1133354	51826
201925	112180	89745	51998	37747	61247
11762291	6662622	5099669	2808629	2291040	1098793
3106344	1705442	1400902	910513	490389	161978
287674	175639	112035	103633	8402	14281
877568	399300	478268	302764	175504	7000
2248955	1213154	1035801	547779	488022	228573

4—5 分地区中央属高等学校

地区	合计	事业性经费支出	个人部分	工资福利支出	对个人和家庭的补助支出	#助学金
合计	**143280932**	**135634992**	**54291304**	**27686274**	**26605030**	**8192126**
北京	35784613	33982361	13202993	6371354	6831639	3209421
天津	3323581	3111950	1511598	813085	698513	134900
河北	1243033	1178832	666003	422930	243073	50009
山西						
内蒙古						
辽宁	4519876	4254725	1599323	813529	785794	193134
吉林	4140646	3998195	1745732	764612	981120	218137
黑龙江	6560193	5939208	1905715	1053495	852220	170677
上海	15213141	14405760	6141239	3459825	2681414	724661
江苏	10506287	9453742	3875874	2184520	1691354	465976
浙江	4070028	4064028	1415677	610902	804775	201116
安徽	2553626	2498515	918200	387649	530551	125406
福建	2475243	1986433	925058	517923	407135	186845
江西	16842	16842	9756	7886	1870	1846
山东	4839326	4393205	1659793	863356	796437	172189
河南	87322	87322	37294	24684	12610	2034
湖北	12447921	12219451	5659118	2683036	2976082	699002
湖南	4060992	4024122	1369905	668206	701699	218910
广东	5785318	5741560	2368291	1272176	1096115	236394
广西						
海南						
重庆	4131912	3928726	1596618	821954	774664	177108
四川	9278593	8732564	3408221	1840505	1567716	430452
贵州	27882	27882	14717	12312	2405	563
云南						
西藏						
陕西	8951296	8365148	3106746	1391308	1715438	422230
甘肃	1891053	1876433	612702	348387	264315	85813
青海						
宁夏	324100	324100	104585	73903	30682	14072
新疆	1048108	1023888	436146	278737	157409	51231

教育经费支出明细

单位：千元

公用部分	商品和服务支出	其他资本性支出			基本建设支出
			专项公用支出	专项项目支出	
81343688	**52994102**	**28349586**	**15013098**	**13336488**	**7645940**
20779368	14272933	6506435	3347945	3158490	1802252
1600352	1077734	522618	306080	216538	211631
512829	372610	140219	76080	64139	64201
2655402	1634333	1021069	749995	271074	265151
2252463	1289119	963344	322213	641131	142451
4033493	2623093	1410400	595688	814712	620985
8264521	6090723	2173798	1540096	633702	807381
5577868	3703326	1874542	1054031	820511	1052545
2648351	2072764	575587	475587	100000	6000
1580315	981778	598537	355958	242579	55111
1061375	751439	309936	244125	65811	488810
7086	3780	3306	2206	1100	
2733412	1548977	1184435	283241	901194	446121
50028	28439	21589	3589	18000	
6560333	4164147	2396186	1466102	930084	228470
2654217	1275505	1378712	582281	796431	36870
3373269	2206846	1166423	572777	593646	43758
2332108	1625227	706881	234742	472139	203186
5324343	3043167	2281176	697748	1583428	546029
13165	11674	1491	1491		
5258402	3080419	2177983	1498662	679321	586148
1263731	792071	471660	304570	167090	14620
219515	72365	147150	143962	3188	
587742	271633	316109	153929	162180	24220

4—6　分地区地方高等学校

地　区	合　计	事业性经费支出				
			个人部分			
				工资福利支出	对个人和家庭的补助支出	
						＃助学金
合　计	**322050205**	**306753747**	**136452212**	**87949143**	**48503069**	**19232153**
北　京	13366190	12882258	4803635	3046954	1756681	306126
天　津	7472296	7452359	3261592	2015907	1245685	302992
河　北	12621698	12551598	5924906	3629566	2295340	954743
山　西	6394617	6056831	3384197	2200010	1184187	607654
内蒙古	5830430	5718903	2531277	1610941	920336	476281
辽　宁	15258422	14693262	7225100	4267446	2957654	732334
吉　林	7127858	7111418	3452047	2045158	1406889	540927
黑龙江	9152461	8903702	3793424	2183468	1609956	505248
上　海	12425687	11718953	5561687	4519407	1042280	389884
江　苏	29340247	28617667	11052077	7158483	3893594	1279446
浙　江	20933453	18956431	8351665	5973980	2377685	896745
安　徽	8700592	8301570	4179850	2552583	1627267	689459
福　建	10589637	9443933	3906094	2542245	1363849	557877
江　西	10796957	9952586	4345761	2806282	1539479	833312
山　东	18014439	17605165	8046320	5026786	3019534	1186781
河　南	16138838	15762782	6953253	4475946	2477307	1173684
湖　北	12166911	11979806	5256670	3626177	1630493	657033
湖　南	12682835	11986461	5263029	3356075	1906954	805832
广　东	29405903	26660492	11735539	8111667	3623872	1150230
广　西	7313709	7222962	3524901	2175624	1349277	631448
海　南	2031060	1768012	734381	547700	186681	118354
重　庆	8057852	7838330	2773326	1870562	902764	486627
四　川	13238467	11807930	5469232	3217593	2251639	1293572
贵　州	3937904	3707304	2021885	1162731	859154	347043
云　南	7178626	7126800	3129499	1908503	1220996	571642
西　藏	641746	580499	378574	230422	148152	30050
陕　西	11774681	11262036	4758147	2814173	1943974	952661
甘　肃	3875676	3728318	1885705	1174850	710855	342533
青　海	860235	845954	558280	337662	220618	52381
宁　夏	1210219	1203219	545166	357904	187262	71981
新　疆	3510559	3306206	1644993	1002338	642655	287273

教育经费支出明细

单位：千元

公用部分	商品和服务支出	其他资本性支出			基本建设支出
			专项公用支出	专项项目支出	
170301535	**92687495**	**77614040**	**37338301**	**40275739**	**15296458**
8078623	4509385	3569238	3098067	471171	483932
4190767	2247859	1942908	771691	1171217	19937
6626692	3329142	3297550	1621669	1675881	70100
2672634	1699601	973033	636448	336585	337786
3187626	1695717	1491909	778379	713530	111527
7468162	4133846	3334316	1702481	1631835	565160
3659371	2154034	1505337	935906	569431	16440
5110278	3322489	1787789	826556	961233	248759
6157266	4869731	1287535	965170	322365	706734
17565590	7993619	9571971	3704656	5867315	722580
10604766	6522222	4082544	1903617	2178927	1977022
4121720	1916752	2204968	1137088	1067880	399022
5537839	2563797	2974042	1118113	1855929	1145704
5606825	2900041	2706784	1121098	1585686	844371
9558845	4976514	4582331	2410509	2171822	409274
8809529	4917729	3891800	1999339	1892461	376056
6723136	3795331	2927805	1327890	1599915	187105
6723432	4507144	2216288	1317277	899011	696374
14924953	7731801	7193152	2608405	4584747	2745411
3698061	1885760	1812301	843172	969129	90747
1033631	451402	582229	323233	258996	263048
5065004	1655408	3409596	1043901	2365695	219522
6338698	3725688	2613010	1404931	1208079	1430537
1685419	1041465	643954	339734	304220	230600
3997301	2089169	1908132	774778	1133354	51826
201925	112180	89745	51998	37747	61247
6503889	3582203	2921686	1309967	1611719	512645
1842613	913371	929242	605943	323299	147358
287674	175639	112035	103633	8402	14281
658053	326935	331118	158802	172316	7000
1661213	941521	719692	393850	325842	204353

4—7 分地区普通高等学校

地 区	合 计	事 业 性 经费支出	个人部分	工资福利支出	对个人和家庭的补助支出	#助学金
合 计	**451858926**	**429348272**	**184615134**	**111446132**	**73169002**	**26969719**
北 京	47552972	45274428	17587773	9139286	8448487	3515547
天 津	10555802	10324234	4605942	2725192	1880750	435632
河 北	13431737	13297436	6364511	3896268	2468243	981825
山 西	6205647	5867861	3286446	2121761	1164685	603140
内蒙古	5736973	5625446	2480826	1575791	905035	473772
辽 宁	19281438	18454308	8531629	4872218	3659411	922340
吉 林	10896075	10737184	4939426	2655484	2283942	737528
黑龙江	15219018	14349274	5430741	3072515	2358226	668725
上 海	26495828	24981713	11054260	7423227	3631033	1111780
江 苏	39051042	37330787	14547205	9114189	5433016	1685142
浙 江	23948559	22012706	9309871	6243474	3066397	1071928
安 徽	10951704	10499531	4937657	2837849	2099808	804270
福 建	12567934	10934631	4626051	2926852	1699199	729562
江 西	10554146	9719263	4243340	2738768	1504572	818617
山 东	21850613	21148198	9361415	5670143	3691272	1316132
河 南	15639217	15312173	6711634	4336617	2375017	1122472
湖 北	24458110	24042535	10830636	6255153	4575483	1342869
湖 南	16507733	15775689	6535317	3952222	2583095	1020624
广 东	34127960	31342428	13597102	9034565	4562537	1357427
广 西	7031187	6940840	3361968	2068181	1293787	618576
海 南	2017156	1754108	726671	541043	185628	118223
重 庆	12016092	11593384	4283016	2630742	1652274	653711
四 川	21752394	19810568	8587637	4877287	3710350	1681854
贵 州	3853981	3623381	1984901	1141155	843746	344499
云 南	7074057	7022231	3096135	1888221	1207914	565034
西 藏	641746	580499	378574	230422	148152	30050
陕 西	20327633	19230240	7698159	4085401	3612758	1357805
甘 肃	5582415	5426257	2410557	1468212	942345	411431
青 海	840225	825944	548912	330856	218056	52381
宁 夏	1534319	1527319	649751	431807	217944	86053
新 疆	4155213	3983676	1907071	1161231	745840	330770

教育经费支出明细

单位：千元

公用部分	商品和服务支出	其他资本性支出			基本建设支出
			专项公用支出	专项项目支出	
244733138	**141271568**	**103461570**	**51465901**	**51995669**	**22510654**
27686655	18315949	9370706	6372211	2998495	2278544
5718292	3262441	2455851	1069059	1386792	231568
6932925	3544238	3388687	1666126	1722561	134301
2581415	1630084	951331	625805	325526	337786
3144620	1656357	1488263	776412	711851	111527
9922679	5590872	4331807	2437380	1894427	827130
5797758	3344509	2453249	1242887	1210362	158891
8918533	5768606	3149927	1393540	1756387	869744
13927453	10544700	3382753	2437511	945242	1514115
22783582	11477931	11305651	4685680	6619971	1720255
12702835	8211631	4491204	2315141	2176063	1935853
5561874	2804392	2757482	1483435	1274047	452173
6308580	3200554	3108026	1331689	1776337	1633303
5475923	2802369	2673554	1103902	1569652	834883
11786783	6217841	5568942	2609737	2959205	702415
8600539	4765016	3835523	1973965	1861558	327044
13211899	7897556	5314343	2784880	2529463	415575
9240372	5657926	3582446	1890979	1691467	732044
17745326	9541812	8203514	3109635	5093879	2785532
3578872	1809555	1769317	820972	948345	90347
1027437	446526	580911	321915	258996	263048
7310368	3225763	4084605	1270522	2814083	422708
11222931	6522126	4700805	2045417	2655388	1941826
1638480	997280	641200	336980	304220	230600
3926096	2058092	1868004	772090	1095914	51826
201925	112180	89745	51998	37747	61247
11532081	6534776	4997305	2754976	2242329	1097393
3015700	1641677	1374023	897869	476154	156158
277032	170309	106723	98321	8402	14281
877568	399300	478268	302764	175504	7000
2076605	1119200	957405	482103	475302	171537

4—8 分地区中央属普通高等学校

地区	合计	事业性经费支出	个人部分	工资福利支出	对个人和家庭的补助支出	#助学金
合计	**142102702**	**134468382**	**54103703**	**27543032**	**26560671**	**8191265**
北京	34765448	32963196	13077811	6283410	6794401	3209421
天津	3323581	3111950	1511598	813085	698513	134900
河北	1243033	1178832	666003	422930	243073	50009
山西						
内蒙古						
辽宁	4514377	4249226	1595917	810123	785794	193134
吉林	4140646	3998195	1745732	764612	981120	218137
黑龙江	6478978	5857993	1883075	1031773	851302	170163
上海	15213141	14405760	6141239	3459825	2681414	724661
江苏	10506287	9453742	3875874	2184520	1691354	465976
浙江	4070028	4064028	1415677	610902	804775	201116
安徽	2553626	2498515	918200	387649	530551	125406
福建	2475243	1986433	925058	517923	407135	186845
江西	16842	16842	9756	7886	1870	1846
山东	4839326	4393205	1659793	863356	796437	172189
河南	87322	87322	37294	24684	12610	2034
湖北	12447921	12219451	5659118	2683036	2976082	699002
湖南	4058608	4021738	1367939	666712	701227	218910
广东	5785318	5741560	2368291	1272176	1096115	236394
广西						
海南						
重庆	4131912	3928726	1596618	821954	774664	177108
四川	9277200	8731171	3406950	1839268	1567682	430452
贵州	13747	13747	6522	4642	1880	563
云南						
西藏						
陕西	8951296	8365148	3106746	1391308	1715438	422230
甘肃	1875326	1866326	605555	341240	264315	85813
青海						
宁夏	324100	324100	104585	73903	30682	14072
新疆	1009396	991176	418352	266115	152237	50884

教育经费支出明细

单位：千元

公用部分	商品和服务支出	其他资本性支出			基本建设支出
			专项公用支出	专项项目支出	
80364679	**52658682**	**27705997**	**14988132**	**12717865**	**7634320**
19885385	13995237	5890148	3333681	2556467	1802252
1600352	1077734	522618	306080	216538	211631
512829	372610	140219	76080	64139	64201
2653309	1632955	1020354	749280	271074	265151
2252463	1289119	963344	322213	641131	142451
3974918	2583371	1391547	593335	798212	620985
8264521	6090723	2173798	1540096	633702	807381
5577868	3703326	1874542	1054031	820511	1052545
2648351	2072764	575587	475587	100000	6000
1580315	981778	598537	355958	242579	55111
1061375	751439	309936	244125	65811	488810
7086	3780	3306	2206	1100	
2733412	1548977	1184435	283241	901194	446121
50028	28439	21589	3589	18000	
6560333	4164147	2396186	1466102	930084	228470
2653799	1275087	1378712	582281	796431	36870
3373269	2206846	1166423	572777	593646	43758
2332108	1625227	706881	234742	472139	203186
5324221	3043045	2281176	697748	1583428	546029
7225	6358	867	867		
5258402	3080419	2177983	1498662	679321	586148
1260771	790279	470492	303502	166990	9000
219515	72365	147150	143962	3188	
572824	262657	310167	147987	162180	18220

4—9 分地区地方普通高等学校

地区	合计	事业性经费支出	个人部分	工资福利支出	对个人和家庭的补助支出	#助学金
合计	**309756224**	**294879890**	**130511431**	**83903100**	**46608331**	**18778454**
北京	12787524	12311232	4509962	2855876	1654086	306126
天津	7232221	7212284	3094344	1912107	1182237	300732
河北	12188704	12118604	5698508	3473338	2225170	931816
山西	6205647	5867861	3286446	2121761	1164685	603140
内蒙古	5736973	5625446	2480826	1575791	905035	473772
辽宁	14767061	14205082	6935712	4062095	2873617	729206
吉林	6755429	6738989	3193694	1890872	1302822	519391
黑龙江	8740040	8491281	3547666	2040742	1506924	498562
上海	11282687	10575953	4913021	3963402	949619	387119
江苏	28544755	27877045	10671331	6929669	3741662	1219166
浙江	19878531	17948678	7894194	5632572	2261622	870812
安徽	8398078	8001016	4019457	2450200	1569257	678864
福建	10092691	8948198	3700993	2408929	1292064	542717
江西	10537304	9702421	4233584	2730882	1502702	816771
山东	17011287	16754993	7701622	4806787	2894835	1143943
河南	15551895	15224851	6674340	4311933	2362407	1120438
湖北	12010189	11823084	5171518	3572117	1599401	643867
湖南	12449125	11753951	5167378	3285510	1881868	801714
广东	28342642	25600868	11228811	7762389	3466422	1121033
广西	7031187	6940840	3361968	2068181	1293787	618576
海南	2017156	1754108	726671	541043	185628	118223
重庆	7884180	7664658	2686398	1808788	877610	476603
四川	12475194	11079397	5180687	3038019	2142668	1251402
贵州	3840234	3609634	1978379	1136513	841866	343936
云南	7074057	7022231	3096135	1888221	1207914	565034
西藏	641746	580499	378574	230422	148152	30050
陕西	11376337	10865092	4591413	2694093	1897320	935575
甘肃	3707089	3559931	1805002	1126972	678030	325618
青海	840225	825944	548912	330856	218056	52381
宁夏	1210219	1203219	545166	357904	187262	71981
新疆	3145817	2992500	1488719	895116	593603	279886

教育经费支出明细

单位：千元

公用部分	商品和服务支出	其他资本性支出			基本建设支出
			专项公用支出	专项项目支出	
164368459	**88612886**	**75755573**	**36477769**	**39277804**	**14876334**
7801270	4320712	3480558	3038530	442028	476292
4117940	2184707	1933233	762979	1170254	19937
6420096	3171628	3248468	1590046	1658422	70100
2581415	1630084	951331	625805	325526	337786
3144620	1656357	1488263	776412	711851	111527
7269370	3957917	3311453	1688100	1623353	561979
3545295	2055390	1489905	920674	569231	16440
4943615	3185235	1758380	800205	958175	248759
5662932	4453977	1208955	897415	311540	706734
17205714	7774605	9431109	3631649	5799460	667710
10054484	6138867	3915617	1839554	2076063	1929853
3981559	1822614	2158945	1127477	1031468	397062
5247205	2449115	2798090	1087564	1710526	1144493
5468837	2798589	2670248	1101696	1568552	834883
9053371	4668864	4384507	2326496	2058011	256294
8550511	4736577	3813934	1970376	1843558	327044
6651566	3733409	2918157	1318778	1599379	187105
6586573	4382839	2203734	1308698	895036	695174
14372057	7334966	7037091	2536858	4500233	2741774
3578872	1809555	1769317	820972	948345	90347
1027437	446526	580911	321915	258996	263048
4978260	1600536	3377724	1035780	2341944	219522
5898710	3479081	2419629	1347669	1071960	1395797
1631255	990922	640333	336113	304220	230600
3926096	2058092	1868004	772090	1095914	51826
201925	112180	89745	51998	37747	61247
6273679	3454357	2819322	1256314	1563008	511245
1754929	851398	903531	594367	309164	147158
277032	170309	106723	98321	8402	14281
658053	326935	331118	158802	172316	7000
1503781	856543	647238	334116	313122	153317

4—10 分地区普通高等本科学校

地 区	合 计	事 业 性 经费支出				
			个人部分			
				工资福利支出	对个人和家庭的补助支出	
						#助学金
合 计	**361523508**	**344128469**	**148478019**	**86729142**	**61748877**	**21722853**
北 京	44186660	41959420	16563159	8378125	8185034	3459720
天 津	8775213	8555582	3754847	2177886	1576961	360341
河 北	9424763	9295662	4421147	2553678	1867469	675139
山 西	4360142	4104620	2339233	1445902	893331	443431
内蒙古	3840979	3785114	1674772	1034097	640675	330712
辽 宁	16749014	16238874	7356742	4094479	3262263	830287
吉 林	9836974	9678083	4418563	2337476	2081087	672352
黑龙江	13451969	12705786	4642975	2578493	2064482	594061
上 海	24556633	23054492	10330824	6790325	3540499	1075553
江 苏	29404398	28083501	11344546	6961839	4382707	1207773
浙 江	18197311	16358485	7093171	4533451	2559720	871543
安 徽	8222079	7878558	3717603	2070026	1647577	586012
福 建	9254304	8074482	3582108	2211278	1370830	570650
江 西	7354007	6933964	3020698	1960670	1060028	529165
山 东	16019368	15435780	7135517	4126310	3009207	978724
河 南	10868861	10713952	4749773	3054155	1695618	751140
湖 北	21001644	20608730	9219042	5134756	4084286	1135259
湖 南	12142324	11549973	4559965	2613421	1946544	728409
广 东	24809937	22869319	10322652	6491068	3831584	1085475
广 西	4600480	4544222	2323770	1425075	898695	428466
海 南	1318382	1292799	544915	399518	145397	92021
重 庆	10003272	9722016	3557449	2123723	1433726	533528
四 川	17401918	16396314	6852607	3858705	2993902	1260518
贵 州	2941066	2750942	1464946	831374	633572	255529
云 南	5470712	5453504	2370153	1433762	936391	416304
西 藏	496146	466633	306752	182921	123831	25420
陕 西	17438074	16441213	6583551	3375102	3208449	1148472
甘 肃	4552176	4430289	1935832	1166708	769124	321938
青 海	671596	658266	439922	264600	175322	39266
宁 夏	1179935	1178935	495945	326588	169357	60882
新 疆	2993171	2908959	1354840	793631	561209	254763

教育经费支出明细

单位:千元

公用部分	商品和服务支出	其他资本性支出	专项公用支出	专项项目支出	基本建设支出
195650450	**118052455**	**77597995**	**40607887**	**36990108**	**17395039**
25396261	16963892	8432369	5591619	2840750	2227240
4800735	2856030	1944705	808056	1136649	219631
4874515	2464005	2410510	1364885	1045625	129101
1765387	1109836	655551	430255	225296	255522
2110342	1133514	976828	489277	487551	55865
8882132	5005737	3876395	2187932	1688463	510140
5259520	3036195	2223325	1129199	1094126	158891
8062811	5232011	2830800	1230957	1599843	746183
12723668	9745914	2977754	2245681	732073	1502141
16738955	9489816	7249139	3305570	3943569	1320897
9265314	6599836	2665478	1765390	900088	1838826
4160955	2249043	1911912	1192118	719794	343521
4492374	2505403	1986971	920334	1066637	1179822
3913266	2045742	1867524	783358	1084166	420043
8300263	4689487	3610776	1752401	1858375	583588
5964179	3383313	2580866	1261372	1319494	154909
11389688	7043096	4346592	2408523	1938069	392914
6990008	4166988	2823020	1495056	1327964	592351
12546667	7291418	5255249	2057604	3197645	1940618
2220452	1258097	962355	560425	401930	56258
747884	350057	397827	228791	169036	25583
6164567	2844045	3320522	948019	2372503	281256
9543707	5533996	4009711	1650762	2358949	1005604
1285996	788081	497915	270082	227833	190124
3083351	1670894	1412457	636628	775829	17208
159881	95510	64371	39447	24924	29513
9857662	5852810	4004852	2387116	1617736	996861
2494457	1399259	1095198	764115	331083	121887
218344	134371	83973	83127	846	13330
682990	309221	373769	236058	137711	1000
1554119	804838	749281	383730	365551	84212

4—11 分地区中央属普通高等本科学校

地区	合计	事业性经费支出	个人部分	工资福利支出	对个人和家庭的补助支出	#助学金
合计	**140100472**	**132528049**	**53171810**	**26850080**	**26321730**	**8088665**
北京	34765448	32963196	13077811	6283410	6794401	3209421
天津	3323581	3111950	1511598	813085	698513	134900
河北	873553	809352	459972	251312	208660	40149
山西						
内蒙古						
辽宁	4514377	4249226	1595917	810123	785794	193134
吉林	4140646	3998195	1745732	764612	981120	218137
黑龙江	6251530	5640587	1797086	957749	839337	167427
上海	15213141	14405760	6141239	3459825	2681414	724661
江苏	10371832	9338675	3828224	2157836	1670388	459042
浙江	4070028	4064028	1415677	610902	804775	201116
安徽	2506067	2450956	892443	369659	522784	117752
福建	2475243	1986433	925058	517923	407135	186845
江西	16842	16842	9756	7886	1870	1846
山东	4766718	4320597	1628527	836484	792043	168010
河南						
湖北	12213291	11984821	5533534	2573821	2959713	692489
湖南	3994309	3957439	1331258	636476	694782	213232
广东	5426190	5382432	2223919	1175197	1048722	214849
广西						
海南						
重庆	4073402	3870216	1565517	804996	760521	173083
四川	9149124	8627062	3338839	1813667	1525172	405662
贵州						
云南						
西藏						
陕西	8951296	8365148	3106746	1391308	1715438	422230
甘肃	1875326	1866326	605555	341240	264315	85813
青海						
宁夏	324100	324100	104585	73903	30682	14072
新疆	804428	794708	332817	198666	134151	44795

教育经费支出明细

单位：千元

公用部分	商品和服务支出	其他资本性支出			基本建设支出
			专项公用支出	专项项目支出	
79356239	**52047754**	**27308485**	**14884450**	**12424035**	**7572423**
19885385	13995237	5890148	3333681	2556467	1802252
1600352	1077734	522618	306080	216538	211631
349380	227090	122290	68275	54015	64201
2653309	1632955	1020354	749280	271074	265151
2252463	1289119	963344	322213	641131	142451
3843501	2454348	1389153	590941	798212	610943
8264521	6090723	2173798	1540096	633702	807381
5510451	3668737	1841714	1047770	793944	1033157
2648351	2072764	575587	475587	100000	6000
1558513	969504	589009	352009	237000	55111
1061375	751439	309936	244125	65811	488810
7086	3780	3306	2206	1100	
2692070	1519520	1172550	279082	893468	446121
6451287	4117812	2333475	1454345	879130	228470
2626181	1253018	1373163	576732	796431	36870
3158513	2145572	1012941	550114	462827	43758
2304699	1604226	700473	228334	472139	203186
5288223	3014409	2273814	693023	1580791	522062
5258402	3080419	2177983	1498662	679321	586148
1260771	790279	470492	303502	166990	9000
219515	72365	147150	143962	3188	
461891	216704	245187	124431	120756	9720

4—12 分地区地方普通高等本科学校

地区	合计	事业性经费支出	个人部分	工资福利支出	对个人和家庭的补助支出	#助学金
合 计	**221423036**	**211600420**	**95306209**	**59879062**	**35427147**	**13634188**
北 京	9421212	8996224	3485348	2094715	1390633	250299
天 津	5451632	5443632	2243249	1364801	878448	225441
河 北	8551210	8486310	3961175	2302366	1658809	634990
山 西	4360142	4104620	2339233	1445902	893331	443431
内蒙古	3840979	3785114	1674772	1034097	640675	330712
辽 宁	12234637	11989648	5760825	3284356	2476469	637153
吉 林	5696328	5679888	2672831	1572864	1099967	454215
黑龙江	7200439	7065199	2845889	1620744	1225145	426634
上 海	9343492	8648732	4189585	3330500	859085	350892
江 苏	19032566	18744826	7516322	4804003	2712319	748731
浙 江	14127283	12294457	5677494	3922549	1754945	670427
安 徽	5716012	5427602	2825160	1700367	1124793	468260
福 建	6779061	6088049	2657050	1693355	963695	383805
江 西	7337165	6917122	3010942	1952784	1058158	527319
山 东	11252650	11115183	5506990	3289826	2217164	810714
河 南	10868861	10713952	4749773	3054155	1695618	751140
湖 北	8788353	8623909	3685508	2560935	1124573	442770
湖 南	8148015	7592534	3228707	1976945	1251762	515177
广 东	19383747	17486887	8098733	5315871	2782862	870626
广 西	4600480	4544222	2323770	1425075	898695	428466
海 南	1318382	1292799	544915	399518	145397	92021
重 庆	5929870	5851800	1991932	1318727	673205	360445
四 川	8252794	7769252	3513768	2045038	1468730	854856
贵 州	2941066	2750942	1464946	831374	633572	255529
云 南	5470712	5453504	2370153	1433762	936391	416304
西 藏	496146	466633	306752	182921	123831	25420
陕 西	8486778	8076065	3476805	1983794	1493011	726242
甘 肃	2676850	2563963	1330277	825468	504809	236125
青 海	671596	658266	439922	264600	175322	39266
宁 夏	855835	854835	391360	252685	138675	46810
新 疆	2188743	2114251	1022023	594965	427058	209968

教育经费支出明细

单位:千元

公用部分	商品和服务支出	其他资本性支出	专项公用支出	专项项目支出	基本建设支出
116294211	**66004701**	**50289510**	**25723437**	**24566073**	**9822616**
5510876	2968655	2542221	2257938	284283	424988
3200383	1778296	1422087	501976	920111	8000
4525135	2236915	2288220	1296610	991610	64900
1765387	1109836	655551	430255	225296	255522
2110342	1133514	976828	489277	487551	55865
6228823	3372782	2856041	1438652	1417389	244989
3007057	1747076	1259981	806986	452995	16440
4219310	2777663	1441647	640016	801631	135240
4459147	3655191	803956	705585	98371	694760
11228504	5821079	5407425	2257800	3149625	287740
6616963	4527072	2089891	1289803	800088	1832826
2602442	1279539	1322903	840109	482794	288410
3430999	1753964	1677035	676209	1000826	691012
3906180	2041962	1864218	781152	1083066	420043
5608193	3169967	2438226	1473319	964907	137467
5964179	3383313	2580866	1261372	1319494	154909
4938401	2925284	2013117	954178	1058939	164444
4363827	2913970	1449857	918324	531533	555481
9388154	5145846	4242308	1507490	2734818	1896860
2220452	1258097	962355	560425	401930	56258
747884	350057	397827	228791	169036	25583
3859868	1239819	2620049	719685	1900364	78070
4255484	2519587	1735897	957739	778158	483542
1285996	788081	497915	270082	227833	190124
3083351	1670894	1412457	636628	775829	17208
159881	95510	64371	39447	24924	29513
4599260	2772391	1826869	888454	938415	410713
1233686	608980	624706	460613	164093	112887
218344	134371	83973	83127	846	13330
463475	236856	226619	92096	134523	1000
1092228	588134	504094	259299	244795	74492

4—13 分地区普通高职高专学校

地 区	合 计	事业性经费支出	个人部分	工资福利支出	对个人和家庭的补助支出	#助学金
合 计	**90335418**	**85219803**	**36137115**	**24716990**	**11420125**	**5246866**
北 京	3366312	3315008	1024614	761161	263453	55827
天 津	1780589	1768652	851095	547306	303789	75291
河 北	4006974	4001774	1943364	1342590	600774	306686
山 西	1845505	1763241	947213	675859	271354	159709
内蒙古	1895994	1840332	806054	541694	264360	143060
辽 宁	2532424	2215434	1174887	777739	397148	92053
吉 林	1059101	1059101	520863	318008	202855	65176
黑龙江	1767049	1643488	787766	494022	293744	74664
上 海	1939195	1927221	723436	632902	90534	36227
江 苏	9646644	9247286	3202659	2152350	1050309	477369
浙 江	5751248	5654221	2216700	1710023	506677	200385
安 徽	2729625	2620973	1220054	767823	452231	218258
福 建	3313630	2860149	1043943	715574	328369	158912
江 西	3200139	2785299	1222642	778098	444544	289452
山 东	5831245	5712418	2225898	1543833	682065	337408
河 南	4770356	4598221	1961861	1282462	679399	371332
湖 北	3456466	3433805	1611594	1120397	491197	207610
湖 南	4365409	4225716	1975352	1338801	636551	292215
广 东	9318023	8473109	3274450	2543497	730953	271952
广 西	2430707	2396618	1038198	643106	395092	190110
海 南	698774	461309	181756	141525	40231	26202
重 庆	2012820	1871368	725567	507019	218548	120183
四 川	4350476	3414254	1735030	1018582	716448	421336
贵 州	912915	872439	519955	309781	210174	88970
云 南	1603345	1568727	725982	454459	271523	148730
西 藏	145600	113866	71822	47501	24321	4630
陕 西	2889559	2789027	1114608	710299	404309	209333
甘 肃	1030239	995968	474725	301504	173221	89493
青 海	168629	167678	108990	66256	42734	13115
宁 夏	354384	348384	153806	105219	48587	25171
新 疆	1162042	1074717	552231	367600	184631	76007

教育经费支出明细

单位:千元

公用部分	商品和服务支出	其他资本性支出	专项公用支出	专项项目支出	基本建设支出
49082688	**23219113**	**25863575**	**10858014**	**15005561**	**5115615**
2290394	1352057	938337	780592	157745	51304
917557	406411	511146	261003	250143	11937
2058410	1080233	978177	301241	676936	5200
816028	520248	295780	195550	100230	82264
1034278	522843	511435	287135	224300	55662
1040547	585135	455412	249448	205964	316990
538238	308314	229924	113688	116236	
855722	536595	319127	162583	156544	123561
1203785	798786	404999	191830	213169	11974
6044627	1988115	4056512	1380110	2676402	399358
3437521	1611795	1825726	549751	1275975	97027
1400919	555349	845570	291317	554253	108652
1816206	695151	1121055	411355	709700	453481
1562657	756627	806030	320544	485486	414840
3486520	1528354	1958166	857336	1100830	118827
2636360	1381703	1254657	712593	542064	172135
1822211	854460	967751	376357	591394	22661
2250364	1490938	759426	395923	363503	139693
5198659	2250394	2948265	1052031	1896234	844914
1358420	551458	806962	260547	546415	34089
279553	96469	183084	93124	89960	237465
1145801	381718	764083	322503	441580	141452
1679224	988130	691094	394655	296439	936222
352484	209199	143285	66898	76387	40476
842745	387198	455547	135462	320085	34618
42044	16670	25374	12551	12823	31734
1674419	681966	992453	367860	624593	100532
521243	242418	278825	133754	145071	34271
58688	35938	22750	15194	7556	951
194578	90079	104499	66706	37793	6000
522486	314362	208124	98373	109751	87325

4—14 分地区中央属普通高职高专学校

地区	合计	事业性经费支出	个人部分	工资福利支出	对个人和家庭的补助支出	#助学金
合计	**2002230**	**1940333**	**931893**	**692952**	**238941**	**102600**
北京						
天津						
河北	369480	369480	206031	171618	34413	9860
山西						
内蒙古						
辽宁						
吉林						
黑龙江	227448	217406	85989	74024	11965	2736
上海						
江苏	134455	115067	47650	26684	20966	6934
浙江						
安徽	47559	47559	25757	17990	7767	7654
福建						
江西						
山东	72608	72608	31266	26872	4394	4179
河南	87322	87322	37294	24684	12610	2034
湖北	234630	234630	125584	109215	16369	6513
湖南	64299	64299	36681	30236	6445	5678
广东	359128	359128	144372	96979	47393	21545
广西						
海南						
重庆	58510	58510	31101	16958	14143	4025
四川	128076	104109	68111	25601	42510	24790
贵州	13747	13747	6522	4642	1880	563
云南						
西藏						
陕西						
甘肃						
青海						
宁夏						
新疆	204968	196468	85535	67449	18086	6089

教育经费支出明细

单位:千元

公用部分	商品和服务支出	其他资本性支出			基本建设支出
			专项公用支出	专项项目支出	
1008440	**610928**	**397512**	**103682**	**293830**	**61897**
163449	145520	17929	7805	10124	
131417	129023	2394	2394		10042
67417	34589	32828	6261	26567	19388
21802	12274	9528	3949	5579	
41342	29457	11885	4159	7726	
50028	28439	21589	3589	18000	
109046	46335	62711	11757	50954	
27618	22069	5549	5549		
214756	61274	153482	22663	130819	
27409	21001	6408	6408		
35998	28636	7362	4725	2637	23967
7225	6358	867	867		
110933	45953	64980	23556	41424	8500

4—15 分地区地方普通高职高专学校

地区	合计	事业性经费支出	个人部分	工资福利支出	对个人和家庭的补助支出	#助学金
合计	**88333188**	**83279470**	**35205222**	**24024038**	**11181184**	**5144266**
北京	3366312	3315008	1024614	761161	263453	55827
天津	1780589	1768652	851095	547306	303789	75291
河北	3637494	3632294	1737333	1170972	566361	296826
山西	1845505	1763241	947213	675859	271354	159709
内蒙古	1895994	1840332	806054	541694	264360	143060
辽宁	2532424	2215434	1174887	777739	397148	92053
吉林	1059101	1059101	520863	318008	202855	65176
黑龙江	1539601	1426082	701777	419998	281779	71928
上海	1939195	1927221	723436	632902	90534	36227
江苏	9512189	9132219	3155009	2125666	1029343	470435
浙江	5751248	5654221	2216700	1710023	506677	200385
安徽	2682066	2573414	1194297	749833	444464	210604
福建	3313630	2860149	1043943	715574	328369	158912
江西	3200139	2785299	1222642	778098	444544	289452
山东	5758637	5639810	2194632	1516961	677671	333229
河南	4683034	4510899	1924567	1257778	666789	369298
湖北	3221836	3199175	1486010	1011182	474828	201097
湖南	4301110	4161417	1938671	1308565	630106	286537
广东	8958895	8113981	3130078	2446518	683560	250407
广西	2430707	2396618	1038198	643106	395092	190110
海南	698774	461309	181756	141525	40231	26202
重庆	1954310	1812858	694466	490061	204405	116158
四川	4222400	3310145	1666919	992981	673938	396546
贵州	899168	858692	513433	305139	208294	88407
云南	1603345	1568727	725982	454459	271523	148730
西藏	145600	113866	71822	47501	24321	4630
陕西	2889559	2789027	1114608	710299	404309	209333
甘肃	1030239	995968	474725	301504	173221	89493
青海	168629	167678	108990	66256	42734	13115
宁夏	354384	348384	153806	105219	48587	25171
新疆	957074	878249	466696	300151	166545	69918

教育经费支出明细

单位:千元

公用部分	商品和服务支出	其他资本性支出			基本建设支出
			专项公用支出	专项项目支出	
48074248	**22608185**	**25466063**	**10754332**	**14711731**	**5053718**
2290394	1352057	938337	780592	157745	51304
917557	406411	511146	261003	250143	11937
1894961	934713	960248	293436	666812	5200
816028	520248	295780	195550	100230	82264
1034278	522843	511435	287135	224300	55662
1040547	585135	455412	249448	205964	316990
538238	308314	229924	113688	116236	
724305	407572	316733	160189	156544	113519
1203785	798786	404999	191830	213169	11974
5977210	1953526	4023684	1373849	2649835	379970
3437521	1611795	1825726	549751	1275975	97027
1379117	543075	836042	287368	548674	108652
1816206	695151	1121055	411355	709700	453481
1562657	756627	806030	320544	485486	414840
3445178	1498897	1946281	853177	1093104	118827
2586332	1353264	1233068	709004	524064	172135
1713165	808125	905040	364600	540440	22661
2222746	1468869	753877	390374	363503	139693
4983903	2189120	2794783	1029368	1765415	844914
1358420	551458	806962	260547	546415	34089
279553	96469	183084	93124	89960	237465
1118392	360717	757675	316095	441580	141452
1643226	959494	683732	389930	293802	912255
345259	202841	142418	66031	76387	40476
842745	387198	455547	135462	320085	34618
42044	16670	25374	12551	12823	31734
1674419	681966	992453	367860	624593	100532
521243	242418	278825	133754	145071	34271
58688	35938	22750	15194	7556	951
194578	90079	104499	66706	37793	6000
411553	268409	143144	74817	68327	78825

4—16 分地区成人高等学校

地 区	合 计	事业性经费支出				
			个人部分			
				工资福利支出	对个人和家庭的补助支出	
						#助学金
合 计	**13472211**	**13040467**	**6128382**	**4189285**	**1939097**	**454560**
北 京	1597831	1590191	418855	279022	139833	
天 津	240075	240075	167248	103800	63448	2260
河 北	432994	432994	226398	156228	70170	22927
山 西	188970	188970	97751	78249	19502	4514
内蒙古	93457	93457	50451	35150	15301	2509
辽 宁	496860	493679	292794	208757	84037	3128
吉 林	372429	372429	258353	154286	104067	21536
黑龙江	493636	493636	268398	164448	103950	7200
上 海	1143000	1143000	648666	556005	92661	2765
江 苏	795492	740622	380746	228814	151932	60280
浙 江	1054922	1007753	457471	341408	116063	25933
安 徽	302514	300554	160393	102383	58010	10595
福 建	496946	495735	205101	133316	71785	15160
江 西	259653	250165	112177	75400	36777	16541
山 东	1003152	850172	344698	219999	124699	42838
河 南	586943	537931	278913	164013	114900	53246
湖 北	156722	156722	85152	54060	31092	13166
湖 南	236094	234894	97617	72059	25558	4118
广 东	1063261	1059624	506728	349278	157450	29197
广 西	282522	282122	162933	107443	55490	12872
海 南	13904	13904	7710	6657	1053	131
重 庆	173672	173672	86928	61774	25154	10024
四 川	764666	729926	289816	180811	109005	42170
贵 州	111805	111805	51701	33888	17813	3107
云 南	104569	104569	33364	20282	13082	6608
西 藏						
陕 西	398344	396944	166734	120080	46654	17086
甘 肃	184314	178494	87850	55025	32825	16915
青 海	20010	20010	9368	6806	2562	
宁 夏						
新 疆	403454	346418	174068	119844	54224	7734

教育经费支出明细

单位:千元

公用部分	商品和服务支出	其他资本性支出			基本建设支出
			专项公用支出	专项项目支出	
6912085	**4410029**	**2502056**	**885498**	**1616558**	**431744**
1171336	466369	704967	73801	631166	7640
72827	63152	9675	8712	963	
206596	157514	49082	31623	17459	
91219	69517	21702	10643	11059	
43006	39360	3646	1967	1679	
200885	177307	23578	15096	8482	3181
114076	98644	15432	15232	200	
225238	176976	48262	28704	19558	
494334	415754	78580	67755	10825	
359876	219014	140862	73007	67855	54870
550282	383355	166927	64063	102864	47169
140161	94138	46023	9611	36412	1960
290634	114682	175952	30549	145403	1211
137988	101452	36536	19402	17134	9488
505474	307650	197824	84013	113811	152980
259018	181152	77866	28963	48903	49012
71570	61922	9648	9112	536	
137277	124723	12554	8579	3975	1200
552896	396835	156061	71547	84514	3637
119189	76205	42984	22200	20784	400
6194	4876	1318	1318		
86744	54872	31872	8121	23751	
440110	246729	193381	57262	136119	34740
60104	55859	4245	4245		
71205	31077	40128	2688	37440	
230210	127846	102364	53653	48711	1400
90644	63765	26879	12644	14235	5820
10642	5330	5312	5312		
172350	93954	78396	65676	12720	57036

4—17 分地区中央属成人高等学校

地区	合计	事业性经费支出	个人部分	工资福利支出	对个人和家庭的补助支出	#助学金
合计	**1178230**	**1166610**	**187601**	**143242**	**44359**	**861**
北京	1019165	1019165	125182	87944	37238	
天津						
河北						
山西						
内蒙古						
辽宁	5499	5499	3406	3406		
吉林						
黑龙江	81215	81215	22640	21722	918	514
上海						
江苏						
浙江						
安徽						
福建						
江西						
山东						
河南						
湖北						
湖南	2384	2384	1966	1494	472	
广东						
广西						
海南						
重庆						
四川	1393	1393	1271	1237	34	
贵州	14135	14135	8195	7670	525	
云南						
西藏						
陕西						
甘肃	15727	10107	7147	7147		
青海						
宁夏						
新疆	38712	32712	17794	12622	5172	347

教育经费支出明细

单位：千元

公用部分	商品和服务支出	其他资本性支出			基本建设支出
			专项公用支出	专项项目支出	
979009	**335420**	**643589**	**24966**	**618623**	**11620**
893983	277696	616287	14264	602023	
2093	1378	715	715		
58575	39722	18853	2353	16500	
418	418				
122	122				
5940	5316	624	624		
2960	1792	1168	1068	100	5620
14918	8976	5942	5942		6000

4—18 分地区地方成人高等学校

地 区	合 计	事业性经费支出	个人部分	工资福利支出	对个人和家庭的补助支出	#助学金
合 计	**12293981**	**11873857**	**5940781**	**4046043**	**1894738**	**453699**
北 京	578666	571026	293673	191078	102595	
天 津	240075	240075	167248	103800	63448	2260
河 北	432994	432994	226398	156228	70170	22927
山 西	188970	188970	97751	78249	19502	4514
内蒙古	93457	93457	50451	35150	15301	2509
辽 宁	491361	488180	289388	205351	84037	3128
吉 林	372429	372429	258353	154286	104067	21536
黑龙江	412421	412421	245758	142726	103032	6686
上 海	1143000	1143000	648666	556005	92661	2765
江 苏	795492	740622	380746	228814	151932	60280
浙 江	1054922	1007753	457471	341408	116063	25933
安 徽	302514	300554	160393	102383	58010	10595
福 建	496946	495735	205101	133316	71785	15160
江 西	259653	250165	112177	75400	36777	16541
山 东	1003152	850172	344698	219999	124699	42838
河 南	586943	537931	278913	164013	114900	53246
湖 北	156722	156722	85152	54060	31092	13166
湖 南	233710	232510	95651	70565	25086	4118
广 东	1063261	1059624	506728	349278	157450	29197
广 西	282522	282122	162933	107443	55490	12872
海 南	13904	13904	7710	6657	1053	131
重 庆	173672	173672	86928	61774	25154	10024
四 川	763273	728533	288545	179574	108971	42170
贵 州	97670	97670	43506	26218	17288	3107
云 南	104569	104569	33364	20282	13082	6608
西 藏						
陕 西	398344	396944	166734	120080	46654	17086
甘 肃	168587	168387	80703	47878	32825	16915
青 海	20010	20010	9368	6806	2562	
宁 夏						
新 疆	364742	313706	156274	107222	49052	7387

教育经费支出明细

单位:千元

公用部分	商品和服务支出	其他资本性支出			基本建设支出
			专项公用支出	专项项目支出	
5933076	**4074609**	**1858467**	**860532**	**997935**	**420124**
277353	188673	88680	59537	29143	7640
72827	63152	9675	8712	963	
206596	157514	49082	31623	17459	
91219	69517	21702	10643	11059	
43006	39360	3646	1967	1679	
198792	175929	22863	14381	8482	3181
114076	98644	15432	15232	200	
166663	137254	29409	26351	3058	
494334	415754	78580	67755	10825	
359876	219014	140862	73007	67855	54870
550282	383355	166927	64063	102864	47169
140161	94138	46023	9611	36412	1960
290634	114682	175952	30549	145403	1211
137988	101452	36536	19402	17134	9488
505474	307650	197824	84013	113811	152980
259018	181152	77866	28963	48903	49012
71570	61922	9648	9112	536	
136859	124305	12554	8579	3975	1200
552896	396835	156061	71547	84514	3637
119189	76205	42984	22200	20784	400
6194	4876	1318	1318		
86744	54872	31872	8121	23751	
439988	246607	193381	57262	136119	34740
54164	50543	3621	3621		
71205	31077	40128	2688	37440	
230210	127846	102364	53653	48711	1400
87684	61973	25711	11576	14135	200
10642	5330	5312	5312		
157432	84978	72454	59734	12720	51036

4—19 分地区中等职业学校

地区	合计	事业性经费支出				
			个人部分			
				工资福利支出	对个人和家庭的补助支出	
						#助学金
合计	**118857666**	**113649464**	**64118385**	**38996601**	**25121784**	**14114838**
北京	4011024	3911517	1768183	1118267	649916	101242
天津	1762846	1749528	1163859	670949	492910	94314
河北	5682626	5603116	3515272	2232136	1283136	854216
山西	3125380	3064565	1759784	1156897	602887	375512
内蒙古	2180351	2039461	1352107	876613	475494	241348
辽宁	4612150	4453762	2250298	1344867	905431	274089
吉林	2008363	1941549	1233049	739060	493989	165664
黑龙江	1877465	1833947	1229104	750963	478141	152273
上海	3942912	3902955	2336069	1565256	770813	533145
江苏	9239050	8649643	4943222	3078581	1864641	910011
浙江	7133067	7045496	4041216	2861764	1179452	645931
安徽	3839309	3625894	1866002	1102400	763602	457205
福建	3535678	3390604	2153927	1275511	878416	443719
江西	1944960	1862770	1129636	600674	528962	372833
山东	9269140	9218143	5063334	3365027	1698307	1050311
河南	6521190	6193537	3751750	2014491	1737259	1181376
湖北	3544044	3473620	2051226	1129367	921859	591213
湖南	4272757	3902494	2280290	1373228	907062	603744
广东	12776445	12088079	5847291	3937974	1909317	932641
广西	3715765	3542677	1903996	1009252	894744	544624
海南	1493371	844555	447205	295455	151750	105721
重庆	2899697	2800034	1576395	746046	830349	537799
四川	6654931	6369461	3450174	1789469	1660705	1130387
贵州	1384199	1354234	787336	475442	311894	163368
云南	3371484	3276979	1863480	974611	888869	531808
西藏	170115	129515	97512	50008	47504	24249
陕西	2908167	2806325	1580169	918700	661469	484210
甘肃	2133894	2055094	1229835	675518	554317	355084
青海	489707	405576	226126	135112	91014	45890
宁夏	496985	448585	232373	137056	95317	47035
新疆	1860594	1665749	988165	595907	392258	163876

教育经费支出明细

单位：千元

公用部分	商品和服务支出	其他资本性支出	专项公用支出	专项项目支出	基本建设支出
49531079	**24962327**	**24568752**	**9579824**	**14988928**	**5208202**
2143334	764072	1379262	914316	464946	99507
585669	305111	280558	101265	179293	13318
2087844	1263897	823947	312382	511565	79510
1304781	709642	595139	191825	403314	60815
687354	463938	223416	119374	104042	140890
2203464	848306	1355158	382544	972614	158388
708500	443073	265427	104737	160690	66814
604843	443419	161424	108937	52487	43518
1566886	952294	614592	475794	138798	39957
3706421	1726128	1980293	702916	1277377	589407
3004280	1367561	1636719	539881	1096838	87571
1759892	804431	955461	276964	678497	213415
1236677	699341	537336	298859	238477	145074
733134	392138	340996	128975	212021	82190
4154809	1904543	2250266	531686	1718580	50997
2441787	1468504	973283	373592	599691	327653
1422394	826326	596068	213114	382954	70424
1622204	937441	684763	351101	333662	370263
6240788	3009060	3231728	1393598	1838130	688366
1638681	724585	914096	439734	474362	173088
397350	196991	200359	108790	91569	648816
1223639	656384	567255	164761	402494	99663
2919287	1323774	1595513	501331	1094182	285470
566898	412505	154393	75523	78870	29965
1413499	674499	739000	210685	528315	94505
32003	14515	17488	6014	11474	40600
1226156	629503	596653	207823	388830	101842
825259	432867	392392	136111	256281	78800
179450	91919	87531	53258	34273	84131
216212	87020	129192	43291	85901	48400
677584	388540	289044	110643	178401	194845

4—20 分地区中央属中等职业学校

地　区	合　计	事业性经费支出	个人部分	工资福利支出	对个人和家庭的补助支出	#助学金
合　计	**898278**	**858575**	**455528**	**321208**	**134320**	**75725**
北　京	136379	136379	37535	28784	8751	3254
天　津	4315	4315	2815	2015	800	800
河　北	42563	42563	23931	19129	4802	2561
山　西	8605	8605	5811	4108	1703	1263
内蒙古	5182	5182	2885	1622	1263	1263
辽　宁						
吉　林						
黑龙江	52184	52184	34305	23308	10997	2274
上　海	129608	129608	51298	45529	5769	300
江　苏						
浙　江						
安　徽	50973	50973	31822	21743	10079	9591
福　建						
江　西						
山　东						
河　南						
湖　北	147	147	140	140		
湖　南	18049	18049	8733	8031	702	
广　东	76598	76598	47543	37366	10177	4956
广　西						
海　南						
重　庆	1391	1391	1207	1207		
四　川	74341	74341	46713	26829	19884	12352
贵　州	8473	8473	5463	5345	118	
云　南	4592	4592	3732	2088	1644	1644
西　藏						
陕　西						
甘　肃						
青　海						
宁　夏						
新　疆	284878	245175	151595	93964	57631	35467

教育经费支出明细

单位:千元

公用部分	商品和服务支出	其他资本性支出	专项公用支出	专项项目支出	基本建设支出
403047	**244631**	**158416**	**59059**	**99357**	**39703**
98844	24944	73900	20153	53747	
1500	1479	21	21		
18632	17533	1099	1099		
2794	2123	671	371	300	
2297	291	2006	2006		
17879	9288	8591	1986	6605	
78310	70956	7354	7354		
19151	13951	5200	700	4500	
7	7				
9316	5845	3471	1033	2438	
29055	15845	13210	4091	9119	
184	184				
27628	18199	9429	4183	5246	
3010	2447	563	563		
860	463	397	334	63	
93580	61076	32504	15165	17339	39703

4－21 分地区地方中等职业学校

地 区	合 计	事业性经费支出	个人部分	工资福利支出	对个人和家庭的补助支出	#助学金
合 计	**117959388**	**112790889**	**63662857**	**38675393**	**24987464**	**14039113**
北 京	3874645	3775138	1730648	1089483	641165	97988
天 津	1758531	1745213	1161044	668934	492110	93514
河 北	5640063	5560553	3491341	2213007	1278334	851655
山 西	3116775	3055960	1753973	1152789	601184	374249
内蒙古	2175169	2034279	1349222	874991	474231	240085
辽 宁	4612150	4453762	2250298	1344867	905431	274089
吉 林	2008363	1941549	1233049	739060	493989	165664
黑龙江	1825281	1781763	1194799	727655	467144	149999
上 海	3813304	3773347	2284771	1519727	765044	532845
江 苏	9239050	8649643	4943222	3078581	1864641	910011
浙 江	7133067	7045496	4041216	2861764	1179452	645931
安 徽	3788336	3574921	1834180	1080657	753523	447614
福 建	3535678	3390604	2153927	1275511	878416	443719
江 西	1944960	1862770	1129636	600674	528962	372833
山 东	9269140	9218143	5063334	3365027	1698307	1050311
河 南	6521190	6193537	3751750	2014491	1737259	1181376
湖 北	3543897	3473473	2051086	1129227	921859	591213
湖 南	4254708	3884445	2271557	1365197	906360	603744
广 东	12699847	12011481	5799748	3900608	1899140	927685
广 西	3715765	3542677	1903996	1009252	894744	544624
海 南	1493371	844555	447205	295455	151750	105721
重 庆	2898306	2798643	1575188	744839	830349	537799
四 川	6580590	6295120	3403461	1762640	1640821	1118035
贵 州	1375726	1345761	781873	470097	311776	163368
云 南	3366892	3272387	1859748	972523	887225	530164
西 藏	170115	129515	97512	50008	47504	24249
陕 西	2908167	2806325	1580169	918700	661469	484210
甘 肃	2133894	2055094	1229835	675518	554317	355084
青 海	489707	405576	226126	135112	91014	45890
宁 夏	496985	448585	232373	137056	95317	47035
新 疆	1575716	1420574	836570	501943	334627	128409

教育经费支出明细

单位:千元

公用部分	商品和服务支出	其他资本性支出			基本建设支出
			专项公用支出	专项项目支出	
49128032	**24717696**	**24410336**	**9520765**	**14889571**	**5168499**
2044490	739128	1305362	894163	411199	99507
584169	303632	280537	101244	179293	13318
2069212	1246364	822848	311283	511565	79510
1301987	707519	594468	191454	403014	60815
685057	463647	221410	117368	104042	140890
2203464	848306	1355158	382544	972614	158388
708500	443073	265427	104737	160690	66814
586964	434131	152833	106951	45882	43518
1488576	881338	607238	468440	138798	39957
3706421	1726128	1980293	702916	1277377	589407
3004280	1367561	1636719	539881	1096838	87571
1740741	790480	950261	276264	673997	213415
1236677	699341	537336	298859	238477	145074
733134	392138	340996	128975	212021	82190
4154809	1904543	2250266	531686	1718580	50997
2441787	1468504	973283	373592	599691	327653
1422387	826319	596068	213114	382954	70424
1612888	931596	681292	350068	331224	370263
6211733	2993215	3218518	1389507	1829011	688366
1638681	724585	914096	439734	474362	173088
397350	196991	200359	108790	91569	648816
1223455	656200	567255	164761	402494	99663
2891659	1305575	1586084	497148	1088936	285470
563888	410058	153830	74960	78870	29965
1412639	674036	738603	210351	528252	94505
32003	14515	17488	6014	11474	40600
1226156	629503	596653	207823	388830	101842
825259	432867	392392	136111	256281	78800
179450	91919	87531	53258	34273	84131
216212	87020	129192	43291	85901	48400
584004	327464	256540	95478	161062	155142

4—22 分地区中等专业学校

地　区	合　计	事业性经费支出	个人部分	工资福利支出	对个人和家庭的补助支出	#助学金
合　计	**51085426**	**48906224**	**27224119**	**15989726**	**11234393**	**6432974**
北　京	1261498	1194894	559753	338094	221659	53629
天　津	1249127	1246627	796115	447772	348343	64711
河　北	2235357	2209951	1358848	803277	555571	400809
山　西	1492845	1471299	812759	525831	286928	155237
内蒙古	861246	796005	548920	359484	189436	91223
辽　宁	2294552	2278864	1167846	673255	494591	178449
吉　林	681010	675310	422852	252767	170085	58744
黑龙江	498314	494314	308935	188407	120528	40549
上　海	2298723	2273723	1336976	818738	518238	393637
江　苏	3589497	3263252	1746453	1085228	661225	287279
浙　江	816624	812624	455396	309788	145608	76694
安　徽	1615723	1525823	760886	429408	331478	198126
福　建	1992472	1904307	1197896	689649	508247	292619
江　西	792815	770872	446152	247119	199033	140604
山　东	3392809	3373042	1843999	1174402	669597	417474
河　南	3358816	3092339	1839307	899324	939983	707599
湖　北	2217998	2184856	1242454	685885	556569	386293
湖　南	1008806	938604	574499	349142	225357	113112
广　东	6452708	6233141	3063996	2020696	1043300	526671
广　西	2596910	2513047	1344802	713716	631086	404557
海　南	778474	612738	315792	204060	111732	73739
重　庆	629302	610152	297902	159596	138306	89592
四　川	2283504	2120710	1123126	626624	496502	335799
贵　州	650602	636724	393735	226087	167648	72145
云　南	1790932	1746404	935599	462981	472618	280994
西　藏	157594	123744	91986	46029	45957	23433
陕　西	983079	961976	581265	292949	288316	208056
甘　肃	1379906	1330166	776440	430651	345789	211881
青　海	233218	213204	116776	66865	49911	20765
宁　夏	264245	238845	122311	69083	53228	24409
新　疆	1226720	1058667	640343	392819	247524	104145

教育经费支出明细

单位：千元

公用部分	商品和服务支出	其他资本性支出	专项公用支出	专项项目支出	基本建设支出
21682105	**11254258**	**10427847**	**4323927**	**6103920**	**2179202**
635141	246015	389126	270841	118285	66604
450512	218198	232314	63158	169156	2500
851103	562947	288156	139363	148793	25406
658540	369778	288762	82715	206047	21546
247085	193893	53192	35826	17366	65241
1111018	471489	639529	236821	402708	15688
252458	144298	108160	34546	73614	5700
185379	137372	48007	24481	23526	4000
936747	528027	408720	313501	95219	25000
1516799	668867	847932	305081	542851	326245
357228	174726	182502	52162	130340	4000
764937	341425	423512	129310	294202	89900
706411	381396	325015	205483	119532	88165
324720	178083	146637	50923	95714	21943
1529043	758484	770559	191005	579554	19767
1253032	826664	426368	188619	237749	266477
942402	541370	401032	135426	265606	33142
364105	236212	127893	62468	65425	70202
3169145	1442632	1726513	694196	1032317	219567
1168245	506364	661881	337491	324390	83863
296946	147000	149946	87793	62153	165736
312250	164117	148133	46750	101383	19150
997584	537056	460528	177091	283437	162794
242989	173680	69309	40424	28885	13878
810805	374026	436779	121138	315641	44528
31758	14270	17488	6014	11474	33850
380711	248829	131882	66876	65006	21103
553726	305644	248082	101634	146448	49740
96428	40988	55440	24193	31247	20014
116534	49128	67406	34636	32770	25400
418324	271280	147044	63962	83082	168053

4—23 分地区中央属中等专业学校

地区	合计	事业性经费支出	个人部分	工资福利支出	对个人和家庭的补助支出	#助学金
合计	**654213**	**614510**	**333548**	**232594**	**100954**	**57815**
北京	67718	67718	23509	17268	6241	2482
天津						
河北	33932	33932	16864	12978	3886	1700
山西	6490	6490	3996	2293	1703	1263
内蒙古						
辽宁						
吉林						
黑龙江						
上海	129608	129608	51298	45529	5769	300
江苏						
浙江						
安徽	26143	26143	19375	10663	8712	8224
福建						
江西						
山东						
河南						
湖北						
湖南						
广东	63347	63347	39528	32305	7223	2002
广西						
海南						
重庆						
四川	35388	35388	23317	13277	10040	6327
贵州	8473	8473	5463	5345	118	
云南	50	50	50		50	50
西藏						
陕西						
甘肃						
青海						
宁夏						
新疆	283064	243361	150148	92936	57212	35467

教育经费支出明细

单位:千元

公用部分	商品和服务支出	其他资本性支出			基本建设支出
			专项公用支出	专项项目支出	
280962	**194441**	**86521**	**34935**	**51586**	**39703**
44209	22061	22148	4017	18131	
17068	16051	1017	1017		
2494	1823	671	371	300	
78310	70956	7354	7354		
6768	2258	4510	10	4500	
23819	12621	11198	3778	7420	
12071	5515	6556	2660	3896	
3010	2447	563	563		
93213	60709	32504	15165	17339	39703

4－24　分地区地方中等专业学校

地　区	合　计	事业性经费支出	个人部分	工资福利支出	对个人和家庭的补助支出	＃助学金
合　计	**50431213**	**48291714**	**26890571**	**15757132**	**11133439**	**6375159**
北　京	1193780	1127176	536244	320826	215418	51147
天　津	1249127	1246627	796115	447772	348343	64711
河　北	2201425	2176019	1341984	790299	551685	399109
山　西	1486355	1464809	808763	523538	285225	153974
内蒙古	861246	796005	548920	359484	189436	91223
辽　宁	2294552	2278864	1167846	673255	494591	178449
吉　林	681010	675310	422852	252767	170085	58744
黑龙江	498314	494314	308935	188407	120528	40549
上　海	2169115	2144115	1285678	773209	512469	393337
江　苏	3589497	3263252	1746453	1085228	661225	287279
浙　江	816624	812624	455396	309788	145608	76694
安　徽	1589580	1499680	741511	418745	322766	189902
福　建	1992472	1904307	1197896	689649	508247	292619
江　西	792815	770872	446152	247119	199033	140604
山　东	3392809	3373042	1843999	1174402	669597	417474
河　南	3358816	3092339	1839307	899324	939983	707599
湖　北	2217998	2184856	1242454	685885	556569	386293
湖　南	1008806	938604	574499	349142	225357	113112
广　东	6389361	6169794	3024468	1988391	1036077	524669
广　西	2596910	2513047	1344802	713716	631086	404557
海　南	778474	612738	315792	204060	111732	73739
重　庆	629302	610152	297902	159596	138306	89592
四　川	2248116	2085322	1099809	613347	486462	329472
贵　州	642129	628251	388272	220742	167530	72145
云　南	1790882	1746354	935549	462981	472568	280944
西　藏	157594	123744	91986	46029	45957	23433
陕　西	983079	961976	581265	292949	288316	208056
甘　肃	1379906	1330166	776440	430651	345789	211881
青　海	233218	213204	116776	66865	49911	20765
宁　夏	264245	238845	122311	69083	53228	24409
新　疆	943656	815306	490195	299883	190312	68678

教育经费支出明细

单位：千元

公用部分	商品和服务支出	其他资本性支出			基本建设支出
			专项公用支出	专项项目支出	
21401143	**11059817**	**10341326**	**4288992**	**6052334**	**2139499**
590932	223954	366978	266824	100154	66604
450512	218198	232314	63158	169156	2500
834035	546896	287139	138346	148793	25406
656046	367955	288091	82344	205747	21546
247085	193893	53192	35826	17366	65241
1111018	471489	639529	236821	402708	15688
252458	144298	108160	34546	73614	5700
185379	137372	48007	24481	23526	4000
858437	457071	401366	306147	95219	25000
1516799	668867	847932	305081	542851	326245
357228	174726	182502	52162	130340	4000
758169	339167	419002	129300	289702	89900
706411	381396	325015	205483	119532	88165
324720	178083	146637	50923	95714	21943
1529043	758484	770559	191005	579554	19767
1253032	826664	426368	188619	237749	266477
942402	541370	401032	135426	265606	33142
364105	236212	127893	62468	65425	70202
3145326	1430011	1715315	690418	1024897	219567
1168245	506364	661881	337491	324390	83863
296946	147000	149946	87793	62153	165736
312250	164117	148133	46750	101383	19150
985513	531541	453972	174431	279541	162794
239979	171233	68746	39861	28885	13878
810805	374026	436779	121138	315641	44528
31758	14270	17488	6014	11474	33850
380711	248829	131882	66876	65006	21103
553726	305644	248082	101634	146448	49740
96428	40988	55440	24193	31247	20014
116534	49128	67406	34636	32770	25400
325111	210571	114540	48797	65743	128350

4—25 分地区职业高中

地区	合计	事业性经费支出	个人部分	工资福利支出	对个人和家庭的补助支出	#助学金
合计	**46483287**	**44527433**	**25797096**	**15845148**	**9951948**	**5899948**
北京	1748791	1719688	878005	526644	351361	31262
天津	45146	45146	40564	22435	18129	1049
河北	2534454	2483350	1524589	1011141	513448	339807
山西	1212037	1184768	695893	451322	244571	193359
内蒙古	1010828	954227	600953	379454	221499	132984
辽宁	1787429	1757229	852081	527255	324826	76491
吉林	951620	890506	517936	307421	210515	96408
黑龙江	991037	952618	650095	389748	260347	92363
上海	1160262	1149370	713947	498826	215121	138139
江苏	4089409	3853047	2325581	1469229	856352	436869
浙江	5177209	5122362	2978953	2113879	865074	519581
安徽	1868129	1744614	940549	568309	372240	231902
福建	892560	855055	546523	345709	200814	99219
江西	1001745	941556	593884	297083	296801	227848
山东	3873145	3850295	2108156	1446313	661843	398218
河南	1970538	1924979	1208597	664153	544444	335462
湖北	1016460	983278	621908	344424	277484	151064
湖南	2633219	2335945	1356729	799618	557111	428000
广东	2296631	2067582	1165866	797577	368289	154010
广西	558896	488527	246178	127010	119168	73228
海南	145197	142517	78495	55125	23370	18959
重庆	1417065	1342482	835066	366690	468376	317152
四川	3260870	3171737	1722594	849695	872899	627524
贵州	531569	515492	306003	166767	139236	88786
云南	1102960	1054483	626776	344032	282744	192283
西藏						
陕西	1784737	1703998	902025	553903	348122	275598
甘肃	662584	640564	391145	204893	186252	133412
青海	256489	192372	109350	68247	41103	25125
宁夏	206076	183076	90972	56472	34500	19738
新疆	296195	276570	167683	91774	75909	44108

教育经费支出明细

单位:千元

公用部分	商品和服务支出	其他资本性支出			基本建设支出
			专项公用支出	专项项目支出	
18730337	**8499024**	**10231313**	**3387711**	**6843602**	**1955854**
841683	275587	566096	323114	242982	29103
4582	4450	132	132		
958761	497848	460913	135685	325228	51104
488875	226292	262583	83073	179510	27269
353274	207927	145347	68893	76454	56601
905148	285729	619419	115765	503654	30200
372570	233743	138827	58401	80426	61114
302523	220949	81574	62705	18869	38419
435423	259421	176002	138667	37335	10892
1527466	659533	867933	302601	565332	236362
2143409	878279	1265130	397377	867753	54847
804065	326176	477889	123605	354284	123515
308532	154878	153654	52588	101066	37505
347672	174162	173510	74371	99139	60189
1742139	618060	1124079	204998	919081	22850
716382	356555	359827	112966	246861	45559
361370	210252	151118	58689	92429	33182
979216	548911	430305	187676	242629	297274
901716	468413	433303	191170	242133	229049
242349	80335	162014	50951	111063	70369
64022	25989	38033	8816	29217	2680
507416	286921	220495	66136	154359	74583
1449143	600770	848373	266766	581607	89133
209489	126365	83124	33179	49945	16077
427707	187892	239815	50703	189112	48477
801973	353987	447986	124399	323587	80739
249419	109764	139655	31964	107691	22020
83022	50931	32091	29065	3026	64117
92104	30668	61436	8305	53131	23000
108887	38237	70650	24951	45699	19625

4—26 分地区中央属职业高中

地区	合计	事业性经费支出	个人部分	工资福利支出	对个人和家庭的补助支出	#助学金
合计	**25473**	**25473**	**18834**	**12491**	**6343**	**1474**
北京						
天津						
河北						
山西						
内蒙古						
辽宁						
吉林						
黑龙江	12353	12353	9329	7641	1688	366
上海						
江苏						
浙江						
安徽						
福建						
江西						
山东						
河南						
湖北	147	147	140	140		
湖南						
广东						
广西						
海南						
重庆						
四川	12973	12973	9365	4710	4655	1108
贵州						
云南						
西藏						
陕西						
甘肃						
青海						
宁夏						
新疆						

教育经费支出明细

单位：千元

公用部分	商品和服务支出	其他资本性支出			基本建设支出
			专项公用支出	专项项目支出	
6639	**6088**	**551**	**551**		
3024	2482	542	542		
7	7				
3608	3599	9	9		

4—27 分地区地方职业高中

地区	合计	事业性经费支出	个人部分	工资福利支出	对个人和家庭的补助支出	#助学金
合计	**46457814**	**44501960**	**25778262**	**15832657**	**9945605**	**5898474**
北京	1748791	1719688	878005	526644	351361	31262
天津	45146	45146	40564	22435	18129	1049
河北	2534454	2483350	1524589	1011141	513448	339807
山西	1212037	1184768	695893	451322	244571	193359
内蒙古	1010828	954227	600953	379454	221499	132984
辽宁	1787429	1757229	852081	527255	324826	76491
吉林	951620	890506	517936	307421	210515	96408
黑龙江	978684	940265	640766	382107	258659	91997
上海	1160262	1149370	713947	498826	215121	138139
江苏	4089409	3853047	2325581	1469229	856352	436869
浙江	5177209	5122362	2978953	2113879	865074	519581
安徽	1868129	1744614	940549	568309	372240	231902
福建	892560	855055	546523	345709	200814	99219
江西	1001745	941556	593884	297083	296801	227848
山东	3873145	3850295	2108156	1446313	661843	398218
河南	1970538	1924979	1208597	664153	544444	335462
湖北	1016313	983131	621768	344284	277484	151064
湖南	2633219	2335945	1356729	799618	557111	428000
广东	2296631	2067582	1165866	797577	368289	154010
广西	558896	488527	246178	127010	119168	73228
海南	145197	142517	78495	55125	23370	18959
重庆	1417065	1342482	835066	366690	468376	317152
四川	3247897	3158764	1713229	844985	868244	626416
贵州	531569	515492	306003	166767	139236	88786
云南	1102960	1054483	626776	344032	282744	192283
西藏						
陕西	1784737	1703998	902025	553903	348122	275598
甘肃	662584	640564	391145	204893	186252	133412
青海	256489	192372	109350	68247	41103	25125
宁夏	206076	183076	90972	56472	34500	19738
新疆	296195	276570	167683	91774	75909	44108

教育经费支出明细

单位：千元

公用部分	商品和服务支出	其他资本性支出			基本建设支出
			专项公用支出	专项项目支出	
18723698	**8492936**	**10230762**	**3387160**	**6843602**	**1955854**
841683	275587	566096	323114	242982	29103
4582	4450	132	132		
958761	497848	460913	135685	325228	51104
488875	226292	262583	83073	179510	27269
353274	207927	145347	68893	76454	56601
905148	285729	619419	115765	503654	30200
372570	233743	138827	58401	80426	61114
299499	218467	81032	62163	18869	38419
435423	259421	176002	138667	37335	10892
1527466	659533	867933	302601	565332	236362
2143409	878279	1265130	397377	867753	54847
804065	326176	477889	123605	354284	123515
308532	154878	153654	52588	101066	37505
347672	174162	173510	74371	99139	60189
1742139	618060	1124079	204998	919081	22850
716382	356555	359827	112966	246861	45559
361363	210245	151118	58689	92429	33182
979216	548911	430305	187676	242629	297274
901716	468413	433303	191170	242133	229049
242349	80335	162014	50951	111063	70369
64022	25989	38033	8816	29217	2680
507416	286921	220495	66136	154359	74583
1445535	597171	848364	266757	581607	89133
209489	126365	83124	33179	49945	16077
427707	187892	239815	50703	189112	48477
801973	353987	447986	124399	323587	80739
249419	109764	139655	31964	107691	22020
83022	50931	32091	29065	3026	64117
92104	30668	61436	8305	53131	23000
108887	38237	70650	24951	45699	19625

4—28 分地区农村职业高中

地　区	合　计	事业性经费支出	个人部分	工资福利支出	对个人和家庭的补助支出	＃助学金
合　计	**5911619**	**5620449**	**3355991**	**2138559**	**1217432**	**809045**
北　京	207721	192599	73376	56378	16998	5172
天　津						
河　北	242935	238735	143818	98144	45674	33352
山　西	121957	116757	70138	41262	28876	23960
内蒙古	56938	53738	38772	28354	10418	7295
辽　宁	26941	26941	21874	11249	10625	5923
吉　林	7719	7719	6853	3937	2916	1727
黑龙江	19020	19020	15989	9553	6436	2440
上　海	11663	11663	8138	7638	500	1
江　苏	584272	463884	322084	218344	103740	55768
浙　江	947265	935352	566778	422125	144653	98394
安　徽	494118	473596	259621	159155	100466	71210
福　建	117833	113933	69301	46616	22685	13200
江　西	70188	66156	39420	23593	15827	11869
山　东	350200	350200	223280	160879	62401	37191
河　南	487822	482683	308125	162479	145646	60987
湖　北	46201	46201	27748	15232	12516	11024
湖　南	336540	330790	191909	114992	76917	61670
广　东	193908	193908	124907	98168	26739	19878
广　西	50271	44551	19577	10828	8749	5192
海　南	17030	16350	13690	11944	1746	513
重　庆	243462	218072	140074	70348	69726	55680
四　川	782104	746807	378115	183587	194528	148540
贵　州	50684	42167	28726	17410	11316	7042
云　南	39796	39796	26456	13847	12609	10185
西　藏						
陕　西	270496	260696	146944	95578	51366	36391
甘　肃	119158	112758	87739	55448	32291	23540
青　海						
宁　夏						
新　疆	15377	15377	2539	1471	1068	892

教育经费支出明细

单位：千元

公用部分	商品和服务支出	其他资本性支出			基本建设支出*
			专项公用支出	专项项目支出	
2264458	**1015602**	**1248856**	**418105**	**830751**	**291170**
119223	33411	85812	63814	21998	15122
94917	51779	43138	24891	18247	4200
46619	22584	24035	5897	18138	5200
14966	9172	5794	4881	913	3200
5067	2626	2441	2072	369	
866	721	145	45	100	
3031	3011	20	20		
3525	3297	228	228		
141800	92601	49199	27383	21816	120388
368574	162767	205807	52528	153279	11913
213975	100474	113501	37057	76444	20522
44632	21875	22757	11506	11251	3900
26736	13819	12917	8783	4134	4032
126920	51410	75510	7219	68291	
174558	72592	101966	17909	84057	5139
18453	8888	9565	2509	7056	
138881	72713	66168	22090	44078	5750
69001	47868	21133	14376	6757	
24974	4342	20632	7087	13545	5720
2660	2147	513	322	191	680
77998	45912	32086	9555	22531	25390
368692	108348	260344	62935	197409	35297
13441	7991	5450	3224	2226	8517
13340	8544	4796	2202	2594	
113752	51956	61796	25716	36080	9800
25019	13874	11145	3854	7291	6400
12838	880	11958	2	11956	

4—29 分地区技工学校

地区	合计	事业性经费支出	个人部分	工资福利支出	对个人和家庭的补助支出	#助学金
合计	**14498405**	**13470072**	**6796832**	**4362290**	**2434542**	**1353548**
北京	948373	948373	305760	235183	70577	16351
天津	359802	348984	241670	145417	96253	28538
河北	515781	512781	323969	183904	140065	110207
山西	244300	232300	119997	78820	41177	26195
内蒙古	107522	98322	60471	41107	19364	12787
辽宁	509482	396982	214788	133710	81078	17474
吉林	70339	70339	47289	31459	15830	9670
黑龙江	178826	177727	110649	72155	38494	4366
上海	199767	195702	104847	92555	12292	922
江苏	1191122	1164322	632520	376704	255816	178766
浙江	626036	597312	338474	239213	99261	38577
安徽	181677	181677	78490	52863	25627	15124
福建	361264	341860	211162	117503	93659	51474
江西	21616	21616	9882	4844	5038	3818
山东	1529045	1520665	801924	512126	289798	195983
河南	715903	705133	430390	256602	173788	114707
湖北	94650	90550	63731	37015	26716	16948
湖南	359313	356526	170210	114592	55618	32728
广东	3619543	3380413	1404018	975507	428511	230666
广西	405416	386560	217963	113630	104333	53661
海南	543588	63188	36304	21471	14833	12676
重庆	489992	486462	218419	135420	82999	39099
四川	400759	376666	223807	121415	102392	60442
贵州	185448	185438	78261	75364	2897	2437
云南	332265	330765	192392	94062	98330	58531
西藏						
陕西	10315	10315	6702	6370	332	301
甘肃	41812	38812	25010	14929	10081	7642
青海						
宁夏						
新疆	254449	250282	127733	78350	49383	13458

教育经费支出明细

单位：千元

公用部分	商品和服务支出	其他资本性支出			基本建设支出
			专项公用支出	专项项目支出	
6673240	**3558303**	**3114937**	**1559805**	**1555132**	**1028333**
642613	226169	416444	313649	102795	
107314	64806	42508	33445	9063	10818
188812	126323	62489	28640	33849	3000
112303	74284	38019	21612	16407	12000
37851	30348	7503	7503		9200
182194	86100	96094	29842	66252	112500
23050	17160	5890	5890		
67078	46154	20924	14229	6695	1099
90855	70340	20515	15983	4532	4065
531802	298192	233610	82311	151299	26800
258838	136673	122165	63438	58727	28724
103187	87419	15768	14790	978	
130698	92886	37812	28826	8986	19404
11734	4055	7679	681	6998	
718741	415239	303502	106133	197369	8380
274743	158789	115954	47416	68538	10770
26819	19952	6867	2883	3984	4100
186316	89640	96676	91034	5642	2787
1976395	960101	1016294	480739	535555	239130
168597	103213	65384	39084	26300	18856
26884	15353	11531	11426	105	480400
268043	100903	167140	34084	133056	3530
152859	72056	80803	30793	50010	24093
107177	106793	384	344	40	10
138373	81817	56556	34841	21715	1500
3613	3403	210	210		
13802	9693	4109	2017	2092	3000
122549	60442	62107	17962	44145	4167

4—30 分地区中央属技工学校

地区	合计	事业性经费支出	个人部分	工资福利支出	对个人和家庭的补助支出	#助学金
合计	**201746**	**201746**	**89638**	**65081**	**24557**	**16431**
北京	68661	68661	14026	11516	2510	772
天津	4315	4315	2815	2015	800	800
河北	8631	8631	7067	6151	916	861
山西						
内蒙古	5182	5182	2885	1622	1263	1263
辽宁						
吉林						
黑龙江	26914	26914	14730	7468	7262	1903
上海						
江苏						
浙江						
安徽	24830	24830	12447	11080	1367	1367
福建						
江西						
山东						
河南						
湖北						
湖南	18049	18049	8733	8031	702	
广东	13251	13251	8015	5061	2954	2954
广西						
海南						
重庆	1391	1391	1207	1207		
四川	25980	25980	14031	8842	5189	4917
贵州						
云南	4542	4542	3682	2088	1594	1594
西藏						
陕西						
甘肃						
青海						
宁夏						
新疆						

教育经费支出明细

单位:千元

公用部分	商品和服务支出	其他资本性支出			基本建设支出
			专项公用支出	专项项目支出	
112108	**41136**	**70972**	**23201**	**47771**	
54635	2883	51752	16136	35616	
1500	1479	21	21		
1564	1482	82	82		
2297	291	2006	2006		
12184	4507	7677	1072	6605	
12383	11693	690	690		
9316	5845	3471	1033	2438	
5236	3224	2012	313	1699	
184	184				
11949	9085	2864	1514	1350	
860	463	397	334	63	

4—31 分地区地方技工学校

地 区	合 计	事业性经费支出				
			个人部分	工资福利支出	对个人和家庭的补助支出	
						#助学金
合 计	**14296659**	**13268326**	**6707194**	**4297209**	**2409985**	**1337117**
北 京	879712	879712	291734	223667	68067	15579
天 津	355487	344669	238855	143402	95453	27738
河 北	507150	504150	316902	177753	139149	109346
山 西	244300	232300	119997	78820	41177	26195
内蒙古	102340	93140	57586	39485	18101	11524
辽 宁	509482	396982	214788	133710	81078	17474
吉 林	70339	70339	47289	31459	15830	9670
黑龙江	151912	150813	95919	64687	31232	2463
上 海	199767	195702	104847	92555	12292	922
江 苏	1191122	1164322	632520	376704	255816	178766
浙 江	626036	597312	338474	239213	99261	38577
安 徽	156847	156847	66043	41783	24260	13757
福 建	361264	341860	211162	117503	93659	51474
江 西	21616	21616	9882	4844	5038	3818
山 东	1529045	1520665	801924	512126	289798	195983
河 南	715903	705133	430390	256602	173788	114707
湖 北	94650	90550	63731	37015	26716	16948
湖 南	341264	338477	161477	106561	54916	32728
广 东	3606292	3367162	1396003	970446	425557	227712
广 西	405416	386560	217963	113630	104333	53661
海 南	543588	63188	36304	21471	14833	12676
重 庆	488601	485071	217212	134213	82999	39099
四 川	374779	350686	209776	112573	97203	55525
贵 州	185448	185438	78261	75364	2897	2437
云 南	327723	326223	188710	91974	96736	56937
西 藏						
陕 西	10315	10315	6702	6370	332	301
甘 肃	41812	38812	25010	14929	10081	7642
青 海						
宁 夏						
新 疆	254449	250282	127733	78350	49383	13458

教育经费支出明细

单位：千元

公用部分	商品和服务支出	其他资本性支出			基本建设支出
			专项公用支出	专项项目支出	
6561132	**3517167**	**3043965**	**1536604**	**1507361**	**1028333**
587978	223286	364692	297513	67179	
105814	63327	42487	33424	9063	10818
187248	124841	62407	28558	33849	3000
112303	74284	38019	21612	16407	12000
35554	30057	5497	5497		9200
182194	86100	96094	29842	66252	112500
23050	17160	5890	5890		
54894	41647	13247	13157	90	1099
90855	70340	20515	15983	4532	4065
531802	298192	233610	82311	151299	26800
258838	136673	122165	63438	58727	28724
90804	75726	15078	14100	978	
130698	92886	37812	28826	8986	19404
11734	4055	7679	681	6998	
718741	415239	303502	106133	197369	8380
274743	158789	115954	47416	68538	10770
26819	19952	6867	2883	3984	4100
177000	83795	93205	90001	3204	2787
1971159	956877	1014282	480426	533856	239130
168597	103213	65384	39084	26300	18856
26884	15353	11531	11426	105	480400
267859	100719	167140	34084	133056	3530
140910	62971	77939	29279	48660	24093
107177	106793	384	344	40	10
137513	81354	56159	34507	21652	1500
3613	3403	210	210		
13802	9693	4109	2017	2092	3000
122549	60442	62107	17962	44145	4167

4－32 分地区成人中等专业学校

地区	合计	事业性经费支出	个人部分	工资福利支出	对个人和家庭的补助支出	#助学金
合计	**6790548**	**6745735**	**4300338**	**2799437**	**1500901**	**428368**
北京	52362	48562	24665	18346	6319	
天津	108771	108771	85510	55325	30185	16
河北	397034	397034	307866	233814	74052	3393
山西	176198	176198	131135	100924	30211	721
内蒙古	200755	190907	141763	96568	45195	4354
辽宁	20687	20687	15583	10647	4936	1675
吉林	305394	305394	244972	147413	97559	842
黑龙江	209288	209288	159425	100653	58772	14995
上海	284160	284160	180299	155137	25162	447
江苏	369022	369022	238668	147420	91248	7097
浙江	513198	513198	268393	198884	69509	11079
安徽	173780	173780	86077	51820	34257	12053
福建	289382	289382	198346	122650	75696	407
江西	128784	128726	79718	51628	28090	563
山东	474141	474141	309255	232186	77069	38636
河南	475933	471086	273456	194412	79044	23608
湖北	214936	214936	123133	62043	61090	36908
湖南	271419	271419	178852	109876	68976	29904
广东	407563	406943	213411	144194	69217	21294
广西	154543	154543	95053	54896	40157	13178
海南	26112	26112	16614	14799	1815	347
重庆	363338	360938	225008	84340	140668	91956
四川	709798	700348	380647	191735	188912	106622
贵州	16580	16580	9337	7224	2113	
云南	145327	145327	108713	73536	35177	
西藏	12521	5771	5526	3979	1547	816
陕西	130036	130036	90177	65478	24699	255
甘肃	49592	45552	37240	25045	12195	2149
青海						
宁夏	26664	26664	19090	11501	7589	2888
新疆	83230	80230	52406	32964	19442	2165

教育经费支出明细

单位：千元

公用部分	商品和服务支出	其他资本性支出			基本建设支出
			专项公用支出	专项项目支出	
2445397	**1650742**	**794655**	**308381**	**486274**	**44813**
23897	16301	7596	6712	884	3800
23261	17657	5604	4530	1074	
89168	76779	12389	8694	3695	
45063	39288	5775	4425	1350	
49144	31770	17374	7152	10222	9848
5104	4988	116	116		
60422	47872	12550	5900	6650	
49863	38944	10919	7522	3397	
103861	94506	9355	7643	1712	
130354	99536	30818	12923	17895	
244805	177883	66922	26904	40018	
87703	49411	38292	9259	29033	
91036	70181	20855	11962	8893	
49008	35838	13170	3000	10170	58
164886	112760	52126	29550	22576	
197630	126496	71134	24591	46543	4847
91803	54752	37051	16116	20935	
92567	62678	29889	9923	19966	
193532	137914	55618	27493	28125	620
59490	34673	24817	12208	12609	
9498	8649	849	755	94	
135930	104443	31487	17791	13696	2400
319701	113892	205809	26681	179128	9450
7243	5667	1576	1576		
36614	30764	5850	4003	1847	
245	245				6750
39859	23284	16575	16338	237	
8312	7766	546	496	50	4040
7574	7224	350	350		
27824	18581	9243	3768	5475	3000

4—33 分地区中央属成人中等专业学校

地区	合计	事业性经费支出	个人部分	工资福利支出	对个人和家庭的补助支出	#助学金
合计	**16846**	**16846**	**13508**	**11042**	**2466**	**5**
北京						
天津						
河北						
山西	2115	2115	1815	1815		
内蒙古						
辽宁						
吉林						
黑龙江	12917	12917	10246	8199	2047	5
上海						
江苏						
浙江						
安徽						
福建						
江西						
山东						
河南						
湖北						
湖南						
广东						
广西						
海南						
重庆						
四川						
贵州						
云南						
西藏						
陕西						
甘肃						
青海						
宁夏						
新疆	1814	1814	1447	1028	419	

教育经费支出明细

单位:千元

公用部分	商品和服务支出	其他资本性支出	专项公用支出	专项项目支出	基本建设支出
3338	**2966**	**372**	**372**		
300	300				
2671	2299	372	372		
367	367				

4—34 分地区地方成人中等专业学校

地区	合计	事业性经费支出	个人部分	工资福利支出	对个人和家庭的补助支出	#助学金
合计	**6773702**	**6728889**	**4286830**	**2788395**	**1498435**	**428363**
北京	52362	48562	24665	18346	6319	
天津	108771	108771	85510	55325	30185	16
河北	397034	397034	307866	233814	74052	3393
山西	174083	174083	129320	99109	30211	721
内蒙古	200755	190907	141763	96568	45195	4354
辽宁	20687	20687	15583	10647	4936	1675
吉林	305394	305394	244972	147413	97559	842
黑龙江	196371	196371	149179	92454	56725	14990
上海	284160	284160	180299	155137	25162	447
江苏	369022	369022	238668	147420	91248	7097
浙江	513198	513198	268393	198884	69509	11079
安徽	173780	173780	86077	51820	34257	12053
福建	289382	289382	198346	122650	75696	407
江西	128784	128726	79718	51628	28090	563
山东	474141	474141	309255	232186	77069	38636
河南	475933	471086	273456	194412	79044	23608
湖北	214936	214936	123133	62043	61090	36908
湖南	271419	271419	178852	109876	68976	29904
广东	407563	406943	213411	144194	69217	21294
广西	154543	154543	95053	54896	40157	13178
海南	26112	26112	16614	14799	1815	347
重庆	363338	360938	225008	84340	140668	91956
四川	709798	700348	380647	191735	188912	106622
贵州	16580	16580	9337	7224	2113	
云南	145327	145327	108713	73536	35177	
西藏	12521	5771	5526	3979	1547	816
陕西	130036	130036	90177	65478	24699	255
甘肃	49592	45552	37240	25045	12195	2149
青海						
宁夏	26664	26664	19090	11501	7589	2888
新疆	81416	78416	50959	31936	19023	2165

教育经费支出明细

单位：千元

公用部分	商品和服务支出	其他资本性支出			基本建设支出
			专项公用支出	专项项目支出	
2442059	**1647776**	**794283**	**308009**	**486274**	**44813**
23897	16301	7596	6712	884	3800
23261	17657	5604	4530	1074	
89168	76779	12389	8694	3695	
44763	38988	5775	4425	1350	
49144	31770	17374	7152	10222	9848
5104	4988	116	116		
60422	47872	12550	5900	6650	
47192	36645	10547	7150	3397	
103861	94506	9355	7643	1712	
130354	99536	30818	12923	17895	
244805	177883	66922	26904	40018	
87703	49411	38292	9259	29033	
91036	70181	20855	11962	8893	
49008	35838	13170	3000	10170	58
164886	112760	52126	29550	22576	
197630	126496	71134	24591	46543	4847
91803	54752	37051	16116	20935	
92567	62678	29889	9923	19966	
193532	137914	55618	27493	28125	620
59490	34673	24817	12208	12609	
9498	8649	849	755	94	
135930	104443	31487	17791	13696	2400
319701	113892	205809	26681	179128	9450
7243	5667	1576	1576		
36614	30764	5850	4003	1847	
245	245				6750
39859	23284	16575	16338	237	
8312	7766	546	496	50	4040
7574	7224	350	350		
27457	18214	9243	3768	5475	3000

4—35 分地区中学

地区	合计	事业性经费支出	个人部分	工资福利支出	对个人和家庭的补助支出	#助学金
合计	**470874539**	**454527661**	**292935041**	**225555983**	**67379058**	**13301251**
北京	13000081	11981896	7103603	4723087	2380516	81672
天津	6796371	6796371	4934572	3198557	1736015	10391
河北	19617683	19192468	12800211	10431345	2368866	538215
山西	12979670	12548127	7477809	6331613	1146196	396593
内蒙古	10243409	9908798	6410504	5012834	1397670	458924
辽宁	14829540	14698809	10191205	6946765	3244440	207596
吉林	9110982	8929254	5796031	4160446	1635585	177636
黑龙江	11175726	10929345	7551893	5665357	1886536	120924
上海	14019648	13752392	8915219	7711355	1203864	221691
江苏	33731166	32063377	22618465	17224897	5393568	268401
浙江	28772803	28336536	19015344	15711484	3303860	664197
安徽	17851501	17229586	11026879	8658360	2368519	310389
福建	14441838	14056308	9452652	7370469	2082183	340508
江西	10836069	10446047	6437087	4877339	1559748	523609
山东	28938407	28853184	18761282	15524132	3237150	684279
河南	24666995	24224228	15262037	11657888	3604149	718700
湖北	18628586	18098470	11731134	8649690	3081444	609244
湖南	19780432	19307771	12122539	9399254	2723285	302032
广东	40828165	39548590	24122176	19113941	5008235	892376
广西	11769518	11497253	8022073	5453808	2568265	980348
海南	3438454	2962526	1913673	1663653	250020	63556
重庆	10654987	10241058	6332529	4586743	1745786	339802
四川	28399524	27535938	15764229	11651352	4112877	1198836
贵州	8733991	8564147	5995976	4505540	1490436	324650
云南	13497401	12234649	8539113	6371839	2167274	1061484
西藏	1734874	1412254	1021110	725855	295255	168500
陕西	15591892	14638679	8530061	6812153	1717908	649422
甘肃	9633839	8906583	5480938	4136187	1344751	530841
青海	2511217	2159491	1524480	1140747	383733	113379
宁夏	2937059	2662133	1449712	1130551	319161	103383
新疆	11722711	10811393	6630505	5008742	1621763	239673

教育经费支出明细

单位:千元

公用部分	商品和服务支出	其他资本性支出	专项公用支出	专项项目支出	基本建设支出
161592620	**86758295**	**74834325**	**23556798**	**51277527**	**16346878**
4878293	2744908	2133385	882270	1251115	1018185
1861799	927451	934348	316034	618314	
6392257	3733078	2659179	791445	1867734	425215
5070318	2835851	2234467	629878	1604589	431543
3498294	1910274	1588020	343172	1244848	334611
4507604	2637525	1870079	542278	1327801	130731
3133223	1851769	1281454	389852	891602	181728
3377452	2408810	968642	364352	604290	246381
4837173	2987718	1849455	1409194	440261	267256
9444912	5208515	4236397	1803258	2433139	1667789
9321192	4354321	4966871	1274288	3692583	436267
6202707	3214436	2988271	901302	2086969	621915
4603656	2551519	2052137	738963	1313174	385530
4008960	1726175	2282785	518437	1764348	390022
10091902	4836711	5255191	1417257	3837934	85223
8962191	5902621	3059570	1022197	2037373	442767
6367336	3623056	2744280	923599	1820681	530116
7185232	3805599	3379633	1734430	1645203	472661
15426414	9596639	5829775	2311486	3518289	1279575
3475180	1809044	1666136	540759	1125377	272265
1048853	535443	513410	135730	377680	475928
3908529	2182729	1725800	473779	1252021	413929
11771709	4202351	7569358	1389790	6179568	863586
2568171	1833791	734380	370659	363721	169844
3695536	1812890	1882646	449590	1433056	1262752
391144	158335	232809	14803	218006	322620
6108618	2845409	3263209	704715	2558494	953213
3425645	1508086	1917559	341712	1575847	727256
635011	365731	269280	119930	149350	351726
1212421	421144	791277	207126	584151	274926
4180888	2226366	1954522	494513	1460009	911318

4—36 分地区中央属中学

地 区	合 计	事业性经费支出	个人部分	工资福利支出	对个人和家庭的补助支出	#助学金
合 计	**2352138**	**2189372**	**1444459**	**1041717**	**402742**	**50441**
北 京	391374	391374	231773	157879	73894	691
天 津						
河 北	511	511	364	364		
山 西	11617	11617	8798	8498	300	
内蒙古						
辽 宁						
吉 林	106386	105586	66596	43147	23449	1769
黑龙江	165393	150515	87299	71478	15821	2430
上 海	124549	124549	65504	59015	6489	1568
江 苏						
浙 江						
安 徽						
福 建						
江 西						
山 东						
河 南						
湖 北	46010	46010	37770	26084	11686	89
湖 南						
广 东	14961	14961	10027	8344	1683	175
广 西						
海 南	8568	8568	7817	3315	4502	
重 庆	82360	82360	33806	25034	8772	417
四 川	23260	23260	16492	11559	4933	112
贵 州						
云 南	23080	23080				
西 藏						
陕 西	11321	11321	10029	7957	2072	
甘 肃						
青 海						
宁 夏						
新 疆	1342748	1195660	868184	619043	249141	43190

教育经费支出明细

单位:千元

公用部分	商品和服务支出	其他资本性支出	专项公用支出	专项项目支出	基本建设支出
744913	**368973**	**375940**	**160450**	**215490**	**162766**
159601	76041	83560	21197	62363	
147	147				
2819	2819				
38990	17214	21776	9241	12535	800
63216	32542	30674	7729	22945	14878
59045	34564	24481	16024	8457	
8240	7270	970	970		
4934	2796	2138	540	1598	
751	714	37	37		
48554	10041	38513	38513		
6768	6109	659	599	60	
23080		23080		23080	
1292	1242	50	10	40	
327476	177474	150002	65590	84412	147088

4—37 分地区地方中学

地　区	合　计	事业性经费支出	个人部分	工资福利支出	对个人和家庭的补助支出	#助学金
合　计	**468522401**	**452338289**	**291490582**	**224514266**	**66976316**	**13250810**
北　京	12608707	11590522	6871830	4565208	2306622	80981
天　津	6796371	6796371	4934572	3198557	1736015	10391
河　北	19617172	19191957	12799847	10430981	2368866	538215
山　西	12968053	12536510	7469011	6323115	1145896	396593
内蒙古	10243409	9908798	6410504	5012834	1397670	458924
辽　宁	14829540	14698809	10191205	6946765	3244440	207596
吉　林	9004596	8823668	5729435	4117299	1612136	175867
黑龙江	11010333	10778830	7464594	5593879	1870715	118494
上　海	13895099	13627843	8849715	7652340	1197375	220123
江　苏	33731166	32063377	22618465	17224897	5393568	268401
浙　江	28772803	28336536	19015344	15711484	3303860	664197
安　徽	17851501	17229586	11026879	8658360	2368519	310389
福　建	14441838	14056308	9452652	7370469	2082183	340508
江　西	10836069	10446047	6437087	4877339	1559748	523609
山　东	28938407	28853184	18761282	15524132	3237150	684279
河　南	24666995	24224228	15262037	11657888	3604149	718700
湖　北	18582576	18052460	11693364	8623606	3069758	609155
湖　南	19780432	19307771	12122539	9399254	2723285	302032
广　东	40813204	39533629	24112149	19105597	5006552	892201
广　西	11769518	11497253	8022073	5453808	2568265	980348
海　南	3429886	2953958	1905856	1660338	245518	63556
重　庆	10572627	10158698	6298723	4561709	1737014	339385
四　川	28376264	27512678	15747737	11639793	4107944	1198724
贵　州	8733991	8564147	5995976	4505540	1490436	324650
云　南	13474321	12211569	8539113	6371839	2167274	1061484
西　藏	1734874	1412254	1021110	725855	295255	168500
陕　西	15580571	14627358	8520032	6804196	1715836	649422
甘　肃	9633839	8906583	5480938	4136187	1344751	530841
青　海	2511217	2159491	1524480	1140747	383733	113379
宁　夏	2937059	2662133	1449712	1130551	319161	103383
新　疆	10379963	9615733	5762321	4389699	1372622	196483

教育经费支出明细

单位：千元

公用部分	商品和服务支出	其他资本性支出	专项公用支出	专项项目支出	基本建设支出
160847707	**86389322**	**74458385**	**23396348**	**51062037**	**16184112**
4718692	2668867	2049825	861073	1188752	1018185
1861799	927451	934348	316034	618314	
6392110	3732931	2659179	791445	1867734	425215
5067499	2833032	2234467	629878	1604589	431543
3498294	1910274	1588020	343172	1244848	334611
4507604	2637525	1870079	542278	1327801	130731
3094233	1834555	1259678	380611	879067	180928
3314236	2376268	937968	356623	581345	231503
4778128	2953154	1824974	1393170	431804	267256
9444912	5208515	4236397	1803258	2433139	1667789
9321192	4354321	4966871	1274288	3692583	436267
6202707	3214436	2988271	901302	2086969	621915
4603656	2551519	2052137	738963	1313174	385530
4008960	1726175	2282785	518437	1764348	390022
10091902	4836711	5255191	1417257	3837934	85223
8962191	5902621	3059570	1022197	2037373	442767
6359096	3615786	2743310	922629	1820681	530116
7185232	3805599	3379633	1734430	1645203	472661
15421480	9593843	5827637	2310946	3516691	1279575
3475180	1809044	1666136	540759	1125377	272265
1048102	534729	513373	135693	377680	475928
3859975	2172688	1687287	435266	1252021	413929
11764941	4196242	7568699	1389191	6179508	863586
2568171	1833791	734380	370659	363721	169844
3672456	1812890	1859566	449590	1409976	1262752
391144	158335	232809	14803	218006	322620
6107326	2844167	3263159	704705	2558454	953213
3425645	1508086	1917559	341712	1575847	727256
635011	365731	269280	119930	149350	351726
1212421	421144	791277	207126	584151	274926
3853412	2048892	1804520	428923	1375597	764230

4—38 分地区普通中学

地区	合计	事业性经费支出	个人部分	工资福利支出	对个人和家庭的补助支出	#助学金
合计	**470406299**	**454062921**	**292713276**	**225372800**	**67340476**	**13298345**
北京	13000081	11981896	7103603	4723087	2380516	81672
天津	6795523	6795523	4933777	3198319	1735458	10391
河北	19615003	19189788	12798351	10429654	2368697	538215
山西	12979670	12548127	7477809	6331613	1146196	396593
内蒙古	10243409	9908798	6410504	5012834	1397670	458924
辽宁	14829540	14698809	10191205	6946765	3244440	207596
吉林	9108371	8926643	5793884	4159563	1634321	177636
黑龙江	11175726	10929345	7551893	5665357	1886536	120924
上海	13937739	13670483	8873214	7675849	1197365	221592
江苏	33691879	32024090	22590308	17202810	5387498	267418
浙江	28531051	28094784	18906876	15618461	3288415	662628
安徽	17851501	17229586	11026879	8658360	2368519	310389
福建	14438329	14052799	9449408	7368247	2081161	340508
江西	10836069	10446047	6437087	4877339	1559748	523609
山东	28938407	28853184	18761282	15524132	3237150	684279
河南	24643226	24200459	15246144	11646008	3600136	718700
湖北	18626052	18095936	11729363	8648010	3081353	609244
湖南	19780432	19307771	12122539	9399254	2723285	302032
广东	40812778	39533203	24115867	19109021	5006846	892349
广西	11769518	11497253	8022073	5453808	2568265	980348
海南	3438454	2962526	1913673	1663653	250020	63556
重庆	10654707	10240778	6332529	4586743	1745786	339802
四川	28397759	27534173	15762714	11650091	4112623	1198836
贵州	8733991	8564147	5995976	4505540	1490436	324650
云南	13497401	12234649	8539113	6371839	2167274	1061484
西藏	1734874	1412254	1021110	725855	295255	168500
陕西	15542241	14592528	8522506	6805457	1717049	649194
甘肃	9633839	8906583	5480938	4136187	1344751	530841
青海	2511217	2159491	1524480	1140747	383733	113379
宁夏	2937059	2662133	1449712	1130551	319161	103383
新疆	11720453	10809135	6628459	5007646	1620813	239673

教育经费支出明细

单位：千元

公用部分	商品和服务支出	其他资本性支出	专项公用支出	专项项目支出	基本建设支出
161349645	**86586652**	**74762993**	**23542881**	**51220112**	**16343378**
4878293	2744908	2133385	882270	1251115	1018185
1861746	927398	934348	316034	618314	
6391437	3732268	2659169	791435	1867734	425215
5070318	2835851	2234467	629878	1604589	431543
3498294	1910274	1588020	343172	1244848	334611
4507604	2637525	1870079	542278	1327801	130731
3132759	1851314	1281445	389843	891602	181728
3377452	2408810	968642	364352	604290	246381
4797269	2950949	1846320	1407278	439042	267256
9433782	5198562	4235220	1802081	2433139	1667789
9187908	4246039	4941869	1266187	3675682	436267
6202707	3214436	2988271	901302	2086969	621915
4603391	2551285	2052106	738932	1313174	385530
4008960	1726175	2282785	518437	1764348	390022
10091902	4836711	5255191	1417257	3837934	85223
8954315	5896842	3057473	1020100	2037373	442767
6366573	3622329	2744244	923563	1820681	530116
7185232	3805599	3379633	1734430	1645203	472661
15417336	9590478	5826858	2310946	3515912	1279575
3475180	1809044	1666136	540759	1125377	272265
1048853	535443	513410	135730	377680	475928
3908249	2182449	1725800	473779	1252021	413929
11771459	4202101	7569358	1389790	6179568	863586
2568171	1833791	734380	370659	363721	169844
3695536	1812890	1882646	449590	1433056	1262752
391144	158335	232809	14803	218006	322620
6070022	2843731	3226291	704715	2521576	949713
3425645	1508086	1917559	341712	1575847	727256
635011	365731	269280	119930	149350	351726
1212421	421144	791277	207126	584151	274926
4180676	2226154	1954522	494513	1460009	911318

4－39 分地区中央属普通中学

地 区	合 计	事业性经费支出				
			个人部分			
				工资福利支出	对个人和家庭的补助支出	
						#助学金
合 计	**2352138**	**2189372**	**1444459**	**1041717**	**402742**	**50441**
北 京	391374	391374	231773	157879	73894	691
天 津						
河 北	511	511	364	364		
山 西	11617	11617	8798	8498	300	
内蒙古						
辽 宁						
吉 林	106386	105586	66596	43147	23449	1769
黑龙江	165393	150515	87299	71478	15821	2430
上 海	124549	124549	65504	59015	6489	1568
江 苏						
浙 江						
安 徽						
福 建						
江 西						
山 东						
河 南						
湖 北	46010	46010	37770	26084	11686	89
湖 南						
广 东	14961	14961	10027	8344	1683	175
广 西						
海 南	8568	8568	7817	3315	4502	
重 庆	82360	82360	33806	25034	8772	417
四 川	23260	23260	16492	11559	4933	112
贵 州						
云 南	23080	23080				
西 藏						
陕 西	11321	11321	10029	7957	2072	
甘 肃						
青 海						
宁 夏						
新 疆	1342748	1195660	868184	619043	249141	43190

教育经费支出明细

单位：千元

公用部分	商品和服务支出	其他资本性支出			基本建设支出
			专项公用支出	专项项目支出	
744913	**368973**	**375940**	**160450**	**215490**	**162766**
159601	76041	83560	21197	62363	
147	147				
2819	2819				
38990	17214	21776	9241	12535	800
63216	32542	30674	7729	22945	14878
59045	34564	24481	16024	8457	
8240	7270	970	970		
4934	2796	2138	540	1598	
751	714	37	37		
48554	10041	38513	38513		
6768	6109	659	599	60	
23080		23080		23080	
1292	1242	50	10	40	
327476	177474	150002	65590	84412	147088

4—40 分地区地方普通中学

地区	合计	事业性经费支出				
			个人部分			
				工资福利支出	对个人和家庭的补助支出	
						#助学金
合计	**468054161**	**451873549**	**291268817**	**224331083**	**66937734**	**13247904**
北京	12608707	11590522	6871830	4565208	2306622	80981
天津	6795523	6795523	4933777	3198319	1735458	10391
河北	19614492	19189277	12797987	10429290	2368697	538215
山西	12968053	12536510	7469011	6323115	1145896	396593
内蒙古	10243409	9908798	6410504	5012834	1397670	458924
辽宁	14829540	14698809	10191205	6946765	3244440	207596
吉林	9001985	8821057	5727288	4116416	1610872	175867
黑龙江	11010333	10778830	7464594	5593879	1870715	118494
上海	13813190	13545934	8807710	7616834	1190876	220024
江苏	33691879	32024090	22590308	17202810	5387498	267418
浙江	28531051	28094784	18906876	15618461	3288415	662628
安徽	17851501	17229586	11026879	8658360	2368519	310389
福建	14438329	14052799	9449408	7368247	2081161	340508
江西	10836069	10446047	6437087	4877339	1559748	523609
山东	28938407	28853184	18761282	15524132	3237150	684279
河南	24643226	24200459	15246144	11646008	3600136	718700
湖北	18580042	18049926	11691593	8621926	3069667	609155
湖南	19780432	19307771	12122539	9399254	2723285	302032
广东	40797817	39518242	24105840	19100677	5005163	892174
广西	11769518	11497253	8022073	5453808	2568265	980348
海南	3429886	2953958	1905856	1660338	245518	63556
重庆	10572347	10158418	6298723	4561709	1737014	339385
四川	28374499	27510913	15746222	11638532	4107690	1198724
贵州	8733991	8564147	5995976	4505540	1490436	324650
云南	13474321	12211569	8539113	6371839	2167274	1061484
西藏	1734874	1412254	1021110	725855	295255	168500
陕西	15530920	14581207	8512477	6797500	1714977	649194
甘肃	9633839	8906583	5480938	4136187	1344751	530841
青海	2511217	2159491	1524480	1140747	383733	113379
宁夏	2937059	2662133	1449712	1130551	319161	103383
新疆	10377705	9613475	5760275	4388603	1371672	196483

教育经费支出明细

单位：千元

公用部分	商品和服务支出	其他资本性支出	专项公用支出	专项项目支出	基本建设支出
160604732	**86217679**	**74387053**	**23382431**	**51004622**	**16180612**
4718692	2668867	2049825	861073	1188752	1018185
1861746	927398	934348	316034	618314	
6391290	3732121	2659169	791435	1867734	425215
5067499	2833032	2234467	629878	1604589	431543
3498294	1910274	1588020	343172	1244848	334611
4507604	2637525	1870079	542278	1327801	130731
3093769	1834100	1259669	380602	879067	180928
3314236	2376268	937968	356623	581345	231503
4738224	2916385	1821839	1391254	430585	267256
9433782	5198562	4235220	1802081	2433139	1667789
9187908	4246039	4941869	1266187	3675682	436267
6202707	3214436	2988271	901302	2086969	621915
4603391	2551285	2052106	738932	1313174	385530
4008960	1726175	2282785	518437	1764348	390022
10091902	4836711	5255191	1417257	3837934	85223
8954315	5896842	3057473	1020100	2037373	442767
6358333	3615059	2743274	922593	1820681	530116
7185232	3805599	3379633	1734430	1645203	472661
15412402	9587682	5824720	2310406	3514314	1279575
3475180	1809044	1666136	540759	1125377	272265
1048102	534729	513373	135693	377680	475928
3859695	2172408	1687287	435266	1252021	413929
11764691	4195992	7568699	1389191	6179508	863586
2568171	1833791	734380	370659	363721	169844
3672456	1812890	1859566	449590	1409976	1262752
391144	158335	232809	14803	218006	322620
6068730	2842489	3226241	704705	2521536	949713
3425645	1508086	1917559	341712	1575847	727256
635011	365731	269280	119930	149350	351726
1212421	421144	791277	207126	584151	274926
3853200	2048680	1804520	428923	1375597	764230

4—41 分地区普通高中

地区	合计	事业性经费支出	个人部分	工资福利支出	对个人和家庭的补助支出	#助学金
合计	**169622127**	**164731120**	**97648944**	**77331152**	**20317792**	**2084132**
北京	5424492	4947531	2948051	1937051	1011000	27785
天津	2874623	2874623	1973142	1238135	735007	5711
河北	7085832	7040529	4166905	3530197	636708	34009
山西	5050550	4872097	2556597	2228331	328266	43202
内蒙古	3824423	3758283	2154033	1756521	397512	66844
辽宁	4703437	4635847	2998131	2136302	861829	29970
吉林	3063352	3055560	1818125	1357621	460504	11864
黑龙江	3678126	3638317	2171286	1657564	513722	55092
上海	5673541	5498916	3201129	2809605	391524	49198
江苏	13755386	12730986	8368824	6469195	1899629	153476
浙江	10826971	10633381	6709509	5720085	989424	101009
安徽	6647664	6428034	3699896	2966716	733180	44976
福建	5811016	5651840	3610041	2789564	820477	47039
江西	3780141	3700000	2224033	1676095	547938	182049
山东	10730118	10726440	6171319	5157788	1013531	167621
河南	8167479	8112906	4305522	3497341	808181	105605
湖北	6618239	6604873	3905821	3137376	768445	62794
湖南	7172723	7098582	4182409	3420198	762211	61890
广东	16818228	16069304	8887302	7124153	1763149	95159
广西	3758367	3719954	2237479	1645278	592201	71488
海南	1000783	898415	605806	537421	68385	14269
重庆	3578149	3488449	2077200	1538697	538503	71709
四川	8816280	8773311	4678336	3603411	1074925	165371
贵州	2606885	2589341	1666248	1225124	441124	34044
云南	3689446	3615454	2421291	1891367	529924	84196
西藏	442916	279553	233294	172318	60976	29285
陕西	5148022	4973051	2726100	2290097	436003	109564
甘肃	3273479	3088072	1821735	1446498	375237	34416
青海	926970	830403	587538	449387	138151	21347
宁夏	1091639	1079590	515780	403968	111812	21972
新疆	3582850	3317478	2026062	1517748	508314	81178

教育经费支出明细

单位：千元

公用部分	商品和服务支出	其他资本性支出	专项公用支出	专项项目支出	基本建设支出
67082176	**36220047**	**30862129**	**10935869**	**19926260**	**4891007**
1999480	1145939	853541	337410	516131	476961
901481	440934	460547	90320	370227	
2873624	1584255	1289369	382679	906690	45303
2315500	1254130	1061370	329825	731545	178453
1604250	918584	685666	164305	521361	66140
1637716	1077077	560639	207496	353143	67590
1237435	798663	438772	164777	273995	7792
1467031	1088833	378198	195432	182766	39809
2297787	1102269	1195518	1046840	148678	174625
4362162	2317008	2045154	944656	1100498	1024400
3923872	1908779	2015093	511404	1503689	193590
2728138	1391939	1336199	409011	927188	219630
2041799	1094300	947499	325108	622391	159176
1475967	723023	752944	202123	550821	80141
4555121	2409520	2145601	621580	1524021	3678
3807384	2345595	1461789	496699	965090	54573
2699052	1527713	1171339	427160	744179	13366
2916173	1693751	1222422	669371	553051	74141
7182002	4241645	2940357	1113347	1827010	748924
1482475	658937	823538	278611	544927	38413
292609	174247	118362	41653	76709	102368
1411249	714191	697058	239851	457207	89700
4094975	1543335	2551640	546688	2004952	42969
923093	629502	293591	145309	148282	17544
1194163	609061	585102	186382	398720	73992
46259	41440	4819	4403	416	163363
2246951	1188448	1058503	327801	730702	174971
1266337	628139	638198	166666	471532	185407
242865	131000	111865	67845	44020	96567
563810	176778	387032	120990	266042	12049
1291416	661012	630404	170127	460277	265372

4—42 分地区中央属普通高中

地区	合计	事业性经费支出	个人部分	工资福利支出	对个人和家庭的补助支出	＃助学金
合计	**1227218**	**1136581**	**684461**	**502915**	**181546**	**13802**
北京	298897	298897	180959	123058	57901	432
天津						
河北						
山西	3474	3474	2515	2515		
内蒙古						
辽宁						
吉林	86508	85708	49364	32834	16530	1727
黑龙江	92034	83394	39786	29198	10588	1622
上海	124549	124549	65504	59015	6489	1568
江苏						
浙江						
安徽						
福建						
江西						
山东						
河南						
湖北	31871	31871	26156	18976	7180	63
湖南						
广东	11943	11943	7736	6597	1139	66
广西						
海南	5419	5419	4939	2095	2844	
重庆	57074	57074	23427	17347	6080	289
四川	12318	12318	8583	6164	2419	41
贵州						
云南	23080	23080				
西藏						
陕西	11321	11321	10029	7957	2072	
甘肃						
青海						
宁夏						
新疆	468730	387533	265463	197159	68304	7994

教育经费支出明细

单位：千元

公用部分	商品和服务支出	其他资本性支出	专项公用支出	专项项目支出	基本建设支出
452120	**204153**	**247967**	**102997**	**144970**	**90637**
117938	52311	65627	12891	52736	
959	959				
36344	15324	21020	9142	11878	800
43608	18082	25526	6571	18955	8640
59045	34564	24481	16024	8457	
5715	5103	612	612		
4207	2105	2102	504	1598	
480	456	24	24		
33647	6962	26685	26685		
3735	3355	380	347	33	
23080		23080		23080	
1292	1242	50	10	40	
122070	63690	58380	30187	28193	81197

4—43 分地区地方普通高中

地区	合计	事业性经费支出	个人部分	工资福利支出	对个人和家庭的补助支出	#助学金
合计	**168394909**	**163594539**	**96964483**	**76828237**	**20136246**	**2070330**
北京	5125595	4648634	2767092	1813993	953099	27353
天津	2874623	2874623	1973142	1238135	735007	5711
河北	7085832	7040529	4166905	3530197	636708	34009
山西	5047076	4868623	2554082	2225816	328266	43202
内蒙古	3824423	3758283	2154033	1756521	397512	66844
辽宁	4703437	4635847	2998131	2136302	861829	29970
吉林	2976844	2969852	1768761	1324787	443974	10137
黑龙江	3586092	3554923	2131500	1628366	503134	53470
上海	5548992	5374367	3135625	2750590	385035	47630
江苏	13755386	12730986	8368824	6469195	1899629	153476
浙江	10826971	10633381	6709509	5720085	989424	101009
安徽	6647664	6428034	3699896	2966716	733180	44976
福建	5811016	5651840	3610041	2789564	820477	47039
江西	3780141	3700000	2224033	1676095	547938	182049
山东	10730118	10726440	6171319	5157788	1013531	167621
河南	8167479	8112906	4305522	3497341	808181	105605
湖北	6586368	6573002	3879665	3118400	761265	62731
湖南	7172723	7098582	4182409	3420198	762211	61890
广东	16806285	16057361	8879566	7117556	1762010	95093
广西	3758367	3719954	2237479	1645278	592201	71488
海南	995364	892996	600867	535326	65541	14269
重庆	3521075	3431375	2053773	1521350	532423	71420
四川	8803962	8760993	4669753	3597247	1072506	165330
贵州	2606885	2589341	1666248	1225124	441124	34044
云南	3666366	3592374	2421291	1891367	529924	84196
西藏	442916	279553	233294	172318	60976	29285
陕西	5136701	4961730	2716071	2282140	433931	109564
甘肃	3273479	3088072	1821735	1446498	375237	34416
青海	926970	830403	587538	449387	138151	21347
宁夏	1091639	1079590	515780	403968	111812	21972
新疆	3114120	2929945	1760599	1320589	440010	73184

教育经费支出明细

单位：千元

公用部分	商品和服务支出	其他资本性支出			基本建设支出
			专项公用支出	专项项目支出	
66630056	**36015894**	**30614162**	**10832872**	**19781290**	**4800370**
1881542	1093628	787914	324519	463395	476961
901481	440934	460547	90320	370227	
2873624	1584255	1289369	382679	906690	45303
2314541	1253171	1061370	329825	731545	178453
1604250	918584	685666	164305	521361	66140
1637716	1077077	560639	207496	353143	67590
1201091	783339	417752	155635	262117	6992
1423423	1070751	352672	188861	163811	31169
2238742	1067705	1171037	1030816	140221	174625
4362162	2317008	2045154	944656	1100498	1024400
3923872	1908779	2015093	511404	1503689	193590
2728138	1391939	1336199	409011	927188	219630
2041799	1094300	947499	325108	622391	159176
1475967	723023	752944	202123	550821	80141
4555121	2409520	2145601	621580	1524021	3678
3807384	2345595	1461789	496699	965090	54573
2693337	1522610	1170727	426548	744179	13366
2916173	1693751	1222422	669371	553051	74141
7177795	4239540	2938255	1112843	1825412	748924
1482475	658937	823538	278611	544927	38413
292129	173791	118338	41629	76709	102368
1377602	707229	670373	213166	457207	89700
4091240	1539980	2551260	546341	2004919	42969
923093	629502	293591	145309	148282	17544
1171083	609061	562022	186382	375640	73992
46259	41440	4819	4403	416	163363
2245659	1187206	1058453	327791	730662	174971
1266337	628139	638198	166666	471532	185407
242865	131000	111865	67845	44020	96567
563810	176778	387032	120990	266042	12049
1169346	597322	572024	139940	432084	184175

4—44 分地区农村高中

地区	合计	事业性经费支出	个人部分	工资福利支出	对个人和家庭的补助支出	＃助学金
合计	**23525584**	**23120878**	**14467580**	**11963951**	**2503629**	**363298**
北京	548456	470950	259323	193755	65568	3984
天津	411616	411616	278045	217782	60263	1488
河北	624670	624670	445858	400313	45545	4020
山西	306603	296113	179286	158144	21142	6669
内蒙古	149492	148346	96084	78976	17108	2035
辽宁	263378	263378	170547	133842	36705	835
吉林	151064	149381	105955	85254	20701	1221
黑龙江	187902	185678	124662	104354	20308	1048
上海	169969	169969	113830	94705	19125	2811
江苏	2817986	2706099	1772691	1447310	325381	41005
浙江	2454998	2440315	1604154	1406939	197215	25098
安徽	1377882	1351334	759715	631565	128150	15005
福建	1881996	1872458	1212072	987085	224987	16425
江西	350916	349746	192208	153749	38459	16451
山东	951427	951419	618625	511469	107156	19385
河南	819780	803595	478111	396263	81848	12473
湖北	767054	759181	478074	403802	74272	9018
湖南	1451335	1447984	938406	806062	132344	15000
广东	2113557	2105013	1120907	939950	180957	20224
广西	277304	274489	201922	147817	54105	10980
海南	115710	108351	80142	68449	11693	1697
重庆	896141	886127	549455	420094	129361	25643
四川	1895542	1891598	1063091	851653	211438	45475
贵州	315062	311350	206536	163661	42875	6974
云南	388826	382868	276245	217671	58574	15700
西藏						
陕西	956181	932745	595383	502848	92535	22465
甘肃	567620	538339	339737	286904	52833	11024
青海	38154	38154	31957	27087	4870	1592
宁夏	35521	28057	22095	15367	6728	854
新疆	239442	221555	152464	111081	41383	6699

教育经费支出明细

单位：千元

公用部分	商品和服务支出	其他资本性支出			基本建设支出
			专项公用支出	专项项目支出	
8653298	**4931168**	**3722130**	**1196164**	**2525966**	**404706**
211627	119917	91710	28118	63592	77506
133571	49600	83971	8344	75627	
178812	128052	50760	19810	30950	
116827	75722	41105	10096	31009	10490
52262	43380	8882	4548	4334	1146
92831	58306	34525	9257	25268	
43426	29003	14423	5321	9102	1683
61016	48455	12561	6385	6176	2224
56139	52524	3615	3321	294	
933408	467557	465851	249241	216610	111887
836161	452800	383361	116393	266968	14683
591619	333320	258299	74618	183681	26548
660386	385937	274449	96896	177553	9538
157538	59203	98335	17202	81133	1170
332794	213562	119232	49148	70084	8
325484	218860	106624	27894	78730	16185
281107	172766	108341	38904	69437	7873
509578	361725	147853	84451	63402	3351
984106	578477	405629	143983	261646	8544
72567	46884	25683	11343	14340	2815
28209	19250	8959	2994	5965	7359
336672	172684	163988	32350	131638	10014
828507	343447	485060	61390	423670	3944
104814	66813	38001	14640	23361	3712
106623	54405	52218	10730	41488	5958
337362	237587	99775	38047	61728	23436
198602	97671	100931	17447	83484	29281
6197	5159	1038	834	204	
5962	4907	1055	248	807	7464
69091	33195	35896	12211	23685	17887

4—45 分地区中央属农村高中

地　区	合　计	事业性经费支出	个人部分	工资福利支出	对个人和家庭的补助支出	#助学金
合　计	**154849**	**141175**	**102319**	**69060**	**33259**	**5137**
北　京						
天　津						
河　北						
山　西						
内蒙古						
辽　宁						
吉　林						
黑龙江						
上　海						
江　苏						
浙　江						
安　徽						
福　建						
江　西						
山　东						
河　南						
湖　北						
湖　南						
广　东						
广　西						
海　南	5419	5419	4939	2095	2844	
重　庆						
四　川						
贵　州						
云　南						
西　藏						
陕　西						
甘　肃						
青　海						
宁　夏						
新　疆	149430	135756	97380	66965	30415	5137

教育经费支出明细

单位：千元

公用部分	商品和服务支出	其他资本性支出			基本建设支出
			专项公用支出	专项项目支出	
38856	**18749**	**20107**	**5760**	**14347**	**13674**
480	456	24	24		
38376	18293	20083	5736	14347	13674

4—46 分地区地方农村高中

地区	合计	事业性经费支出	个人部分	工资福利支出	对个人和家庭的补助支出	#助学金
合计	**23370735**	**22979703**	**14365261**	**11894891**	**2470370**	**358161**
北京	548456	470950	259323	193755	65568	3984
天津	411616	411616	278045	217782	60263	1488
河北	624670	624670	445858	400313	45545	4020
山西	306603	296113	179286	158144	21142	6669
内蒙古	149492	148346	96084	78976	17108	2035
辽宁	263378	263378	170547	133842	36705	835
吉林	151064	149381	105955	85254	20701	1221
黑龙江	187902	185678	124662	104354	20308	1048
上海	169969	169969	113830	94705	19125	2811
江苏	2817986	2706099	1772691	1447310	325381	41005
浙江	2454998	2440315	1604154	1406939	197215	25098
安徽	1377882	1351334	759715	631565	128150	15005
福建	1881996	1872458	1212072	987085	224987	16425
江西	350916	349746	192208	153749	38459	16451
山东	951427	951419	618625	511469	107156	19385
河南	819780	803595	478111	396263	81848	12473
湖北	767054	759181	478074	403802	74272	9018
湖南	1451335	1447984	938406	806062	132344	15000
广东	2113557	2105013	1120907	939950	180957	20224
广西	277304	274489	201922	147817	54105	10980
海南	110291	102932	75203	66354	8849	1697
重庆	896141	886127	549455	420094	129361	25643
四川	1895542	1891598	1063091	851653	211438	45475
贵州	315062	311350	206536	163661	42875	6974
云南	388826	382868	276245	217671	58574	15700
西藏						
陕西	956181	932745	595383	502848	92535	22465
甘肃	567620	538339	339737	286904	52833	11024
青海	38154	38154	31957	27087	4870	1592
宁夏	35521	28057	22095	15367	6728	854
新疆	90012	85799	55084	44116	10968	1562

教育经费支出明细

单位:千元

公用部分	商品和服务支出	其他资本性支出			基本建设支出
			专项公用支出	专项项目支出	
8614442	**4912419**	**3702023**	**1190404**	**2511619**	**391032**
211627	119917	91710	28118	63592	77506
133571	49600	83971	8344	75627	
178812	128052	50760	19810	30950	
116827	75722	41105	10096	31009	10490
52262	43380	8882	4548	4334	1146
92831	58306	34525	9257	25268	
43426	29003	14423	5321	9102	1683
61016	48455	12561	6385	6176	2224
56139	52524	3615	3321	294	
933408	467557	465851	249241	216610	111887
836161	452800	383361	116393	266968	14683
591619	333320	258299	74618	183681	26548
660386	385937	274449	96896	177553	9538
157538	59203	98335	17202	81133	1170
332794	213562	119232	49148	70084	8
325484	218860	106624	27894	78730	16185
281107	172766	108341	38904	69437	7873
509578	361725	147853	84451	63402	3351
984106	578477	405629	143983	261646	8544
72567	46884	25683	11343	14340	2815
27729	18794	8935	2970	5965	7359
336672	172684	163988	32350	131638	10014
828507	343447	485060	61390	423670	3944
104814	66813	38001	14640	23361	3712
106623	54405	52218	10730	41488	5958
337362	237587	99775	38047	61728	23436
198602	97671	100931	17447	83484	29281
6197	5159	1038	834	204	
5962	4907	1055	248	807	7464
30715	14902	15813	6475	9338	4213

4—47 分地区普通初中

地 区	合 计	事业性经费支出	个人部分	工资福利支出	对个人和家庭的补助支出	#助学金
合 计	**300784172**	**289331801**	**195064332**	**148041648**	**47022684**	**11214213**
北 京	7575589	7034365	4155552	2786036	1369516	53887
天 津	3920900	3920900	2960635	1960184	1000451	4680
河 北	12529171	12149259	8631446	6899457	1731989	504206
山 西	7929120	7676030	4921212	4103282	817930	353391
内蒙古	6418986	6150515	4256471	3256313	1000158	392080
辽 宁	10126103	10062962	7193074	4810463	2382611	177626
吉 林	6045019	5871083	3975759	2801942	1173817	165772
黑龙江	7497600	7291028	5380607	4007793	1372814	65832
上 海	8264198	8171567	5672085	4866244	805841	172394
江 苏	19936493	19293104	14221484	10733615	3487869	113942
浙 江	17704080	17461403	12197367	9898376	2298991	561619
安 徽	11203837	10801552	7326983	5691644	1635339	265413
福 建	8627313	8400959	5839367	4578683	1260684	293469
江 西	7055928	6746047	4213054	3201244	1011810	341560
山 东	18208289	18126744	12589963	10366344	2223619	516658
河 南	16475747	16087553	10940622	8148667	2791955	613095
湖 北	12007813	11491063	7823542	5510634	2312908	546450
湖 南	12607709	12209189	7940130	5979056	1961074	240142
广 东	23994550	23463899	15228565	11984868	3243697	797190
广 西	8011151	7777299	5784594	3808530	1976064	908860
海 南	2437671	2064111	1307867	1126232	181635	49287
重 庆	7076558	6752329	4255329	3048046	1207283	268093
四 川	19581479	18760862	11084378	8046680	3037698	1033465
贵 州	6127106	5974806	4329728	3280416	1049312	290606
云 南	9807955	8619195	6117822	4480472	1637350	977288
西 藏	1291958	1132701	787816	553537	234279	139215
陕 西	10394219	9619477	5796406	4515360	1281046	539630
甘 肃	6360360	5818511	3659203	2689689	969514	496425
青 海	1584247	1329088	936942	691360	245582	92032
宁 夏	1845420	1582543	933932	726583	207349	81411
新 疆	8137603	7491657	4602397	3489898	1112499	158495

教育经费支出明细

单位：千元

公用部分	商品和服务支出	其他资本性支出			基本建设支出
			专项公用支出	专项项目支出	
94267469	**50366605**	**43900864**	**12607012**	**31293852**	**11452371**
2878813	1598969	1279844	544860	734984	541224
960265	486464	473801	225714	248087	
3517813	2148013	1369800	408756	961044	379912
2754818	1581721	1173097	300053	873044	253090
1894044	991690	902354	178867	723487	268471
2869888	1560448	1309440	334782	974658	63141
1895324	1052651	842673	225066	617607	173936
1910421	1319977	590444	168920	421524	206572
2499482	1848680	650802	360438	290364	92631
5071620	2881554	2190066	857425	1332641	643389
5264036	2337260	2926776	754783	2171993	242677
3474569	1822497	1652072	492291	1159781	402285
2561592	1456985	1104607	413824	690783	226354
2532993	1003152	1529841	316314	1213527	309881
5536781	2427191	3109590	795677	2313913	81545
5146931	3551247	1595684	523401	1072283	388194
3667521	2094616	1572905	496403	1076502	516750
4269059	2111848	2157211	1065059	1092152	398520
8235334	5348833	2886501	1197599	1688902	530651
1992705	1150107	842598	262148	580450	233852
756244	361196	395048	94077	300971	373560
2497000	1468258	1028742	233928	794814	324229
7676484	2658766	5017718	843102	4174616	820617
1645078	1204289	440789	225350	215439	152300
2501373	1203829	1297544	263208	1034336	1188760
344885	116895	227990	10400	217590	159257
3823071	1655283	2167788	376914	1790874	774742
2159308	879947	1279361	175046	1104315	541849
392146	234731	157415	52085	105330	255159
648611	244366	404245	86136	318109	262877
2889260	1565142	1324118	324386	999732	645946

4—48 分地区中央属普通初中

地区	合计	事业性经费支出	个人部分	工资福利支出	对个人和家庭的补助支出	＃助学金
合计	**1124920**	**1052791**	**759998**	**538802**	**221196**	**36639**
北京	92477	92477	50814	34821	15993	259
天津						
河北	511	511	364	364		
山西	8143	8143	6283	5983	300	
内蒙古						
辽宁						
吉林	19878	19878	17232	10313	6919	42
黑龙江	73359	67121	47513	42280	5233	808
上海						
江苏						
浙江						
安徽						
福建						
江西						
山东						
河南						
湖北	14139	14139	11614	7108	4506	26
湖南						
广东	3018	3018	2291	1747	544	109
广西						
海南	3149	3149	2878	1220	1658	
重庆	25286	25286	10379	7687	2692	128
四川	10942	10942	7909	5395	2514	71
贵州						
云南						
西藏						
陕西						
甘肃						
青海						
宁夏						
新疆	874018	808127	602721	421884	180837	35196

教育经费支出明细

单位:千元

公用部分	商品和服务支出	其他资本性支出	专项公用支出	专项项目支出	基本建设支出
292793	**164820**	**127973**	**57453**	**70520**	**72129**
41663	23730	17933	8306	9627	
147	147				
1860	1860				
2646	1890	756	99	657	
19608	14460	5148	1158	3990	6238
2525	2167	358	358		
727	691	36	36		
271	258	13	13		
14907	3079	11828	11828		
3033	2754	279	252	27	
205406	113784	91622	35403	56219	65891

4—49 分地区地方普通初中

地 区	合 计	事业性经费支出	个人部分	工资福利支出	对个人和家庭的补助支出	＃助学金
合 计	299659252	288279010	194304334	147502846	46801488	11177574
北 京	7483112	6941888	4104738	2751215	1353523	53628
天 津	3920900	3920900	2960635	1960184	1000451	4680
河 北	12528660	12148748	8631082	6899093	1731989	504206
山 西	7920977	7667887	4914929	4097299	817630	353391
内蒙古	6418986	6150515	4256471	3256313	1000158	392080
辽 宁	10126103	10062962	7193074	4810463	2382611	177626
吉 林	6025141	5851205	3958527	2791629	1166898	165730
黑龙江	7424241	7223907	5333094	3965513	1367581	65024
上 海	8264198	8171567	5672085	4866244	805841	172394
江 苏	19936493	19293104	14221484	10733615	3487869	113942
浙 江	17704080	17461403	12197367	9898376	2298991	561619
安 徽	11203837	10801552	7326983	5691644	1635339	265413
福 建	8627313	8400959	5839367	4578683	1260684	293469
江 西	7055928	6746047	4213054	3201244	1011810	341560
山 东	18208289	18126744	12589963	10366344	2223619	516658
河 南	16475747	16087553	10940622	8148667	2791955	613095
湖 北	11993674	11476924	7811928	5503526	2308402	546424
湖 南	12607709	12209189	7940130	5979056	1961074	240142
广 东	23991532	23460881	15226274	11983121	3243153	797081
广 西	8011151	7777299	5784594	3808530	1976064	908860
海 南	2434522	2060962	1304989	1125012	179977	49287
重 庆	7051272	6727043	4244950	3040359	1204591	267965
四 川	19570537	18749920	11076469	8041285	3035184	1033394
贵 州	6127106	5974806	4329728	3280416	1049312	290606
云 南	9807955	8619195	6117822	4480472	1637350	977288
西 藏	1291958	1132701	787816	553537	234279	139215
陕 西	10394219	9619477	5796406	4515360	1281046	539630
甘 肃	6360360	5818511	3659203	2689689	969514	496425
青 海	1584247	1329088	936942	691360	245582	92032
宁 夏	1845420	1582543	933932	726583	207349	81411
新 疆	7263585	6683530	3999676	3068014	931662	123299

教育经费支出明细

单位:千元

公用部分	商品和服务支出	其他资本性支出			基本建设支出
			专项公用支出	专项项目支出	
93974676	**50201785**	**43772891**	**12549559**	**31223332**	**11380242**
2837150	1575239	1261911	536554	725357	541224
960265	486464	473801	225714	248087	
3517666	2147866	1369800	408756	961044	379912
2752958	1579861	1173097	300053	873044	253090
1894044	991690	902354	178867	723487	268471
2869888	1560448	1309440	334782	974658	63141
1892678	1050761	841917	224967	616950	173936
1890813	1305517	585296	167762	417534	200334
2499482	1848680	650802	360438	290364	92631
5071620	2881554	2190066	857425	1332641	643389
5264036	2337260	2926776	754783	2171993	242677
3474569	1822497	1652072	492291	1159781	402285
2561592	1456985	1104607	413824	690783	226354
2532993	1003152	1529841	316314	1213527	309881
5536781	2427191	3109590	795677	2313913	81545
5146931	3551247	1595684	523401	1072283	388194
3664996	2092449	1572547	496045	1076502	516750
4269059	2111848	2157211	1065059	1092152	398520
8234607	5348142	2886465	1197563	1688902	530651
1992705	1150107	842598	262148	580450	233852
755973	360938	395035	94064	300971	373560
2482093	1465179	1016914	222100	794814	324229
7673451	2656012	5017439	842850	4174589	820617
1645078	1204289	440789	225350	215439	152300
2501373	1203829	1297544	263208	1034336	1188760
344885	116895	227990	10400	217590	159257
3823071	1655283	2167788	376914	1790874	774742
2159308	879947	1279361	175046	1104315	541849
392146	234731	157415	52085	105330	255159
648611	244366	404245	86136	318109	262877
2683854	1451358	1232496	288983	943513	580055

4—50 分地区农村初中

地 区	合 计	事业性经费支出	个人部分	工资福利支出	对个人和家庭的补助支出	#助学金
合 计	**169781752**	**162732983**	**111353952**	**84280086**	**27073866**	**8517480**
北 京	2315731	2127977	1217615	871540	346075	29047
天 津	1530191	1530191	1120672	890694	229978	1017
河 北	7354336	7035193	5133833	4026668	1107165	466717
山 西	4247835	4070123	2632416	2132161	500255	312128
内蒙古	1872591	1811040	1410527	1092931	317596	113606
辽 宁	4995161	4941001	3312165	2281032	1031133	158453
吉 林	3126343	2999898	2050611	1468877	581734	149288
黑龙江	3062262	2948195	2070638	1555012	515626	50026
上 海	2343177	2343177	1722740	1474121	248619	45588
江 苏	9543700	9333288	7060985	5362129	1698856	62695
浙 江	9941617	9803746	7012995	5678686	1334309	335009
安 徽	7569052	7236408	5003717	3829312	1174405	219164
福 建	5488708	5369769	3877988	3026604	851384	268398
江 西	4541510	4282622	2699962	2055782	644180	242399
山 东	12879634	12803089	9206950	7649274	1557676	484842
河 南	10648374	10400353	7123485	5131011	1992474	506251
湖 北	7653208	7188340	4928136	3417153	1510983	453919
湖 南	8700565	8371655	5608601	4154794	1453807	194389
广 东	9828248	9680658	6466117	4905190	1560927	572732
广 西	5137162	4995858	3713636	2512496	1201140	532225
海 南	1253163	1140675	702625	615614	87011	31985
重 庆	4105589	3891639	2677053	1947731	730222	221457
四 川	12844651	12232238	7252139	5242183	2009956	862318
贵 州	4385182	4252192	3109901	2402189	707712	258581
云 南	6739540	5915797	4305397	3096492	1208905	828970
西 藏						
陕 西	7095298	6563056	4039338	3039103	1000235	474802
甘 肃	4440476	3994747	2515425	1831736	683689	443487
青 海	611452	489563	363094	286148	76946	34468
宁 夏	869036	743436	458809	347158	111651	58412
新 疆	4657960	4237059	2555482	1956265	599217	105107

教育经费支出明细

单位：千元

公用部分	商品和服务支出	其他资本性支出	专项公用支出	专项项目支出	基本建设支出
51379031	**26941920**	**24437111**	**6352543**	**18084568**	**7048769**
910362	481991	428371	186280	242091	187754
409519	168293	241226	146503	94723	
1901360	1165157	736203	219833	516370	319143
1437707	764096	673611	148907	524704	177712
400513	281515	118998	30469	88529	61551
1628836	751511	877325	189796	687529	54160
949287	501741	447546	113222	334324	126445
877557	524340	353217	55421	297796	114067
620437	519440	100997	56171	44826	
2272303	1372971	899332	351497	547835	210412
2790751	1184469	1606282	377418	1228864	137871
2232691	1223641	1009050	286290	722760	332644
1491781	876033	615748	214304	401444	118939
1582660	586188	996472	164058	832414	258888
3596139	1645200	1950939	542803	1408136	76545
3276868	2311961	964907	293181	671726	248021
2260204	1241816	1018388	330080	688308	464868
2763054	1395941	1367113	733202	633911	328910
3214541	2170421	1044120	386613	657507	147590
1282222	757767	524455	158934	365521	141304
438050	203919	234131	47631	186500	112488
1213686	756861	456825	99760	357065	213950
4980099	1587945	3392154	450882	2941272	612413
1142291	886435	255856	114495	141361	132990
1610400	807452	802948	139895	663053	823743
2523718	1013452	1510266	201161	1309105	532242
1479322	588170	891152	106857	784295	445729
126469	97822	28647	15257	13390	121889
284627	101003	183624	25991	157633	125600
1681577	974369	707208	165632	541576	420901

4—51 分地区中央属农村初中

地 区	合 计	事业性经费支出	个人部分	工资福利支出	对个人和家庭的补助支出	#助学金
合 计	**721811**	**664781**	**507476**	**350336**	**157140**	**32913**
北 京						
天 津						
河 北						
山 西						
内蒙古						
辽 宁						
吉 林						
黑龙江						
上 海						
江 苏						
浙 江						
安 徽						
福 建						
江 西						
山 东						
河 南						
湖 北						
湖 南						
广 东	2752	2752	2068	1524	544	109
广 西						
海 南	3149	3149	2878	1220	1658	
重 庆						
四 川						
贵 州						
云 南						
西 藏						
陕 西						
甘 肃						
青 海						
宁 夏						
新 疆	715910	658880	502530	347592	154938	32804

教育经费支出明细

单位：千元

公用部分	商品和服务支出	其他资本性支出			基本建设支出
			专项公用支出	专项项目支出	
157305	**91955**	**65350**	**23344**	**42006**	**57030**
684	648	36	36		
271	258	13	13		
156350	91049	65301	23295	42006	57030

4—52 分地区地方农村初中

地　区	合　计	事业性经费支出	个人部分	工资福利支出	对个人和家庭的补助支出	＃助学金
合　计	**169059941**	**162068202**	**110846476**	**83929750**	**26916726**	**8484567**
北　京	2315731	2127977	1217615	871540	346075	29047
天　津	1530191	1530191	1120672	890694	229978	1017
河　北	7354336	7035193	5133833	4026668	1107165	466717
山　西	4247835	4070123	2632416	2132161	500255	312128
内蒙古	1872591	1811040	1410527	1092931	317596	113606
辽　宁	4995161	4941001	3312165	2281032	1031133	158453
吉　林	3126343	2999898	2050611	1468877	581734	149288
黑龙江	3062262	2948195	2070638	1555012	515626	50026
上　海	2343177	2343177	1722740	1474121	248619	45588
江　苏	9543700	9333288	7060985	5362129	1698856	62695
浙　江	9941617	9803746	7012995	5678686	1334309	335009
安　徽	7569052	7236408	5003717	3829312	1174405	219164
福　建	5488708	5369769	3877988	3026604	851384	268398
江　西	4541510	4282622	2699962	2055782	644180	242399
山　东	12879634	12803089	9206950	7649274	1557676	484842
河　南	10648374	10400353	7123485	5131011	1992474	506251
湖　北	7653208	7188340	4928136	3417153	1510983	453919
湖　南	8700565	8371655	5608601	4154794	1453807	194389
广　东	9825496	9677906	6464049	4903666	1560383	572623
广　西	5137162	4995858	3713636	2512496	1201140	532225
海　南	1250014	1137526	699747	614394	85353	31985
重　庆	4105589	3891639	2677953	1947731	730222	221457
四　川	12844651	12232238	7252139	5242183	2009956	862318
贵　州	4385182	4252192	3109901	2402189	707712	258581
云　南	6739540	5915797	4305397	3096492	1208905	828970
西　藏						
陕　西	7095298	6563056	4039338	3039103	1000235	474802
甘　肃	4440476	3994747	2515425	1831736	683689	443487
青　海	611452	489563	363094	286148	76946	34468
宁　夏	869036	743436	458809	347158	111651	58412
新　疆	3942050	3578179	2052952	1608673	444279	72303

教育经费支出明细

单位：千元

公用部分	商品和服务支出	其他资本性支出	专项公用支出	专项项目支出	基本建设支出
51221726	**26849965**	**24371761**	**6329199**	**18042562**	**6991739**
910362	481991	428371	186280	242091	187754
409519	168293	241226	146503	94723	
1901360	1165157	736203	219833	516370	319143
1437707	764096	673611	148907	524704	177712
400513	281515	118998	30469	88529	61551
1628836	751511	877325	189796	687529	54160
949287	501741	447546	113222	334324	126445
877557	524340	353217	55421	297796	114067
620437	519440	100997	56171	44826	
2272303	1372971	899332	351497	547835	210412
2790751	1184469	1606282	377418	1228864	137871
2232691	1223641	1009050	286290	722760	332644
1491781	876033	615748	214304	401444	118939
1582660	586188	996472	164058	832414	258888
3596139	1645200	1950939	542803	1408136	76545
3276868	2311961	964907	293181	671726	248021
2260204	1241816	1018388	330080	688308	464868
2763054	1395941	1367113	733202	633911	328910
3213857	2169773	1044084	386577	657507	147590
1282222	757767	524455	158934	365521	141304
437779	203661	234118	47618	186500	112488
1213686	756861	456825	99760	357065	213950
4980099	1587945	3392154	450882	2941272	612413
1142291	886435	255856	114495	141361	132990
1610400	807452	802948	139895	663053	823743
2523718	1013452	1510266	201161	1309105	532242
1479322	588170	891152	106857	784295	445729
126469	97822	28647	15257	13390	121889
284627	101003	183624	25991	157633	125600
1525227	883320	641907	142337	499570	363871

4—53 分地区成人中学

地区	合计	事业性经费支出	个人部分	工资福利支出	对个人和家庭的补助支出	#助学金
合计	**468240**	**464740**	**221765**	**183183**	**38582**	**2906**
北京						
天津	848	848	795	238	557	
河北	2680	2680	1860	1691	169	
山西						
内蒙古						
辽宁						
吉林	2611	2611	2147	883	1264	
黑龙江						
上海	81909	81909	42005	35506	6499	99
江苏	39287	39287	28157	22087	6070	983
浙江	241752	241752	108468	93023	15445	1569
安徽						
福建	3509	3509	3244	2222	1022	
江西						
山东						
河南	23769	23769	15893	11880	4013	
湖北	2534	2534	1771	1680	91	
湖南						
广东	15387	15387	6309	4920	1389	27
广西						
海南						
重庆	280	280				
四川	1765	1765	1515	1261	254	
贵州						
云南						
西藏						
陕西	49651	46151	7555	6696	859	228
甘肃						
青海						
宁夏						
新疆	2258	2258	2046	1096	950	

教育经费支出明细

单位:千元

公用部分	商品和服务支出	其他资本性支出			基本建设支出
			专项公用支出	专项项目支出	
242975	**171643**	**71332**	**13917**	**57415**	**3500**
53	53				
820	810	10	10		
464	455	9	9		
39904	36769	3135	1916	1219	
11130	9953	1177	1177		
133284	108282	25002	8101	16901	
265	234	31	31		
7876	5779	2097	2097		
763	727	36	36		
9078	6161	2917	540	2377	
280	280				
250	250				
38596	1678	36918		36918	3500
212	212				

4—54 分地区小学

地区	合计	事业性经费支出	个人部分	工资福利支出	对个人和家庭的补助支出	#助学金
合计	**419775227**	**412539176**	**306016454**	**221989976**	**84026478**	**9482908**
北京	10212670	9848102	5857691	3812422	2045269	46117
天津	5281705	5281705	4302330	2834073	1468257	2006
河北	18452816	18283893	13832581	10678174	3154407	399204
山西	12048049	11921984	8505678	6688978	1816700	325282
内蒙古	10058343	9922707	7698410	5587353	2111057	366761
辽宁	12920615	12893449	10034146	6435623	3598523	183334
吉林	8762634	8724312	6658070	4658852	1999218	123125
黑龙江	10277721	10216662	8164147	5614196	2549951	31543
上海	9513676	9487345	6453933	5508033	945900	181282
江苏	27913277	27387140	21971412	13969245	8002167	666881
浙江	23641041	23527411	17462593	13155235	4307358	623905
安徽	15656031	15498235	11835895	8244183	3591712	214597
福建	12640607	12417874	9748635	6788047	2960588	171028
江西	11129667	11034394	7735184	5496907	2238277	252134
山东	21953284	21924422	16447410	13798659	2648751	397300
河南	23004652	22878670	16256011	12496249	3759762	272186
湖北	12242838	12135894	8979507	6459490	2520017	316449
湖南	16320404	16188696	11305962	8544056	2761906	150469
广东	35935963	35002772	25214441	18995314	6219127	829164
广西	13186375	13073035	10626425	6970202	3656223	529165
海南	3616561	3433683	2568474	2352832	215642	21244
重庆	9610551	9546190	7060488	4522672	2537816	94978
四川	26562323	26055972	18126152	12171548	5954604	1022654
贵州	11532006	11419282	8870799	6526075	2344724	60458
云南	15979683	15288682	12141128	8732278	3408850	862900
西藏	2402341	2062359	1662698	1178865	483833	251294
陕西	13362468	12731310	8849781	6827431	2022350	371426
甘肃	9182055	8795028	6345265	4692671	1652594	342137
青海	2841639	2591024	1876602	1333963	542639	203135
宁夏	2533026	2384095	1687361	1318152	369209	46149
新疆	10994206	10582849	7737245	5598198	2139047	124601

教育经费支出明细

单位:千元

公用部分					基本建设支出
	商品和服务支出	其他资本性支出			
			专项公用支出	专项项目支出	
106522722	**60182751**	**46339971**	**14340363**	**31999608**	**7236051**
3990411	2032640	1957771	819097	1138674	364568
979375	531438	447937	269175	178762	
4451312	2863822	1587490	482398	1105092	168923
3416306	2003652	1412654	314206	1098448	126065
2224297	1258090	966207	222768	743439	135636
2859303	1634094	1225209	283835	941374	27166
2066242	1161407	904835	174668	730167	38322
2052515	1482976	569539	162425	407114	61059
3033412	1718771	1314641	1029336	285305	26331
5415728	3100800	2314928	1011633	1303295	526137
6064818	2832273	3232545	906136	2326409	113630
3662340	2029312	1633028	438097	1194931	157796
2669239	1594644	1074595	429610	644985	222733
3299210	1376069	1923141	327819	1595322	95273
5477012	2950204	2526808	851441	1675367	28862
6622659	4817122	1805537	644351	1161186	125982
3156387	1879096	1277291	379511	897780	106944
4882734	2579287	2303447	973681	1329766	131708
9788331	6582749	3205582	1593126	1612456	933191
2446610	1596499	850111	259066	591045	113340
865209	533791	331418	101842	229576	182878
2485702	1611310	874392	242849	631543	70361
7929820	3190384	4739436	680252	4059184	506351
2548483	1827175	721308	318429	402879	112724
3147554	1639155	1508399	341567	1166832	691001
399661	201271	198390	23535	174855	339982
3881529	1726081	2155448	392788	1762660	631158
2449763	1126528	1323235	184280	1138955	387027
714422	386759	327663	86597	241066	250615
696734	333167	363567	87251	276316	148931
2845604	1582185	1263419	308594	954825	411357

4—55 分地区中央属小学

地区	合计	事业性经费支出	个人部分	工资福利支出	对个人和家庭的补助支出	#助学金
合计	**1577368**	**1494746**	**1126046**	**827340**	**298706**	**51704**
北京	91681	91681	58693	46189	12504	
天津	20717	20717	14073	9271	4802	
河北	1019	1019	726	726		
山西	12262	12262	10150	9700	450	
内蒙古						
辽宁						
吉林	31422	31422	23107	15366	7741	
黑龙江	122158	113683	86123	77709	8414	193
上海						
江苏						
浙江						
安徽						
福建						
江西	515	515	450	450		
山东						
河南						
湖北	15562	15562	12448	8519	3929	
湖南	1157	1157	881	881		
广东	7288	7288	5661	4825	836	211
广西						
海南	3213	3213	2939	1245	1694	
重庆	16386	16386	11817	8205	3612	
四川	13866	13866	9301	6913	2388	9
贵州						
云南						
西藏						
陕西	1145	1145	1047	1047		
甘肃	1118	1118	1020	1020		
青海						
宁夏						
新疆	1237859	1163712	887610	635274	252336	51291

教育经费支出明细

单位:千元

公用部分	商品和服务支出	其他资本性支出	其他资本性支出：专项公用支出	其他资本性支出：专项项目支出	基本建设支出
368700	**226552**	**142148**	**64792**	**77356**	**82622**
32988	15210	17778	9028	8750	
6644	880	5764	3412	2352	
293	293				
2112	2112				
8315	7712	603	603		
27560	20789	6771	761	6010	8475
65	41	24	24		
3114	2538	576	576		
276	256	20	20		
1627	1113	514	113	401	
274	262	12	12		
4569	3163	1406	1406		
4565	3057	1508	1508		
98	98				
98	98				
276102	168930	107172	47329	59843	74147

4－56 分地区地方小学

地区	合计	事业性经费支出	个人部分	工资福利支出	对个人和家庭的补助支出	#助学金
合计	**418197859**	**411044430**	**304890408**	**221162636**	**83727772**	**9431204**
北京	10120989	9756421	5798998	3766233	2032765	46117
天津	5260988	5260988	4288257	2824802	1463455	2006
河北	18451797	18282874	13831855	10677448	3154407	399204
山西	12035787	11909722	8495528	6679278	1816250	325282
内蒙古	10058343	9922707	7698410	5587353	2111057	366761
辽宁	12920615	12893449	10034146	6435623	3598523	183334
吉林	8731212	8692890	6634963	4643486	1991477	123125
黑龙江	10155563	10102979	8078024	5536487	2541537	31350
上海	9513676	9487345	6453933	5508033	945900	181282
江苏	27913277	27387140	21971412	13969245	8002167	666881
浙江	23641041	23527411	17462593	13155235	4307358	623905
安徽	15656031	15498235	11835895	8244183	3591712	214597
福建	12640607	12417874	9748635	6788047	2960588	171028
江西	11129152	11033879	7734734	5496457	2238277	252134
山东	21953284	21924422	16447410	13798659	2648751	397300
河南	23004652	22878670	16256011	12496249	3759762	272186
湖北	12227276	12120332	8967059	6450971	2516088	316449
湖南	16319247	16187539	11305081	8543175	2761906	150469
广东	35928675	34995484	25208780	18990489	6218291	828953
广西	13186375	13073035	10626425	6970202	3656223	529165
海南	3613348	3430470	2565535	2351587	213948	21244
重庆	9600165	9529804	7048671	4514467	2534204	94978
四川	26548457	26042106	18116851	12164635	5952216	1022645
贵州	11532006	11419282	8870799	6526075	2344724	60458
云南	15979683	15288682	12141128	8732278	3408850	862900
西藏	2402341	2062359	1662698	1178865	483833	251294
陕西	13361323	12730165	8848734	6826384	2022350	371426
甘肃	9180937	8793910	6344245	4691651	1652594	342137
青海	2841639	2591024	1876602	1333963	542639	203135
宁夏	2533026	2384095	1687361	1318152	369209	46149
新疆	9756347	9419137	6849635	4962924	1886711	73310

教育经费支出明细

单位:千元

公用部分	商品和服务支出	其他资本性支出			基本建设支出
			专项公用支出	专项项目支出	
106154022	**59956199**	**46197823**	**14275571**	**31922252**	**7153429**
3957423	2017430	1939993	810069	1129924	364568
972731	530558	442173	265763	176410	
4451019	2863529	1587490	482398	1105092	168923
3414194	2001540	1412654	314206	1098448	126065
2224297	1258090	966207	222768	743439	135636
2859303	1634094	1225209	283835	941374	27166
2057927	1153695	904232	174065	730167	38322
2024955	1462187	562768	161664	401104	52584
3033412	1718771	1314641	1029336	285305	26331
5415728	3100800	2314928	1011633	1303295	526137
6064818	2832273	3232545	906136	2326409	113630
3662340	2029312	1633028	438097	1194931	157796
2669239	1594644	1074595	429610	644985	222733
3299145	1376028	1923117	327795	1595322	95273
5477012	2950204	2526808	851441	1675367	28862
6622659	4817122	1805537	644351	1161186	125982
3153273	1876558	1276715	378935	897780	106944
4882458	2579031	2303427	973661	1329766	131708
9786704	6581636	3205068	1593013	1612055	933191
2446610	1596499	850111	259066	591045	113340
864935	533529	331406	101830	229576	182878
2481133	1608147	872986	241443	631543	70361
7925255	3187327	4737928	678744	4059184	506351
2548483	1827175	721308	318429	402879	112724
3147554	1639155	1508399	341567	1166832	691001
399661	201271	198390	23535	174855	339982
3881431	1725983	2155448	392788	1762660	631158
2449665	1126430	1323235	184280	1138955	387027
714422	386759	327663	86597	241066	250615
696734	333167	363567	87251	276316	148931
2569502	1413255	1156247	261265	894982	337210

4—57 分地区普通小学

地区	合计	事业性经费支出	个人部分	工资福利支出	对个人和家庭的补助支出	#助学金
合计	**419729004**	**412492953**	**305980966**	**221959275**	**84021691**	**9482908**
北京	10212670	9848102	5857691	3812422	2045269	46117
天津	5281705	5281705	4302330	2834073	1468257	2006
河北	18450630	18281707	13830395	10675988	3154407	399204
山西	12048049	11921984	8505678	6688978	1816700	325282
内蒙古	10058343	9922707	7698410	5587353	2111057	366761
辽宁	12920615	12893449	10034146	6435623	3598523	183334
吉林	8762634	8724312	6658070	4658852	1999218	123125
黑龙江	10277721	10216662	8164147	5614196	2549951	31543
上海	9513676	9487345	6453933	5508033	945900	181282
江苏	27913277	27387140	21971412	13969245	8002167	666881
浙江	23641041	23527411	17462593	13155235	4307358	623905
安徽	15656031	15498235	11835895	8244183	3591712	214597
福建	12623417	12400684	9733673	6774760	2958913	171028
江西	11129667	11034394	7735184	5496907	2238277	252134
山东	21953284	21924422	16447410	13798659	2648751	397300
河南	22994612	22868630	16247081	12490237	3756844	272186
湖北	12241672	12134728	8978456	6458452	2520004	316449
湖南	16320404	16188696	11305962	8544056	2761906	150469
广东	35935963	35002772	25214441	18995314	6219127	829164
广西	13186325	13072985	10626425	6970202	3656223	529165
海南	3616561	3433683	2568474	2352832	215642	21244
重庆	9610749	9540388	7055545	4517764	2537781	94978
四川	26555905	26049554	18124779	12170307	5954472	1022654
贵州	11532006	11419282	8870799	6526075	2344724	60458
云南	15977403	15286402	12139346	8730510	3408836	862900
西藏	2402341	2062359	1662698	1178865	483833	251294
陕西	13362468	12731310	8849781	6827431	2022350	371426
甘肃	9181764	8794737	6345004	4692410	1652594	342137
青海	2841639	2591024	1876602	1333963	542639	203135
宁夏	2533026	2384095	1687361	1318152	369209	46149
新疆	10993406	10582049	7737245	5598198	2139047	124601

教育经费支出明细

单位：千元

公用部分					基本建设支出
	商品和服务支出	其他资本性支出			
			专项公用支出	专项项目支出	
106511987	**60176727**	**46335260**	**14339872**	**31995388**	**7236051**
3990411	2032640	1957771	819097	1138674	364568
979375	531438	447937	269175	178762	
4451312	2863822	1587490	482398	1105092	168923
3416306	2003652	1412654	314206	1098448	126065
2224297	1258090	966207	222768	743439	135636
2859303	1634094	1225209	283835	941374	27166
2066242	1161407	904835	174668	730167	38322
2052515	1482976	569539	162425	407114	61059
3033412	1718771	1314641	1029336	285305	26331
5415728	3100800	2314928	1011633	1303295	526137
6064818	2832273	3232545	906136	2326409	113630
3662340	2029312	1633028	438097	1194931	157796
2667011	1592539	1074472	429487	644985	222733
3299210	1376069	1923141	327819	1595322	95273
5477012	2950204	2526808	851441	1675367	28862
6621549	4816168	1805381	644195	1161186	125982
3156272	1878981	1277291	379511	897780	106944
4882734	2579287	2303447	973681	1329766	131708
9788331	6582749	3205582	1593126	1612456	933191
2446560	1596449	850111	259066	591045	113340
865209	533791	331418	101842	229576	182878
2484843	1610531	874312	242769	631543	70361
7924775	3189559	4735216	680252	4054964	506351
2548483	1827175	721308	318429	402879	112724
3147056	1638667	1508389	341557	1166832	691001
399661	201271	198390	23535	174855	339982
3881529	1726081	2155448	392788	1762660	631158
2449733	1126498	1323235	184280	1138955	387027
714422	386759	327663	86597	241066	250615
696734	333167	363567	87251	276316	148931
2844804	1581507	1263297	308472	954825	411357

4—58 分地区中央属普通小学

地区	合计	事业性经费支出	个人部分	工资福利支出	对个人和家庭的补助支出	#助学金
合计	**1577368**	**1494746**	**1126046**	**827340**	**298706**	**51704**
北京	91681	91681	58693	46189	12504	
天津	20717	20717	14073	9271	4802	
河北	1019	1019	726	726		
山西	12262	12262	10150	9700	450	
内蒙古						
辽宁						
吉林	31422	31422	23107	15366	7741	
黑龙江	122158	113683	86123	77709	8414	193
上海						
江苏						
浙江						
安徽						
福建						
江西	515	515	450	450		
山东						
河南						
湖北	15562	15562	12448	8519	3929	
湖南	1157	1157	881	881		
广东	7288	7288	5661	4825	836	211
广西						
海南	3213	3213	2939	1245	1694	
重庆	16386	16386	11817	8205	3612	
四川	13866	13866	9301	6913	2388	9
贵州						
云南						
西藏						
陕西	1145	1145	1047	1047		
甘肃	1118	1118	1020	1020		
青海						
宁夏						
新疆	1237859	1163712	887610	635274	252336	51291

教育经费支出明细

单位：千元

公用部分	商品和服务支出	其他资本性支出			基本建设支出
			专项公用支出	专项项目支出	
368700	**226552**	**142148**	**64792**	**77356**	**82622**
32988	15210	17778	9028	8750	
6644	880	5764	3412	2352	
293	293				
2112	2112				
8315	7712	603	603		
27560	20789	6771	761	6010	8475
65	41	24	24		
3114	2538	576	576		
276	256	20	20		
1627	1113	514	113	401	
274	262	12	12		
4569	3163	1406	1406		
4565	3057	1508	1508		
98	98				
98	98				
276102	168930	107172	47329	59843	74147

4—59 分地区地方普通小学

地区	合计	事业性经费支出	个人部分	工资福利支出	对个人和家庭的补助支出	#助学金
合计	**418151636**	**410998207**	**304854920**	**221131935**	**83722985**	**9431204**
北京	10120989	9756421	5798998	3766233	2032765	46117
天津	5260988	5260988	4288257	2824802	1463455	2006
河北	18449611	18280688	13829669	10675262	3154407	399204
山西	12035787	11909722	8495528	6679278	1816250	325282
内蒙古	10058343	9922707	7698410	5587353	2111057	366761
辽宁	12920615	12893449	10034146	6435623	3598523	183334
吉林	8731212	8692890	6634963	4643486	1991477	123125
黑龙江	10155563	10102979	8078024	5536487	2541537	31350
上海	9513676	9487345	6453933	5508033	945900	181282
江苏	27913277	27387140	21971412	13969245	8002167	666881
浙江	23641041	23527411	17462593	13155235	4307358	623905
安徽	15656031	15498235	11835895	8244183	3591712	214597
福建	12623417	12400684	9733673	6774760	2958913	171028
江西	11129152	11033879	7734734	5496457	2238277	252134
山东	21953284	21924422	16447410	13798659	2648751	397300
河南	22994612	22868630	16247081	12490237	3756844	272186
湖北	12226110	12119166	8966008	6449933	2516075	316449
湖南	16319247	16187539	11305081	8543175	2761906	150469
广东	35928675	34995484	25208780	18990489	6218291	828953
广西	13186325	13072985	10626425	6970202	3656223	529165
海南	3613348	3430470	2565535	2351587	213948	21244
重庆	9594363	9524002	7043728	4509559	2534169	94978
四川	26542039	26035688	18115478	12163394	5952084	1022645
贵州	11532006	11419282	8870799	6526075	2344724	60458
云南	15977403	15286402	12139346	8730510	3408836	862900
西藏	2402341	2062359	1662698	1178865	483833	251294
陕西	13361323	12730165	8848734	6826384	2022350	371426
甘肃	9180646	8793619	6343984	4691390	1652594	342137
青海	2841639	2591024	1876602	1333963	542639	203135
宁夏	2533026	2384095	1687361	1318152	369209	46149
新疆	9755547	9418337	6849635	4962924	1886711	73310

教育经费支出明细

单位：千元

公用部分	商品和服务支出	其他资本性支出	专项公用支出	专项项目支出	基本建设支出
106143287	**59950175**	**46193112**	**14275080**	**31918032**	**7153429**
3957423	2017430	1939993	810069	1129924	364568
972731	530558	442173	265763	176410	
4451019	2863529	1587490	482398	1105092	168923
3414194	2001540	1412654	314206	1098448	126065
2224297	1258090	966207	222768	743439	135636
2859303	1634094	1225209	283835	941374	27166
2057927	1153695	904232	174065	730167	38322
2024955	1462187	562768	161664	401104	52584
3033412	1718771	1314641	1029336	285305	26331
5415728	3100800	2314928	1011633	1303295	526137
6064818	2832273	3232545	906136	2326409	113630
3662340	2029312	1633028	438097	1194931	157796
2667011	1592539	1074472	429487	644985	222733
3299145	1376028	1923117	327795	1595322	95273
5477012	2950204	2526808	851441	1675367	28862
6621549	4816168	1805381	644195	1161186	125982
3153158	1876443	1276715	378935	897780	106944
4882458	2579031	2303427	973661	1329766	131708
9786704	6581636	3205068	1593013	1612055	933191
2446560	1596449	850111	259066	591045	113340
864935	533529	331406	101830	229576	182878
2480274	1607368	872906	241363	631543	70361
7920210	3186502	4733708	678744	4054964	506351
2548483	1827175	721308	318429	402879	112724
3147056	1638667	1508389	341557	1166832	691001
399661	201271	198390	23535	174855	339982
3881431	1725983	2155448	392788	1762660	631158
2449635	1126400	1323235	184280	1138955	387027
714422	386759	327663	86597	241066	250615
696734	333167	363567	87251	276316	148931
2568702	1412577	1156125	261143	894982	337210

4—60 分地区农村小学

地区	合计	事业性经费支出	个人部分	工资福利支出	对个人和家庭的补助支出	#助学金
合计	**271046427**	**266720386**	**202870603**	**147338051**	**55532552**	**7991215**
北京	3820875	3623461	2182128	1491525	690603	27741
天津	2369574	2369574	1869639	1369078	500561	1535
河北	13194188	13058363	10000141	7667768	2332373	393485
山西	7989703	7904006	5803075	4481399	1321676	313781
内蒙古	5241917	5205634	4349266	3127345	1221921	172997
辽宁	7518953	7498813	5759150	3698192	2060958	165076
吉林	5560559	5540387	4303554	3111558	1191996	114594
黑龙江	5681790	5648784	4654950	3239329	1415621	25130
上海	2902958	2902958	2233458	1924678	308780	58256
江苏	15482659	15192629	12513295	7665933	4847362	649564
浙江	14345965	14266530	10847450	8113645	2733805	394617
安徽	11575695	11471271	8850192	6149141	2701051	188111
福建	8701253	8597422	6909426	4811624	2097802	159610
江西	8177120	8107926	5789748	4143230	1646518	173860
山东	16529233	16500371	12679472	10803928	1875544	376497
河南	17078955	16992169	12122799	9269863	2852936	223520
湖北	7690657	7616794	5724246	4234526	1489720	264731
湖南	11124590	11026013	7899809	6094151	1805658	134942
广东	16163486	16051199	12240145	8751582	3488563	624024
广西	10418341	10334662	8494196	5573079	2921117	431225
海南	2579797	2514331	1925826	1772501	153325	16484
重庆	6377753	6350605	4908848	3258625	1650223	86335
四川	19765179	19377948	13702696	9167948	4534748	976229
贵州	9078080	8976354	7034600	5346537	1688063	58661
云南	13142883	12557084	10018248	7156942	2861306	823259
西藏	1552277	1334403	1070545	753129	317416	195994
陕西	9702039	9173146	6584027	4991453	1592574	337822
甘肃	7012266	6678581	4884066	3673636	1210430	320533
青海	1620820	1502121	1133919	816434	317485	144893
宁夏	1536232	1470159	1127328	890013	237315	38851
新疆	7110630	6876688	5254361	3789259	1465102	98858

教育经费支出明细

单位:千元

公用部分	商品和服务支出	其他资本性支出	专项公用支出	专项项目支出	基本建设支出
63849783	**36586196**	**27263587**	**7306204**	**19957383**	**4326041**
1441333	710534	730799	322689	408110	197414
499935	231084	268851	157231	111620	
3058222	1975288	1082934	311992	770942	135825
2100931	1209912	891019	185135	705884	85697
856368	538751	317617	63695	253922	36283
1739663	857967	881696	172803	708893	20140
1236833	655911	580922	95671	485251	20172
993834	686741	307093	51648	255445	33006
669500	542506	126994	54309	72685	
2679334	1659603	1019731	465860	553871	290030
3419080	1560629	1858451	523324	1335127	79435
2621079	1546797	1074282	295883	778399	104424
1687996	1067277	620719	243194	377525	103831
2318178	954715	1363463	211788	1151675	69194
3820899	2117271	1703628	585029	1118599	28862
4869370	3623167	1246203	420601	825602	86786
1892548	1118546	774002	211772	562230	73863
3126204	1736758	1389446	625348	764098	98577
3811054	2795343	1015711	490726	524985	112287
1840466	1236720	603746	169091	434655	83679
588505	375236	213269	59102	154167	65466
1441757	979158	462599	88734	373865	27148
5675252	2169317	3505935	422104	3083831	387231
1941754	1465186	476568	193042	283526	101726
2538836	1296859	1241977	255273	986704	585799
263858	129647	134211	14506	119705	217874
2589119	1134259	1454860	240429	1214431	528893
1794515	832627	961888	123271	838617	333685
368202	230797	137405	39100	98305	118699
342831	198387	144444	31828	112616	66073
1622327	949203	673124	181026	492098	233942

4—61 分地区中央属农村小学

地区	合计	事业性经费支出	个人部分	工资福利支出	对个人和家庭的补助支出	#助学金
合计	**1015051**	**952696**	**743621**	**527031**	**216590**	**47558**
北京						
天津						
河北						
山西						
内蒙古						
辽宁						
吉林						
黑龙江						
上海						
江苏						
浙江						
安徽						
福建						
江西						
山东						
河南						
湖北						
湖南						
广东	4040	4040	2935	2297	638	211
广西						
海南	3213	3213	2939	1245	1694	
重庆						
四川						
贵州						
云南						
西藏						
陕西						
甘肃						
青海						
宁夏						
新疆	1007798	945443	737747	523489	214258	47347

教育经费支出明细

单位:千元

公用部分	商品和服务支出	其他资本性支出	专项公用支出	专项项目支出	基本建设支出
209075	**138573**	**70502**	**29539**	**40963**	**62355**
1105	591	514	113	401	
274	262	12	12		
207696	137720	69976	29414	40562	62355

4—62 分地区地方农村小学

地 区	合 计	事 业 性 经费支出	个人部分	工资福 利支出	对个人和家庭 的补助支出	＃助学金
合 计	**270031376**	**265767690**	**202126982**	**146811020**	**55315962**	**7943657**
北 京	3820875	3623461	2182128	1491525	690603	27741
天 津	2369574	2369574	1869639	1369078	500561	1535
河 北	13194188	13058363	10000141	7667768	2332373	393485
山 西	7989703	7904006	5803075	4481399	1321676	313781
内蒙古	5241917	5205634	4349266	3127345	1221921	172997
辽 宁	7518953	7498813	5759150	3698192	2060958	165076
吉 林	5560559	5540387	4303554	3111558	1191996	114594
黑龙江	5681790	5648784	4654950	3239329	1415621	25130
上 海	2902958	2902958	2233458	1924678	308780	58256
江 苏	15482659	15192629	12513295	7665933	4847362	649564
浙 江	14345965	14266530	10847450	8113645	2733805	394617
安 徽	11575695	11471271	8850192	6149141	2701051	188111
福 建	8701253	8597422	6909426	4811624	2097802	159610
江 西	8177120	8107926	5789748	4143230	1646518	173860
山 东	16529233	16500371	12679472	10803928	1875544	376497
河 南	17078955	16992169	12122799	9269863	2852936	223520
湖 北	7690657	7616794	5724246	4234526	1489720	264731
湖 南	11124590	11026013	7899809	6094151	1805658	134942
广 东	16159446	16047159	12237210	8749285	3487925	623813
广 西	10418341	10334662	8494196	5573079	2921117	431225
海 南	2576584	2511118	1922887	1771256	151631	16484
重 庆	6377753	6350605	4908848	3258625	1650223	86335
四 川	19765179	19377948	13702696	9167948	4534748	976229
贵 州	9078080	8976354	7034600	5346537	1688063	58661
云 南	13142883	12557084	10018248	7156942	2861306	823259
西 藏	1552277	1334403	1070545	753129	317416	195994
陕 西	9702039	9173146	6584027	4991453	1592574	337822
甘 肃	7012266	6678581	4884066	3673636	1210430	320533
青 海	1620820	1502121	1133919	816434	317485	144893
宁 夏	1536232	1470159	1127328	890013	237315	38851
新 疆	6102832	5931245	4516614	3265770	1250844	51511

教育经费支出明细

单位：千元

公用部分	商品和服务支出	其他资本性支出	专项公用支出	专项项目支出	基本建设支出
63640708	**36447623**	**27193085**	**7276665**	**19916420**	**4263686**
1441333	710534	730799	322689	408110	197414
499935	231084	268851	157231	111620	
3058222	1975288	1082934	311992	770942	135825
2100931	1209912	891019	185135	705884	85697
856368	538751	317617	63695	253922	36283
1739663	857967	881696	172803	708893	20140
1236833	655911	580922	95671	485251	20172
993834	686741	307093	51648	255445	33006
669500	542506	126994	54309	72685	
2679334	1659603	1019731	465860	553871	290030
3419080	1560629	1858451	523324	1335127	79435
2621079	1546797	1074282	295883	778399	104424
1687996	1067277	620719	243194	377525	103831
2318178	954715	1363463	211788	1151675	69194
3820899	2117271	1703628	585029	1118599	28862
4869370	3623167	1246203	420601	825602	86786
1892548	1118546	774002	211772	562230	73863
3126204	1736758	1389446	625348	764098	98577
3809949	2794752	1015197	490613	524584	112287
1840466	1236720	603746	169091	434655	83679
588231	374974	213257	59090	154167	65466
1441757	979158	462599	88734	373865	27148
5675252	2169317	3505935	422104	3083831	387231
1941754	1465186	476568	193042	283526	101726
2538836	1296859	1241977	255273	986704	585799
263858	129647	134211	14506	119705	217874
2589119	1134259	1454860	240429	1214431	528893
1794515	832627	961888	123271	838617	333685
368202	230797	137405	39100	98305	118699
342831	198387	144444	31828	112616	66073
1414631	811483	603148	151612	451536	171587

4—63 分地区成人小学

地区	合计	事业性经费支出	个人部分	工资福利支出	对个人和家庭的补助支出	#助学金
合计	**46223**	**46223**	**35488**	**30701**	**4787**	
北京						
天津						
河北	2186	2186	2186	2186		
山西						
内蒙古						
辽宁						
吉林						
黑龙江						
上海						
江苏						
浙江						
安徽						
福建	17190	17190	14962	13287	1675	
江西						
山东						
河南	10040	10040	8930	6012	2918	
湖北	1166	1166	1051	1038	13	
湖南						
广东						
广西	50	50				
海南						
重庆	5802	5802	4943	4908	35	
四川	6418	6418	1373	1241	132	
贵州						
云南	2280	2280	1782	1768	14	
西藏						
陕西						
甘肃	291	291	261	261		
青海						
宁夏						
新疆	800	800				

教育经费支出明细

单位:千元

公用部分	商品和服务支出	其他资本性支出	专项公用支出	专项项目支出	基本建设支出
10735	**6024**	**4711**	**491**	**4220**	
2228	2105	123	123		
1110	954	156	156		
115	115				
50	50				
859	779	80	80		
5045	825	4220		4220	
498	488	10	10		
30	30				
800	678	122	122		

4—64 分地区特殊教育

地 区	合 计	事业性经费支出	个人部分	工资福利支出	对个人和家庭的补助支出	#助学金
合 计	**4762615**	**4500024**	**2948785**	**2173840**	**774945**	**84393**
北 京	255763	255763	146729	92477	54252	2681
天 津	100610	100610	84066	50714	33352	125
河 北	183853	171653	115700	97282	18418	1847
山 西	103117	102377	68462	55348	13114	2362
内蒙古	124039	96669	51802	41466	10336	2064
辽 宁	241038	241038	189131	125618	63513	1885
吉 林	170684	149884	107787	69869	37918	1164
黑龙江	165046	161746	127709	79520	48189	1902
上 海	369291	368381	270752	236393	34359	4593
江 苏	426299	421299	297890	203549	94341	4507
浙 江	280031	266826	165262	124200	41062	4220
安 徽	115750	107750	71310	50204	21106	3105
福 建	166593	165043	111263	79486	31777	3511
江 西	93313	86013	32527	23556	8971	1699
山 东	378946	378946	252610	202759	49851	8009
河 南	185870	178104	122373	94899	27474	3297
湖 北	136466	117966	78556	54632	23924	3822
湖 南	149478	132169	69080	55278	13802	2282
广 东	307818	288302	187815	152218	35597	1176
广 西	88048	79243	48967	36228	12739	1543
海 南	10278	10278	7381	5997	1384	1037
重 庆	104733	80274	46607	31072	15535	3746
四 川	177642	162966	93735	68586	25149	5561
贵 州	67380	63549	41085	29390	11695	851
云 南	89455	75105	48284	34449	13835	6127
西 藏	4890	4890	3837	2871	966	77
陕 西	88807	81547	30001	24896	5105	1182
甘 肃	69150	66350	30733	17650	13083	7160
青 海	13996	13996	10620	6949	3671	1225
宁 夏	26114	20414	11899	9237	2662	329
新 疆	68117	50873	24812	17047	7765	1304

教育经费支出明细

单位：千元

公用部分	商品和服务支出	其他资本性支出			基本建设支出
			专项公用支出	专项项目支出	
1551239	**747945**	**803294**	**245527**	**557767**	**262591**
109034	62792	46242	16396	29846	
16544	12819	3725	3725		
55953	25920	30033	6243	23790	12200
33915	20287	13628	6171	7457	740
44867	8380	36487	4831	31656	27370
51907	40436	11471	6662	4809	
42097	27128	14969	3001	11968	20800
34037	25984	8053	2429	5624	3300
97629	68679	28950	19200	9750	910
123409	54379	69030	16572	52458	5000
101564	38802	62762	13181	49581	13205
36440	16543	19897	6891	13006	8000
53780	30208	23572	6069	17503	1550
53486	10339	43147	15275	27872	7300
126336	57109	69227	32960	36267	
55731	26460	29271	14238	15033	7766
39410	21271	18139	4646	13493	18500
63089	25501	37588	3120	34468	17309
100487	72641	27846	21923	5923	19516
30276	12974	17302	5598	11704	8805
2897	2179	718	718		
33667	14680	18987	992	17995	24459
69231	25715	43516	12210	31306	14676
22464	9036	13428	4082	9346	3831
26821	11407	15414	1678	13736	14350
1053	553	500	500		
51546	9639	41907	5793	36114	7260
35617	5286	30331	1350	28981	2800
3376	2211	1165	1165		
8515	2818	5697	5697		5700
26061	5769	20292	2211	18081	17244

4—65 分地区特殊教育学校

地区	合计	事业性经费支出	个人部分	工资福利支出	对个人和家庭的补助支出	#助学金
合计	**4565795**	**4321294**	**2837553**	**2101089**	**736464**	**82158**
北京	237974	237974	133724	85710	48014	2414
天津	87625	87625	72171	44065	28106	125
河北	183853	171653	115700	97282	18418	1847
山西	96423	95683	65082	52931	12151	1992
内蒙古	124039	96669	51802	41466	10336	2064
辽宁	203673	203673	158725	108814	49911	1018
吉林	166652	145852	104356	67716	36640	1151
黑龙江	165046	161746	127709	79520	48189	1902
上海	369291	368381	270752	236393	34359	4593
江苏	426299	421299	297890	203549	94341	4507
浙江	267576	254371	158755	119994	38761	3930
安徽	113951	105951	69632	49167	20465	3105
福建	157354	157154	106086	74900	31186	3455
江西	93024	85724	32246	23400	8846	1699
山东	378946	378946	252610	202759	49851	8009
河南	180348	172582	118482	92382	26100	3128
湖北	136466	117966	78556	54632	23924	3822
湖南	149478	132169	69080	55278	13802	2282
广东	260391	250875	174800	139773	35027	1036
广西	84904	76099	46773	34676	12097	1543
海南	10278	10278	7381	5997	1384	1037
重庆	99569	75110	42467	28839	13628	3715
四川	154159	146223	87602	64239	23363	5554
贵州	62260	58429	38240	27456	10784	851
云南	85142	70792	45030	31501	13529	6102
西藏	4890	4890	3837	2871	966	77
陕西	88807	81547	30001	24896	5105	1182
甘肃	69150	66350	30733	17650	13083	7160
青海	13996	13996	10620	6949	3671	1225
宁夏	26114	20414	11899	9237	2662	329
新疆	68117	50873	24812	17047	7765	1304

教育经费支出明细

单位：千元

公用部分	商品和服务支出	其他资本性支出			基本建设支出
			专项公用支出	专项项目支出	
1483741	**706335**	**777406**	**231487**	**545919**	**244501**
104250	60171	44079	15470	28609	
15454	11804	3650	3650		
55953	25920	30033	6243	23790	12200
30601	18423	12178	4721	7457	740
44867	8380	36487	4831	31656	27370
44948	33984	10964	6410	4554	
41496	26641	14855	2887	11968	20800
34037	25984	8053	2429	5624	3300
97629	68679	28950	19200	9750	910
123409	54379	69030	16572	52458	5000
95616	37188	58428	12847	45581	13205
36319	16425	19894	6888	13006	8000
51068	28638	22430	5017	17413	200
53478	10331	43147	15275	27872	7300
126336	57109	69227	32960	36267	
54100	25195	28905	14044	14861	7766
39410	21271	18139	4646	13493	18500
63089	25501	37588	3120	34468	17309
76075	55395	20680	14757	5923	9516
29326	12345	16981	5277	11704	8805
2897	2179	718	718		
32643	13752	18891	896	17995	24459
58621	22480	36141	10929	25212	7936
20189	6919	13270	3924	9346	3831
25762	10966	14796	1060	13736	14350
1053	553	500	500		
51546	9639	41907	5793	36114	7260
35617	5286	30331	1350	28981	2800
3376	2211	1165	1165		
8515	2818	5697	5697		5700
26061	5769	20292	2211	18081	17244

4—66 分地区工读学校

地 区	合 计	事业性经费支出	个人部分	工资福利支出	对个人和家庭的补助支出	♯助学金
合 计	**196820**	**178730**	**111232**	**72751**	**38481**	**2235**
北 京	17789	17789	13005	6767	6238	267
天 津	12985	12985	11895	6649	5246	
河 北						
山 西	6694	6694	3380	2417	963	370
内蒙古						
辽 宁	37365	37365	30406	16804	13602	867
吉 林	4032	4032	3431	2153	1278	13
黑龙江						
上 海						
江 苏						
浙 江	12455	12455	6507	4206	2301	290
安 徽	1799	1799	1678	1037	641	
福 建	9239	7889	5177	4586	591	56
江 西	289	289	281	156	125	
山 东						
河 南	5522	5522	3891	2517	1374	169
湖 北						
湖 南						
广 东	47427	37427	13015	12445	570	140
广 西	3144	3144	2194	1552	642	
海 南						
重 庆	5164	5164	4140	2233	1907	31
四 川	23483	16743	6133	4347	1786	7
贵 州	5120	5120	2845	1934	911	
云 南	4313	4313	3254	2948	306	25
西 藏						
陕 西						
甘 肃						
青 海						
宁 夏						
新 疆						

教育经费支出明细

单位:千元

公用部分	商品和服务支出	其他资本性支出	专项公用支出	专项项目支出	基本建设支出
67498	**41610**	**25888**	**14040**	**11848**	**18090**
4784	2621	2163	926	1237	
1090	1015	75	75		
3314	1864	1450	1450		
6959	6452	507	252	255	
601	487	114	114		
5948	1614	4334	334	4000	
121	118	3	3		
2712	1570	1142	1052	90	1350
8	8				
1631	1265	366	194	172	
24412	17246	7166	7166		10000
950	629	321	321		
1024	928	96	96		
10610	3235	7375	1281	6094	6740
2275	2117	158	158		
1059	441	618	618		

4—67 分地区幼儿园

地 区	合 计	事业性经费支出				
			个人部分	工资福利支出	对个人和家庭的补助支出	
						#助学金
合 计	**24205638**	**23600836**	**15597002**	**12838591**	**2758411**	**3435**
北 京	1048641	1019372	654943	497218	157725	
天 津	676186	676186	475858	315908	159950	
河 北	1792177	1792177	1333943	1222864	111079	
山 西	533003	532971	356986	320454	36532	
内蒙古	686230	685394	464999	372621	92378	
辽 宁	418010	417490	289032	225502	63530	
吉 林	298828	298828	214639	152912	61727	
黑龙江	241762	241762	171466	120990	50476	
上 海	3749860	3707699	2448602	2242751	205851	
江 苏	2427254	2377071	1369405	1144944	224461	
浙 江	1959414	1947931	1158605	1015302	143303	
安 徽	419109	418963	282853	226226	56627	
福 建	987865	983556	666710	564197	102513	
江 西	237819	237819	156336	118963	37373	
山 东	844620	844620	466954	410574	56380	
河 南	725970	725488	472040	398308	73732	
湖 北	420527	417770	305744	236794	68950	
湖 南	294574	292266	175858	142658	33200	
广 东	1177383	1177383	834895	653861	181034	
广 西	491903	491903	338781	259279	79502	
海 南	37698	37695	27185	24980	2205	
重 庆	257359	256828	174848	125270	49578	
四 川	995613	962204	634521	477083	157438	
贵 州	263535	263442	196498	141084	55414	
云 南	640245	639837	455890	364484	91406	
西 藏	62941	58441	46964	37503	9461	
陕 西	454821	449431	284591	246454	38137	
甘 肃	365078	362050	275287	218185	57102	
青 海	78178	75828	57755	42684	15071	
宁 夏	146284	143284	100254	74524	25730	
新 疆	1472751	1065147	704560	444014	260546	3435

教育经费支出明细

单位：千元

公用部分	商品和服务支出	其他资本性支出	专项公用支出	专项项目支出	基本建设支出
8003834	**5230570**	**2773264**	**1288499**	**1484765**	**604802**
364429	241437	122992	74567	48425	29269
200328	121693	78635	25178	53457	
458234	348624	109610	46028	63582	
175985	132712	43273	17653	25620	32
220395	142034	78361	35026	43335	836
128458	87153	41305	8373	32932	520
84189	67643	16546	9521	7025	
70296	48846	21450	2878	18572	
1259097	901200	357897	231103	126794	42161
1007666	456565	551101	314295	236806	50183
789326	364236	425090	165078	260012	11483
136110	97431	38679	19195	19484	146
316846	207464	109382	43477	65905	4309
81483	51943	29540	15441	14099	
377666	293397	84269	43951	40318	
253448	214431	39017	26262	12755	482
112026	86341	25685	15220	10465	2757
116408	77094	39314	13158	26156	2308
342488	282015	60473	39322	21151	
153122	127968	25154	14578	10576	
10510	8750	1760	1371	389	3
81980	60152	21828	12919	8909	531
327683	182850	144833	32664	112169	33409
66944	59825	7119	5425	1694	93
183947	146449	37498	23622	13876	408
11477	8573	2904	2306	598	4500
164840	78959	85881	11658	74223	5390
86763	64898	21865	8017	13848	3028
18073	14707	3366	1385	1981	2350
43030	37320	5710	3740	1970	3000
360587	217860	142727	25088	117639	407604

4—68 分地区中央属幼儿园

地区	合计	事业性经费支出	个人部分	工资福利支出	对个人和家庭的补助支出	#助学金
合计	**146831**	**121989**	**94320**	**81606**	**12714**	**3435**
北京						
天津						
河北						
山西	2420	2420	1723	1700	23	
内蒙古						
辽宁						
吉林						
黑龙江						
上海						
江苏						
浙江						
安徽						
福建						
江西						
山东						
河南						
湖北						
湖南						
广东						
广西						
海南						
重庆						
四川						
贵州						
云南	96	96	76		76	
西藏						
陕西						
甘肃						
青海						
宁夏						
新疆	144315	119473	92521	79906	12615	3435

教育经费支出明细

单位:千元

公用部分	商品和服务支出	其他资本性支出			基本建设支出
			专项公用支出	专项项目支出	
27669	**23424**	**4245**	**3088**	**1157**	**24842**
697	606	91	91		
20	20				
26952	22798	4154	2997	1157	24842

4—69 分地区地方幼儿园

地区	合计	事业性经费支出	个人部分	工资福利支出	对个人和家庭的补助支出	#助学金
合计	**24058807**	**23478847**	**15502682**	**12756985**	**2745697**	
北京	1048641	1019372	654943	497218	157725	
天津	676186	676186	475858	315908	159950	
河北	1792177	1792177	1333943	1222864	111079	
山西	530583	530551	355263	318754	36509	
内蒙古	686230	685394	464999	372621	92378	
辽宁	418010	417490	289032	225502	63530	
吉林	298828	298828	214639	152912	61727	
黑龙江	241762	241762	171466	120990	50476	
上海	3749860	3707699	2448602	2242751	205851	
江苏	2427254	2377071	1369405	1144944	224461	
浙江	1959414	1947931	1158605	1015302	143303	
安徽	419109	418963	282853	226226	56627	
福建	987865	983556	666710	564197	102513	
江西	237819	237819	156336	118963	37373	
山东	844620	844620	466954	410574	56380	
河南	725970	725488	472040	398308	73732	
湖北	420527	417770	305744	236794	68950	
湖南	294574	292266	175858	142658	33200	
广东	1177383	1177383	834895	653861	181034	
广西	491903	491903	338781	259279	79502	
海南	37698	37695	27185	24980	2205	
重庆	257359	256828	174848	125270	49578	
四川	995613	962204	634521	477083	157438	
贵州	263535	263442	196498	141084	55414	
云南	640149	639741	455814	364484	91330	
西藏	62941	58441	46964	37503	9461	
陕西	454821	449431	284591	246454	38137	
甘肃	365078	362050	275287	218185	57102	
青海	78178	75828	57755	42684	15071	
宁夏	146284	143284	100254	74524	25730	
新疆	1328436	945674	612039	364108	247931	

教育经费支出明细

单位:千元

公用部分	商品和服务支出	其他资本性支出			基本建设支出
			专项公用支出	专项项目支出	
7976165	**5207146**	**2769019**	**1285411**	**1483608**	**579960**
364429	241437	122992	74567	48425	29269
200328	121693	78635	25178	53457	
458234	348624	109610	46028	63582	
175288	132106	43182	17562	25620	32
220395	142034	78361	35026	43335	836
128458	87153	41305	8373	32932	520
84189	67643	16546	9521	7025	
70296	48846	21450	2878	18572	
1259097	901200	357897	231103	126794	42161
1007666	456565	551101	314295	236806	50183
789326	364236	425090	165078	260012	11483
136110	97431	38679	19195	19484	146
316846	207464	109382	43477	65905	4309
81483	51943	29540	15441	14099	
377666	293397	84269	43951	40318	
253448	214431	39017	26262	12755	482
112026	86341	25685	15220	10465	2757
116408	77094	39314	13158	26156	2308
342488	282015	60473	39322	21151	
153122	127968	25154	14578	10576	
10510	8750	1760	1371	389	3
81980	60152	21828	12919	8909	531
327683	182850	144833	32664	112169	33409
66944	59825	7119	5425	1694	93
183927	146429	37498	23622	13876	408
11477	8573	2904	2306	598	4500
164840	78959	85881	11658	74223	5390
86763	64898	21865	8017	13848	3028
18073	14707	3366	1385	1981	2350
43030	37320	5710	3740	1970	3000
333635	195062	138573	22091	116482	382762

4—70 分地区教育行政单位

地区	合计	事业性经费支出	个人部分	工资福利支出	对个人和家庭的补助支出	#助学金
合计	**23439109**	**22574437**	**8471536**	**5191197**	**3280339**	
北京	381784	381784	232206	131832	100374	
天津	160428	160428	136317	75946	60371	
河北	723619	716619	359298	258748	100550	
山西	513875	504935	253803	175243	78560	
内蒙古	555937	498866	216308	140657	75651	
辽宁	710826	710826	308359	145522	162837	
吉林	208478	208478	109930	73213	36717	
黑龙江	916534	862931	243843	119987	123856	
上海	186458	186458	144533	109211	35322	
江苏	2101561	1924119	481676	292834	188842	
浙江	608945	608743	374528	252205	122323	
安徽	621943	616776	257134	151473	105661	
福建	339759	336409	186788	121577	65211	
江西	985812	958117	296192	113600	182592	
山东	1380688	1380688	519726	429229	90497	
河南	1921056	1722811	529958	303977	225981	
湖北	758376	757976	349093	181525	167568	
湖南	1234015	1232194	539796	357440	182356	
广东	1606878	1606538	692349	406518	285831	
广西	456914	446063	151711	88345	63366	
海南	226824	205512	69863	47444	22419	
重庆	346522	340363	152931	76718	76213	
四川	1059649	1058674	491560	287251	204309	
贵州	1792524	1666648	316300	160992	155308	
云南	1229879	1180500	293980	182495	111485	
西藏	119080	119080	80109	63282	16827	
陕西	431790	431790	171365	123045	48320	
甘肃	271623	270623	95083	62978	32105	
青海	192155	192155	44363	31646	12717	
宁夏	123181	123181	49099	29987	19112	
新疆	1271996	1164152	323335	196277	127058	

教育经费支出明细

单位：千元

公用部分	商品和服务支出	其他资本性支出			基本建设支出
			专项公用支出	专项项目支出	
14102901	**8194695**	**5908206**	**2113826**	**3794380**	**864672**
149578	140741	8837	8837		
24111	22986	1125	1073	52	
357321	222159	135162	40284	94878	7000
251132	205716	45416	33971	11445	8940
282558	197703	84855	32792	52063	57071
402467	212361	190106	66075	124031	
98548	87831	10717	5295	5422	
619088	375697	243391	61800	181591	53603
41925	37635	4290	4239	51	
1442443	609986	832457	335331	497126	177442
234215	208869	25346	20781	4565	202
359642	210273	149369	69549	79820	5167
149621	105013	44608	26140	18468	3350
661925	577396	84529	41552	42977	27695
860962	471612	389350	107742	281608	
1192853	741933	450920	147002	303918	198245
408883	231456	177427	86695	90732	400
692398	521250	171148	94851	76297	1821
914189	632046	282143	110972	171171	340
294352	134004	160348	81765	78583	10851
135649	114924	20725	15061	5664	21312
187432	145951	41481	11604	29877	6159
567114	380209	186905	94703	92202	975
1350348	532501	817847	277320	540527	125876
886520	383947	502573	83847	418726	49379
38971	34165	4806	3225	1581	
260425	148150	112275	30530	81745	
175540	95105	80435	22909	57526	1000
147792	41516	106276	46379	59897	
74082	40968	33114	33058	56	
840817	330592	510225	118444	391781	107844

4—71 分地区中央属教育行政单位

地区	合计	事业性经费支出	个人部分	工资福利支出	对个人和家庭的补助支出	#助学金
合计	**50204**	**50204**	**19188**	**13144**	**6044**	
北京						
天津						
河北						
山西	4420	4420	3249	2443	806	
内蒙古						
辽宁						
吉林						
黑龙江						
上海						
江苏						
浙江						
安徽						
福建						
江西						
山东						
河南						
湖北						
湖南						
广东						
广西						
海南						
重庆						
四川						
贵州						
云南						
西藏						
陕西						
甘肃						
青海						
宁夏						
新疆	45784	45784	15939	10701	5238	

教育经费支出明细

单位:千元

公用部分	商品和服务支出	其他资本性支出			基本建设支出
			专项公用支出	专项项目支出	
31016	**22021**	**8995**	**8995**		
1171	1036	135	135		
29845	20985	8860	8860		

4—72 分地区地方教育行政单位

地 区	合 计	事业性经费支出	个人部分	工资福利支出	对个人和家庭的补助支出	#助学金
合 计	**23388905**	**22524233**	**8452348**	**5178053**	**3274295**	
北 京	381784	381784	232206	131832	100374	
天 津	160428	160428	136317	75946	60371	
河 北	723619	716619	359298	258748	100550	
山 西	509455	500515	250554	172800	77754	
内蒙古	555937	498866	216308	140657	75651	
辽 宁	710826	710826	308359	145522	162837	
吉 林	208478	208478	109930	73213	36717	
黑龙江	916534	862931	243843	119987	123856	
上 海	186458	186458	144533	109211	35322	
江 苏	2101561	1924119	481676	292834	188842	
浙 江	608945	608743	374528	252205	122323	
安 徽	621943	616776	257134	151473	105661	
福 建	339759	336409	186788	121577	65211	
江 西	985812	958117	296192	113600	182592	
山 东	1380688	1380688	519726	429229	90497	
河 南	1921056	1722811	529958	303977	225981	
湖 北	758376	757976	349093	181525	167568	
湖 南	1234015	1232194	539796	357440	182356	
广 东	1606878	1606538	692349	406518	285831	
广 西	456914	446063	151711	88345	63366	
海 南	226824	205512	69863	47444	22419	
重 庆	346522	340363	152931	76718	76213	
四 川	1059649	1058674	491560	287251	204309	
贵 州	1792524	1666648	316300	160992	155308	
云 南	1229879	1180500	293980	182495	111485	
西 藏	119080	119080	80109	63282	16827	
陕 西	431790	431790	171365	123045	48320	
甘 肃	271623	270623	95083	62978	32105	
青 海	192155	192155	44363	31646	12717	
宁 夏	123181	123181	49099	29987	19112	
新 疆	1226212	1118368	307396	185576	121820	

教育经费支出明细

单位:千元

公用部分	商品和服务支出	其他资本性支出			基本建设支出
			专项公用支出	专项项目支出	
14071885	**8172674**	**5899211**	**2104831**	**3794380**	**864672**
149578	140741	8837	8837		
24111	22986	1125	1073	52	
357321	222159	135162	40284	94878	7000
249961	204680	45281	33836	11445	8940
282558	197703	84855	32792	52063	57071
402467	212361	190106	66075	124031	
98548	87831	10717	5295	5422	
619088	375697	243391	61800	181591	53603
41925	37635	4290	4239	51	
1442443	609986	832457	335331	497126	177442
234215	208869	25346	20781	4565	202
359642	210273	149369	69549	79820	5167
149621	105013	44608	26140	18468	3350
661925	577396	84529	41552	42977	27695
860962	471612	389350	107742	281608	
1192853	741933	450920	147002	303918	198245
408883	231456	177427	86695	90732	400
692398	521250	171148	94851	76297	1821
914189	632046	282143	110972	171171	340
294352	134004	160348	81765	78583	10851
135649	114924	20725	15061	5664	21312
187432	145951	41481	11604	29877	6159
567114	380209	186905	94703	92202	975
1350348	532501	817847	277320	540527	125876
886520	383947	502573	83847	418726	49379
38971	34165	4806	3225	1581	
260425	148150	112275	30530	81745	
175540	95105	80435	22909	57526	1000
147792	41516	106276	46379	59897	
74082	40968	33114	33058	56	
810972	309607	501365	109584	391781	107844

4—73 分地区教育事业单位

地区	合计	事业性经费支出	个人部分	工资福利支出	对个人和家庭的补助支出	#助学金
合计	**51950173**	**49402830**	**14035757**	**9078157**	**4957600**	
北京	12595916	11918655	1441397	942324	499073	
天津	1467003	1467003	425996	264133	161863	
河北	1008301	1007201	520923	329142	191781	
山西	1272787	1263097	514763	344850	169913	
内蒙古	957139	834545	352839	241036	111803	
辽宁	3242428	3128238	983296	623418	359878	
吉林	1034041	1034041	438497	269088	169409	
黑龙江	1213227	1211348	442796	278130	164666	
上海	2261327	2257954	740775	660806	79969	
江苏	3587503	2858192	780081	489521	290560	
浙江	2653788	2648885	811732	569078	242654	
安徽	435692	397519	187055	107156	79899	
福建	1100097	1042097	321595	207222	114373	
江西	770899	767829	225834	155530	70304	
山东	1738490	1738490	880529	638068	242461	
河南	1903050	1896803	606181	383586	222595	
湖北	1131929	1131929	439801	312455	127346	
湖南	732909	729169	262318	184845	77473	
广东	2912414	2774039	1020607	461144	559463	
广西	848156	845561	325318	184558	140760	
海南	140856	140856	24989	21731	3258	
重庆	618281	618281	207791	102850	104941	
四川	1476633	1475433	509924	335544	174380	
贵州	1561710	1535520	123538	71637	51901	
云南	1402558	1240484	215020	115551	99469	
西藏	741507	542722	116034	64617	51417	
陕西	779414	779414	392816	274317	118499	
甘肃	488936	486406	200307	136957	63350	
青海	605896	605896	175784	109634	66150	
宁夏	186687	186687	109233	59900	49333	
新疆	1080599	838536	237988	139329	98659	

教育经费支出明细

单位：千元

公用部分	商品和服务支出	其他资本性支出	专项公用支出	专项项目支出	基本建设支出
35367073	**22711760**	**12655313**	**6073398**	**6581915**	**2547343**
10477258	8825814	1651444	1073044	578400	677261
1041007	306620	734387	587258	147129	
486278	399063	87215	54988	32227	1100
748334	547970	200364	98485	101879	9690
481706	231830	249876	90269	159607	122594
2144942	1106747	1038195	528506	509689	114190
595544	314260	281284	54802	226482	
768552	685476	83076	59686	23390	1879
1517179	1171059	346120	121849	224271	3373
2078111	1240966	837145	472514	364631	729311
1837153	1040312	796841	365435	431406	4903
210464	150933	59531	30826	28705	38173
720502	396696	323806	191502	132304	58000
541995	259226	282769	75249	207520	3070
857961	524345	333616	124953	208663	
1290622	516828	773794	507721	266073	6247
692128	451825	240303	97263	143040	
466851	296283	170568	63985	106583	3740
1753432	1090401	663031	527108	135923	138375
520243	257396	262847	91697	171150	2595
115867	41512	74355	3949	70406	
410490	296722	113768	43372	70396	
965509	453638	511871	306989	204882	1200
1411982	444457	967525	79136	888389	26190
1025464	485568	539896	69562	470334	162074
426688	195926	230762	27572	203190	198785
386598	323310	63288	38136	25152	
286099	190057	96042	57155	38887	2530
430112	77892	352220	86202	266018	
77454	68863	8591	5492	3099	
600548	319765	280783	138693	142090	242063

4—74 分地区中央属教育事业单位

地区	合计	事业性经费支出	个人部分	工资福利支出	对个人和家庭的补助支出	#助学金
合计	**7771208**	**7697284**	**476373**	**339378**	**136995**	
北京	7751827	7677903	464303	330503	133800	
天津						
河北						
山西	2477	2477	458	458		
内蒙古						
辽宁						
吉林						
黑龙江						
上海						
江苏						
浙江						
安徽						
福建						
江西						
山东						
河南						
湖北						
湖南						
广东						
广西						
海南						
重庆						
四川						
贵州						
云南						
西藏						
陕西						
甘肃						
青海						
宁夏						
新疆	16904	16904	11612	8417	3195	

教育经费支出明细

单位:千元

公用部分	商品和服务支出	其他资本性支出			基本建设支出
			专项公用支出	专项项目支出	
7220911	**6632421**	**588490**	**451352**	**137138**	**73924**
7213600	6625796	587804	450709	137095	73924
2019	1939	80	80		
5292	4686	606	563	43	

4—75 分地区地方教育事业单位

地区	合计	事业性经费支出	个人部分	工资福利支出	对个人和家庭的补助支出	#助学金
合计	**44178965**	**41705546**	**13559384**	**8738779**	**4820605**	
北京	4844089	4240752	977094	611821	365273	
天津	1467003	1467003	425996	264133	161863	
河北	1008301	1007201	520923	329142	191781	
山西	1270310	1260620	514305	344392	169913	
内蒙古	957139	834545	352839	241036	111803	
辽宁	3242428	3128238	983296	623418	359878	
吉林	1034041	1034041	438497	269088	169409	
黑龙江	1213227	1211348	442796	278130	164666	
上海	2261327	2257954	740775	660806	79969	
江苏	3587503	2858192	780081	489521	290560	
浙江	2653788	2648885	811732	569078	242654	
安徽	435692	397519	187055	107156	79899	
福建	1100097	1042097	321595	207222	114373	
江西	770899	767829	225834	155530	70304	
山东	1738490	1738490	880529	638068	242461	
河南	1903050	1896803	606181	383586	222595	
湖北	1131929	1131929	439801	312455	127346	
湖南	732909	729169	262318	184845	77473	
广东	2912414	2774039	1020607	461144	559463	
广西	848156	845561	325318	184558	140760	
海南	140856	140856	24989	21731	3258	
重庆	618281	618281	207791	102850	104941	
四川	1476633	1475433	509924	335544	174380	
贵州	1561710	1535520	123538	71637	51901	
云南	1402558	1240484	215020	115551	99469	
西藏	741507	542722	116034	64617	51417	
陕西	779414	779414	392816	274317	118499	
甘肃	488936	486406	200307	136957	63350	
青海	605896	605896	175784	109634	66150	
宁夏	186687	186687	109233	59900	49333	
新疆	1063695	821632	226376	130912	95464	

教育经费支出明细

单位:千元

公用部分	商品和服务支出	其他资本性支出			基本建设支出
			专项公用支出	专项项目支出	
28146162	**16079339**	**12066823**	**5622046**	**6444777**	**2473419**
3263658	2200018	1063640	622335	441305	603337
1041007	306620	734387	587258	147129	
486278	399063	87215	54988	32227	1100
746315	546031	200284	98405	101879	9690
481706	231830	249876	90269	159607	122594
2144942	1106747	1038195	528506	509689	114190
595544	314260	281284	54802	226482	
768552	685476	83076	59686	23390	1879
1517179	1171059	346120	121849	224271	3373
2078111	1240966	837145	472514	364631	729311
1837153	1040312	796841	365435	431406	4903
210464	150933	59531	30826	28705	38173
720502	396696	323806	191502	132304	58000
541995	259226	282769	75249	207520	3070
857961	524345	333616	124953	208663	
1290622	516828	773794	507721	266073	6247
692128	451825	240303	97263	143040	
466851	296283	170568	63985	106583	3740
1753432	1090401	663031	527108	135923	138375
520243	257396	262847	91697	171150	2595
115867	41512	74355	3949	70406	
410490	296722	113768	43372	70396	
965509	453638	511871	306989	204882	1200
1411982	444457	967525	79136	888389	26190
1025464	485568	539896	69562	470334	162074
426688	195926	230762	27572	203190	198785
386598	323310	63288	38136	25152	
286099	190057	96042	57155	38887	2530
430112	77892	352220	86202	266018	
77454	68863	8591	5492	3099	
595256	315079	280177	138130	142047	242063

4—76 分地区其他教育机构

地 区	合 计	事业性经费支出				
			个人部分			
				工资福利支出	对个人和家庭的补助支出	
						＃助学金
合 计	**13144162**	**12298184**	**6332956**	**4269992**	**2062964**	**30501**
北 京	1051857	1043707	395669	245570	150099	15574
天 津	154091	154091	112755	67363	45392	
河 北	482504	467071	309684	218971	90713	5037
山 西	280334	280334	177972	133404	44568	176
内蒙古	319956	317788	174048	118207	55841	
辽 宁	541231	496231	294218	171291	122927	
吉 林	333307	327507	188810	119674	69136	
黑龙江	210137	210137	141670	86219	55451	
上 海	638236	568215	204352	183219	21133	342
江 苏	776379	752737	432649	275456	157193	1316
浙 江	738063	679084	335201	234690	100511	993
安 徽	268734	268734	168941	103379	65562	
福 建	565453	449477	197634	132604	65030	
江 西	233832	231076	135449	81855	53594	3308
山 东	781245	720665	346987	272037	74950	318
河 南	462879	439890	243711	172742	70969	44
湖 北	464457	464457	211221	131367	79854	
湖 南	454860	443550	237756	168771	68985	
广 东	655369	640882	336191	231105	105086	
广 西	506825	304803	158957	99964	58993	
海 南	141493	135707	29287	23080	6207	1
重 庆	315414	299761	106901	64220	42681	
四 川	663584	648046	300478	189262	111216	
贵 州	208246	197466	127613	82564	45049	
云 南	440247	410353	208494	140574	67920	
西 藏	93809	93809	45880	33112	12768	
陕 西	305335	300935	184650	133762	50888	
甘 肃	341858	320753	164719	115387	49332	
青 海	123230	111730	76020	54500	21520	
宁 夏	97382	96122	50758	31341	19417	
新 疆	493815	423066	234281	154302	79979	3392

教育经费支出明细

单位：千元

公用部分	商品和服务支出	其他资本性支出	专项公用支出	专项项目支出	基本建设支出
5965228	**3852387**	**2112841**	**718104**	**1394737**	**845978**
648038	378278	269760	125494	144266	8150
41336	36622	4714	3443	1271	
157387	124059	33328	25219	8109	15433
102362	81354	21008	12676	8332	
143740	114136	29604	8442	21162	2168
202013	163447	38566	14450	24116	45000
138697	120506	18191	8531	9660	5800
68467	57630	10837	5241	5596	
363863	297085	66778	37981	28797	70021
320088	206537	113551	67837	45714	23642
343883	243442	100441	43857	56584	58979
99793	74031	25762	15050	10712	
251843	129622	122221	25854	96367	115976
95627	62275	33352	5574	27778	2756
373678	218908	154770	25122	129648	60580
196179	133612	62567	40823	21744	22989
253236	103544	149692	16321	133371	
205794	157135	48659	20031	28628	11310
304691	238949	65742	46814	18928	14487
145846	73339	72507	28706	43801	202022
106420	10932	95488	5222	90266	5786
192860	117921	74939	23286	51653	15653
347568	152559	195009	31500	163509	15538
69853	57420	12433	5831	6602	10780
201859	128351	73508	17965	55543	29894
47929	14683	33246	6561	26685	
116285	102896	13389	7339	6050	4400
156034	87345	68689	18427	50262	21105
35710	29638	6072	3592	2480	11500
45364	30950	14414	5602	8812	1260
188785	105181	83604	15313	68291	70749

4—77 分地区中央属其他教育机构

地区	合计	事业性经费支出	个人部分	工资福利支出	对个人和家庭的补助支出	#助学金
合计	**1083411**	**1076760**	**370695**	**221850**	**148845**	**17447**
北京	630657	630657	201259	100634	100625	15574
天津	76296	76296	57875	32173	25702	
河北						
山西						
内蒙古						
辽宁						
吉林						
黑龙江						
上海	221992	221971	47366	46094	1272	
江苏						
浙江						
安徽						
福建	76868	72478	12057	10502	1555	
江西						
山东						
河南						
湖北						
湖南						
广东						
广西						
海南						
重庆						
四川						
贵州						
云南						
西藏						
陕西						
甘肃						
青海						
宁夏						
新疆	77598	75358	52138	32447	19691	1873

教育经费支出明细

单位：千元

公用部分	商品和服务支出	其他资本性支出	专项公用支出	专项项目支出	基本建设支出
706065	**502841**	**203224**	**81948**	**121276**	**6651**
429398	256308	173090	55455	117635	
18421	17248	1173	657	516	
174605	156806	17799	17761	38	21
60421	52701	7720	4633	3087	4390
23220	19778	3442	3442		2240

4—78 分地区地方其他教育机构

地区	合计	事业性经费支出	个人部分	工资福利支出	对个人和家庭的补助支出	#助学金
合计	**12060751**	**11221424**	**5962261**	**4048142**	**1914119**	**13054**
北京	421200	413050	194410	144936	49474	
天津	77795	77795	54880	35190	19690	
河北	482504	467071	309684	218971	90713	5037
山西	280334	280334	177972	133404	44568	176
内蒙古	319956	317788	174048	118207	55841	
辽宁	541231	496231	294218	171291	122927	
吉林	333307	327507	188810	119674	69136	
黑龙江	210137	210137	141670	86219	55451	
上海	416244	346244	156986	137125	19861	342
江苏	776379	752737	432649	275456	157193	1316
浙江	738063	679084	335201	234690	100511	993
安徽	268734	268734	168941	103379	65562	
福建	488585	376999	185577	122102	63475	
江西	233832	231076	135449	81855	53594	3308
山东	781245	720665	346987	272037	74950	318
河南	462879	439890	243711	172742	70969	44
湖北	464457	464457	211221	131367	79854	
湖南	454860	443550	237756	168771	68985	
广东	655369	640882	336191	231105	105086	
广西	506825	304803	158957	99964	58993	
海南	141493	135707	29287	23080	6207	1
重庆	315414	299761	106901	64220	42681	
四川	663584	648046	300478	189262	111216	
贵州	208246	197466	127613	82564	45049	
云南	440247	410353	208494	140574	67920	
西藏	93809	93809	45880	33112	12768	
陕西	305335	300935	184650	133762	50888	
甘肃	341858	320753	164719	115387	49332	
青海	123230	111730	76020	54500	21520	
宁夏	97382	96122	50758	31341	19417	
新疆	416217	347708	182143	121855	60288	1519

教育经费支出明细

单位：千元

公用部分	商品和服务支出	其他资本性支出			基本建设支出
			专项公用支出	专项项目支出	
5259163	**3349546**	**1909617**	**636156**	**1273461**	**839327**
218640	121970	96670	70039	26631	8150
22915	19374	3541	2786	755	
157387	124059	33328	25219	8109	15433
102362	81354	21008	12676	8332	
143740	114136	29604	8442	21162	2168
202013	163447	38566	14450	24116	45000
138697	120506	18191	8531	9660	5800
68467	57630	10837	5241	5596	
189258	140279	48979	20220	28759	70000
320088	206537	113551	67837	45714	23642
343883	243442	100441	43857	56584	58979
99793	74031	25762	15050	10712	
191422	76921	114501	21221	93280	111586
95627	62275	33352	5574	27778	2756
373678	218908	154770	25122	129648	60580
196179	133612	62567	40823	21744	22989
253236	103544	149692	16321	133371	
205794	157135	48659	20031	28628	11310
304691	238949	65742	46814	18928	14487
145846	73339	72507	28706	43801	202022
106420	10932	95488	5222	90266	5786
192860	117921	74939	23286	51653	15653
347568	152559	195009	31500	163509	15538
69853	57420	12433	5831	6602	10780
201859	128351	73508	17965	55543	29894
47929	14683	33246	6561	26685	
116285	102896	13389	7339	6050	4400
156034	87345	68689	18427	50262	21105
35710	29638	6072	3592	2480	11500
45364	30950	14414	5602	8812	1260
165565	85403	80162	11871	68291	68509

第五部分

省、自治区、直辖市各级各类教育机构预算内教育事业费和基本建设支出明细

5—1 分地区各级各类教育机构预算内

地区	合计	事业费支出	个人部分	工资福利支出	对个人和家庭的补助支出	#助学金
合计	**975721523**	**937175197**	**659242451**	**505772217**	**153470234**	**50660819**
北京	52084768	48396301	21520032	13493839	8026193	2810934
天津	17488503	17463003	12762479	8088425	4674054	327807
河北	40574300	39788675	31489915	25462166	6027749	2183392
山西	25810515	25067269	18515245	14640087	3875158	1417562
内蒙古	21235946	20472757	15059649	12932062	2127587	1421577
辽宁	33027959	31761863	21780582	16984573	4796009	1158082
吉林	21053297	20661537	14367268	11368046	2999222	1044195
黑龙江	28247295	27637179	20228263	13692466	6535797	665340
上海	36492700	35642714	22571636	18720725	3850911	802792
江苏	66322882	63791968	49140292	32378475	16761817	2571690
浙江	47312967	46620191	36345564	28052452	8293112	1997546
安徽	30247468	29388624	21412235	17471079	3941156	1248860
福建	27070061	25974269	19563196	15475662	4087534	1125743
江西	22371088	21722502	14686075	11301022	3385053	1673769
山东	57380253	56974163	45462505	35637044	9825461	2971660
河南	49760267	48906860	33241777	27077608	6164169	2829773
湖北	36016533	35126078	24348592	16353648	7994944	2299346
湖南	34030309	33244912	23543080	19057658	4485422	1667893
广东	74867679	69366846	47441123	40350243	7090880	3165178
广西	27081676	26334415	20518025	13693924	6824101	2392839
海南	7635178	6565246	4515465	3943757	571708	239406
重庆	18990157	18344672	11452235	9476471	1975764	1265884
四川	47281391	45136344	31998576	24194609	7803967	4178030
贵州	23517173	22897851	16559258	12005649	4553609	730325
云南	31164749	28906693	20045278	16522168	3523110	2736567
西藏	5510348	4574687	3222865	2311273	911592	459910
陕西	35037378	33118294	21973869	16395859	5578010	2469133
甘肃	20758389	19499433	13241590	10845007	2396583	1466321
青海	5948358	5281921	3450987	2960948	490039	390276
宁夏	6024335	5535118	3530314	2800272	730042	240004
新疆	25377601	22972812	15254481	12085000	3169481	708985

教育事业费和基本建设支出明细

单位：千元

公用部分	商品和服务支出	其他资本性支出			基本建设支出
			专项公用支出	专项项目支出	
277932746	**165314916**	**112617830**	**44678075**	**67939755**	**38546326**
26876269	16947521	9928748	6234519	3694229	3688467
4700524	2679747	2020777	1148981	871796	25500
8298760	5110792	3187968	1272995	1914973	785625
6552024	4123573	2428451	842854	1585597	743246
5413108	3430948	1982160	561606	1420554	763189
9981281	5794873	4186408	1371853	2814555	1266096
6294269	3751421	2542848	732268	1810580	391760
7408916	4738601	2670315	1037663	1632652	610116
13071078	10070965	3000113	2000267	999846	849986
14651676	7960414	6691262	2851528	3839734	2530914
10274627	6567538	3707089	1609626	2097463	692776
7976389	4511890	3464499	1179265	2285234	858844
6411073	4157939	2253134	1127933	1125201	1095792
7036427	3551871	3484556	829400	2655156	648586
11511658	6360346	5151312	1730726	3420586	406090
15665083	10860623	4804460	2063074	2741386	853407
10777486	6369380	4408106	1936009	2472097	890455
9701832	5458520	4243312	2264602	1978710	785397
21925723	13155402	8770321	3788191	4982130	5500833
5816390	3379779	2436611	1045802	1390809	747261
2049781	1017805	1031976	321146	710830	1069932
6892437	4365126	2527311	847369	1679942	645485
13137768	7546127	5591641	1809666	3781975	2145047
6338593	3946879	2391714	678802	1712912	619322
8861415	4332218	4529197	951718	3577479	2258056
1351822	649973	701849	83658	618191	935661
11144425	5598253	5546172	1848238	3697934	1919084
6257843	3195358	3062485	799016	2263469	1258956
1830934	804001	1026933	338016	688917	666437
2004804	787193	1217611	417356	800255	489217
7718331	4089840	3628491	953928	2674563	2404789

5—2 分地区中央属各级各类教育机构预算内

地 区	合 计	事业费支出	个人部分	工资福利支出	对个人和家庭的补助支出	#助学金
合 计	**69167363**	**65782260**	**30934397**	**16473938**	**14460459**	**5453914**
北 京	19787192	18633147	7199260	2917312	4281948	2451874
天 津	1412789	1400789	678678	402496	276182	55811
河 北	461554	434004	311952	211466	100486	31262
山 西	22422	22422	20915	18823	2092	1263
内蒙古	1263	1263	1263		1263	1263
辽 宁	1798565	1536245	756396	450310	306086	94488
吉 林	2336070	2240290	1552945	795195	757750	218137
黑龙江	2942102	2735507	1153485	634476	519009	110705
上 海	5748641	5484098	2849720	1961200	888520	242949
江 苏	4340840	4098570	2093151	1106141	987010	261538
浙 江	1414364	1408364	486004	226303	259701	64900
安 徽	1081138	1044248	531092	279713	251379	14892
福 建	1372383	1158943	435164	211016	224148	91855
江 西	1723	1723	1687		1687	1687
山 东	2033582	1970992	1071977	561627	510350	143484
河 南	52219	52219	18401	14886	3515	2034
湖 北	6209681	6072711	2676456	1154799	1521657	416848
湖 南	1413946	1377076	1144298	567571	576727	197448
广 东	2729163	2712463	1424073	845334	578739	185069
广 西						
海 南	4714	4714	3842	2955	887	
重 庆	1753712	1724712	639710	369398	270312	90807
四 川	3782456	3686956	1708949	1021395	687554	255347
贵 州	5052	5052	3625	1745	1880	563
云 南	23080	23080				
西 藏						
陕 西	4149588	3949948	1886873	913729	973144	323078
甘 肃	1125405	1116405	322232	228158	94074	28059
青 海						
宁 夏	263659	263659	75242	50688	24554	14068
新 疆	2900060	2622660	1887007	1527202	359805	154485

教育事业费和基本建设支出明细

单位：千元

公用部分	商品和服务支出	其他资本性支出	专项公用支出	专项项目支出	基本建设支出
34847863	**21450460**	**13397403**	**6785925**	**6611478**	**3385103**
11433887	8488850	2945037	1776471	1168566	1154045
722111	474171	247940	46630	201310	12000
122052	73859	48193	37004	11189	27550
1507	1372	135	135		
779849	563639	216210	125868	90342	262320
687345	495147	192198	5086	187112	95780
1582022	334549	1247473	456656	790817	206595
2634378	2127977	506401	418006	88395	264543
2005419	1185361	820058	383498	436560	242270
922360	668888	253472	153472	100000	6000
513156	156967	356189	117289	238900	36890
723779	427315	296464	234997	61467	213440
36	31	5	5		
899015	342779	556236	120236	436000	62590
33818	15818	18000		18000	
3396255	1983588	1412667	874466	538201	136970
232778	201103	31675	31675		36870
1288390	595100	693290	411077	282213	16700
872	872				
1085002	516837	568165	138334	429831	29000
1978007	634434	1343573	270415	1073158	95500
1427	1427				
23080		23080		23080	
2063075	1136114	926961	674266	252695	199640
794173	520573	273600	235718	37882	9000
188417	54962	133455	130267	3188	
735653	448727	286926	144354	142572	277400

5—3 分地区地方各级各类教育机构预算内

地区	合计	事业费支出	个人部分	工资福利支出	对个人和家庭的补助支出	＃助学金
合计	**906554160**	**871392937**	**628308054**	**489298279**	**139009775**	**45206905**
北京	32297576	29763154	14320772	10576527	3744245	359060
天津	16075714	16062214	12083801	7685929	4397872	271996
河北	40112746	39354671	31177963	25250700	5927263	2152130
山西	25788093	25044847	18494330	14621264	3873066	1416299
内蒙古	21234683	20471494	15058386	12932062	2126324	1420314
辽宁	31229394	30225618	21024186	16534263	4489923	1063594
吉林	18717227	18421247	12814323	10572851	2241472	826058
黑龙江	25305193	24901672	19074778	13057990	6016788	554635
上海	30744059	30158616	19721916	16759525	2962391	559843
江苏	61982042	59693398	47047141	31272334	15774807	2310152
浙江	45898603	45211827	35859560	27826149	8033411	1932646
安徽	29166330	28344376	20881143	17191366	3689777	1233968
福建	25697678	24815326	19128032	15264646	3863386	1033888
江西	22369365	21720779	14684388	11301022	3383366	1672082
山东	55346671	55003171	44390528	35075417	9315111	2828176
河南	49708048	48854641	33223376	27062722	6160654	2827739
湖北	29806852	29053367	21672136	15198849	6473287	1882498
湖南	32616363	31867836	22398782	18490087	3908695	1470445
广东	72138516	66654383	46017050	39504909	6512141	2980109
广西	27081676	26334415	20518025	13693924	6824101	2392839
海南	7630464	6560532	4511623	3940802	570821	239406
重庆	17236445	16619960	10812525	9107073	1705452	1175077
四川	43498935	41449388	30289627	23173214	7116413	3922683
贵州	23512121	22892799	16555633	12003904	4551729	729762
云南	31141669	28883613	20045278	16522168	3523110	2736567
西藏	5510348	4574687	3222865	2311273	911592	459910
陕西	30887790	29168346	20086996	15482130	4604866	2146055
甘肃	19632984	18383028	12919358	10616849	2302509	1438262
青海	5948358	5281921	3450987	2960948	490039	390276
宁夏	5760676	5271459	3455072	2749584	705488	225936
新疆	22477541	20350152	13367474	10557798	2809676	554500

教育事业费和基本建设支出明细

单位：千元

公用部分	商品和服务支出	其他资本性支出	专项公用支出	专项项目支出	基本建设支出
243084883	**143864456**	**99220427**	**37892150**	**61328277**	**35161223**
15442382	8458671	6983711	4458048	2525663	2534422
3978413	2205576	1772837	1102351	670486	13500
8176708	5036933	3139775	1235991	1903784	758075
6550517	4122201	2428316	842719	1585597	743246
5413108	3430948	1982160	561606	1420554	763189
9201432	5231234	3970198	1245985	2724213	1003776
5606924	3256274	2350650	727182	1623468	295980
5826894	4404052	1422842	581007	841835	403521
10436700	7942988	2493712	1582261	911451	585443
12646257	6775053	5871204	2468030	3403174	2288644
9352267	5898650	3453617	1456154	1997463	686776
7463233	4354923	3108310	1061976	2046334	821954
5687294	3730624	1956670	892936	1063734	882352
7036391	3551840	3484551	829395	2655156	648586
10612643	6017567	4595076	1610490	2984586	343500
15631265	10844805	4786460	2063074	2723386	853407
7381231	4385792	2995439	1061543	1933896	753485
9469054	5257417	4211637	2232927	1978710	748527
20637333	12560302	8077031	3377114	4699917	5484133
5816390	3379779	2436611	1045802	1390809	747261
2048909	1016933	1031976	321146	710830	1069932
5807435	3848289	1959146	709035	1250111	616485
11159761	6911693	4248068	1539251	2708817	2049547
6337166	3945452	2391714	678802	1712912	619322
8838335	4332218	4506117	951718	3554399	2258056
1351822	649973	701849	83658	618191	935661
9081350	4462139	4619211	1173972	3445239	1719444
5463670	2674785	2788885	563298	2225587	1249956
1830934	804001	1026933	338016	688917	666437
1816387	732231	1084156	287089	797067	489217
6982678	3641113	3341565	809574	2531991	2127389

5—4 分地区高等学校预算内

地区	合计	事业费支出	个人部分	工资福利支出	对个人和家庭的补助支出	#助学金
合计	**184672541**	**174834400**	**98157515**	**59471037**	**38686478**	**17799989**
北京	22947797	21315820	9563877	4408584	5155293	2634286
天津	4985417	4965417	2719331	1592431	1126900	242481
河北	4641303	4555553	3580095	2145847	1434248	546473
山西	3166264	2995255	2154987	1296496	858491	405513
内蒙古	2773162	2718006	1720374	1262422	457952	385047
辽宁	6293175	5467674	3273745	2291606	982139	556865
吉林	5005290	4904960	3270996	1842964	1428032	605814
黑龙江	6469971	6246319	3826164	2247122	1579042	384266
上海	12024827	11620764	5191602	3800840	1390762	416300
江苏	14886043	14308764	7300321	4179939	3120382	998763
浙江	7947457	7804628	4732939	3272618	1460321	504664
安徽	4343637	4219977	2761931	1722286	1039645	382727
福建	4530350	4018178	1888967	1243174	645793	377485
江西	3413056	3292149	2203761	1240079	963682	588675
山东	9195506	8997936	6666453	3977646	2688807	1034926
河南	5372433	5293433	3274485	2267009	1007476	827613
湖北	9532984	9363543	4943013	2495873	2447140	937298
湖南	5737494	5627265	4174026	2502851	1671175	762221
广东	15559251	12863327	6710650	5038407	1672243	855537
广西	2952622	2931219	2010318	1035644	974674	455829
海南	679078	617618	376479	268846	107633	74687
重庆	3614896	3585896	1531870	905628	626242	418683
四川	8227646	7580794	3766730	2034168	1732562	1107406
贵州	2208888	2052255	1278761	729338	549423	232465
云南	2964335	2937845	1192997	730050	462947	421452
西藏	498149	436902	305940	207798	98142	17459
陕西	7874617	7579727	4085323	2236658	1848665	1030378
甘肃	3013949	2898749	1540406	1131578	408828	259003
青海	405972	396691	315174	274754	40420	30685
宁夏	845701	838701	386512	243258	143254	63852
新疆	2561271	2399035	1409288	845123	564165	241136

教育事业费和基本建设支出明细

单位：千元

公用部分					基本建设支出
	商品和服务支出	其他资本性支出			
			专项公用支出	专项项目支出	
76676885	**44913203**	**31763682**	**18686477**	**13077205**	**9838141**
11751943	6574813	5177130	3998172	1178958	1631977
2246086	1470631	775455	351405	424050	20000
975458	324204	651254	539223	112031	85750
840268	562343	277925	205442	72483	171009
997632	716440	281192	145728	135464	55156
2193929	1547391	646538	382058	264480	825501
1633964	1115851	518113	249374	268739	100330
2420155	996355	1423800	594770	829030	223652
6429162	5196591	1232571	1059669	172902	404063
7008443	3098937	3909506	1648056	2261450	577279
3071689	2096138	975551	700379	275172	142829
1458046	699809	758237	432949	325288	123660
2129211	1199743	929468	559612	369856	512172
1088388	819444	268944	197047	71897	120907
2331483	1099521	1231962	618043	613919	197570
2018948	1453368	565580	398130	167450	79000
4420530	2711570	1708960	1097459	611501	169441
1453239	1004162	449077	373834	75243	110229
6152677	3426917	2725760	1281664	1444096	2695924
920901	527012	393889	295721	98168	21403
241139	110663	130476	119036	11440	61460
2054026	1152600	901426	422768	478658	29000
3814064	1976660	1837404	632265	1205139	646852
773494	446525	326969	142143	184826	156633
1744848	844548	900300	302099	598201	26490
130962	84571	46391	17924	28467	61247
3494404	2001811	1492593	1113354	379239	294890
1358343	896051	462292	341514	120778	115200
81517	24529	56988	52990	3998	9281
452189	146737	305452	184855	120597	7000
989747	587268	402479	228794	173685	162236

5—5 分地区中央属高等学校预算内

地 区	合 计	事业费支出	个人部分	工资福利支出	对个人和家庭的补助支出	#助学金
合 计	**60316581**	**57221441**	**28471540**	**14618502**	**13853038**	**5288980**
北 京	13929697	12781652	6660426	2636109	4024317	2433399
天 津	1337428	1325428	619849	367783	252066	55011
河 北	454112	426562	304510	207910	96600	31262
山 西						
内蒙古						
辽 宁	1798565	1536245	756396	450310	306086	94488
吉 林	2275165	2180185	1518021	764612	753409	218137
黑龙江	2765491	2582249	1059295	563448	495847	109146
上 海	5605942	5341399	2800483	1913660	886823	242883
江 苏	4340840	4098570	2093151	1106141	987010	261538
浙 江	1414364	1408364	486004	226303	259701	64900
安 徽	1061939	1025049	514299	272506	241793	5336
福 建	1335863	1126053	429970	206730	223240	91855
江 西	1687	1687	1687		1687	1687
山 东	2033582	1970992	1071977	561627	510350	143484
河 南	52219	52219	18401	14886	3515	2034
湖 北	6170438	6033468	2644476	1133281	1511195	416783
湖 南	1413946	1377076	1144298	567571	576727	197448
广 东	2704299	2687599	1409336	835113	574223	180665
广 西						
海 南						
重 庆	1715413	1686413	610569	347166	263403	90806
四 川	3733221	3637721	1678964	999655	679309	248422
贵 州	5052	5052	3625	1745	1880	563
云 南						
西 藏						
陕 西	4148270	3948630	1885653	912509	973144	323078
甘 肃	1125307	1116307	322232	228158	94074	28059
青 海						
宁 夏	263659	263659	75242	50688	24554	14068
新 疆	630082	608862	362676	250591	112085	33928

教育事业费和基本建设支出明细

单位：千元

公用部分	商品和服务支出	其他资本性支出			基本建设支出
			专项公用支出	专项项目支出	
28749901	**16307733**	**12442168**	**6269842**	**6172326**	**3095140**
6121226	3865198	2256028	1370218	885810	1148045
705579	464036	241543	42913	198630	12000
122052	73859	48193	37004	11189	27550
779849	563639	216210	125868	90342	262320
662164	475052	187112		187112	94980
1522954	283957	1238997	451033	787964	183242
2540916	2046404	494512	411155	83357	264543
2005419	1185361	820058	383498	436560	242270
922360	668888	253472	153472	100000	6000
510750	156461	354289	117289	237000	36890
696083	404020	292063	233683	58380	209810
899015	342779	556236	120236	436000	62590
33818	15818	18000		18000	
3388992	1977788	1411204	873003	538201	136970
232778	201103	31675	31675		36870
1278263	592820	685443	410537	274906	16700
1075844	512961	562883	133052	429831	29000
1958757	622659	1336098	266550	1069548	95500
1427	1427				
2062977	1136016	926961	674266	252695	199640
794075	520475	273600	235718	37882	9000
188417	54962	133455	130267	3188	
246186	142050	104136	68405	35731	21220

5—6 分地区地方高等学校预算内

地 区	合 计	事业费支出	个人部分	工资福利支出	对个人和家庭的补助支出	#助学金
合 计	**124355960**	**117612959**	**69685975**	**44852535**	**24833440**	**12511009**
北 京	9018100	8534168	2903451	1772475	1130976	200887
天 津	3647989	3639989	2099482	1224648	874834	187470
河 北	4187191	4128991	3275585	1937937	1337648	515211
山 西	3166264	2995255	2154987	1296496	858491	405513
内蒙古	2773162	2718006	1720374	1262422	457952	385047
辽 宁	4494610	3931429	2517349	1841296	676053	462377
吉 林	2730125	2724775	1752975	1078352	674623	387677
黑龙江	3704480	3664070	2766869	1683674	1083195	275120
上 海	6418885	6279365	2391119	1887180	503939	173417
江 苏	10545203	10210194	5207170	3073798	2133372	737225
浙 江	6533093	6396264	4246935	3046315	1200620	439764
安 徽	3281698	3194928	2247632	1449780	797852	377391
福 建	3194487	2892125	1458997	1036444	422553	285630
江 西	3411369	3290462	2202074	1240079	961995	586988
山 东	7161924	7026944	5594476	3416019	2178457	891442
河 南	5320214	5241214	3256084	2252123	1003961	825579
湖 北	3362546	3330075	2298537	1362592	935945	520515
湖 南	4323548	4250189	3029728	1935280	1094448	564773
广 东	12854952	10175728	5301314	4203294	1098020	674872
广 西	2952622	2931219	2010318	1035644	974674	455829
海 南	679078	617618	376479	268846	107633	74687
重 庆	1899483	1899483	921301	558462	362839	327877
四 川	4494425	3943073	2087766	1034513	1053253	858984
贵 州	2203836	2047203	1275136	727593	547543	231902
云 南	2964335	2937845	1192997	730050	462947	421452
西 藏	498149	436902	305940	207798	98142	17459
陕 西	3726347	3631097	2199670	1324149	875521	707300
甘 肃	1888642	1782442	1218174	903420	314754	230944
青 海	405972	396691	315174	274754	40420	30685
宁 夏	582042	575042	311270	192570	118700	49784
新 疆	1931189	1790173	1046612	594532	452080	207208

教育事业费和基本建设支出明细

单位：千元

公用部分	商品和服务支出	其他资本性支出	专项公用支出	专项项目支出	基本建设支出
47926984	**28605470**	**19321514**	**12416635**	**6904879**	**6743001**
5630717	2709615	2921102	2627954	293148	483932
1540507	1006595	533912	308492	225420	8000
853406	250345	603061	502219	100842	58200
840268	562343	277925	205442	72483	171009
997632	716440	281192	145728	135464	55156
1414080	983752	430328	256190	174138	563181
971800	640799	331001	249374	81627	5350
897201	712398	184803	143737	41066	40410
3888246	3150187	738059	648514	89545	139520
5003024	1913576	3089448	1264558	1824890	335009
2149329	1427250	722079	546907	175172	136829
947296	543348	403948	315660	88288	86770
1433128	795723	637405	325929	311476	302362
1088388	819444	268944	197047	71897	120907
1432468	756742	675726	497807	177919	134980
1985130	1437550	547580	398130	149450	79000
1031538	733782	297756	224456	73300	32471
1220461	803059	417402	342159	75243	73359
4874414	2834097	2040317	871127	1169190	2679224
920901	527012	393889	295721	98168	21403
241139	110663	130476	119036	11440	61460
978182	639639	338543	289716	48827	
1855307	1354001	501306	365715	135591	551352
772067	445098	326969	142143	184826	156633
1744848	844548	900300	302099	598201	26490
130962	84571	46391	17924	28467	61247
1431427	865795	565632	439088	126544	95250
564268	375576	188692	105796	82896	106200
81517	24529	56988	52990	3998	9281
263772	91775	171997	54588	117409	7000
743561	445218	298343	160389	137954	141016

5—7 分地区普通高等学校预算内

地 区	合 计	事业费支出	个人部分	工资福利支出	对个人和家庭的补助支出	♯助学金
合 计	**179699011**	**170006976**	**94922197**	**57240993**	**37681204**	**17491410**
北 京	22601408	20977071	9394033	4288814	5105219	2634286
天 津	4877396	4857396	2620109	1536832	1083277	240441
河 北	4494337	4408587	3447317	2039979	1407338	535853
山 西	3070133	2899124	2084191	1242700	841491	402159
内蒙古	2735482	2680326	1689188	1236267	452921	382696
辽 宁	6131493	5309173	3161255	2200707	960548	555819
吉 林	4819146	4718816	3121045	1740196	1380849	585222
黑龙江	6225238	6001586	3624401	2131047	1493354	377580
上 海	11440457	11036394	4796588	3471335	1325253	415657
江 苏	14568127	13993968	7068881	4061590	3007291	945979
浙 江	7603393	7507733	4516047	3113974	1402073	491987
安 徽	4223399	4099739	2678658	1666308	1012350	380889
福 建	4280195	3768023	1797582	1166073	631509	367688
江 西	3327035	3206128	2132958	1198889	934069	572955
山 东	8853158	8678048	6437923	3839298	2598625	1000033
河 南	5141858	5062858	3122627	2162905	959722	798606
湖 北	9483388	9313947	4904972	2470383	2434589	932090
湖 南	5687386	5578357	4128702	2471338	1657364	759041
广 东	15168487	12472563	6507295	4869408	1637887	843926
广 西	2822292	2801289	1914406	982144	932262	443630
海 南	670637	609177	371370	264244	107126	74556
重 庆	3570680	3541680	1509500	889367	620133	412583
四 川	8040100	7398548	3652107	1978760	1673347	1070223
贵 州	2163500	2006867	1251947	714119	537828	229649
云 南	2917098	2890608	1179962	722230	457732	418285
西 藏	498149	436902	305940	207798	98142	17459
陕 西	7764069	7470579	4008731	2190128	1818603	1016752
甘 肃	2956710	2841710	1500175	1102253	397922	256360
青 海	400723	391442	309925	269505	40420	30685
宁 夏	845701	838701	386512	243258	143254	63852
新 疆	2317836	2209636	1297850	769144	528706	234469

教育事业费和基本建设支出明细

单位：千元

公用部分	商品和服务支出	其他资本性支出			基本建设支出
			专项公用支出	专项项目支出	
75084779	**43975544**	**31109235**	**18425669**	**12683566**	**9692035**
11583038	6480479	5102559	3946704	1155855	1624337
2237287	1464135	773152	349465	423687	20000
961270	315324	645946	537617	108329	85750
814933	539934	274999	202516	72483	171009
991138	710186	280952	145488	135464	55156
2147918	1509870	638048	380186	257862	822320
1597771	1080768	517003	248414	268589	100330
2377185	962030	1415155	586340	828815	223652
6239806	5050015	1189791	1024813	164978	404063
6925087	3054704	3870383	1638085	2232298	574159
2991686	2066173	925513	689586	235927	95660
1421081	672214	748867	430379	318488	123660
1970441	1146680	823761	554458	269303	512172
1073170	805895	267275	195378	71897	120907
2240125	1055941	1184184	591498	592686	175110
1940231	1417790	522441	392364	130077	79000
4408975	2701978	1706997	1095551	611446	169441
1449655	1000578	449077	373834	75243	109029
5965268	3328548	2636720	1263937	1372783	2695924
886883	504375	382508	290120	92388	21003
237807	108371	129436	117996	11440	61460
2032180	1132806	899374	420726	478648	29000
3746441	1914440	1832001	628022	1203979	641552
754920	428054	326866	142040	184826	156633
1710646	840172	870474	299773	570701	26490
130962	84571	46391	17924	28467	61247
3461848	1976488	1485360	1106175	379185	293490
1341535	884099	457436	340322	117114	115000
81517	24529	56988	52990	3998	9281
452189	146737	305452	184855	120597	7000
911786	567660	344126	178113	166013	108200

5—8 分地区中央属普通高等学校预算内

地区	合计	事业费支出	个人部分	工资福利支出	对个人和家庭的补助支出	#助学金
合计	**60253726**	**57161586**	**28443345**	**14597792**	**13845553**	**5288633**
北京	13886001	12737956	6645579	2624950	4020629	2433399
天津	1337428	1325428	619849	367783	252066	55011
河北	454112	426562	304510	207910	96600	31262
山西						
内蒙古						
辽宁	1798565	1536245	756396	450310	306086	94488
吉林	2275165	2180185	1518021	764612	753409	218137
黑龙江	2765491	2582249	1059295	563448	495847	109146
上海	5605942	5341399	2800483	1913660	886823	242883
江苏	4340840	4098570	2093151	1106141	987010	261538
浙江	1414364	1408364	486004	226303	259701	64900
安徽	1061939	1025049	514299	272506	241793	5336
福建	1335863	1126053	429970	206730	223240	91855
江西	1687	1687	1687		1687	1687
山东	2033582	1970992	1071977	561627	510350	143484
河南	52219	52219	18401	14886	3515	2034
湖北	6170438	6033468	2644476	1133281	1511195	416783
湖南	1413946	1377076	1144298	567571	576727	197448
广东	2704299	2687599	1409336	835113	574223	180665
广西						
海南						
重庆	1715413	1686413	610569	347166	263403	90806
四川	3733221	3637721	1678964	999655	679309	248422
贵州	5052	5052	3625	1745	1880	563
云南						
西藏						
陕西	4148270	3948630	1885653	912509	973144	323078
甘肃	1125307	1116307	322232	228158	94074	28059
青海						
宁夏	263659	263659	75242	50688	24554	14068
新疆	610923	592703	349328	241040	108288	33581

教育事业费和基本建设支出明细

单位：千元

公用部分	商品和服务支出	其他资本性支出			基本建设支出
			专项公用支出	专项项目支出	
28718241	**16280681**	**12437560**	**6265234**	**6172326**	**3092140**
6092377	3840957	2251420	1365610	885810	1148045
705579	464036	241543	42913	198630	12000
122052	73859	48193	37004	11189	27550
779849	563639	216210	125868	90342	262320
662164	475052	187112		187112	94980
1522954	283957	1238997	451033	787964	183242
2540916	2046404	494512	411155	83357	264543
2005419	1185361	820058	383498	436560	242270
922360	668888	253472	153472	100000	6000
510750	156461	354289	117289	237000	36890
696083	404020	292063	233683	58380	209810
899015	342779	556236	120236	436000	62590
33818	15818	18000		18000	
3388992	1977788	1411204	873003	538201	136970
232778	201103	31675	31675		36870
1278263	592820	685443	410537	274906	16700
1075844	512961	562883	133052	429831	29000
1958757	622659	1336098	266550	1069548	95500
1427	1427				
2062977	1136016	926961	674266	252695	199640
794075	520475	273600	235718	37882	9000
188417	54962	133455	130267	3188	
243375	139239	104136	68405	35731	18220

5—9 分地区地方普通高等学校预算内

地区	合计	事业费支出	个人部分	工资福利支出	对个人和家庭的补助支出	#助学金
合计	**119445285**	**112845390**	**66478852**	**42643201**	**23835651**	**12202777**
北京	8715407	8239115	2748454	1663864	1084590	200887
天津	3539968	3531968	2000260	1169049	831211	185430
河北	4040225	3982025	3142807	1832069	1310738	504591
山西	3070133	2899124	2084191	1242700	841491	402159
内蒙古	2735482	2680326	1689188	1236267	452921	382696
辽宁	4332928	3772928	2404859	1750397	654462	461331
吉林	2543981	2538631	1603024	975584	627440	367085
黑龙江	3459747	3419337	2565106	1567599	997507	268434
上海	5834515	5694995	1996105	1557675	438430	172774
江苏	10227287	9895398	4975730	2955449	2020281	684441
浙江	6189029	6099369	4030043	2887671	1142372	427087
安徽	3161460	3074690	2164359	1393802	770557	375553
福建	2944332	2641970	1367612	959343	408269	275833
江西	3325348	3204441	2131271	1198889	932382	571268
山东	6819576	6707056	5365946	3277671	2088275	856549
河南	5089639	5010639	3104226	2148019	956207	796572
湖北	3312950	3280479	2260496	1337102	923394	515307
湖南	4273440	4201281	2984404	1903767	1080637	561593
广东	12464188	9784964	5097959	4034295	1063664	663261
广西	2822292	2801289	1914406	982144	932262	443630
海南	670637	609177	371370	264244	107126	74556
重庆	1855267	1855267	898931	542201	356730	321777
四川	4306879	3760827	1973143	979105	994038	821801
贵州	2158448	2001815	1248322	712374	535948	229086
云南	2917098	2890608	1179962	722230	457732	418285
西藏	498149	436902	305940	207798	98142	17459
陕西	3615799	3521949	2123078	1277619	845459	693674
甘肃	1831403	1725403	1177943	874095	303848	228301
青海	400723	391442	309925	269505	40420	30685
宁夏	582042	575042	311270	192570	118700	49784
新疆	1706913	1616933	948522	528104	420418	200888

教育事业费和基本建设支出明细

单位：千元

公用部分	商品和服务支出	其他资本性支出			基本建设支出
			专项公用支出	专项项目支出	
46366538	**27694863**	**18671675**	**12160435**	**6511240**	**6599895**
5490661	2639522	2851139	2581094	270045	476292
1531708	1000099	531609	306552	225057	8000
839218	241465	597753	500613	97140	58200
814933	539934	274999	202516	72483	171009
991138	710186	280952	145488	135464	55156
1368069	946231	421838	254318	167520	560000
935607	605716	329891	248414	81477	5350
854231	678073	176158	135307	40851	40410
3698890	3003611	695279	613658	81621	139520
4919668	1869343	3050325	1254587	1795738	331889
2069326	1397285	672041	536114	135927	89660
910331	515753	394578	313090	81488	86770
1274358	742660	531698	320775	210923	302362
1073170	805895	267275	195378	71897	120907
1341110	713162	627948	471262	156686	112520
1906413	1401972	504441	392364	112077	79000
1019983	724190	295793	222548	73245	32471
1216877	799475	417402	342159	75243	72159
4687005	2735728	1951277	853400	1097877	2679224
886883	504375	382508	290120	92388	21003
237807	108371	129436	117996	11440	61460
956336	619845	336491	287674	48817	
1787684	1291781	495903	361472	134431	546052
753493	426627	326866	142040	184826	156633
1710646	840172	870474	299773	570701	26490
130962	84571	46391	17924	28467	61247
1398871	840472	558399	431909	126490	93850
547460	363624	183836	104604	79232	106000
81517	24529	56988	52990	3998	9281
263772	91775	171997	54588	117409	7000
668411	428421	239990	109708	130282	89980

5—10 分地区普通高等本科学校预算内

地区	合计	事业费支出	个人部分	工资福利支出	对个人和家庭的补助支出	#助学金
合计	**147312270**	**140064480**	**76208517**	**44919718**	**31288799**	**13715892**
北京	20919362	19346329	8925878	3961442	4964436	2597474
天津	4000077	3980077	2034331	1169790	864541	187284
河北	3407510	3326960	2587129	1459014	1128115	357307
山西	2175086	2040992	1482198	855828	626370	269686
内蒙古	1763615	1746162	1114631	809157	305474	263279
辽宁	5082637	4577307	2632000	1778569	853431	492989
吉林	4345836	4245506	2793344	1515833	1277511	537135
黑龙江	5430431	5246731	3005400	1754629	1250771	314678
上海	11084033	10679970	4685265	3379227	1306038	411499
江苏	11165246	10726846	5480100	3114938	2365162	618000
浙江	5466227	5429027	3182122	2094856	1087266	363276
安徽	3482871	3376311	2137949	1311485	826464	283622
福建	3571219	3088064	1381647	896253	485394	273215
江西	2338375	2320768	1504359	880693	623666	347285
山东	7148723	7002793	5075098	2922180	2152918	758892
河南	3318148	3313148	1952149	1387623	564526	507947
湖北	8459153	8308891	4258472	2113879	2144593	749653
湖南	4121179	4024759	3014609	1740591	1274018	541091
广东	11557185	9666211	5053579	3677416	1376163	659797
广西	2067460	2053460	1347633	691478	656155	293883
海南	453150	447657	266115	187182	78933	54454
重庆	3223213	3194213	1336701	806964	529737	325178
四川	6358962	6120729	2904213	1628243	1275970	741476
贵州	1632810	1498686	868578	499304	369274	151815
云南	2343368	2343368	851557	512962	338595	313238
西藏	376760	347247	248983	163007	85976	14449
陕西	6823763	6553123	3372706	1764088	1608618	852459
甘肃	2507823	2408823	1222578	898795	323783	197864
青海	307533	299203	242394	216599	25795	17712
宁夏	682773	681773	295658	188378	107280	40574
新疆	1697742	1669346	951141	539315	411826	178681

教育事业费和基本建设支出明细

单位：千元

公用部分	商品和服务支出	其他资本性支出			基本建设支出
			专项公用支出	专项项目支出	
63855963	**37845971**	**26009992**	**15399004**	**10610988**	**7247790**
10420451	5992225	4428226	3377715	1050511	1573033
1945746	1378927	566819	276902	289917	20000
739831	223185	516646	451407	65239	80550
558794	419769	139025	123041	15984	134094
631531	453036	178495	108006	70489	17453
1945307	1391498	553809	323136	230673	505330
1452162	982048	470114	208484	261630	100330
2241331	873516	1367815	545115	822700	183700
5994705	4866806	1127899	962921	164978	404063
5246746	2296416	2950330	1245554	1704776	438400
2246905	1521611	725294	591772	133522	37200
1238362	585681	652681	375791	276890	106560
1706417	975078	731339	497562	233777	483155
816409	611382	205027	142250	62777	17607
1927695	919492	1008203	460882	547321	145930
1360999	1053815	307184	245135	62049	5000
4050419	2462249	1588170	1030185	557985	150262
1010150	687889	322261	291502	30759	96420
4612632	2662595	1950037	917220	1032817	1890974
705827	435984	269843	207050	62793	14000
181542	84635	96907	94609	2298	5493
1857512	1055354	802158	349947	452211	29000
3216516	1570647	1645869	505131	1140738	238233
630108	371928	258180	111368	146812	134124
1491811	680670	811141	271740	539401	
98264	68901	29363	13405	15958	29513
3180417	1824849	1355568	1012216	343352	270640
1186245	800790	385455	323485	61970	99000
56809	12686	44123	44123		8330
386115	132132	253983	154492	99491	1000
718205	450177	268028	136858	131170	28396

5—11 分地区中央属普通高等本科学校预算内

地区	合计	事业费支出				
			个人部分	工资福利支出	对个人和家庭的补助支出	＃助学金
合计	**59717228**	**56654880**	**28142455**	**14386153**	**13756302**	**5222880**
北京	13886001	12737956	6645579	2624950	4020629	2433399
天津	1337428	1325428	619849	367783	252066	55011
河北	433273	405723	285923	194406	91517	26179
山西						
内蒙古						
辽宁	1798565	1536245	756396	450310	306086	94488
吉林	2275165	2180185	1518021	764612	753409	218137
黑龙江	2654378	2481178	977507	492050	485457	107571
上海	5605942	5341399	2800483	1913660	886823	242883
江苏	4281576	4050556	2068034	1081024	987010	261538
浙江	1414364	1408364	486004	226303	259701	64900
安徽	1056603	1019713	508963	272506	236457	
福建	1335863	1126053	429970	206730	223240	91855
江西	1687	1687	1687		1687	1687
山东	2031535	1968945	1069930	561627	508303	141437
河南						
湖北	6165102	6028132	2639140	1133281	1505859	411447
湖南	1403144	1366274	1133496	562447	571049	191770
广东	2662911	2646211	1389056	823295	565761	177425
广西						
海南						
重庆	1706810	1677810	606544	347166	259378	86781
四川	3657734	3562234	1631477	976923	654554	223667
贵州						
云南						
西藏						
陕西	4148270	3948630	1885653	912509	973144	323078
甘肃	1125307	1116307	322232	228158	94074	28059
青海						
宁夏	263659	263659	75242	50688	24554	14068
新疆	471911	462191	291269	195725	95544	27500

教育事业费和基本建设支出明细

单位:千元

公用部分	商品和服务支出	其他资本性支出			基本建设支出
			专项公用支出	专项项目支出	
28512425	**16160294**	**12352131**	**6230844**	**6121287**	**3062348**
6092377	3840957	2251420	1365610	885810	1148045
705579	464036	241543	42913	198630	12000
119800	71607	48193	37004	11189	27550
779849	563639	216210	125868	90342	262320
662164	475052	187112		187112	94980
1503671	266266	1237405	449441	787964	173200
2540916	2046404	494512	411155	83357	264543
1982522	1172984	809538	377237	432301	231020
922360	668888	253472	153472	100000	6000
510750	156461	354289	117289	237000	36890
696083	404020	292063	233683	58380	209810
899015	342779	556236	120236	436000	62590
3388992	1977788	1411204	873003	538201	136970
232778	201103	31675	31675		36870
1257155	584579	672576	406719	265857	16700
1071266	511383	559883	130052	429831	29000
1930757	594659	1336098	266550	1069548	95500
2062977	1136016	926961	674266	252695	199640
794075	520475	273600	235718	37882	9000
188417	54962	133455	130267	3188	
170922	106236	64686	48686	16000	9720

5—12 分地区地方普通高等本科学校预算内

地 区	合 计	事业费支 出	个人部分	工资福利支出	对个人和家庭的补助支出	#助学金
合 计	**87595042**	**83409600**	**48066062**	**30533565**	**17532497**	**8493012**
北 京	7033361	6608373	2280299	1336492	943807	164075
天 津	2662649	2654649	1414482	802007	612475	132273
河 北	2974237	2921237	2301206	1264608	1036598	331128
山 西	2175086	2040992	1482198	855828	626370	269686
内蒙古	1763615	1746162	1114631	809157	305474	263279
辽 宁	3284072	3041062	1875604	1328259	547345	398501
吉 林	2070671	2065321	1275323	751221	524102	318998
黑龙江	2776053	2765553	2027893	1262579	765314	207107
上 海	5478091	5338571	1884782	1465567	419215	168616
江 苏	6883670	6676290	3412066	2033914	1378152	356462
浙 江	4051863	4020663	2696118	1868553	827565	298376
安 徽	2426268	2356598	1628986	1038979	590007	283622
福 建	2235356	1962011	951677	689523	262154	181360
江 西	2336688	2319081	1502672	880693	621979	345598
山 东	5117188	5033848	4005168	2360553	1644615	617455
河 南	3318148	3313148	1952149	1387623	564526	507947
湖 北	2294051	2280759	1619332	980598	638734	338206
湖 南	2718035	2658485	1881113	1178144	702969	349321
广 东	8894274	7020000	3664523	2854121	810402	482372
广 西	2067460	2053460	1347633	691478	656155	293883
海 南	453150	447657	266115	187182	78933	54454
重 庆	1516403	1516403	730157	459798	270359	238397
四 川	2701228	2558495	1272736	651320	621416	517809
贵 州	1632810	1498686	868578	499304	369274	151815
云 南	2343368	2343368	851557	512962	338595	313238
西 藏	376760	347247	248983	163007	85976	14449
陕 西	2675493	2604493	1487053	851579	635474	529381
甘 肃	1382516	1292516	900346	670637	229709	169805
青 海	307533	299203	242394	216599	25795	17712
宁 夏	419114	418114	220416	137690	82726	26506
新 疆	1225831	1207155	659872	343590	316282	151181

教育事业费和基本建设支出明细

单位：千元

公用部分	商品和服务支出	其他资本性支出	专项公用支出	专项项目支出	基本建设支出
35343538	**21685677**	**13657861**	**9168160**	**4489701**	**4185442**
4328074	2151268	2176806	2012105	164701	424988
1240167	914891	325276	233989	91287	8000
620031	151578	468453	414403	54050	53000
558794	419769	139025	123041	15984	134094
631531	453036	178495	108006	70489	17453
1165458	827859	337599	197268	140331	243010
789998	506996	283002	208484	74518	5350
737660	607250	130410	95674	34736	10500
3453789	2820402	633387	551766	81621	139520
3264224	1123432	2140792	868317	1272475	207380
1324545	852723	471822	438300	33522	31200
727612	429220	298392	258502	39890	69670
1010334	571058	439276	263879	175397	273345
816409	611382	205027	142250	62777	17607
1028680	576713	451967	340646	111321	83340
1360999	1053815	307184	245135	62049	5000
661427	484461	176966	157182	19784	13292
777372	486786	290586	259827	30759	59550
3355477	2078016	1277461	510501	766960	1874274
705827	435984	269843	207050	62793	14000
181542	84635	96907	94609	2298	5493
786246	543971	242275	219895	22380	
1285759	975988	309771	238581	71190	142733
630108	371928	258180	111368	146812	134124
1491811	680670	811141	271740	539401	
98264	68901	29363	13405	15958	29513
1117440	688833	428607	337950	90657	71000
392170	280315	111855	87767	24088	90000
56809	12686	44123	44123		8330
197698	77170	120528	24225	96303	1000
547283	343941	203342	88172	115170	18676

5—13 分地区普通高职高专学校预算内

地区	合计	事业费支出	个人部分	工资福利支出	对个人和家庭的补助支出	#助学金
合计	**32386741**	**29942496**	**18713680**	**12321275**	**6392405**	**3775518**
北京	1682046	1630742	468155	327372	140783	36812
天津	877319	877319	585778	367042	218736	53157
河北	1086827	1081627	860188	580965	279223	178546
山西	895047	858132	601993	386872	215121	132473
内蒙古	971867	934164	574557	427110	147447	119417
辽宁	1048856	731866	529255	422138	107117	62830
吉林	473310	473310	327701	224363	103338	48087
黑龙江	794807	754855	619001	376418	242583	62902
上海	356424	356424	111323	92108	19215	4158
江苏	3402881	3267122	1588781	946652	642129	327979
浙江	2137166	2078706	1333925	1019118	314807	128711
安徽	740528	723428	540709	354823	185886	97267
福建	708976	679959	415935	269820	146115	94473
江西	988660	885360	628599	318196	310403	225670
山东	1704435	1675255	1362825	917118	445707	241141
河南	1823710	1749710	1170478	775282	395196	290659
湖北	1024235	1005056	646500	356504	289996	182437
湖南	1566207	1553598	1114093	730747	383346	217950
广东	3611302	2806352	1453716	1191992	261724	184129
广西	754832	747829	566773	290666	276107	149747
海南	217487	161520	105255	77062	28193	20102
重庆	347467	347467	172799	82403	90396	87405
四川	1681138	1277819	747894	350517	397377	328747
贵州	530690	508181	383369	214815	168554	77834
云南	573730	547240	328405	209268	119137	105047
西藏	121389	89655	56957	44791	12166	3010
陕西	940306	917456	636025	426040	209985	164293
甘肃	448887	432887	277597	203458	74139	58496
青海	93190	92239	67531	52906	14625	12973
宁夏	162928	156928	90854	54880	35974	23278
新疆	620094	540290	346709	229829	116880	55788

教育事业费和基本建设支出明细

单位:千元

公用部分	商品和服务支出	其他资本性支出			基本建设支出
			专项公用支出	专项项目支出	
11228816	**6129573**	**5099243**	**3026665**	**2072578**	**2444245**
1162587	488254	674333	568989	105344	51304
291541	85208	206333	72563	133770	
221439	92139	129300	86210	43090	5200
256139	120165	135974	79475	56499	36915
359607	257150	102457	37482	64975	37703
202611	118372	84239	57050	27189	316990
145609	98720	46889	39930	6959	
135854	88514	47340	41225	6115	39952
245101	183209	61892	61892		
1678341	758288	920053	392531	527522	135759
744781	544562	200219	97814	102405	58460
182719	86533	96186	54588	41598	17100
264024	171602	92422	56896	35526	29017
256761	194513	62248	53128	9120	103300
312430	136449	175981	130616	45365	29180
579232	363975	215257	147229	68028	74000
358556	239729	118827	65366	53461	19179
439505	312689	126816	82332	44484	12609
1352636	665953	686683	346717	339966	804950
181056	68391	112665	83070	29595	7003
56265	23736	32529	23387	9142	55967
174668	77452	97216	70779	26437	
529925	343793	186132	122891	63241	403319
124812	56126	68686	30672	38014	22509
218835	159502	59333	28033	31300	26490
32698	15670	17028	4519	12509	31734
281431	151639	129792	93959	35833	22850
155290	83309	71981	16837	55144	16000
24708	11843	12865	8867	3998	951
66074	14605	51469	30363	21106	6000
193581	117483	76098	41255	34843	79804

5－14 分地区中央属普通高职高专学校预算内

地区	合计	事业费支出	个人部分	工资福利支出	对个人和家庭的补助支出	#助学金
合计	**536498**	**506706**	**300890**	**211639**	**89251**	**65753**
北京						
天津						
河北	20839	20839	18587	13504	5083	5083
山西						
内蒙古						
辽宁						
吉林						
黑龙江	111113	101071	81788	71398	10390	1575
上海						
江苏	59264	48014	25117	25117		
浙江						
安徽	5336	5336	5336		5336	5336
福建						
江西						
山东	2047	2047	2047		2047	2047
河南	52219	52219	18401	14886	3515	2034
湖北	5336	5336	5336		5336	5336
湖南	10802	10802	10802	5124	5678	5678
广东	41388	41388	20280	11818	8462	3240
广西						
海南						
重庆	8603	8603	4025		4025	4025
四川	75487	75487	47487	22732	24755	24755
贵州	5052	5052	3625	1745	1880	563
云南						
西藏						
陕西						
甘肃						
青海						
宁夏						
新疆	139012	130512	58059	45315	12744	6081

教育事业费和基本建设支出明细

单位:千元

公用部分	商品和服务支出	其他资本性支出			基本建设支出
			专项公用支出	专项项目支出	
205816	**120387**	**85429**	**34390**	**51039**	**29792**
2252	2252				
19283	17691	1592	1592		10042
22897	12377	10520	6261	4259	11250
33818	15818	18000		18000	
21108	8241	12867	3818	9049	
4578	1578	3000	3000		
28000	28000				
1427	1427				
72453	33003	39450	19719	19731	8500

5—15 分地区地方普通高职高专学校预算内

地 区	合 计	事业费支 出	个人部分	工资福利支出	对个人和家庭的补助支出	#助学金
合 计	**31850243**	**29435790**	**18412790**	**12109636**	**6303154**	**3709765**
北 京	1682046	1630742	468155	327372	140783	36812
天 津	877319	877319	585778	367042	218736	53157
河 北	1065988	1060788	841601	567461	274140	173463
山 西	895047	858132	601993	386872	215121	132473
内蒙古	971867	934164	574557	427110	147447	119417
辽 宁	1048856	731866	529255	422138	107117	62830
吉 林	473310	473310	327701	224363	103338	48087
黑龙江	683694	653784	537213	305020	232193	61327
上 海	356424	356424	111323	92108	19215	4158
江 苏	3343617	3219108	1563664	921535	642129	327979
浙 江	2137166	2078706	1333925	1019118	314807	128711
安 徽	735192	718092	535373	354823	180550	91931
福 建	708976	679959	415935	269820	146115	94473
江 西	988660	885360	628599	318196	310403	225670
山 东	1702388	1673208	1360778	917118	443660	239094
河 南	1771491	1697491	1152077	760396	391681	288625
湖 北	1018899	999720	641164	356504	284660	177101
湖 南	1555405	1542796	1103291	725623	377668	212272
广 东	3569914	2764964	1433436	1180174	253262	180889
广 西	754832	747829	566773	290666	276107	149747
海 南	217487	161520	105255	77062	28193	20102
重 庆	338864	338864	168774	82403	86371	83380
四 川	1605651	1202332	700407	327785	372622	303992
贵 州	525638	503129	379744	213070	166674	77271
云 南	573730	547240	328405	209268	119137	105047
西 藏	121389	89655	56957	44791	12166	3010
陕 西	940306	917456	636025	426040	209985	164293
甘 肃	448887	432887	277597	203458	74139	58496
青 海	93190	92239	67531	52906	14625	12973
宁 夏	162928	156928	90854	54880	35974	23278
新 疆	481082	409778	288650	184514	104136	49707

教育事业费和基本建设支出明细

单位:千元

公用部分	商品和服务支出	其他资本性支出			基本建设支出
			专项公用支出	专项项目支出	
11023000	**6009186**	**5013814**	**2992275**	**2021539**	**2414453**
1162587	488254	674333	568989	105344	51304
291541	85208	206333	72563	133770	
219187	89887	129300	86210	43090	5200
256139	120165	135974	79475	56499	36915
359607	257150	102457	37482	64975	37703
202611	118372	84239	57050	27189	316990
145609	98720	46889	39930	6959	
116571	70823	45748	39633	6115	29910
245101	183209	61892	61892		
1655444	745911	909533	386270	523263	124509
744781	544562	200219	97814	102405	58460
182719	86533	96186	54588	41598	17100
264024	171602	92422	56896	35526	29017
256761	194513	62248	53128	9120	103300
312430	136449	175981	130616	45365	29180
545414	348157	197257	147229	50028	74000
358556	239729	118827	65366	53461	19179
439505	312689	126816	82332	44484	12609
1331528	657712	673816	342899	330917	804950
181056	68391	112665	83070	29595	7003
56265	23736	32529	23387	9142	55967
170090	75874	94216	67779	26437	
501925	315793	186132	122891	63241	403319
123385	54699	68686	30672	38014	22509
218835	159502	59333	28033	31300	26490
32698	15670	17028	4519	12509	31734
281431	151639	129792	93959	35833	22850
155290	83309	71981	16837	55144	16000
24708	11843	12865	8867	3998	951
66074	14605	51469	30363	21106	6000
121128	84480	36648	21536	15112	71304

5－16 分地区成人高等学校预算内

地 区	合 计	事业费支出	个人部分	工资福利支出	对个人和家庭的补助支出	#助学金
合 计	**4973530**	**4827424**	**3235318**	**2230044**	**1005274**	**308579**
北 京	346389	338749	169844	119770	50074	
天 津	108021	108021	99222	55599	43623	2040
河 北	146966	146966	132778	105868	26910	10620
山 西	96131	96131	70796	53796	17000	3354
内蒙古	37680	37680	31186	26155	5031	2351
辽 宁	161682	158501	112490	90899	21591	1046
吉 林	186144	186144	149951	102768	47183	20592
黑龙江	244733	244733	201763	116075	85688	6686
上 海	584370	584370	395014	329505	65509	643
江 苏	317916	314796	231440	118349	113091	52784
浙 江	344064	296895	216892	158644	58248	12677
安 徽	120238	120238	83273	55978	27295	1838
福 建	250155	250155	91385	77101	14284	9797
江 西	86021	86021	70803	41190	29613	15720
山 东	342348	319888	228530	138348	90182	34893
河 南	230575	230575	151858	104104	47754	29007
湖 北	49596	49596	38041	25490	12551	5208
湖 南	50108	48908	45324	31513	13811	3180
广 东	390764	390764	203355	168999	34356	11611
广 西	130330	129930	95912	53500	42412	12199
海 南	8441	8441	5109	4602	507	131
重 庆	44216	44216	22370	16261	6109	6100
四 川	187546	182246	114623	55408	59215	37183
贵 州	45388	45388	26814	15219	11595	2816
云 南	47237	47237	13035	7820	5215	3167
西 藏						
陕 西	110548	109148	76592	46530	30062	13626
甘 肃	57239	57039	40231	29325	10906	2643
青 海	5249	5249	5249	5249		
宁 夏						
新 疆	243435	189399	111438	75979	35459	6667

教育事业费和基本建设支出明细

单位:千元

公用部分	商品和服务支出	其他资本性支出	专项公用支出	专项项目支出	基本建设支出
1592106	**937659**	**654447**	**260808**	**393639**	**146106**
168905	94334	74571	51468	23103	7640
8799	6496	2303	1940	363	
14188	8880	5308	1606	3702	
25335	22409	2926	2926		
6494	6254	240	240		
46011	37521	8490	1872	6618	3181
36193	35083	1110	960	150	
42970	34325	8645	8430	215	
189356	146576	42780	34856	7924	
83356	44233	39123	9971	29152	3120
80003	29965	50038	10793	39245	47169
36965	27595	9370	2570	6800	
158770	53063	105707	5154	100553	
15218	13549	1669	1669		
91358	43580	47778	26545	21233	22460
78717	35578	43139	5766	37373	
11555	9592	1963	1908	55	
3584	3584				1200
187409	98369	89040	17727	71313	
34018	22637	11381	5601	5780	400
3332	2292	1040	1040		
21846	19794	2052	2042	10	
67623	62220	5403	4243	1160	5300
18574	18471	103	103		
34202	4376	29826	2326	27500	
32556	25323	7233	7179	54	1400
16808	11952	4856	1192	3664	200
77961	19608	58353	50681	7672	54036

5-17 分地区中央属成人高等学校预算内

地 区	合 计	事业费支出				
			个人部分			
				工资福利支出	对个人和家庭的补助支出	
						#助学金
合 计	**62855**	**59855**	**28195**	**20710**	**7485**	**347**
北 京	43696	43696	14847	11159	3688	
天 津						
河 北						
山 西						
内蒙古						
辽 宁						
吉 林						
黑龙江						
上 海						
江 苏						
浙 江						
安 徽						
福 建						
江 西						
山 东						
河 南						
湖 北						
湖 南						
广 东						
广 西						
海 南						
重 庆						
四 川						
贵 州						
云 南						
西 藏						
陕 西						
甘 肃						
青 海						
宁 夏						
新 疆	19159	16159	13348	9551	3797	347

教育事业费和基本建设支出明细

单位：千元

公用部分	商品和服务支出	其他资本性支出			基本建设支出
			专项公用支出	专项项目支出	
31660	**27052**	**4608**	**4608**		**3000**
28849	24241	4608	4608		
2811	2811				3000

5—18 分地区地方成人高等学校预算内

地区	合计	事业费支出				
			个人部分			
				工资福利支出	对个人和家庭的补助支出	
						#助学金
合计	**4910675**	**4767569**	**3207123**	**2209334**	**997789**	**308232**
北京	302693	295053	154997	108611	46386	
天津	108021	108021	99222	55599	43623	2040
河北	146966	146966	132778	105868	26910	10620
山西	96131	96131	70796	53796	17000	3354
内蒙古	37680	37680	31186	26155	5031	2351
辽宁	161682	158501	112490	90899	21591	1046
吉林	186144	186144	149951	102768	47183	20592
黑龙江	244733	244733	201763	116075	85688	6686
上海	584370	584370	395014	329505	65509	643
江苏	317916	314796	231440	118349	113091	52784
浙江	344064	296895	216892	158644	58248	12677
安徽	120238	120238	83273	55978	27295	1838
福建	250155	250155	91385	77101	14284	9797
江西	86021	86021	70803	41190	29613	15720
山东	342348	319888	228530	138348	90182	34893
河南	230575	230575	151858	104104	47754	29007
湖北	49596	49596	38041	25490	12551	5208
湖南	50108	48908	45324	31513	13811	3180
广东	390764	390764	203355	168999	34356	11611
广西	130330	129930	95912	53500	42412	12199
海南	8441	8441	5109	4602	507	131
重庆	44216	44216	22370	16261	6109	6100
四川	187546	182246	114623	55408	59215	37183
贵州	45388	45388	26814	15219	11595	2816
云南	47237	47237	13035	7820	5215	3167
西藏						
陕西	110548	109148	76592	46530	30062	13626
甘肃	57239	57039	40231	29325	10906	2643
青海	5249	5249	5249	5249		
宁夏						
新疆	224276	173240	98090	66428	31662	6320

教育事业费和基本建设支出明细

单位:千元

公用部分	商品和服务支出	其他资本性支出			基本建设支出
			专项公用支出	专项项目支出	
1560446	**910607**	**649839**	**256200**	**393639**	**143106**
140056	70093	69963	46860	23103	7640
8799	6496	2303	1940	363	
14188	8880	5308	1606	3702	
25335	22409	2926	2926		
6494	6254	240	240		
46011	37521	8490	1872	6618	3181
36193	35083	1110	960	150	
42970	34325	8645	8430	215	
189356	146576	42780	34856	7924	
83356	44233	39123	9971	29152	3120
80003	29965	50038	10793	39245	47169
36965	27595	9370	2570	6800	
158770	53063	105707	5154	100553	
15218	13549	1669	1669		
91358	43580	47778	26545	21233	22460
78717	35578	43139	5766	37373	
11555	9592	1963	1908	55	
3584	3584				1200
187409	98369	89040	17727	71313	
34018	22637	11381	5601	5780	400
3332	2292	1040	1040		
21846	19794	2052	2042	10	
67623	62220	5403	4243	1160	5300
18574	18471	103	103		
34202	4376	29826	2326	27500	
32556	25323	7233	7179	54	1400
16808	11952	4856	1192	3664	200
75150	16797	58353	50681	7672	51036

5－19 分地区中等职业学校预算内

地 区	合 计	事业费支 出				
			个人部分			
				工资福利支出	对个人和家庭的补助支出	
						＃助学金
合 计	**63128596**	**59312778**	**43536337**	**26348569**	**17187768**	**11768194**
北 京	2459866	2363963	1155649	849158	306491	41706
天 津	1093202	1087702	898197	480383	417814	79248
河 北	3113138	3034634	2615625	1655989	959636	735942
山 西	1810080	1767021	1408611	905799	502812	331883
内蒙古	1477235	1347037	1056801	786197	270604	231266
辽 宁	2868555	2710567	1557855	1097533	460322	224560
吉 林	1216482	1171702	900535	619794	280741	147922
黑龙江	1419641	1378341	1079149	634386	444763	142993
上 海	1874374	1838482	1202885	1009034	193851	35168
江 苏	4022984	3806567	3174159	1815439	1358720	731867
浙 江	3334311	3258816	2386606	1660153	726453	452859
安 徽	1548634	1448991	1169776	679394	490382	392313
福 建	1915611	1841941	1474904	936918	537986	374644
江 西	1060831	980152	792108	382111	409997	352081
山 东	4705159	4661129	3886469	2511040	1375429	921037
河 南	3771284	3642865	2774543	1426045	1348498	1080054
湖 北	1727421	1660241	1326457	604602	721855	501912
湖 南	1781520	1682217	1422262	769900	652362	527985
广 东	6491469	5854778	3329546	2339390	990156	749085
广 西	2138960	1990019	1337348	599216	738132	489470
海 南	1058169	527009	329799	222657	107142	90005
重 庆	1367335	1268587	882968	387070	495898	453854
四 川	3030640	2777613	2114769	899676	1215093	1030983
贵 州	862919	833324	655208	391941	263267	143593
云 南	1937946	1864969	1272796	728139	544657	462099
西 藏	152451	111851	94203	49006	45197	24077
陕 西	1764751	1666217	1233314	681254	552060	456400
甘 肃	1344243	1270883	969328	565116	404212	339705
青 海	334697	250566	165661	116059	49602	44958
宁 夏	308943	260543	158902	94926	63976	41274
新 疆	1135745	954051	709904	450244	259660	137251

教育事业费和基本建设支出明细

单位：千元

公用部分	商品和服务支出	其他资本性支出			基本建设支出
			专项公用支出	专项项目支出	
15776441	**7366284**	**8410157**	**3279429**	**5130728**	**3815818**
1208314	429277	779037	548309	230728	95903
189505	97936	91569	36695	54874	5500
419009	241700	177309	68997	108312	78504
358410	210124	148286	68188	80098	43059
290236	205394	84842	59025	25817	130198
1152712	307324	845388	209669	635719	157988
271167	176317	94850	31856	62994	44780
299192	217390	81802	58654	23148	41300
635597	451835	183762	134665	49097	35892
632408	319913	312495	99212	213283	216417
872210	501711	370499	166458	204041	75495
279215	126824	152391	46712	105679	99643
367037	255393	111644	65990	45654	73670
188044	75012	113032	37764	75268	80679
774660	342498	432162	87074	345088	44030
868322	517193	351129	86675	264454	128419
333784	171465	162319	33831	128488	67180
259955	140440	119515	50012	69503	99303
2525232	851764	1673468	663068	1010400	636691
652671	223058	429613	217898	211715	148941
197210	83121	114089	47485	66604	531160
385619	215607	170012	68977	101035	98748
662844	309637	353207	123012	230195	253027
178116	126021	52095	20017	32078	29595
592173	225006	367167	54752	312415	72977
17648	13600	4048	2807	1241	40600
432903	188907	243996	76812	167184	98534
301555	146172	155383	31855	123528	73360
84905	37789	47116	21305	25811	84131
101641	28290	73351	28160	45191	48400
244147	129566	114581	33495	81086	181694

5—20 分地区中央属中等职业学校预算内

地区	合计	事业费支出	个人部分	工资福利支出	对个人和家庭的补助支出	#助学金
合计	**320704**	**287204**	**188096**	**108878**	**79218**	**55694**
北京	38938	38938	15639	10426	5213	2524
天津	800	800	800		800	800
河北	7442	7442	7442	3556	3886	
山西	1263	1263	1263		1263	1263
内蒙古	1263	1263	1263		1263	1263
辽宁						
吉林						
黑龙江	29857	29857	20212	10919	9293	198
上海	16438	16438	7247	6264	983	66
江苏						
浙江						
安徽	19199	19199	16793	7207	9586	9556
福建						
江西						
山东						
河南						
湖北						
湖南						
广东	18363	18363	8856	4452	4404	4404
广西						
海南						
重庆						
四川	23775	23775	14631	6580	8051	6841
贵州						
云南						
西藏						
陕西						
甘肃						
青海						
宁夏						
新疆	163366	129866	93950	59474	34476	28779

教育事业费和基本建设支出明细

单位：千元

公用部分	商品和服务支出	其他资本性支出			基本建设支出
			专项公用支出	专项项目支出	
99108	**53764**	**45344**	**15666**	**29678**	**33500**
23299	14395	8904	2877	6027	
9645	8748	897	897		
9191	8735	456	456		
2406	506	1900		1900	
9507	2200	7307		7307	
9144	3444	5700	2150	3550	
35916	15736	20180	9286	10894	33500

5—21 分地区地方中等职业学校预算内

地 区	合 计	事业费支出	个人部分	工资福利支出	对个人和家庭的补助支出	#助学金
合 计	**62807892**	**59025574**	**43348241**	**26239691**	**17108550**	**11712500**
北 京	2420928	2325025	1140010	838732	301278	39182
天 津	1092402	1086902	897397	480383	417014	78448
河 北	3105696	3027192	2608183	1652433	955750	735942
山 西	1808817	1765758	1407348	905799	501549	330620
内蒙古	1475972	1345774	1055538	786197	269341	230003
辽 宁	2868555	2710567	1557855	1097533	460322	224560
吉 林	1216482	1171702	900535	619794	280741	147922
黑龙江	1389784	1348484	1058937	623467	435470	142795
上 海	1857936	1822044	1195638	1002770	192868	35102
江 苏	4022984	3806567	3174159	1815439	1358720	731867
浙 江	3334311	3258816	2386606	1660153	726453	452859
安 徽	1529435	1429792	1152983	672187	480796	382757
福 建	1915611	1841941	1474904	936918	537986	374644
江 西	1060831	980152	792108	382111	409997	352081
山 东	4705159	4661129	3886469	2511040	1375429	921037
河 南	3771284	3642865	2774543	1426045	1348498	1080054
湖 北	1727421	1660241	1326457	604602	721855	501912
湖 南	1781520	1682217	1422262	769900	652362	527985
广 东	6473106	5836415	3320690	2334938	985752	744681
广 西	2138960	1990019	1337348	599216	738132	489470
海 南	1058169	527009	329799	222657	107142	90005
重 庆	1367335	1268587	882968	387070	495898	453854
四 川	3006865	2753838	2100138	893096	1207042	1024142
贵 州	862919	833324	655208	391941	263267	143593
云 南	1937946	1864969	1272796	728139	544657	462099
西 藏	152451	111851	94203	49006	45197	24077
陕 西	1764751	1666217	1233314	681254	552060	456400
甘 肃	1344243	1270883	969328	565116	404212	339705
青 海	334697	250566	165661	116059	49602	44958
宁 夏	308943	260543	158902	94926	63976	41274
新 疆	972379	824185	615954	390770	225184	108472

教育事业费和基本建设支出明细

单位：千元

公用部分	商品和服务支出	其他资本性支出			基本建设支出
			专项公用支出	专项项目支出	
15677333	**7312520**	**8364813**	**3263763**	**5101050**	**3782318**
1185015	414882	770133	545432	224701	95903
189505	97936	91569	36695	54874	5500
419009	241700	177309	68997	108312	78504
358410	210124	148286	68188	80098	43059
290236	205394	84842	59025	25817	130198
1152712	307324	845388	209669	635719	157988
271167	176317	94850	31856	62994	44780
289547	208642	80905	57757	23148	41300
626406	443100	183306	134209	49097	35892
632408	319913	312495	99212	213283	216417
872210	501711	370499	166458	204041	75495
276809	126318	150491	46712	103779	99643
367037	255393	111644	65990	45654	73670
188044	75012	113032	37764	75268	80679
774660	342498	432162	87074	345088	44030
868322	517193	351129	86675	264454	128419
333784	171465	162319	33831	128488	67180
259955	140440	119515	50012	69503	99303
2515725	849564	1666161	663068	1003093	636691
652671	223058	429613	217898	211715	148941
197210	83121	114089	47485	66604	531160
385619	215607	170012	68977	101035	98748
653700	306193	347507	120862	226645	253027
178116	126021	52095	20017	32078	29595
592173	225006	367167	54752	312415	72977
17648	13600	4048	2807	1241	40600
432903	188907	243996	76812	167184	98534
301555	146172	155383	31855	123528	73360
84905	37789	47116	21305	25811	84131
101641	28290	73351	28160	45191	48400
208231	113830	94401	24209	70192	148194

5—22 分地区中等专业学校预算内

地 区	合 计	事业费支出	个人部分	工资福利支出	对个人和家庭的补助支出	＃助学金
合 计	**26177244**	**24855656**	**17708880**	**10228547**	**7480333**	**5204476**
北 京	960026	897026	378918	253466	125452	30263
天 津	762865	760365	612946	318411	294535	55899
河 北	972171	947771	849436	448784	400652	321990
山 西	799590	785690	626217	400690	225527	122478
内蒙古	579291	517941	414521	311986	102535	86976
辽 宁	1424587	1408899	753144	513627	239517	140626
吉 林	403919	398219	325793	219628	106165	50966
黑龙江	324576	320576	254422	148245	106177	36620
上 海	1033210	1008210	587494	495579	91915	27541
江 苏	1426347	1373210	1082078	628059	454019	206514
浙 江	332766	328766	228686	157887	70799	43088
安 徽	559813	532573	438972	225220	213752	170825
福 建	1002020	969080	762627	445063	317564	245225
江 西	375912	355012	281908	131529	150379	128512
山 东	1596079	1583279	1348070	858144	489926	352700
河 南	1935877	1861575	1376330	616560	759770	664377
湖 北	1039837	1007937	776892	350142	426750	330443
湖 南	493723	460963	389989	234501	155488	95848
广 东	3059819	2877867	1687257	1129279	557978	439304
广 西	1456866	1395318	921041	406756	514285	362419
海 南	398996	350516	218649	147752	70897	59611
重 庆	276861	258311	158297	75212	83085	79314
四 川	951709	793767	591743	241967	349776	289955
贵 州	434639	421011	321838	179557	142281	67528
云 南	1008567	970867	628889	322015	306874	253251
西 藏	139930	106080	88677	45027	43650	23261
陕 西	540239	522439	412273	188440	223833	195073
甘 肃	856245	811945	596064	359600	236464	200028
青 海	133224	113210	75936	51818	24118	20529
宁 夏	152491	127091	81280	46876	34404	20549
新 疆	745049	590142	438493	276727	161766	82763

教育事业费和基本建设支出明细

单位：千元

公用部分	商品和服务支出	其他资本性支出		基本建设支出
			专项公用支出	专项项目支出	
7146776	**3355262**	**3791514**	**1545128**	**2246386**	**1321588**
518108	160441	357667	253480	104187	63000
147419	71058	76361	23987	52374	2500
98335	58209	40126	21768	18358	24400
159473	104369	55104	35017	20087	13900
103420	82897	20523	16415	4108	61350
655755	161654	494101	144808	349293	15688
72426	52616	19810	7252	12558	5700
66154	52211	13943	9913	4030	4000
420716	271257	149459	103357	46102	25000
291132	139915	151217	43281	107936	53137
100080	45385	54695	14195	40500	4000
93601	41332	52269	24466	27803	27240
206453	149385	57068	38963	18105	32940
73104	48933	24171	7495	16676	20900
235209	160255	74954	23379	51575	12800
485245	343036	142209	49412	92797	74302
231045	105622	125423	25378	100045	31900
70974	56124	14850	12144	2706	32760
1190610	348412	842198	288117	554081	181952
474277	165612	308665	173632	135033	61548
131867	51134	80733	29692	51041	48480
100014	46476	53538	13987	39551	18550
202024	107848	94176	41587	52589	157942
99173	81613	17560	12159	5401	13628
341978	131937	210041	26273	183768	37700
17403	13355	4048	2807	1241	33850
110166	69061	41105	36140	4965	17800
215881	112516	103365	22353	81012	44300
37274	11081	26193	882	25311	20014
45811	13832	31979	22741	9238	25400
151649	97686	53963	20048	33915	154907

5—23 分地区中央属中等专业学校预算内

地 区	合 计	事业费支出	个人部分	工资福利支出	对个人和家庭的补助支出	＃助学金
合 计	**279560**	**246060**	**158799**	**97099**	**61700**	**47298**
北 京	38242	38242	14943	10426	4517	1828
天 津						
河 北	7442	7442	7442	3556	3886	
山 西	1263	1263	1263		1263	1263
内蒙古						
辽 宁						
吉 林						
黑龙江						
上 海	16438	16438	7247	6264	983	66
江 苏						
浙 江						
安 徽	17857	17857	15451	7207	8244	8214
福 建						
江 西						
山 东						
河 南						
湖 北						
湖 南						
广 东	13861	13861	5902	4452	1450	1450
广 西						
海 南						
重 庆						
四 川	21985	21985	13488	6580	6908	5698
贵 州						
云 南						
西 藏						
陕 西						
甘 肃						
青 海						
宁 夏						
新 疆	162472	128972	93063	58614	34449	28779

教育事业费和基本建设支出明细

单位:千元

公用部分	商品和服务支出	其他资本性支出		基本建设支出
		专项公用支出	专项项目支出	

公用部分	商品和服务支出	其他资本性支出	专项公用支出	专项项目支出	基本建设支出
87261	**44362**	**42899**	**14769**	**28130**	**33500**
23299	14395	8904	2877	6027	
9191	8735	456	456		
2406	506	1900		1900	
7959	2200	5759		5759	
8497	2797	5700	2150	3550	
35909	15729	20180	9286	10894	33500

5－24 分地区地方中等专业学校预算内

地 区	合 计	事业费支出				
			个人部分			
				工资福利支出	对个人和家庭的补助支出	
						#助学金
合 计	25897684	24609596	17550081	10131448	7418633	5157178
北 京	921784	858784	363975	243040	120935	28435
天 津	762865	760365	612946	318411	294535	55899
河 北	964729	940329	841994	445228	396766	321990
山 西	798327	784427	624954	400690	224264	121215
内蒙古	579291	517941	414521	311986	102535	86976
辽 宁	1424587	1408899	753144	513627	239517	140626
吉 林	403919	398219	325793	219628	106165	50966
黑龙江	324576	320576	254422	148245	106177	36620
上 海	1016772	991772	580247	489315	90932	27475
江 苏	1426347	1373210	1082078	628059	454019	206514
浙 江	332766	328766	228686	157887	70799	43088
安 徽	541956	514716	423521	218013	205508	162611
福 建	1002020	969080	762627	445063	317564	245225
江 西	375912	355012	281908	131529	150379	128512
山 东	1596079	1583279	1348070	858144	489926	352700
河 南	1935877	1861575	1376330	616560	759770	664377
湖 北	1039837	1007937	776892	350142	426750	330443
湖 南	493723	460963	389989	234501	155488	95848
广 东	3045958	2864006	1681355	1124827	556528	437854
广 西	1456866	1395318	921041	406756	514285	362419
海 南	398996	350516	218649	147752	70897	59611
重 庆	276861	258311	158297	75212	83085	79314
四 川	929724	771782	578255	235387	342868	284257
贵 州	434639	421011	321838	179557	142281	67528
云 南	1008567	970867	628889	322015	306874	253251
西 藏	139930	106080	88677	45027	43650	23261
陕 西	540239	522439	412273	188440	223833	195073
甘 肃	856245	811945	596064	359600	236464	200028
青 海	133224	113210	75936	51818	24118	20529
宁 夏	152491	127091	81280	46876	34404	20549
新 疆	582577	461170	345430	218113	127317	53984

教育事业费和基本建设支出明细

单位:千元

公用部分	商品和服务支出	其他资本性支出	专项公用支出	专项项目支出	基本建设支出
7059515	**3310900**	**3748615**	**1530359**	**2218256**	**1288088**
494809	146046	348763	250603	98160	63000
147419	71058	76361	23987	52374	2500
98335	58209	40126	21768	18358	24400
159473	104369	55104	35017	20087	13900
103420	82897	20523	16415	4108	61350
655755	161654	494101	144808	349293	15688
72426	52616	19810	7252	12558	5700
66154	52211	13943	9913	4030	4000
411525	262522	149003	102901	46102	25000
291132	139915	151217	43281	107936	53137
100080	45385	54695	14195	40500	4000
91195	40826	50369	24466	25903	27240
206453	149385	57068	38963	18105	32940
73104	48933	24171	7495	16676	20900
235209	160255	74954	23379	51575	12800
485245	343036	142209	49412	92797	74302
231045	105622	125423	25378	100045	31900
70974	56124	14850	12144	2706	32760
1182651	346212	836439	288117	548322	181952
474277	165612	308665	173632	135033	61548
131867	51134	80733	29692	51041	48480
100014	46476	53538	13987	39551	18550
193527	105051	88476	39437	49039	157942
99173	81613	17560	12159	5401	13628
341978	131937	210041	26273	183768	37700
17403	13355	4048	2807	1241	33850
110166	69061	41105	36140	4965	17800
215881	112516	103365	22353	81012	44300
37274	11081	26193	882	25311	20014
45811	13832	31979	22741	9238	25400
115740	81957	33783	10762	23021	121407

5—25 分地区职业高中预算内

地区	合计	事业费支出				
			个人部分			
				工资福利支出	对个人和家庭的补助支出	
						#助学金
合计	**26054012**	**24576391**	**18852577**	**11607411**	**7245166**	**5111095**
北京	823549	794446	535787	409077	126710	3322
天津	37140	37140	35030	18020	17010	1044
河北	1619387	1568283	1303391	894967	408424	312774
山西	745202	728043	581993	361662	220331	183233
内蒙古	698939	649139	498188	350796	147392	127235
辽宁	1154100	1123900	659162	475946	183216	66236
吉林	571831	532751	372793	239707	133086	86444
黑龙江	827587	791386	605808	357539	248269	89128
上海	587246	576354	449475	370550	78925	7180
江苏	2013482	1862002	1601573	969718	631855	351120
浙江	2388868	2344397	1757093	1205435	551658	371538
安徽	899000	826597	658748	413154	245594	197332
福建	531226	505930	425759	299887	125872	84593
江西	614906	555127	449459	202478	246981	219668
山东	2118201	2095351	1738821	1147159	591662	361511
河南	1216356	1176799	930375	504205	426170	294092
湖北	537029	505849	432272	205349	226923	127613
湖南	1075287	1011444	844353	401227	443126	396680
广东	1408897	1185384	842634	669702	172932	128213
广西	403114	334577	210234	104756	105478	67364
海南	114941	112261	69253	48218	21035	17371
重庆	829859	755541	554355	238968	315387	292917
四川	1627421	1552486	1176995	492947	684048	590820
贵州	343088	327121	250543	134070	116473	73847
云南	718171	684394	489184	289761	199423	181316
西藏						
陕西	1131115	1050381	737487	426798	310689	260771
甘肃	451141	429121	345749	188504	157245	132051
青海	201473	137356	89725	64241	25484	24429
宁夏	139952	116952	63022	39974	23048	17837
新疆	225504	205879	143316	82596	60720	43416

教育事业费和基本建设支出明细

单位：千元

公用部分	商品和服务支出	其他资本性支出			基本建设支出
			专项公用支出	专项项目支出	
5723814	**2560379**	**3163435**	**911231**	**2252204**	**1477621**
258659	148844	109815	46626	63189	29103
2110	2110				
264892	138966	125926	41488	84438	51104
146050	68645	77405	22171	55234	17159
150951	93502	57449	38940	18509	49800
464738	120457	344281	57855	286426	30200
159958	95298	64660	20554	44106	39080
185578	126104	59474	43508	15966	36201
126879	107639	19240	16544	2696	10892
260429	124998	135431	46470	88961	151480
587304	342752	244552	126449	118103	44471
167849	68380	99469	21593	77876	72403
80171	49061	31110	9917	21193	25296
105668	19522	86146	29036	57110	59779
356530	69791	286739	27680	259059	22850
246424	108423	138001	23840	114161	39557
73577	49528	24049	6850	17199	31180
167091	67825	99266	34913	64353	63843
342750	151849	190901	47366	143535	223513
124343	26622	97721	30563	67158	68537
43008	20228	22780	7322	15458	2680
201186	111992	89194	32837	56357	74318
375491	144825	230666	70563	160103	74935
76578	43369	33209	6532	26677	15967
195210	61162	134048	15148	118900	33777
312894	110840	202054	39857	162197	80734
83372	31429	51943	9467	42476	22020
47631	26708	20923	20423	500	64117
53930	12558	41372	5419	35953	23000
62563	16952	45611	11300	34311	19625

5—26 分地区中央属职业高中预算内

地 区	合 计	事业费支 出	个人部分	工资福利支出	对个人和家庭的补助支出	#助学金
合 计	**10311**	**10311**	**6789**	**5219**	**1570**	**1306**
北 京						
天 津						
河 北						
山 西						
内蒙古						
辽 宁						
吉 林						
黑龙江	8558	8558	5681	5219	462	198
上 海						
江 苏						
浙 江						
安 徽						
福 建						
江 西						
山 东						
河 南						
湖 北						
湖 南						
广 东						
广 西						
海 南						
重 庆						
四 川	1753	1753	1108		1108	1108
贵 州						
云 南						
西 藏						
陕 西						
甘 肃						
青 海						
宁 夏						
新 疆						

教育事业费和基本建设支出明细

单位:千元

公用部分	商品和服务支出	其他资本性支出			基本建设支出
			专项公用支出	专项项目支出	
3522	**2980**	**542**	**542**		
2877	2335	542	542		
645	645				

5—27 分地区地方职业高中预算内

地区	合计	事业费支出				
			个人部分			
				工资福利支出	对个人和家庭的补助支出	
						#助学金
合计	**26043701**	**24566080**	**18845788**	**11602192**	**7243596**	**5109789**
北京	823549	794446	535787	409077	126710	3322
天津	37140	37140	35030	18020	17010	1044
河北	1619387	1568283	1303391	894967	408424	312774
山西	745202	728043	581993	361662	220331	183233
内蒙古	698939	649139	498188	350796	147392	127235
辽宁	1154100	1123900	659162	475946	183216	66236
吉林	571831	532751	372793	239707	133086	86444
黑龙江	819029	782828	600127	352320	247807	88930
上海	587246	576354	449475	370550	78925	7180
江苏	2013482	1862002	1601573	969718	631855	351120
浙江	2388868	2344397	1757093	1205435	551658	371538
安徽	899000	826597	658748	413154	245594	197332
福建	531226	505930	425759	299887	125872	84593
江西	614906	555127	449459	202478	246981	219668
山东	2118201	2095351	1738821	1147159	591662	361511
河南	1216356	1176799	930375	504205	426170	294092
湖北	537029	505849	432272	205349	226923	127613
湖南	1075287	1011444	844353	401227	443126	396680
广东	1408897	1185384	842634	669702	172932	128213
广西	403114	334577	210234	104756	105478	67364
海南	114941	112261	69253	48218	21035	17371
重庆	829859	755541	554355	238968	315387	292917
四川	1625668	1550733	1175887	492947	682940	589712
贵州	343088	327121	250543	134070	116473	73847
云南	718171	684394	489184	289761	199423	181316
西藏						
陕西	1131115	1050381	737487	426798	310689	260771
甘肃	451141	429121	345749	188504	157245	132051
青海	201473	137356	89725	64241	25484	24429
宁夏	139952	116952	63022	39974	23048	17837
新疆	225504	205879	143316	82596	60720	43416

教育事业费和基本建设支出明细

单位：千元

公用部分	商品和服务支出	其他资本性支出	专项公用支出	专项项目支出	基本建设支出
5720292	**2557399**	**3162893**	**910689**	**2252204**	**1477621**
258659	148844	109815	46626	63189	29103
2110	2110				
264892	138966	125926	41488	84438	51104
146050	68645	77405	22171	55234	17159
150951	93502	57449	38940	18509	49800
464738	120457	344281	57855	286426	30200
159958	95298	64660	20554	44106	39080
182701	123769	58932	42966	15966	36201
126879	107639	19240	16544	2696	10892
260429	124998	135431	46470	88961	151480
587304	342752	244552	126449	118103	44471
167849	68380	99469	21593	77876	72403
80171	49061	31110	9917	21193	25296
105668	19522	86146	29036	57110	59779
356530	69791	286739	27680	259059	22850
246424	108423	138001	23840	114161	39557
73577	49528	24049	6850	17199	31180
167091	67825	99266	34913	64353	63843
342750	151849	190901	47366	143535	223513
124343	26622	97721	30563	67158	68537
43008	20228	22780	7322	15458	2680
201186	111992	89194	32837	56357	74318
374846	144180	230666	70563	160103	74935
76578	43369	33209	6532	26677	15967
195210	61162	134048	15148	118900	33777
312894	110840	202054	39857	162197	80734
83372	31429	51943	9467	42476	22020
47631	26708	20923	20423	500	64117
53930	12558	41372	5419	35953	23000
62563	16952	45611	11300	34311	19625

5—28 分地区农村职业高中预算内

地区	合计	事业费支出	个人部分	工资福利支出	对个人和家庭的补助支出	#助学金
合计	**3364251**	**3163249**	**2500812**	**1555659**	**945153**	**704022**
北京	90792	75670	44229	37410	6819	1242
天津						
河北	161909	157709	128452	91189	37263	31207
山西	86472	86472	65080	37416	27664	23017
内蒙古	47667	44467	33762	25930	7832	7295
辽宁	20647	20647	18367	10788	7579	5922
吉林	4207	4207	3895	3151	744	696
黑龙江	17290	17290	15839	9403	6436	2440
上海	8495	8495	6921	6555	366	
江苏	309116	249236	220786	152999	67787	34204
浙江	428058	416145	331914	229964	101950	72439
安徽	277432	262024	203594	126596	76998	67168
福建	76658	74858	59530	43600	15930	11224
江西	41751	37929	29647	17107	12540	9790
山东	209723	209723	188872	131298	57574	34947
河南	344396	341396	263641	146572	117069	50743
湖北	19129	19129	18560	8129	10431	9414
湖南	140201	137151	118396	56836	61560	58995
广东	127765	127765	91456	73430	18026	15548
广西	40512	34792	16767	8718	8049	5192
海南	15018	14338	12076	10540	1536	513
重庆	151841	126451	92229	42123	50106	48087
四川	388955	365855	281969	118391	163578	141710
贵州	38540	30023	25307	16895	8412	4269
云南	25740	25740	21480	11157	10323	9994
西藏						
陕西	187301	177501	125286	84553	40733	33843
甘肃	97296	90896	80218	53438	26780	23231
青海						
宁夏						
新疆	7340	7340	2539	1471	1068	892

教育事业费和基本建设支出明细

单位：千元

公用部分	商品和服务支出	其他资本性支出			基本建设支出
			专项公用支出	专项项目支出	
662437	**283475**	**378962**	**130370**	**248592**	**201002**
31441	12915	18526	10746	7780	15122
29257	15523	13734	8350	5384	4200
21392	5404	15988	3093	12895	
10705	5257	5448	4535	913	3200
2280	759	1521	1521		
312	312				
1451	1451				
1574	1574				
28450	20179	8271	8221	50	59880
84231	42193	42038	14608	27430	11913
58430	27411	31019	4748	26271	15408
15328	7028	8300	1002	7298	1800
8282	700	7582	4782	2800	3822
20851	5900	14951	1527	13424	
77755	27702	50053	5307	44746	3000
569	513	56		56	
18755	7622	11133	3174	7959	3050
36309	23619	12690	9030	3660	
18025	646	17379	5834	11545	5720
2262	1749	513	322	191	680
34222	19714	14508	2792	11716	25390
83886	28530	55356	26345	29011	23100
4716	2336	2380	154	2226	8517
4260	2254	2006	506	1500	
52215	16349	35866	13252	22614	9800
10678	5036	5642	519	5123	6400
4801	799	4002	2	4000	

5—29 分地区技工学校预算内

地 区	合 计	事业费支出	个人部分	工资福利支出	对个人和家庭的补助支出	#助学金
合 计	**7130235**	**6158204**	**3962235**	**2348761**	**1613474**	**1119993**
北 京	651586	651586	225275	174601	50674	8121
天 津	219993	216993	183660	104085	79575	22289
河 北	227962	224962	205900	93133	112767	97809
山 西	132989	120989	81195	47264	33931	25455
内蒙古	64710	55510	43472	29766	13706	12787
辽 宁	277587	165487	134547	98919	35628	16455
吉 林	29675	29675	27488	17523	9965	9670
黑龙江	114437	113338	90604	55337	35267	2308
上 海	46746	46746	23784	21818	1966	
江 苏	383583	371783	316926	119858	197068	167516
浙 江	375831	348807	230544	167447	63097	31144
安 徽	24375	24375	23860	8780	15080	14234
福 建	202963	187529	142173	79649	62524	44474
江 西	7602	7602	6923	3159	3764	3698
山 东	716728	708348	555868	329300	226568	172346
河 南	380805	370915	277608	152300	125308	100534
湖 北	39144	35044	34590	15209	19381	14249
湖 南	90426	87726	86537	52050	34487	25461
广 东	1832574	1601968	672419	442694	229725	164033
广 西	198837	179981	142404	51760	90644	48316
海 南	529377	49377	29290	15197	14093	12676
重 庆	106023	102543	66173	30661	35512	29640
四 川	143168	132468	101957	48296	53661	50198
贵 州	74086	74086	74086	71649	2437	2218
云 南	125305	123805	83705	49842	33863	27532
西 藏						
陕 西	4771	4771	4771	4470	301	301
甘 肃	14934	11934	10195	3285	6910	6910
青 海						
宁 夏						
新 疆	114018	109856	86281	60709	25572	9619

教育事业费和基本建设支出明细

单位：千元

公用部分	商品和服务支出	其他资本性支出	专项公用支出	专项项目支出	基本建设支出
2195969	**911730**	**1284239**	**748205**	**536034**	**972031**
426311	116806	309505	246353	63152	
33333	20417	12916	10416	2500	3000
19062	11390	7672	2398	5274	3000
39794	24802	14992	10235	4757	12000
12038	11947	91	91		9200
30940	23940	7000	7000		112100
2187	2127	60	60		
22734	19425	3309	3219	90	1099
22962	14604	8358	8358		
54857	41279	13578	8251	5327	11800
118263	55393	62870	23535	39335	27024
515	515				
45356	29300	16056	13967	2089	15434
679	180	499		499	
152480	95929	56551	32771	23780	8380
93307	30138	63169	10369	52800	9890
454	20	434	190	244	4100
1189	186	1003	834	169	2700
929549	313332	616217	317315	298902	230606
37577	22883	14694	10818	3876	18856
20087	9946	10141	10036	105	480000
36370	19816	16554	12622	3932	3480
30511	14503	16008	6912	9096	10700
40100	18997	21103	11380	9723	1500
1739	1699	40		40	3000
23575	12156	11419	1075	10344	4162

5—30 分地区中央属技工学校预算内

地区	合计	事业费支出	个人部分	工资福利支出	对个人和家庭的补助支出	#助学金
合计	**21526**	**21526**	**15414**	**1062**	**14352**	**7090**
北京	696	696	696		696	696
天津	800	800	800		800	800
河北						
山西						
内蒙古	1263	1263	1263		1263	1263
辽宁						
吉林						
黑龙江	12886	12886	8324	1062	7262	
上海						
江苏						
浙江						
安徽	1342	1342	1342		1342	1342
福建						
江西						
山东						
河南						
湖北						
湖南						
广东	4502	4502	2954		2954	2954
广西						
海南						
重庆						
四川	37	37	35		35	35
贵州						
云南						
西藏						
陕西						
甘肃						
青海						
宁夏						
新疆						

教育事业费和基本建设支出明细

单位:千元

公用部分	商品和服务支出	其他资本性支出			基本建设支出
			专项公用支出	专项项目支出	
6112	**4227**	**1885**	**337**	**1548**	
4562	4225	337	337		
1548		1548		1548	
2	2				

5—31 分地区地方技工学校预算内

地区	合计	事业费支出	个人部分	工资福利支出	对个人和家庭的补助支出	#助学金
合计	**7108709**	**6136678**	**3946821**	**2347699**	**1599122**	**1112903**
北京	650890	650890	224579	174601	49978	7425
天津	219193	216193	182860	104085	78775	21489
河北	227962	224962	205900	93133	112767	97809
山西	132989	120989	81195	47264	33931	25455
内蒙古	63447	54247	42209	29766	12443	11524
辽宁	277587	165487	134547	98919	35628	16455
吉林	29675	29675	27488	17523	9965	9670
黑龙江	101551	100452	82280	54275	28005	2308
上海	46746	46746	23784	21818	1966	
江苏	383583	371783	316926	119858	197068	167516
浙江	375831	348807	230544	167447	63097	31144
安徽	23033	23033	22518	8780	13738	12892
福建	202963	187529	142173	79649	62524	44474
江西	7602	7602	6923	3159	3764	3698
山东	716728	708348	555868	329300	226568	172346
河南	380805	370915	277608	152300	125308	100534
湖北	39144	35044	34590	15209	19381	14249
湖南	90426	87726	86537	52050	34487	25461
广东	1828072	1597466	669465	442694	226771	161079
广西	198837	179981	142404	51760	90644	48316
海南	529377	49377	29290	15197	14093	12676
重庆	106023	102543	66173	30661	35512	29640
四川	143131	132431	101922	48296	53626	50163
贵州	74086	74086	74086	71649	2437	2218
云南	125305	123805	83705	49842	33863	27532
西藏						
陕西	4771	4771	4771	4470	301	301
甘肃	14934	11934	10195	3285	6910	6910
青海						
宁夏						
新疆	114018	109856	86281	60709	25572	9619

教育事业费和基本建设支出明细

单位：千元

公用部分	商品和服务支出	其他资本性支出		基本建设支出
			专项公用支出	专项项目支出	
2189857	**907503**	**1282354**	**747868**	**534486**	**972031**
426311	116806	309505	246353	63152	
33333	20417	12916	10416	2500	3000
19062	11390	7672	2398	5274	3000
39794	24802	14992	10235	4757	12000
12038	11947	91	91		9200
30940	23940	7000	7000		112100
2187	2127	60	60		
18172	15200	2972	2882	90	1099
22962	14604	8358	8358		
54857	41279	13578	8251	5327	11800
118263	55393	62870	23535	39335	27024
515	515				
45356	29300	16056	13967	2089	15434
679	180	499		499	
152480	95929	56551	32771	23780	8380
93307	30138	63169	10369	52800	9890
454	20	434	190	244	4100
1189	186	1003	834	169	2700
928001	313332	614669	317315	297354	230606
37577	22883	14694	10818	3876	18856
20087	9946	10141	10036	105	480000
36370	19816	16554	12622	3932	3480
30509	14501	16008	6912	9096	10700
40100	18997	21103	11380	9723	1500
1739	1699	40		40	3000
23575	12156	11419	1075	10344	4162

5—32 分地区成人中等专业学校预算内

地区	合计	事业费支出	个人部分	工资福利支出	对个人和家庭的补助支出	#助学金
合计	**3767105**	**3722527**	**3012645**	**2163850**	**848795**	**332630**
北京	24705	20905	15669	12014	3655	
天津	73204	73204	66561	39867	26694	16
河北	293618	293618	256898	219105	37793	3369
山西	132299	132299	119206	96183	23023	717
内蒙古	134295	124447	100620	93649	6971	4268
辽宁	12281	12281	11002	9041	1961	1243
吉林	211057	211057	174461	142936	31525	842
黑龙江	153041	153041	128315	73265	55050	14937
上海	207172	207172	142132	121087	21045	447
江苏	199572	199572	173582	97804	75778	6717
浙江	236846	236846	170283	129384	40899	7089
安徽	65446	65446	48196	32240	15956	9922
福建	179402	179402	144345	112319	32026	352
江西	62411	62411	53818	44945	8873	203
山东	274151	274151	243710	176437	67273	34480
河南	238246	233576	190230	152980	37250	21051
湖北	111411	111411	82703	33902	48801	29607
湖南	122084	122084	101383	82122	19261	9996
广东	190179	189559	127236	97715	29521	17535
广西	80143	80143	63669	35944	27725	11371
海南	14855	14855	12607	11490	1117	347
重庆	154592	152192	104143	42229	61914	51983
四川	308342	298892	244074	116466	127608	100010
贵州	11106	11106	8741	6665	2076	
云南	85903	85903	71018	66521	4497	
西藏	12521	5771	5526	3979	1547	816
陕西	88626	88626	78783	61546	17237	255
甘肃	21923	17883	17320	13727	3593	716
青海						
宁夏	16500	16500	14600	8076	6524	2888
新疆	51174	48174	41814	30212	11602	1453

教育事业费和基本建设支出明细

单位：千元

公用部分	商品和服务支出	其他资本性支出			基本建设支出
			专项公用支出	专项项目支出	
709882	**538913**	**170969**	**74865**	**96104**	**44578**
5236	3186	2050	1850	200	3800
6643	4351	2292	2292		
36720	33135	3585	3343	242	
13093	12308	785	765	20	
23827	17048	6779	3579	3200	9848
1279	1273	6	6		
36596	26276	10320	3990	6330	
24726	19650	5076	2014	3062	
65040	58335	6705	6406	299	
25990	13721	12269	1210	11059	
66563	58181	8382	2279	6103	
17250	16597	653	653		
35057	27647	7410	3143	4267	
8593	6377	2216	1233	983	
30441	16523	13918	3244	10674	
43346	35596	7750	3054	4696	4670
28708	16295	12413	1413	11000	
20701	16305	4396	2121	2275	
62323	38171	24152	10270	13882	620
16474	7941	8533	2885	5648	
2248	1813	435	435		
48049	37323	10726	9531	1195	2400
54818	42461	12357	3950	8407	9450
2365	1039	1326	1326		
14885	12910	1975	1951	24	
245	245				6750
9843	9006	837	815	22	
563	528	35	35		4040
1900	1900				
6360	2772	3588	1072	2516	3000

5－33　分地区中央属成人中等专业学校预算内

地　区	合　计	事业费支出	个人部分	工资福利支出	对个人和家庭的补助支出	＃助学金
合　计	**9307**	**9307**	**7094**	**5498**	**1596**	
北　京						
天　津						
河　北						
山　西						
内蒙古						
辽　宁						
吉　林						
黑龙江	8413	8413	6207	4638	1569	
上　海						
江　苏						
浙　江						
安　徽						
福　建						
江　西						
山　东						
河　南						
湖　北						
湖　南						
广　东						
广　西						
海　南						
重　庆						
四　川						
贵　州						
云　南						
西　藏						
陕　西						
甘　肃						
青　海						
宁　夏						
新　疆	894	894	887	860	27	

教育事业费和基本建设支出明细

单位：千元

公用部分	商品和服务支出	其他资本性支出			基本建设支出
			专项公用支出	专项项目支出	
2213	**2195**	**18**	**18**		
2206	2188	18	18		
7	7				

5—34 分地区地方成人中等专业学校预算内

地区	合计	事业费支出				
			个人部分			
				工资福利支出	对个人和家庭的补助支出	
						#助学金
合计	**3757798**	**3713220**	**3005551**	**2158352**	**847199**	**332630**
北京	24705	20905	15669	12014	3655	
天津	73204	73204	66561	39867	26694	16
河北	293618	293618	256898	219105	37793	3369
山西	132299	132299	119206	96183	23023	717
内蒙古	134295	124447	100620	93649	6971	4268
辽宁	12281	12281	11002	9041	1961	1243
吉林	211057	211057	174461	142936	31525	842
黑龙江	144628	144628	122108	68627	53481	14937
上海	207172	207172	142132	121087	21045	447
江苏	199572	199572	173582	97804	75778	6717
浙江	236846	236846	170283	129384	40899	7089
安徽	65446	65446	48196	32240	15956	9922
福建	179402	179402	144345	112319	32026	352
江西	62411	62411	53818	44945	8873	203
山东	274151	274151	243710	176437	67273	34480
河南	238246	233576	190230	152980	37250	21051
湖北	111411	111411	82703	33902	48801	29607
湖南	122084	122084	101383	82122	19261	9996
广东	190179	189559	127236	97715	29521	17535
广西	80143	80143	63669	35944	27725	11371
海南	14855	14855	12607	11490	1117	347
重庆	154502	152192	104143	42229	61914	51983
四川	308342	298892	244074	116466	127608	100010
贵州	11106	11106	8741	6665	2076	
云南	85903	85903	71018	66521	4497	
西藏	12521	5771	5526	3979	1547	816
陕西	88626	88626	78783	61546	17237	255
甘肃	21923	17883	17320	13727	3593	716
青海						
宁夏	16500	16500	14600	8076	6524	2888
新疆	50280	47280	40927	29352	11575	1453

教育事业费和基本建设支出明细

单位：千元

公用部分	商品和服务支出	其他资本性支出			基本建设支出
			专项公用支出	专项项目支出	
707669	**536718**	**170951**	**74847**	**96104**	**44578**
5236	3186	2050	1850	200	3800
6643	4351	2292	2292		
36720	33135	3585	3343	242	
13093	12308	785	765	20	
23827	17048	6779	3579	3200	9848
1279	1273	6	6		
36596	26276	10320	3990	6330	
22520	17462	5058	1996	3062	
65040	58335	6705	6406	299	
25990	13721	12269	1210	11059	
66563	58181	8382	2279	6103	
17250	16597	653	653		
35057	27647	7410	3143	4267	
8593	6377	2216	1233	983	
30441	16523	13918	3244	10674	
43346	35596	7750	3054	4696	4670
28708	16295	12413	1413	11000	
20701	16305	4396	2121	2275	
62323	38171	24152	10270	13882	620
16474	7941	8533	2885	5648	
2248	1813	435	435		
48049	37323	10726	9531	1195	2400
54818	42461	12357	3950	8407	9450
2365	1039	1326	1326		
14885	12910	1975	1951	24	
245	245				6750
9843	9006	837	815	22	
563	528	35	35		4040
1900	1900				
6353	2765	3588	1072	2516	3000

5—35 分地区中学预算内

地区	合计	事业费支出	个人部分	工资福利支出	对个人和家庭的补助支出	#助学金
合计	**320357772**	**306087116**	**227603812**	**186973519**	**40630293**	**11909325**
北京	9097538	8079353	4710473	3636838	1073635	72900
天津	4923023	4923023	4128792	2738049	1390743	5871
河北	14429755	14013040	10862388	9383533	1478855	501629
山西	8955870	8563765	6127754	5239378	888376	360926
内蒙古	7510600	7226425	5248842	4606198	642644	440319
辽宁	10479327	10368596	7751390	6312906	1438484	191852
吉林	6517107	6335379	4316094	3740744	575350	166893
黑龙江	8926185	8695012	6661239	4953897	1707342	108970
上海	9822053	9554797	7193217	6142489	1050728	178654
江苏	20300400	19321497	16584184	12320117	4264067	181912
浙江	15759264	15457159	12857471	10628216	2229255	509176
安徽	11182279	10682694	7716282	6778104	938178	262973
福建	9087551	8856897	7189012	6049123	1139889	232200
江西	7511746	7167012	4912188	4074338	837850	483963
山东	21069739	20994529	16976028	14113588	2862440	626995
河南	17845253	17477766	12157830	10351849	1805981	652646
湖北	12642968	12112852	8975089	6556796	2418293	549870
湖南	12297287	11883956	8290367	7277776	1012591	241715
广东	25035951	23852486	17493844	15637364	1856480	772543
广西	8817992	8563710	6819120	4780392	2038728	933906
海南	2539179	2207523	1493273	1329702	163571	54328
重庆	6719864	6318540	4137948	3650569	487379	300965
四川	15783272	15060037	11240559	9210747	2029812	1039492
贵州	6988886	6832106	5403669	4082729	1320940	297316
云南	10900334	9661996	7147237	5884510	1262727	1014714
西藏	1658688	1336068	967636	706779	260857	167396
陕西	12124054	11238896	7528244	6140194	1388050	618244
甘肃	7649159	6964022	4780805	3959870	820935	520120
青海	2025191	1695551	1215554	1075731	139823	111802
宁夏	2307065	2032139	1219517	1013550	205967	89130
新疆	9450192	8610290	5497766	4597443	900323	219905

教育事业费和基本建设支出明细

单位:千元

公用部分	商品和服务支出	其他资本性支出			基本建设支出
			专项公用支出	专项项目支出	
78483304	**45461641**	**33021663**	**9288205**	**23733458**	**14270656**
3368880	1854840	1514040	495190	1018850	1018185
794231	501544	292687	116531	176156	
3150652	1969435	1181217	300042	881175	416715
2436011	1410392	1025619	281268	744351	392105
1977583	1116882	860701	134242	726459	284175
2617206	1545456	1071750	203771	867979	110731
2019285	1093822	925463	259976	665487	181728
2033773	1443427	590346	198057	392289	231173
2361580	1749176	612404	336796	275608	267256
2737313	1933627	803686	282214	521472	978903
2599688	1574830	1024858	267151	757707	302105
2966412	1674294	1292118	341141	950977	499585
1667885	1166152	501733	186347	315386	230654
2254824	888777	1366047	252508	1113539	344734
4018501	2110799	1907702	461604	1446098	75210
5319936	3690109	1629827	566049	1063778	367487
3137763	1773825	1363938	457188	906750	530116
3593589	1782123	1811466	970055	841411	413331
6358642	4006615	2352027	830848	1521179	1183465
1744590	1031681	712909	217531	495378	254282
714250	319568	394682	82826	311856	331656
2180592	1356852	823740	174552	649188	401324
3819478	2298558	1520920	435981	1084939	723235
1428437	1115126	313311	134534	178777	156780
2514759	1204939	1309820	237817	1072003	1238338
368432	143860	224572	10457	214115	322620
3710652	1624188	2086464	344176	1742288	885158
2183217	937924	1245293	209527	1035766	685137
479997	268333	211664	86043	125621	329640
812622	260506	552116	113015	439101	274926
3112524	1613981	1498543	300768	1197775	839902

5—36 分地区中央属中学预算内

地 区	合 计	事业费支出	个人部分	工资福利支出	对个人和家庭的补助支出	#助学金
合 计	**1475738**	**1328227**	**939798**	**775641**	**164157**	**41116**
北 京	212580	212580	124840	81249	43591	377
天 津						
河 北						
山 西	7625	7625	7494	7494		
内蒙古						
辽 宁						
吉 林	37172	36372	18000	18000		
黑龙江	84025	69147	38547	27690	10857	1325
上 海	26613	26613	21613	21613		
江 苏						
浙 江						
安 徽						
福 建						
江 西						
山 东						
河 南						
湖 北	25609	25609	21260	13995	7265	65
湖 南						
广 东	4834	4834	4279	4167	112	
广 西						
海 南	3427	3427	2793	2148	645	
重 庆	26213	26213	21091	15977	5114	1
四 川	15491	15491	9765	9580	185	75
贵 州						
云 南	23080	23080				
西 藏						
陕 西	410	410	410	410		
甘 肃						
青 海						
宁 夏						
新 疆	1008659	876826	669706	573318	96388	39273

教育事业费和基本建设支出明细

单位：千元

公用部分	商品和服务支出	其他资本性支出	专项公用支出	专项项目支出	基本建设支出
388429	**196837**	**191592**	**55602**	**135990**	**147511**
87740	28470	59270	7926	51344	
131	131				
18372	13286	5086	5086		800
30600	24058	6542	4429	2113	14878
5000		5000		5000	
4349	3444	905	905		
555	15	540	540		
634	634				
5122	1185	3937	3937		
5726	5316	410	350	60	
23080		23080		23080	
207120	120298	86822	32429	54393	131833

5—37 分地区地方中学预算内

地 区	合 计	事业费支 出				
			个人部分			
				工资福利支出	对个人和家庭的补助支出	
						#助学金
合 计	**318882034**	**304758889**	**226664014**	**186197878**	**40466136**	**11868209**
北 京	8884958	7866773	4585633	3555589	1030044	72523
天 津	4923023	4923023	4128792	2738049	1390743	5871
河 北	14429755	14013040	10862388	9383533	1478855	501629
山 西	8948245	8556140	6120260	5231884	888376	360926
内蒙古	7510600	7226425	5248842	4606198	642644	440319
辽 宁	10479327	10368596	7751390	6312906	1438484	191852
吉 林	6479935	6299007	4298094	3722744	575350	166893
黑龙江	8842160	8625865	6622692	4926207	1696485	107645
上 海	9795440	9528184	7171604	6120876	1050728	178654
江 苏	20300400	19321497	16584184	12320117	4264067	181912
浙 江	15759264	15457159	12857471	10628216	2229255	509176
安 徽	11182279	10682694	7716282	6778104	938178	262973
福 建	9087551	8856897	7189012	6049123	1139889	232200
江 西	7511746	7167012	4912188	4074338	837850	483963
山 东	21069739	20994529	16976028	14113588	2862440	626995
河 南	17845253	17477766	12157830	10351849	1805981	652646
湖 北	12617359	12087243	8953829	6542801	2411028	549805
湖 南	12297287	11883956	8290367	7277776	1012591	241715
广 东	25031117	23847652	17489565	15633197	1856368	772543
广 西	8817992	8563710	6819120	4780392	2038728	933906
海 南	2535752	2204096	1490480	1327554	162926	54328
重 庆	6693651	6292327	4116857	3634592	482265	300964
四 川	15767781	15044546	11230794	9201167	2029627	1039417
贵 州	6988886	6832106	5403669	4082729	1320940	297316
云 南	10877254	9638916	7147237	5884510	1262727	1014714
西 藏	1658688	1336068	967636	706779	260857	167396
陕 西	12123644	11238486	7527834	6139784	1388050	618244
甘 肃	7649159	6964022	4780805	3959870	820935	520120
青 海	2025191	1695551	1215554	1075731	139823	111802
宁 夏	2307065	2032139	1219517	1013550	205967	89130
新 疆	8441533	7733464	4828060	4024125	803935	180632

教育事业费和基本建设支出明细

单位：千元

公用部分	商品和服务支出	其他资本性支出			基本建设支出
			专项公用支出	专项项目支出	
78094875	**45264804**	**32830071**	**9232603**	**23597468**	**14123145**
3281140	1826370	1454770	487264	967506	1018185
794231	501544	292687	116531	176156	
3150652	1969435	1181217	300042	881175	416715
2435880	1410261	1025619	281268	744351	392105
1977583	1116882	860701	134242	726459	284175
2617206	1545456	1071750	203771	867979	110731
2000913	1080536	920377	254890	665487	180928
2003173	1419369	583804	193628	390176	216295
2356580	1749176	607404	336796	270608	267256
2737313	1933627	803686	282214	521472	978903
2599688	1574830	1024858	267151	757707	302105
2966412	1674294	1292118	341141	950977	499585
1667885	1166152	501733	186347	315386	230654
2254824	888777	1366047	252508	1113539	344734
4018501	2110799	1907702	461604	1446098	75210
5319936	3690109	1629827	566049	1063778	367487
3133414	1770381	1363033	456283	906750	530116
3593589	1782123	1811466	970055	841411	413331
6358087	4006600	2351487	830308	1521179	1183465
1744590	1031681	712909	217531	495378	254282
713616	318934	394682	82826	311856	331656
2175470	1355667	819803	170615	649188	401324
3813752	2293242	1520510	435631	1084879	723235
1428437	1115126	313311	134534	178777	156780
2491679	1204939	1286740	237817	1048923	1238338
368432	143860	224572	10457	214115	322620
3710652	1624188	2086464	344176	1742288	885158
2183217	937924	1245293	209527	1035766	685137
479997	268333	211664	86043	125621	329640
812622	260506	552116	113015	439101	274926
2905404	1493683	1411721	268339	1143382	708069

5—38 分地区普通中学预算内

地区	合计	事业费支出	个人部分	工资福利支出	对个人和家庭的补助支出	#助学金
合计	**320129150**	**305861994**	**227438058**	**186834362**	**40603696**	**11907529**
北京	9097538	8079353	4710473	3636838	1073635	72900
天津	4922225	4922225	4128026	2737840	1390186	5871
河北	14428012	14011297	10860645	9381854	1478791	501629
山西	8955870	8563765	6127754	5239378	888376	360926
内蒙古	7510600	7226425	5248842	4606198	642644	440319
辽宁	10479327	10368596	7751390	6312906	1438484	191852
吉林	6514764	6333036	4313995	3739909	574086	166893
黑龙江	8926185	8695012	6661239	4953897	1707342	108970
上海	9775128	9507872	7162400	6116494	1045906	178607
江苏	20273747	19294844	16560841	12302647	4258194	180929
浙江	15651726	15349621	12780617	10561764	2218853	508460
安徽	11182279	10682694	7716282	6778104	938178	262973
福建	9084744	8854090	7186352	6046956	1139396	232200
江西	7511746	7167012	4912188	4074338	837850	483963
山东	21069739	20994529	16976028	14113588	2862440	626995
河南	17827709	17460222	12144940	10339969	1804971	652646
湖北	12641915	12111799	8974036	6555834	2418202	549870
湖南	12297287	11883956	8290367	7277776	1012591	241715
广东	25032481	23849016	17490518	15634398	1856120	772543
广西	8817992	8563710	6819120	4780392	2038728	933906
海南	2539179	2207523	1493273	1329702	163571	54328
重庆	6719584	6318260	4137948	3650569	487379	300965
四川	15781847	15058612	11239294	9209534	2029760	1039492
贵州	6988886	6832106	5403669	4082729	1320940	297316
云南	10900334	9661996	7147237	5884510	1262727	1014714
西藏	1658688	1336068	967636	706779	260857	167396
陕西	12110035	11228377	7521330	6133961	1387369	618194
甘肃	7649159	6964022	4780805	3959870	820935	520120
青海	2025191	1695551	1215554	1075731	139823	111802
宁夏	2307065	2032139	1219517	1013550	205967	89130
新疆	9448168	8608266	5495742	4596347	899395	219905

教育事业费和基本建设支出明细

单位：千元

公用部分	商品和服务支出	其他资本性支出	专项公用支出	专项项目支出	基本建设支出
78423936	**45414473**	**33009463**	**9285471**	**23723992**	**14267156**
3368880	1854840	1514040	495190	1018850	1018185
794199	501512	292687	116531	176156	
3150652	1969435	1181217	300042	881175	416715
2436011	1410392	1025619	281268	744351	392105
1977583	1116882	860701	134242	726459	284175
2617206	1545456	1071750	203771	867979	110731
2019041	1093587	925454	259967	665487	181728
2033773	1443427	590346	198057	392289	231173
2345472	1735948	609524	335135	274389	267256
2734003	1930329	803674	282202	521472	978903
2569004	1550696	1018308	266180	752128	302105
2966412	1674294	1292118	341141	950977	499585
1667738	1166036	501702	186316	315386	230654
2254824	888777	1366047	252508	1113539	344734
4018501	2110799	1907702	461604	1446098	75210
5315282	3685474	1629808	566030	1063778	367487
3137763	1773825	1363938	457188	906750	530116
3593589	1782123	1811466	970055	841411	413331
6358498	4006502	2351996	830817	1521179	1183465
1744590	1031681	712909	217531	495378	254282
714250	319568	394682	82826	311856	331656
2180312	1356572	823740	174552	649188	401324
3819318	2298398	1520920	435981	1084939	723235
1428437	1115126	313311	134534	178777	156780
2514759	1204939	1309820	237817	1072003	1238338
368432	143860	224572	10457	214115	322620
3707047	1623251	2083796	344176	1739620	881658
2183217	937924	1245293	209527	1035766	685137
479997	268333	211664	86043	125621	329640
812622	260506	552116	113015	439101	274926
3112524	1613981	1498543	300768	1197775	839902

5—39 分地区中央属普通中学预算内

地 区	合 计	事业费支 出	个人部分	工资福利支出	对个人和家庭的补助支出	#助学金
合 计	**1475738**	**1328227**	**939798**	**775641**	**164157**	**41116**
北 京	212580	212580	124840	81249	43591	377
天 津						
河 北						
山 西	7625	7625	7494	7494		
内蒙古						
辽 宁						
吉 林	37172	36372	18000	18000		
黑龙江	84025	69147	38547	27690	10857	1325
上 海	26613	26613	21613	21613		
江 苏						
浙 江						
安 徽						
福 建						
江 西						
山 东						
河 南						
湖 北	25609	25609	21260	13995	7265	65
湖 南						
广 东	4834	4834	4279	4167	112	
广 西						
海 南	3427	3427	2793	2148	645	
重 庆	26213	26213	21091	15977	5114	1
四 川	15491	15491	9765	9580	185	75
贵 州						
云 南	23080	23080				
西 藏						
陕 西	410	410	410	410		
甘 肃						
青 海						
宁 夏						
新 疆	1008659	876826	669706	573318	96388	39273

教育事业费和基本建设支出明细

单位：千元

公用部分	商品和服务支出	其他资本性支出			基本建设支出
			专项公用支出	专项项目支出	
388429	**196837**	**191592**	**55602**	**135990**	**147511**
87740	28470	59270	7926	51344	
131	131				
18372	13286	5086	5086		800
30600	24058	6542	4429	2113	14878
5000		5000		5000	
4349	3444	905	905		
555	15	540	540		
634	634				
5122	1185	3937	3937		
5726	5316	410	350	60	
23080		23080		23080	
207120	120298	86822	32429	54393	131833

5—40　分地区地方普通中学预算内

地　区	合　计	事业费支出	个人部分	工资福利支出	对个人和家庭的补助支出	#助学金
合　计	**318653412**	**304533767**	**226498260**	**186058721**	**40439539**	**11866413**
北　京	8884958	7866773	4585633	3555589	1030044	72523
天　津	4922225	4922225	4128026	2737840	1390186	5871
河　北	14428012	14011297	10860645	9381854	1478791	501629
山　西	8948245	8556140	6120260	5231884	888376	360926
内蒙古	7510600	7226425	5248842	4606198	642644	440319
辽　宁	10479327	10368596	7751390	6312906	1438484	191852
吉　林	6477592	6296664	4295995	3721909	574086	166893
黑龙江	8842160	8625865	6622692	4926207	1696485	107645
上　海	9748515	9481259	7140787	6094881	1045906	178607
江　苏	20273747	19294844	16560841	12302647	4258194	180929
浙　江	15651726	15349621	12780617	10561764	2218853	508460
安　徽	11182279	10682694	7716282	6778104	938178	262973
福　建	9084744	8854090	7186352	6046956	1139396	232200
江　西	7511746	7167012	4912188	4074338	837850	483963
山　东	21069739	20994529	16976028	14113588	2862440	626995
河　南	17827709	17460222	12144940	10339969	1804971	652646
湖　北	12616306	12086190	8952776	6541839	2410937	549805
湖　南	12297287	11883956	8290367	7277776	1012591	241715
广　东	25027647	23844182	17486239	15630231	1856008	772543
广　西	8817992	8563710	6819120	4780392	2038728	933906
海　南	2535752	2204096	1490480	1327554	162926	54328
重　庆	6693371	6292047	4116857	3634592	482265	300964
四　川	15766356	15043121	11229529	9199954	2029575	1039417
贵　州	6988886	6832106	5403669	4082729	1320940	297316
云　南	10877254	9638916	7147237	5884510	1262727	1014714
西　藏	1658688	1336068	967636	706779	260857	167396
陕　西	12109625	11227967	7520920	6133551	1387369	618194
甘　肃	7649159	6964022	4780805	3959870	820935	520120
青　海	2025191	1695551	1215554	1075731	139823	111802
宁　夏	2307065	2032139	1219517	1013550	205967	89130
新　疆	8439509	7731440	4826036	4023029	803007	180632

教育事业费和基本建设支出明细

单位:千元

公用部分	商品和服务支出	其他资本性支出	专项公用支出	专项项目支出	基本建设支出
78035507	**45217636**	**32817871**	**9229869**	**23588002**	**14119645**
3281140	1826370	1454770	487264	967506	1018185
794199	501512	292687	116531	176156	
3150652	1969435	1181217	300042	881175	416715
2435880	1410261	1025619	281268	744351	392105
1977583	1116882	860701	134242	726459	284175
2617206	1545456	1071750	203771	867979	110731
2000669	1080301	920368	254881	665487	180928
2003173	1419369	583804	193628	390176	216295
2340472	1735948	604524	335135	269389	267256
2734003	1930329	803674	282202	521472	978903
2569004	1550696	1018308	266180	752128	302105
2966412	1674294	1292118	341141	950977	499585
1667738	1166036	501702	186316	315386	230654
2254824	888777	1366047	252508	1113539	344734
4018501	2110799	1907702	461604	1446098	75210
5315282	3685474	1629808	566030	1063778	367487
3133414	1770381	1363033	456283	906750	530116
3593589	1782123	1811466	970055	841411	413331
6357943	4006487	2351456	830277	1521179	1183465
1744590	1031681	712909	217531	495378	254282
713616	318934	394682	82826	311856	331656
2175190	1355387	819803	170615	649188	401324
3813592	2293082	1520510	435631	1084879	723235
1428437	1115126	313311	134534	178777	156780
2491679	1204939	1286740	237817	1048923	1238338
368432	143860	224572	10457	214115	322620
3707047	1623251	2083796	344176	1739620	881658
2183217	937924	1245293	209527	1035766	685137
479997	268333	211664	86043	125621	329640
812622	260506	552116	113015	439101	274926
2905404	1493683	1411721	268339	1143382	708069

5—41 分地区普通高中预算内

地区	合计	事业费支出				
			个人部分			
				工资福利支出	对个人和家庭的补助支出	
						#助学金
合计	**88103740**	**84403612**	**65609486**	**55481367**	**10128119**	**1337568**
北京	3727681	3250720	1858477	1415396	443081	22986
天津	1797471	1797471	1479638	942747	536891	3748
河北	4080376	4043573	3207410	2905155	302255	14122
山西	2573982	2415618	1823332	1609583	213749	21664
内蒙古	2293582	2243466	1616795	1498782	118013	52230
辽宁	2667952	2600362	2112991	1779236	333755	16291
吉林	1811871	1804079	1277425	1131149	146276	5664
黑龙江	2429502	2398107	1787917	1342850	445067	47532
上海	3171625	2997000	2264663	1954005	310658	28670
江苏	6173878	5629198	4980657	3682393	1298264	98683
浙江	4107647	4007834	3240341	2744832	495509	41145
安徽	2743927	2616851	2085193	1842917	242276	18064
福建	2993052	2895708	2484052	2135795	348257	18356
江西	1904132	1847610	1462748	1188256	274492	155962
山东	5929547	5928427	5067654	4279330	788324	136041
河南	4225508	4219308	3071810	2721135	350675	59831
湖北	2594195	2580829	2112847	1644511	468336	21590
湖南	2933777	2909846	2355811	2092931	262880	20632
广东	9128229	8460611	6202418	5721570	480848	37252
广西	1886491	1859312	1565574	1195165	370409	49872
海南	644992	573818	431060	403015	28045	10247
重庆	1748594	1670523	1132709	1024077	108632	50392
四川	3124243	3106691	2550092	2160599	389493	75413
贵州	1564496	1552573	1349428	989620	359808	20635
云南	2328852	2270853	1738999	1606825	132174	63802
西藏	409230	245867	212682	161058	51624	28605
陕西	3148563	2978583	2255497	1950215	305282	92140
甘肃	2071673	1908788	1466889	1327684	139205	25726
青海	678390	598223	451795	419646	32149	20370
宁夏	715645	703596	399332	339475	59857	10428
新疆	2494637	2288167	1563250	1271415	291835	69475

教育事业费和基本建设支出明细

单位：千元

公用部分	商品和服务支出	其他资本性支出	专项公用支出	专项项目支出	基本建设支出
18794126	**9593744**	**9200382**	**2634076**	**6566306**	**3700128**
1392243	763535	628708	198173	430535	476961
317833	192017	125816	53931	71885	
836163	431210	404953	70328	334625	36803
592286	289854	302432	98357	204075	158364
626671	319422	307249	35359	271890	50116
487371	307993	179378	41524	137854	67590
526654	299736	226918	83740	143178	7792
610190	470913	139277	80742	58535	31395
732337	549262	183075	134378	48697	174625
648541	349839	298702	103987	194715	544680
767493	388422	379071	83482	295589	99813
531658	243136	288522	46457	242065	127076
411656	282553	129103	42127	86976	97344
384862	143283	241579	51602	189977	56522
860773	282040	578733	64499	514234	1120
1147498	648008	499490	168206	331284	6200
467982	218271	249711	94333	155378	13366
554035	229996	324039	190223	133816	23931
2258193	1069159	1189034	356835	832199	667618
293738	123170	170568	57283	113285	27179
142758	68995	73763	23025	50738	71174
537814	285327	252487	55050	197437	78071
556599	327050	229549	76850	152699	17552
203145	127542	75603	18891	56712	11923
531854	223465	308389	49373	259016	57999
33185	30382	2803	2511	292	163363
723086	326621	396465	118604	277861	169980
441899	174301	267598	59596	208002	162885
146428	66869	79559	45424	34135	80167
304264	61404	242860	59445	183415	12049
724917	299969	424948	69741	355207	206470

5—42 分地区中央属普通高中预算内

地 区	合 计	事业费支出	个人部分	工资福利支出	对个人和家庭的补助支出	#助学金
合 计	**683227**	**603933**	**403643**	**324430**	**79213**	**7543**
北 京	170154	170154	98861	64376	34485	222
天 津						
河 北						
山 西	2514	2514	2514	2514		
内蒙古						
辽 宁						
吉 林	36075	35275	18000	18000		
黑龙江	47336	38696	20304	11932	8372	870
上 海	26613	26613	21613	21613		
江 苏						
浙 江						
安 徽						
福 建						
江 西						
山 东						
河 南						
湖 北	15650	15650	12744	8760	3984	44
湖 南						
广 东	3611	3611	3107	2995	112	
广 西						
海 南	2167	2167	1766	1358	408	
重 庆	18166	18166	14616	11071	3545	1
四 川	8410	8410	5262	5185	77	41
贵 州						
云 南	23080	23080				
西 藏						
陕 西	410	410	410	410		
甘 肃						
青 海						
宁 夏						
新 疆	329041	259187	204446	176216	28230	6365

教育事业费和基本建设支出明细

单位:千元

公用部分	商品和服务支出	其他资本性支出			基本建设支出
			专项公用支出	专项项目支出	
200290	**83350**	**116940**	**27074**	**89866**	**79294**
71293	21522	49771	5117	44654	
17275	12275	5000	5000		800
18392	12886	5506	3393	2113	8640
5000		5000		5000	
2906	2301	605	605		
504		504	504		
401	401				
3550	822	2728	2728		
3148	2923	225	192	33	
23080		23080		23080	
54741	30220	24521	9535	14986	69854

5—43 分地区地方普通高中预算内

地 区	合 计	事业费支出				
			个人部分			
				工资福利支出	对个人和家庭的补助支出	
						#助学金
合 计	**87420513**	**83799679**	**65205843**	**55156937**	**10048906**	**1330025**
北 京	3557527	3080566	1759616	1351020	408596	22764
天 津	1797471	1797471	1479638	942747	536891	3748
河 北	4080376	4043573	3207410	2905155	302255	14122
山 西	2571468	2413104	1820818	1607069	213749	21664
内蒙古	2293582	2243466	1616795	1498782	118013	52230
辽 宁	2667952	2600362	2112991	1779236	333755	16291
吉 林	1775796	1768804	1259425	1113149	146276	5664
黑龙江	2382166	2359411	1767613	1330918	436695	46662
上 海	3145012	2970387	2243050	1932392	310658	28670
江 苏	6173878	5629198	4980657	3682393	1298264	98683
浙 江	4107647	4007834	3240341	2744832	495509	41145
安 徽	2743927	2616851	2085193	1842917	242276	18064
福 建	2993052	2895708	2484052	2135795	348257	18356
江 西	1904132	1847610	1462748	1188256	274492	155962
山 东	5929547	5928427	5067654	4279330	788324	136041
河 南	4225508	4219308	3071810	2721135	350675	59831
湖 北	2578545	2565179	2100103	1635751	464352	21546
湖 南	2933777	2909846	2355811	2092931	262880	20632
广 东	9124618	8457000	6199311	5718575	480736	37252
广 西	1886491	1859312	1565574	1195165	370409	49872
海 南	642825	571651	429294	401657	27637	10247
重 庆	1730428	1652357	1118093	1013006	105087	50391
四 川	3115833	3098281	2544830	2155414	389416	75372
贵 州	1564496	1552573	1349428	989620	359808	20635
云 南	2305772	2247773	1738999	1606825	132174	63802
西 藏	409230	245867	212682	161058	51624	28605
陕 西	3148153	2978173	2255087	1949805	305282	92140
甘 肃	2071673	1908788	1466889	1327684	139205	25726
青 海	678390	598223	451795	419646	32149	20370
宁 夏	715645	703596	399332	339475	59857	10428
新 疆	2165596	2028980	1358804	1095199	263605	63110

教育事业费和基本建设支出明细

单位:千元

公用部分	商品和服务支出	其他资本性支出			基本建设支出
			专项公用支出	专项项目支出	
18593836	**9510394**	**9083442**	**2607002**	**6476440**	**3620834**
1320950	742013	578937	193056	385881	476961
317833	192017	125816	53931	71885	
836163	431210	404953	70328	334625	36803
592286	289854	302432	98357	204075	158364
626671	319422	307249	35359	271890	50116
487371	307993	179378	41524	137854	67590
509379	287461	221918	78740	143178	6992
591798	458027	133771	77349	56422	22755
727337	549262	178075	134378	43697	174625
648541	349839	298702	103987	194715	544680
767493	388422	379071	83482	295589	99813
531658	243136	288522	46457	242065	127076
411656	282553	129103	42127	86976	97344
384862	143283	241579	51602	189977	56522
860773	282040	578733	64499	514234	1120
1147498	648008	499490	168206	331284	6200
465076	215970	249106	93728	155378	13366
554035	229996	324039	190223	133816	23931
2257689	1069159	1188530	356331	832199	667618
293738	123170	170568	57283	113285	27179
142357	68594	73763	23025	50738	71174
534264	284505	249759	52322	197437	78071
553451	324127	229324	76658	152666	17552
203145	127542	75603	18891	56712	11923
508774	223465	285309	49373	235936	57999
33185	30382	2803	2511	292	163363
723086	326621	396465	118604	277861	169980
441899	174301	267598	59596	208002	162885
146428	66869	79559	45424	34135	80167
304264	61404	242860	59445	183415	12049
670176	269749	400427	60206	340221	136616

5—44 分地区农村高中预算内

地 区	合 计	事业费支出	个人部分	工资福利支出	对个人和家庭的补助支出	#助学金
合 计	**12338629**	**12068093**	**9881582**	**8622288**	**1259294**	**222479**
北 京	421319	343813	175610	149823	25787	3980
天 津	236274	236274	210887	165798	45089	1133
河 北	451101	451101	388499	365360	23139	1968
山 西	148524	146588	117745	109337	8408	2007
内蒙古	105586	104440	77640	72551	5089	1922
辽 宁	176880	176880	138353	121912	16441	597
吉 林	107192	105509	86347	78791	7556	1105
黑龙江	76341	75116	60579	49000	11579	942
上 海	118622	118622	94665	84264	10401	1784
江 苏	1344002	1282179	1134785	895981	238804	28376
浙 江	911624	907336	789797	670946	118851	9063
安 徽	638276	633605	496482	446682	49800	7322
福 建	1093793	1088668	926750	806036	120714	7350
江 西	157691	156857	121236	102232	19004	12236
山 东	589900	589900	547033	454480	92553	16098
河 南	481174	481174	379791	334673	45118	8627
湖 北	342419	334546	297003	254868	42135	3999
湖 南	563471	560271	490492	470174	20318	4651
广 东	1055980	1052742	779067	717504	61563	4733
广 西	193898	192646	166491	127250	39241	8607
海 南	72525	65313	52074	49554	2520	1318
重 庆	491114	484502	349021	319867	29154	19229
四 川	738089	735089	614547	546908	67639	21065
贵 州	228750	225198	185159	145702	39457	5624
云 南	283141	277183	215906	197732	18174	13052
西 藏						
陕 西	647494	626678	521203	462114	59089	19146
甘 肃	423781	396627	300847	280226	20621	8914
青 海	28420	28420	25768	24763	1005	967
宁 夏	32663	25199	20832	14895	5937	814
新 疆	178585	165617	116973	102865	14108	5850

教育事业费和基本建设支出明细

单位：千元

公用部分	商品和服务支出	其他资本性支出			基本建设支出
			专项公用支出	专项项目支出	
2186511	**1204570**	**981941**	**237412**	**744529**	**270536**
168203	93430	74773	14353	60420	77506
25387	21836	3551	609	2942	
62602	48973	13629	5230	8399	
28843	9938	18905	2231	16674	1936
26800	23670	3130	1224	1906	1146
38527	18737	19790	352	19438	
19162	8289	10873	3175	7698	1683
14537	12478	2059	1832	227	1225
23957	22126	1831	1629	202	
147394	73574	73820	42717	31103	61823
117539	63558	53981	12271	41710	4288
137123	83777	53346	12309	41037	4671
161918	104345	57573	20291	37282	5125
35621	11057	24564	3097	21467	834
42867	15380	27487	2383	25104	
101383	55448	45935	7034	38901	
37543	16127	21416	5052	16364	7873
69779	41695	28084	16490	11594	3200
273675	146583	127092	22552	104540	3238
26155	14059	12096	3754	8342	1252
13239	10134	3105	1574	1531	7212
135481	71280	64201	7216	56985	6612
120542	69506	51036	14889	36147	3000
40039	21719	18320	3498	14822	3552
61277	24882	36395	4839	31556	5958
105475	61547	43928	8097	35831	20816
95780	32132	63648	9719	53929	27154
2652	1819	833	833		
4367	3387	980	173	807	7464
48644	23084	25560	7989	17571	12968

5—45 分地区中央属农村高中预算内

地区	合计	事业费支出	个人部分	工资福利支出	对个人和家庭的补助支出	#助学金
合计	**102239**	**93484**	**69921**	**61853**	**8068**	**4496**
北京						
天津						
河北						
山西						
内蒙古						
辽宁						
吉林						
黑龙江						
上海						
江苏						
浙江						
安徽						
福建						
江西						
山东						
河南						
湖北						
湖南						
广东						
广西						
海南	2167	2167	1766	1358	408	
重庆						
四川						
贵州						
云南						
西藏						
陕西						
甘肃						
青海						
宁夏						
新疆	100072	91317	68155	60495	7660	4496

教育事业费和基本建设支出明细

单位：千元

公用部分	商品和服务支出	其他资本性支出			基本建设支出
			专项公用支出	专项项目支出	
23563	**12480**	**11083**	**2625**	**8458**	**8755**
401	401				
23162	12079	11083	2625	8458	8755

5—46 分地区地方农村高中预算内

地区	合计	事业费支出	个人部分	工资福利支出	对个人和家庭的补助支出	#助学金
合计	**12236390**	**11974609**	**9811661**	**8560435**	**1251226**	**217983**
北京	421319	343813	175610	149823	25787	3980
天津	236274	236274	210887	165798	45089	1133
河北	451101	451101	388499	365360	23139	1968
山西	148524	146588	117745	109337	8408	2007
内蒙古	105586	104440	77640	72551	5089	1922
辽宁	176880	176880	138353	121912	16441	597
吉林	107192	105509	86347	78791	7556	1105
黑龙江	76341	75116	60579	49000	11579	942
上海	118622	118622	94665	84264	10401	1784
江苏	1344002	1282179	1134785	895981	238804	28376
浙江	911624	907336	789797	670946	118851	9063
安徽	638276	633605	496482	446682	49800	7322
福建	1093793	1088668	926750	806036	120714	7350
江西	157691	156857	121236	102232	19004	12236
山东	589900	589900	547033	454480	92553	16098
河南	481174	481174	379791	334673	45118	8627
湖北	342419	334546	297003	254868	42135	3999
湖南	563471	560271	490492	470174	20318	4651
广东	1055980	1052742	779067	717504	61563	4733
广西	193898	192646	166491	127250	39241	8607
海南	70358	63146	50308	48196	2112	1318
重庆	491114	484502	349021	319867	29154	19229
四川	738089	735089	614547	546908	67639	21065
贵州	228750	225198	185159	145702	39457	5624
云南	283141	277183	215906	197732	18174	13052
西藏						
陕西	647494	626678	521203	462114	59089	19146
甘肃	423781	396627	300847	280226	20621	8914
青海	28420	28420	25768	24763	1005	967
宁夏	32663	25199	20832	14895	5937	814
新疆	78513	74300	48818	42370	6448	1354

教育事业费和基本建设支出明细

单位：千元

公用部分	商品和服务支出	其他资本性支出	专项公用支出	专项项目支出	基本建设支出
2162948	**1192090**	**970858**	**234787**	**736071**	**261781**
168203	93430	74773	14353	60420	77506
25387	21836	3551	609	2942	
62602	48973	13629	5230	8399	
28843	9938	18905	2231	16674	1936
26800	23670	3130	1224	1906	1146
38527	18737	19790	352	19438	
19162	8289	10873	3175	7698	1683
14537	12478	2059	1832	227	1225
23957	22126	1831	1629	202	
147394	73574	73820	42717	31103	61823
117539	63558	53981	12271	41710	4288
137123	83777	53346	12309	41037	4671
161918	104345	57573	20291	37282	5125
35621	11057	24564	3097	21467	834
42867	15380	27487	2383	25104	
101383	55448	45935	7034	38901	
37543	16127	21416	5052	16364	7873
69779	41695	28084	16490	11594	3200
273675	146583	127092	22552	104540	3238
26155	14059	12096	3754	8342	1252
12838	9733	3105	1574	1531	7212
135481	71280	64201	7216	56985	6612
120542	69506	51036	14889	36147	3000
40039	21719	18320	3498	14822	3552
61277	24882	36395	4839	31556	5958
105475	61547	43928	8097	35831	20816
95780	32132	63648	9719	53929	27154
2652	1819	833	833		
4367	3387	980	173	807	7464
25482	11005	14477	5364	9113	4213

5—47 分地区普通初中预算内

地 区	合 计	事业费支出	个人部分	工资福利支出	对个人和家庭的补助支出	#助学金
合 计	**232025410**	**221458382**	**161828572**	**131352995**	**30475577**	**10569961**
北 京	5369857	4828633	2851996	2221442	630554	49914
天 津	3124754	3124754	2648388	1795093	853295	2123
河 北	10347636	9967724	7653235	6476699	1176536	487507
山 西	6381888	6148147	4304422	3629795	674627	339262
内蒙古	5217018	4982959	3632047	3107416	524631	388089
辽 宁	7811375	7768234	5638399	4533670	1104729	175561
吉 林	4702893	4528957	3036570	2608760	427810	161229
黑龙江	6496683	6296905	4873322	3611047	1262275	61438
上 海	6603503	6510872	4897737	4162489	735248	149937
江 苏	14099869	13665646	11580184	8620254	2959930	82246
浙 江	11544079	11341787	9540276	7816932	1723344	467315
安 徽	8438352	8065843	5631089	4935187	695902	244909
福 建	6091692	5958382	4702300	3911161	791139	213844
江 西	5607614	5319402	3449440	2886082	563358	328001
山 东	15140192	15066102	11908374	9834258	2074116	490954
河 南	13602201	13240914	9073130	7618834	1454296	592815
湖 北	10047720	9530970	6861189	4911323	1949866	528280
湖 南	9363510	8974110	5934556	5184845	749711	221083
广 东	15904252	15388405	11288100	9912828	1375272	735291
广 西	6931501	6704398	5253546	3585227	1668319	884034
海 南	1894187	1633705	1062213	926687	135526	44081
重 庆	4970990	4647737	3005239	2626492	378747	250573
四 川	12657604	11951921	8689202	7048935	1640267	964079
贵 州	5424390	5279533	4054241	3093109	961132	276681
云 南	8571482	7391143	5408238	4277685	1130553	950912
西 藏	1249458	1090201	754954	545721	209233	138791
陕 西	8961472	8249794	5265833	4183746	1082087	526054
甘 肃	5577486	5055234	3313916	2632186	681730	494394
青 海	1346801	1097328	763759	656085	107674	91432
宁 夏	1591420	1328543	820185	674075	146110	78702
新 疆	6953531	6320099	3932492	3324932	607560	150430

教育事业费和基本建设支出明细

单位：千元

公用部分	商品和服务支出	其他资本性支出			基本建设支出
			专项公用支出	专项项目支出	
59629810	**35820729**	**23809081**	**6651395**	**17157686**	**10567028**
1976637	1091305	885332	297017	588315	541224
476366	309495	166871	62600	104271	
2314489	1538225	776264	229714	546550	379912
1843725	1120538	723187	182911	540276	233741
1350912	797460	553452	98883	454569	234059
2129835	1237463	892372	162247	730125	43141
1492387	793851	698536	176227	522309	173936
1423583	972514	451069	117315	333754	199778
1613135	1186686	426449	200757	225692	92631
2085462	1580490	504972	178215	326757	434223
1801511	1162274	639237	182698	456539	202292
2434754	1431158	1003596	294684	708912	372509
1256082	883483	372599	144189	228410	133310
1869962	745494	1124468	200906	923562	288212
3157728	1828759	1328969	397105	931864	74090
4167784	3037466	1130318	397824	732494	361287
2669781	1555554	1114227	362855	751372	516750
3039554	1552127	1487427	779832	707595	389400
4100305	2937343	1162962	473982	688980	515847
1450852	908511	542341	160248	382093	227103
571492	250573	320919	59801	261118	260482
1642498	1071245	571253	119502	451751	323253
3262719	1971348	1291371	359131	932240	705683
1225292	987584	237708	115643	122065	144857
1982905	981474	1001431	188444	812987	1180339
335247	113478	221769	7946	213823	159257
2983961	1296630	1687331	225572	1461759	711678
1741318	763623	977695	149931	827764	522252
333569	201464	132105	40619	91486	249473
508358	199102	309256	53570	255686	262877
2387607	1314012	1073595	231027	842568	633432

5—48 分地区中央属普通初中预算内

地区	合计	事业费支出	个人部分	工资福利支出	对个人和家庭的补助支出	＃助学金
合计	**792511**	**724294**	**536155**	**451211**	**84944**	**33573**
北京	42426	42426	25979	16873	9106	155
天津						
河北						
山西	5111	5111	4980	4980		
内蒙古						
辽宁						
吉林	1097	1097				
黑龙江	36689	30451	18243	15758	2485	455
上海						
江苏						
浙江						
安徽						
福建						
江西						
山东						
河南						
湖北	9959	9959	8516	5235	3281	21
湖南						
广东	1223	1223	1172	1172		
广西						
海南	1260	1260	1027	790	237	
重庆	8047	8047	6475	4906	1569	
四川	7081	7081	4503	4395	108	34
贵州						
云南						
西藏						
陕西						
甘肃						
青海						
宁夏						
新疆	679618	617639	465260	397102	68158	32908

教育事业费和基本建设支出明细

单位：千元

公用部分	商品和服务支出	其他资本性支出	专项公用支出	专项项目支出	基本建设支出
188139	**113487**	**74652**	**28528**	**46124**	**68217**
16447	6948	9499	2809	6690	
131	131				
1097	1011	86	86		
12208	11172	1036	1036		6238
1443	1143	300	300		
51	15	36	36		
233	233				
1572	363	1209	1209		
2578	2393	185	158	27	
152379	90078	62301	22894	39407	61979

5—49 分地区地方普通初中预算内

地区	合计	事业费支出	个人部分	工资福利支出	对个人和家庭的补助支出	#助学金
合计	**231232899**	**220734088**	**161292417**	**130901784**	**30390633**	**10536388**
北京	5327431	4786207	2826017	2204569	621448	49759
天津	3124754	3124754	2648388	1795093	853295	2123
河北	10347636	9967724	7653235	6476699	1176536	487507
山西	6376777	6143036	4299442	3624815	674627	339262
内蒙古	5217018	4982959	3632047	3107416	524631	388089
辽宁	7811375	7768234	5638399	4533670	1104729	175561
吉林	4701796	4527860	3036570	2608760	427810	161229
黑龙江	6459994	6266454	4855079	3595289	1259790	60983
上海	6603503	6510872	4897737	4162489	735248	149937
江苏	14099869	13665646	11580184	8620254	2959930	82246
浙江	11544079	11341787	9540276	7816932	1723344	467315
安徽	8438352	8065843	5631089	4935187	695902	244909
福建	6091692	5958382	4702300	3911161	791139	213844
江西	5607614	5319402	3449440	2886082	563358	328001
山东	15140192	15066102	11908374	9834258	2074116	490954
河南	13602201	13240914	9073130	7618834	1454296	592815
湖北	10037761	9521011	6852673	4906088	1946585	528259
湖南	9363510	8974110	5934556	5184845	749711	221083
广东	15903029	15387182	11286928	9911656	1375272	735291
广西	6931501	6704398	5253546	3585227	1668319	884034
海南	1892927	1632445	1061186	925897	135289	44081
重庆	4962943	4639690	2998764	2621586	377178	250573
四川	12650523	11944840	8684699	7044540	1640159	964045
贵州	5424390	5279533	4054241	3093109	961132	276681
云南	8571482	7391143	5408238	4277685	1130553	950912
西藏	1249458	1090201	754954	545721	209233	138791
陕西	8961472	8249794	5265833	4183746	1082087	526054
甘肃	5577486	5055234	3313916	2632186	681730	494394
青海	1346801	1097328	763759	656085	107674	91432
宁夏	1591420	1328543	820185	674075	146110	78702
新疆	6273913	5702460	3467232	2927830	539402	117522

教育事业费和基本建设支出明细

单位：千元

公用部分	商品和服务支出	其他资本性支出			基本建设支出
			专项公用支出	专项项目支出	
59441671	**35707242**	**23734429**	**6622867**	**17111562**	**10498811**
1960190	1084357	875833	294208	581625	541224
476366	309495	166871	62600	104271	
2314489	1538225	776264	229714	546550	379912
1843594	1120407	723187	182911	540276	233741
1350912	797460	553452	98883	454569	234059
2129835	1237463	892372	162247	730125	43141
1491290	792840	698450	176141	522309	173936
1411375	961342	450033	116279	333754	193540
1613135	1186686	426449	200757	225692	92631
2085462	1580490	504972	178215	326757	434223
1801511	1162274	639237	182698	456539	202292
2434754	1431158	1003596	294684	708912	372509
1256082	883483	372599	144189	228410	133310
1869962	745494	1124468	200906	923562	288212
3157728	1828759	1328969	397105	931864	74090
4167784	3037466	1130318	397824	732494	361287
2668338	1554411	1113927	362555	751372	516750
3039554	1552127	1487427	779832	707595	389400
4100254	2937328	1162926	473946	688980	515847
1450852	908511	542341	160248	382093	227103
571259	250340	320919	59801	261118	260482
1640926	1070882	570044	118293	451751	323253
3260141	1968955	1291186	358973	932213	705683
1225292	987584	237708	115643	122065	144857
1982905	981474	1001431	188444	812987	1180339
335247	113478	221769	7946	213823	159257
2983961	1296630	1687331	225572	1461759	711678
1741318	763623	977695	149931	827764	522252
333569	201464	132105	40619	91486	249473
508358	199102	309256	53570	255686	262877
2235228	1223934	1011294	208133	803161	571453

5—50 分地区农村初中预算内

地 区	合 计	事业费支出				
			个人部分			
				工资福利支出	对个人和家庭的补助支出	
						#助学金
合 计	**141959404**	**135227127**	**97893926**	**79442606**	**18451320**	**8167043**
北 京	1865665	1677911	1000817	811859	188958	27970
天 津	1283784	1283784	1070091	863594	206497	32
河 北	6351156	6032013	4693357	3899464	793893	457005
山 西	3831518	3666428	2503256	2056623	446633	303900
内蒙古	1608726	1547661	1223044	1059809	163235	112371
辽 宁	4057244	4018084	2767592	2228434	539158	157526
吉 林	2710842	2584397	1715536	1457415	258121	147590
黑龙江	2756425	2647005	1913188	1431080	482108	48000
上 海	2060037	2060037	1602189	1376893	225296	42095
江 苏	7728524	7574705	6398521	4865226	1533295	55095
浙 江	7230701	7124249	5979086	4898395	1080691	282011
安 徽	6337370	6021228	4148197	3613477	534720	206605
福 建	4362831	4270414	3378586	2792371	586215	200114
江 西	3880688	3629145	2310134	1933102	377032	235881
山 东	11174123	11105033	8862287	7395145	1467142	469420
河 南	9301485	9066951	6071708	4989440	1082268	493436
湖 北	6928370	6463502	4533129	3257265	1275864	442341
湖 南	6959653	6635095	4332518	3813152	519366	184629
广 东	7434741	7290502	5135958	4327429	808529	546858
广 西	4684972	4545648	3500484	2473650	1026834	514437
海 南	1060795	952698	585817	517146	68671	29886
重 庆	3178655	2965681	2076367	1815728	260639	211430
四 川	8900097	8310616	6072977	4892348	1180629	836828
贵 州	4082823	3957198	2984553	2339879	644674	247459
云 南	6137172	5313429	3946720	3034076	912644	813034
西 藏						
陕 西	6516735	6044628	3822446	2961630	860816	466212
甘 肃	4056525	3624391	2354295	1827485	526810	442087
青 海	550250	432017	314710	278341	36369	33974
宁 夏	814382	688782	431760	335857	95903	58266
新 疆	4113115	3693895	2164603	1896293	268310	100551

教育事业费和基本建设支出明细

单位：千元

公用部分	商品和服务支出	其他资本性支出			基本建设支出
			专项公用支出	专项项目支出	
37333201	**22360303**	**14972898**	**4031811**	**10941087**	**6732277**
677094	388171	288923	85056	203867	187754
213693	156027	57666	14596	43070	
1338656	895058	443598	128781	314817	319143
1163172	672569	490603	109635	380968	165090
324617	256907	67710	20514	47196	61065
1250492	630875	619617	104923	514694	39160
868861	464198	404663	102287	302376	126445
733817	434656	299161	41161	258000	109420
457848	398397	59451	40271	19180	
1176184	918958	257226	94370	162856	153819
1145163	722315	422848	109959	312889	106452
1873031	1088950	784081	219257	564824	316142
891828	613400	278428	98785	179643	92417
1319011	501647	817364	119243	698121	251543
2242746	1339318	903428	307799	595629	69090
2995243	2151749	843494	263694	579800	234534
1930373	1076568	853805	278054	575751	464868
2302577	1218340	1084237	594961	489276	324558
2154544	1554796	599748	216626	383122	144239
1045164	662244	382920	108254	274666	139324
366881	171838	195043	32568	162475	108097
889314	602273	287041	64021	223020	212974
2237639	1406329	831310	248356	582954	589481
972645	783947	188698	90523	98175	125625
1366709	730999	635710	116275	519435	823743
2222182	912843	1309339	149223	1160116	472107
1270096	529578	740518	96599	643919	432134
117307	93416	23891	14902	8989	118233
257022	88275	168747	24678	144069	125600
1529292	895662	633630	136440	497190	419220

5—51 分地区中央属农村初中预算内

地 区	合 计	事业费支出	个人部分	工资福利支出	对个人和家庭的补助支出	#助学金
合 计	**561182**	**505833**	**383163**	**330960**	**52203**	**30980**
北 京						
天 津						
河 北						
山 西						
内蒙古						
辽 宁						
吉 林						
黑龙江						
上 海						
江 苏						
浙 江						
安 徽						
福 建						
江 西						
山 东						
河 南						
湖 北						
湖 南						
广 东	1208	1208	1172	1172		
广 西						
海 南	1260	1260	1027	790	237	
重 庆						
四 川						
贵 州						
云 南						
西 藏						
陕 西						
甘 肃						
青 海						
宁 夏						
新 疆	558714	503365	380964	328998	51966	30980

教育事业费和基本建设支出明细

单位:千元

公用部分	商品和服务支出	其他资本性支出	专项公用支出	专项项目支出	基本建设支出
122670	**75825**	**46845**	**16938**	**29907**	**55349**
36		36	36		
233	233				
122401	75592	46809	16902	29907	55349

5—52 分地区地方农村初中预算内

地区	合计	事业费支出	个人部分	工资福利支出	对个人和家庭的补助支出	#助学金
合计	**141398222**	**134721294**	**97510763**	**79111646**	**18399117**	**8136063**
北京	1865665	1677911	1000817	811859	188958	27970
天津	1283784	1283784	1070091	863594	206497	32
河北	6351156	6032013	4693357	3899464	793893	457005
山西	3831518	3666428	2503256	2056623	446633	303900
内蒙古	1608726	1547661	1223044	1059809	163235	112371
辽宁	4057244	4018084	2767592	2228434	539158	157526
吉林	2710842	2584397	1715536	1457415	258121	147590
黑龙江	2756425	2647005	1913188	1431080	482108	48000
上海	2060037	2060037	1602189	1376893	225296	42095
江苏	7728524	7574705	6398521	4865226	1533295	55095
浙江	7230701	7124249	5979086	4898395	1080691	282011
安徽	6337370	6021228	4148197	3613477	534720	206605
福建	4362831	4270414	3378586	2792371	586215	200114
江西	3880688	3629145	2310134	1933102	377032	235881
山东	11174123	11105033	8862287	7395145	1467142	469420
河南	9301485	9066951	6071708	4989440	1082268	493436
湖北	6928370	6463502	4533129	3257265	1275864	442341
湖南	6959653	6635095	4332518	3813152	519366	184629
广东	7433533	7289294	5134786	4326257	808529	546858
广西	4684972	4545648	3500484	2473650	1026834	514437
海南	1059535	951438	584790	516356	68434	29886
重庆	3178655	2965681	2076367	1815728	260639	211430
四川	8900097	8310616	6072977	4892348	1180629	836828
贵州	4082823	3957198	2984553	2339879	644674	247459
云南	6137172	5313429	3946720	3034076	912644	813034
西藏						
陕西	6516735	6044628	3822446	2961630	860816	466212
甘肃	4056525	3624391	2354295	1827485	526810	442087
青海	550250	432017	314710	278341	36369	33974
宁夏	814382	688782	431760	335857	95903	58266
新疆	3554401	3190530	1783639	1567295	216344	69571

教育事业费和基本建设支出明细

单位：千元

公用部分	商品和服务支出	其他资本性支出			基本建设支出
			专项公用支出	专项项目支出	
37210531	**22284478**	**14926053**	**4014873**	**10911180**	**6676928**
677094	388171	288923	85056	203867	187754
213693	156027	57666	14596	43070	
1338656	895058	443598	128781	314817	319143
1163172	672569	490603	109635	380968	165090
324617	256907	67710	20514	47196	61065
1250492	630875	619617	104923	514694	39160
868861	464198	404663	102287	302376	126445
733817	434656	299161	41161	258000	109420
457848	398397	59451	40271	19180	
1176184	918958	257226	94370	162856	153819
1145163	722315	422848	109959	312889	106452
1873031	1088950	784081	219257	564824	316142
891828	613400	278428	98785	179643	92417
1319011	501647	817364	119243	698121	251543
2242746	1339318	903428	307799	595629	69090
2995243	2151749	843494	263694	579800	234534
1930373	1076568	853805	278054	575751	464868
2302577	1218340	1084237	594961	489276	324558
2154508	1554796	599712	216590	383122	144239
1045164	662244	382920	108254	274666	139324
366648	171605	195043	32568	162475	108097
889314	602273	287041	64021	223020	212974
2237639	1406329	831310	248356	582954	589481
972645	783947	188698	90523	98175	125625
1366709	730999	635710	116275	519435	823743
2222182	912843	1309339	149223	1160116	472107
1270096	529578	740518	96599	643919	432134
117307	93416	23891	14902	8989	118233
257022	88275	168747	24678	144069	125600
1406891	820070	586821	119538	467283	363871

5—53 分地区成人中学预算内

地区	合计	事业费支出	个人部分	工资福利支出	对个人和家庭的补助支出	#助学金
合计	**228622**	**225122**	**165754**	**139157**	**26597**	**1796**
北京						
天津	798	798	766	209	557	
河北	1743	1743	1743	1679	64	
山西						
内蒙古						
辽宁						
吉林	2343	2343	2099	835	1264	
黑龙江						
上海	46925	46925	30817	25995	4822	47
江苏	26653	26653	23343	17470	5873	983
浙江	107538	107538	76854	66452	10402	716
安徽						
福建	2807	2807	2660	2167	493	
江西						
山东						
河南	17544	17544	12890	11880	1010	
湖北	1053	1053	1053	962	91	
湖南						
广东	3470	3470	3326	2966	360	
广西						
海南						
重庆	280	280				
四川	1425	1425	1265	1213	52	
贵州						
云南						
西藏						
陕西	14019	10519	6914	6233	681	50
甘肃						
青海						
宁夏						
新疆	2024	2024	2024	1096	928	

教育事业费和基本建设支出明细

单位:千元

公用部分	商品和服务支出	其他资本性支出	专项公用支出	专项项目支出	基本建设支出
59368	**47168**	**12200**	**2734**	**9466**	**3500**
32	32				
244	235	9	9		
16108	13228	2880	1661	1219	
3310	3298	12	12		
30684	24134	6550	971	5579	
147	116	31	31		
4654	4635	19	19		
144	113	31	31		
280	280				
160	160				
3605	937	2668		2668	3500

5—54 分地区小学预算内

地 区	合 计	事业费支 出	个人部分	工资福利支出	对个人和家庭的补助支出	♯助学金
合 计	**333978303**	**327387841**	**254528617**	**205387429**	**49141188**	**9081953**
北 京	7573262	7209616	4291974	3352221	939753	44208
天 津	4602941	4602941	4022324	2662292	1360032	82
河 北	15510292	15341369	12177894	10297701	1880193	394675
山 西	10245105	10127402	7664310	6312281	1352029	316815
内蒙古	7874328	7748986	6075421	5407510	667911	363146
辽 宁	10031727	10019561	7724238	6130452	1593786	183064
吉 林	6879414	6841092	5083785	4509583	574202	122468
黑龙江	9136004	9080795	7570236	5187331	2382905	27224
上 海	7701001	7674670	5866891	4970273	896618	168941
江 苏	22798010	22400982	19716739	12424420	7292319	654795
浙 江	17011453	16923168	14497932	11067192	3430740	526483
安 徽	12194053	12071087	9101735	7755915	1345820	208072
福 建	9624088	9511523	7897797	6306542	1591255	138991
江 西	8924163	8834368	6168586	5203595	964991	244555
山 东	19369335	19340635	15856882	13358546	2498336	380869
河 南	19308646	19202094	13517437	11823438	1693999	266301
湖 北	10486465	10383447	8075857	5986417	2089440	306807
湖 南	12636964	12506742	8735453	7751207	984246	134172
广 东	24104968	23214502	17878925	15834146	2044779	787078
广 西	11651709	11546247	9587227	6750911	2836316	512401
海 南	2920709	2801283	2173826	2009340	164486	19348
重 庆	6464577	6394256	4544473	4220881	323592	88954
四 川	17962873	17504592	13576524	10986039	2590485	995012
贵 州	10610115	10500278	8480373	6351304	2129069	56109
云 南	12830061	12154407	9584351	8425667	1158684	833138
西 藏	2267262	1951468	1583584	1157772	425812	250901
陕 西	11831326	11207524	8192693	6555696	1636997	362938
甘 肃	7756634	7401833	5358309	4655386	702923	340792
青 海	2408944	2179409	1527830	1277487	250343	201606
宁 夏	2197593	2048662	1521921	1267754	254167	45656
新 疆	9064281	8662902	6473090	5388130	1084960	106352

教育事业费和基本建设支出明细

单位：千元

公用部分	商品和服务支出	其他资本性支出			基本建设支出
			专项公用支出	专项项目支出	
72859224	**46649489**	**26209735**	**7847222**	**18362513**	**6590462**
2917642	1593248	1324394	474053	850341	363646
580617	397178	183439	112467	70972	
3163475	2193725	969750	284213	685537	168923
2463092	1608080	855012	219597	635415	117703
1673565	1069964	603601	159283	444318	125342
2295323	1392267	903056	168419	734637	12166
1757307	982742	774565	143820	630745	38322
1510559	1132492	378067	98834	279233	55209
1807779	1326736	481043	242601	238442	26331
2684243	1976586	707657	357518	350139	397028
2425236	1591215	834021	250871	583150	88285
2969352	1816578	1152774	303577	849197	122966
1613726	1155669	458057	170248	287809	112565
2665782	1159397	1506385	250314	1256071	89795
3483753	2345490	1138263	466680	671583	28700
5684657	4306072	1378585	514594	863991	106552
2307590	1411229	896361	271115	625246	103018
3771289	2108011	1663278	776577	886701	130222
5335577	3924950	1410627	626249	784378	890466
1959020	1379347	579673	177307	402366	105462
627457	409401	218056	54135	163921	119426
1849783	1350449	499334	136623	362711	70321
3928068	2411681	1516387	355163	1161224	458281
2019905	1576860	443045	189908	253137	109837
2570056	1447685	1122371	243138	879233	675654
367884	184789	183095	20596	162499	315794
3014831	1457634	1557197	270486	1286711	623802
2043524	1034263	1009261	150376	858885	354801
651579	361866	289713	76267	213446	229535
526741	284610	242131	56181	185950	148931
2189812	1259275	930537	226012	704525	401379

5—55 分地区中央属小学预算内

地区	合计	事业费支出	个人部分	工资福利支出	对个人和家庭的补助支出	#助学金
合计	**1192349**	**1116307**	**832867**	**708669**	**124198**	**49200**
北京	57954	57954	36744	27205	9539	
天津	19090	19090	12784	8719	4065	
河北						
山西	7137	7137	6942	6942		
内蒙古						
辽宁						
吉林	23733	23733	16924	12583	4341	
黑龙江	62729	54254	35431	32419	3012	36
上海						
江苏						
浙江						
安徽						
福建						
江西	36	36				
山东						
河南						
湖北	13634	13634	10720	7523	3197	
湖南						
广东	1667	1667	1602	1602		
广西						
海南	1287	1287	1049	807	242	
重庆	12086	12086	8050	6255	1795	
四川	9969	9969	5589	5580	9	9
贵州						
云南						
西藏						
陕西	908	908	810	810		
甘肃	98	98				
青海						
宁夏						
新疆	982021	914454	696222	598224	97998	49155

教育事业费和基本建设支出明细

单位:千元

公用部分	商品和服务支出	其他资本性支出			基本建设支出
			专项公用支出	专项项目支出	
283440	**186593**	**96847**	**45966**	**50881**	**76042**
21210	9000	12210	5787	6423	
6306	825	5481	3317	2164	
195	195				
6809	6809				
18823	17786	1037	297	740	8475
36	31	5	5		
2914	2356	558	558		
65	65				
238	238				
4036	2691	1345	1345		
4380	3015	1365	1365		
98	98				
98	98				
218232	143386	74846	33292	41554	67567

5—56 分地区地方小学预算内

地区	合计	事业费支出	个人部分	工资福利支出	对个人和家庭的补助支出	#助学金
合计	**332785954**	**326271534**	**253695750**	**204678760**	**49016990**	**9032753**
北京	7515308	7151662	4255230	3325016	930214	44208
天津	4583851	4583851	4009540	2653573	1355967	82
河北	15510292	15341369	12177894	10297701	1880193	394675
山西	10237968	10120265	7657368	6305339	1352029	316815
内蒙古	7874328	7748986	6075421	5407510	667911	363146
辽宁	10031727	10019561	7724238	6130452	1593786	183064
吉林	6855681	6817359	5066861	4497000	569861	122468
黑龙江	9073275	9026541	7534805	5154912	2379893	27188
上海	7701001	7674670	5866891	4970273	896618	168941
江苏	22798010	22400982	19716739	12424420	7292319	654795
浙江	17011453	16923168	14497932	11067192	3430740	526483
安徽	12194053	12071087	9101735	7755915	1345820	208072
福建	9624088	9511523	7897797	6306542	1591255	138991
江西	8924127	8834332	6168586	5203595	964991	244555
山东	19369335	19340635	15856882	13358546	2498336	380869
河南	19308646	19202094	13517437	11823438	1693999	266301
湖北	10472831	10369813	8065137	5978894	2086243	306807
湖南	12636964	12506742	8735453	7751207	984246	134172
广东	24103301	23212835	17877323	15832544	2044779	787078
广西	11651709	11546247	9587227	6750911	2836316	512401
海南	2919422	2799996	2172777	2008533	164244	19348
重庆	6452491	6382170	4536423	4214626	321797	88954
四川	17952904	17494623	13570935	10980459	2590476	995003
贵州	10610115	10500278	8480373	6351304	2129069	56109
云南	12830061	12154407	9584351	8425667	1158684	833138
西藏	2267262	1951468	1583584	1157772	425812	250901
陕西	11830418	11206616	8191883	6554886	1636997	362938
甘肃	7756536	7401735	5358309	4655386	702923	340792
青海	2408944	2179409	1527830	1277487	250343	201606
宁夏	2197593	2048662	1521921	1267754	254167	45656
新疆	8082260	7748448	5776868	4789906	986962	57197

教育事业费和基本建设支出明细

单位:千元

公用部分	商品和服务支出	其他资本性支出	专项公用支出	专项项目支出	基本建设支出
72575784	**46462896**	**26112888**	**7801256**	**18311632**	**6514420**
2896432	1584248	1312184	468266	843918	363646
574311	396353	177958	109150	68808	
3163475	2193725	969750	284213	685537	168923
2462897	1607885	855012	219597	635415	117703
1673565	1069964	603601	159283	444318	125342
2295323	1392267	903056	168419	734637	12166
1750498	975933	774565	143820	630745	38322
1491736	1114706	377030	98537	278493	46734
1807779	1326736	481043	242601	238442	26331
2684243	1976586	707657	357518	350139	397028
2425236	1591215	834021	250871	583150	88285
2969352	1816578	1152774	303577	849197	122966
1613726	1155669	458057	170248	287809	112565
2665746	1159366	1506380	250309	1256071	89795
3483753	2345490	1138263	466680	671583	28700
5684657	4306072	1378585	514594	863991	106552
2304676	1408873	895803	270557	625246	103018
3771289	2108011	1663278	776577	886701	130222
5335512	3924885	1410627	626249	784378	890466
1959020	1379347	579673	177307	402366	105462
627219	409163	218056	54135	163921	119426
1845747	1347758	497989	135278	362711	70321
3923688	2408666	1515022	353798	1161224	458281
2019905	1576860	443045	189908	253137	109837
2570056	1447685	1122371	243138	879233	675654
367884	184789	183095	20596	162499	315794
3014733	1457536	1557197	270486	1286711	623802
2043426	1034165	1009261	150376	858885	354801
651579	361866	289713	76267	213446	229535
526741	284610	242131	56181	185950	148931
1971580	1115889	855691	192720	662971	333812

5—57 分地区普通小学预算内

地区	合计	事业费支出	个人部分	工资福利支出	对个人和家庭的补助支出	#助学金
合计	**333942468**	**327352006**	**254497346**	**205357268**	**49140078**	**9081953**
北京	7573262	7209616	4291974	3352221	939753	44208
天津	4602941	4602941	4022324	2662292	1360032	82
河北	15508106	15339183	12175708	10295515	1880193	394675
山西	10245105	10127402	7664310	6312281	1352029	316815
内蒙古	7874328	7748986	6075421	5407510	667911	363146
辽宁	10031727	10019561	7724238	6130452	1593786	183064
吉林	6879414	6841092	5083785	4509583	574202	122468
黑龙江	9136004	9080795	7570236	5187331	2382905	27224
上海	7701001	7674670	5866891	4970273	896618	168941
江苏	22798010	22400982	19716739	12424420	7292319	654795
浙江	17011453	16923168	14497932	11067192	3430740	526483
安徽	12194053	12071087	9101735	7755915	1345820	208072
福建	9609086	9496521	7884155	6293546	1590609	138991
江西	8924163	8834368	6168586	5203595	964991	244555
山东	19369335	19340635	15856882	13358546	2498336	380869
河南	19301396	19194844	13511029	11817426	1693603	266301
湖北	10485372	10382354	8074867	5985440	2089427	306807
湖南	12636964	12506742	8735453	7751207	984246	134172
广东	24104968	23214502	17878925	15834146	2044779	787078
广西	11651659	11546197	9587227	6750911	2836316	512401
海南	2920709	2801283	2173826	2009340	164486	19348
重庆	6459062	6388741	4539603	4216012	323591	88954
四川	17961358	17503077	13575378	10984947	2590431	995012
贵州	10610115	10500278	8480373	6351304	2129069	56109
云南	12827898	12152244	9582583	8423899	1158684	833138
西藏	2267262	1951468	1583584	1157772	425812	250901
陕西	11831326	11207524	8192693	6555696	1636997	362938
甘肃	7756373	7401572	5358048	4655125	702923	340792
青海	2408944	2179409	1527830	1277487	250343	201606
宁夏	2197593	2048662	1521921	1267754	254167	45656
新疆	9063481	8662102	6473090	5388130	1084960	106352

教育事业费和基本建设支出明细

单位：千元

公用部分	商品和服务支出	其他资本性支出	专项公用支出	专项项目支出	基本建设支出
72854660	**46645168**	**26209492**	**7846979**	**18362513**	**6590462**
2917642	1593248	1324394	474053	850341	363646
580617	397178	183439	112467	70972	
3163475	2193725	969750	284213	685537	168923
2463092	1608080	855012	219597	635415	117703
1673565	1069964	603601	159283	444318	125342
2295323	1392267	903056	168419	734637	12166
1757307	982742	774565	143820	630745	38322
1510559	1132492	378067	98834	279233	55209
1807779	1326736	481043	242601	238442	26331
2684243	1976586	707657	357518	350139	397028
2425236	1591215	834021	250871	583150	88285
2969352	1816578	1152774	303577	849197	122966
1612366	1154311	458055	170246	287809	112565
2665782	1159397	1506385	250314	1256071	89795
3483753	2345490	1138263	466680	671583	28700
5683815	4305259	1378556	514565	863991	106552
2307487	1411126	896361	271115	625246	103018
3771289	2108011	1663278	776577	886701	130222
5335577	3924950	1410627	626249	784378	890466
1958970	1379297	579673	177307	402366	105462
627457	409401	218056	54135	163921	119426
1849138	1349884	499254	136543	362711	70321
3927699	2411312	1516387	355163	1161224	458281
2019905	1576860	443045	189908	253137	109837
2569661	1447300	1122361	243128	879233	675654
367884	184789	183095	20596	162499	315794
3014831	1457634	1557197	270486	1286711	623802
2043524	1034263	1009261	150376	858885	354801
651579	361866	289713	76267	213446	229535
526741	284610	242131	56181	185950	148931
2189012	1258597	930415	225890	704525	401379

5—58 分地区中央属普通小学预算内

地区	合计	事业费支出	个人部分	工资福利支出	对个人和家庭的补助支出	#助学金
合计	**1192349**	**1116307**	**832867**	**708669**	**124198**	**49200**
北京	57954	57954	36744	27205	9539	
天津	19090	19090	12784	8719	4065	
河北						
山西	7137	7137	6942	6942		
内蒙古						
辽宁						
吉林	23733	23733	16924	12583	4341	
黑龙江	62729	54254	35431	32419	3012	36
上海						
江苏						
浙江						
安徽						
福建						
江西	36	36				
山东						
河南						
湖北	13634	13634	10720	7523	3197	
湖南						
广东	1667	1667	1602	1602		
广西						
海南	1287	1287	1049	807	242	
重庆	12086	12086	8050	6255	1795	
四川	9969	9969	5589	5580	9	9
贵州						
云南						
西藏						
陕西	908	908	810	810		
甘肃	98	98				
青海						
宁夏						
新疆	982021	914454	696222	598224	97998	49155

教育事业费和基本建设支出明细

单位:千元

公用部分	商品和服务支出	其他资本性支出			基本建设支出
			专项公用支出	专项项目支出	
283440	**186593**	**96847**	**45966**	**50881**	**76042**
21210	9000	12210	5787	6423	
6306	825	5481	3317	2164	
195	195				
6809	6809				
18823	17786	1037	297	740	8475
36	31	5	5		
2914	2356	558	558		
65	65				
238	238				
4036	2691	1345	1345		
4380	3015	1365	1365		
98	98				
98	98				
218232	143386	74846	33292	41554	67567

5－59 分地区地方普通小学预算内

地区	合计	事业费支出	个人部分	工资福利支出	对个人和家庭的补助支出	＃助学金
合计	**332750119**	**326235699**	**253664479**	**204648599**	**49015880**	**9032753**
北京	7515308	7151662	4255230	3325016	930214	44208
天津	4583851	4583851	4009540	2653573	1355967	82
河北	15508106	15339183	12175708	10295515	1880193	394675
山西	10237968	10120265	7657368	6305339	1352029	316815
内蒙古	7874328	7748986	6075421	5407510	667911	363146
辽宁	10031727	10019561	7724238	6130452	1593786	183064
吉林	6855681	6817359	5066861	4497000	569861	122468
黑龙江	9073275	9026541	7534805	5154912	2379893	27188
上海	7701001	7674670	5866891	4970273	896618	168941
江苏	22798010	22400982	19716739	12424420	7292319	654795
浙江	17011453	16923168	14497932	11067192	3430740	526483
安徽	12194053	12071087	9101735	7755915	1345820	208072
福建	9609086	9496521	7884155	6293546	1590609	138991
江西	8924127	8834332	6168586	5203595	964991	244555
山东	19369335	19340635	15856882	13358546	2498336	380869
河南	19301396	19194844	13511029	11817426	1693603	266301
湖北	10471738	10368720	8064147	5977917	2086230	306807
湖南	12636964	12506742	8735453	7751207	984246	134172
广东	24103301	23212835	17877323	15832544	2044779	787078
广西	11651659	11546197	9587227	6750911	2836316	512401
海南	2919422	2799996	2172777	2008533	164244	19348
重庆	6446076	6376655	4531553	4209757	321796	88954
四川	17951389	17493108	13569789	10979367	2590422	995003
贵州	10610115	10500278	8480373	6351304	2129069	56109
云南	12827898	12152244	9582583	8423899	1158684	833138
西藏	2267262	1951468	1583584	1157772	425812	250901
陕西	11830418	11206616	8191883	6554886	1636997	362938
甘肃	7756275	7401474	5358048	4655125	702923	340792
青海	2408944	2179409	1527830	1277487	250343	201606
宁夏	2197593	2048662	1521921	1267754	254167	45656
新疆	8081460	7747648	5776868	4789906	986962	57197

教育事业费和基本建设支出明细

单位：千元

公用部分	商品和服务支出	其他资本性支出			基本建设支出
			专项公用支出	专项项目支出	
72571220	**46458575**	**26112645**	**7801013**	**18311632**	**6514420**
2896432	1584248	1312184	468266	843918	363646
574311	396353	177958	109150	68808	
3163475	2193725	969750	284213	685537	168923
2462897	1607885	855012	219597	635415	117703
1673565	1069964	603601	159283	444318	125342
2295323	1392267	903056	168419	734637	12166
1750498	975933	774565	143820	630745	38322
1491736	1114706	377030	98537	278493	46734
1807779	1326736	481043	242601	238442	26331
2684243	1976586	707657	357518	350139	397028
2425236	1591215	834021	250871	583150	88285
2969352	1816578	1152774	303577	849197	122966
1612366	1154311	458055	170246	287809	112565
2665746	1159366	1506380	250309	1256071	89795
3483753	2345490	1138263	466680	671583	28700
5683815	4305259	1378556	514565	863991	106552
2304573	1408770	895803	270557	625246	103018
3771289	2108011	1663278	776577	886701	130222
5335512	3924885	1410627	626249	784378	890466
1958970	1379297	579673	177307	402366	105462
627219	409163	218056	54135	163921	119426
1845102	1347193	497909	135198	362711	70321
3923319	2408297	1515022	353798	1161224	458281
2019905	1576860	443045	189908	253137	109837
2569661	1447300	1122361	243128	879233	675654
367884	184789	183095	20596	162499	315794
3014733	1457536	1557197	270486	1286711	623802
2043426	1034165	1009261	150376	858885	354801
651579	361866	289713	76267	213446	229535
526741	284610	242131	56181	185950	148931
1970780	1115211	855569	192598	662971	333812

5—60 分地区农村小学预算内

地区	合计	事业费支出	个人部分	工资福利支出	对个人和家庭的补助支出	#助学金
合计	**225885783**	**221788884**	**173466466**	**140704598**	**32761868**	**7741667**
北京	3026989	2829575	1795601	1430863	364738	27055
天津	2056507	2056507	1778917	1322277	456640	81
河北	11258454	11122629	8869414	7488070	1381344	390099
山西	7220660	7138013	5452536	4396593	1055943	307759
内蒙古	4118242	4082797	3415347	3068181	347166	171225
辽宁	6039064	6033924	4593004	3613203	979801	164886
吉林	4620317	4600145	3441758	3089150	352608	114409
黑龙江	5289732	5258166	4455546	3097807	1357739	22909
上海	2723540	2723540	2117188	1813931	303257	57230
江苏	13542260	13311392	11730522	7144954	4585568	644853
浙江	11049513	10990466	9504808	7140727	2364081	340018
安徽	9367785	9265357	6989849	5905724	1084125	183869
福建	6863397	6778216	5696130	4545769	1150361	131796
江西	6726143	6659079	4686781	3996610	690171	169704
山东	15055020	15026320	12355342	10577831	1777511	365634
河南	14876362	14801410	10265805	8999319	1266486	218497
湖北	7023945	6950082	5343009	4092493	1250516	258080
湖南	8940561	8843467	6173289	5650864	522425	123568
广东	11723024	11612355	9008208	7777501	1230707	604096
广西	9485425	9404175	7806045	5515359	2290686	415909
海南	2183470	2131203	1670295	1551102	119193	15377
重庆	4459193	4432085	3287361	3092971	194390	81707
四川	13786963	13431010	10453117	8518822	1934295	956494
贵州	8534241	8434691	6782748	5256144	1526604	54926
云南	10751283	10165525	8019509	6992219	1027290	797970
西藏	1480027	1267237	1020983	740857	280126	195794
陕西	8861695	8333742	6183303	4882193	1301110	332555
甘肃	6010816	5701606	4164172	3661370	502802	319290
青海	1412661	1302872	958811	793942	164869	144335
宁夏	1397661	1331588	1059806	867609	192197	38454
新疆	6000833	5769710	4387262	3680143	707119	93088

教育事业费和基本建设支出明细

单位：千元

公用部分	商品和服务支出	其他资本性支出			基本建设支出
			专项公用支出	专项项目支出	
48322418	**31096407**	**17226011**	**4728810**	**12497201**	**4096899**
1033974	621646	412328	140115	272213	197414
277590	197875	79715	38083	41632	
2253215	1545446	707769	198803	508966	135825
1685477	1070853	614624	143773	470851	82647
667450	484527	182923	43252	139671	35445
1440920	757694	683226	103207	580019	5140
1158387	616744	541643	87175	454468	20172
802620	566476	236144	42600	193544	31566
606352	497210	109142	48217	60925	
1580870	1174272	406598	229407	177191	230868
1485658	972306	513352	159560	353792	59047
2275508	1445992	829516	222384	607132	102428
1082086	787756	294330	100729	193601	85181
1972298	852739	1119559	170909	948650	67064
2670978	1828722	842256	361407	480849	28700
4535605	3456854	1078751	376080	702671	74952
1607073	969411	637662	180729	456933	73863
2670178	1546165	1124013	536994	587019	97094
2604147	2021421	582726	248517	334209	110669
1598130	1126681	471449	127691	343758	81250
460908	326504	134404	31527	102877	52267
1144724	839886	304838	60835	244003	27108
2977893	1814178	1163715	233087	930628	355953
1651943	1297895	354048	145257	208791	99550
2146016	1189344	956672	198852	757820	585758
246254	117377	128877	13755	115122	212790
2150439	1007387	1143052	181986	961066	527953
1537434	772394	765040	104571	660469	309210
344061	217185	126876	35035	91841	109789
271782	174355	97427	20362	77065	66073
1382448	799112	583336	143911	439425	231123

5—61 分地区中央属农村小学预算内

地区	合计	事业费支出	个人部分	工资福利支出	对个人和家庭的补助支出	#助学金
合计	**808918**	**749122**	**574574**	**495837**	**78737**	**45983**
北京						
天津						
河北						
山西						
内蒙古						
辽宁						
吉林						
黑龙江						
上海						
江苏						
浙江						
安徽						
福建						
江西						
山东						
河南						
湖北						
湖南						
广东	1602	1602	1602	1602		
广西						
海南	1287	1287	1049	807	242	
重庆						
四川						
贵州						
云南						
西藏						
陕西						
甘肃						
青海						
宁夏						
新疆	806029	746233	571923	493428	78495	45983

教育事业费和基本建设支出明细

单位:千元

公用部分	商品和服务支出	其他资本性支出			基本建设支出
			专项公用支出	专项项目支出	
174548	**120770**	**53778**	**24267**	**29511**	**59796**
238	238				
174310	120532	53778	24267	29511	59796

5—62 分地区地方农村小学预算内

地区	合计	事业费支出	个人部分	工资福利支出	对个人和家庭的补助支出	#助学金
合计	**225076865**	**221039762**	**172891892**	**140208761**	**32683131**	**7695684**
北京	3026989	2829575	1795601	1430863	364738	27055
天津	2056507	2056507	1778917	1322277	456640	81
河北	11258454	11122629	8869414	7488070	1381344	390099
山西	7220660	7138013	5452536	4396593	1055943	307759
内蒙古	4118242	4082797	3415347	3068181	347166	171225
辽宁	6039064	6033924	4593004	3613203	979801	164886
吉林	4620317	4600145	3441758	3089150	352608	114409
黑龙江	5289732	5258166	4455546	3097807	1357739	22909
上海	2723540	2723540	2117188	1813931	303257	57230
江苏	13542260	13311392	11730522	7144954	4585568	644853
浙江	11049513	10990466	9504808	7140727	2364081	340018
安徽	9367785	9265357	6989849	5905724	1084125	183869
福建	6863397	6778216	5696130	4545769	1150361	131796
江西	6726143	6659079	4686781	3996610	690171	169704
山东	15055020	15026320	12355342	10577831	1777511	365634
河南	14876362	14801410	10265805	8999319	1266486	218497
湖北	7023945	6950082	5343009	4092493	1250516	258080
湖南	8940561	8843467	6173289	5650864	522425	123568
广东	11721422	11610753	9006606	7775899	1230707	604096
广西	9485425	9404175	7806045	5515359	2290686	415909
海南	2182183	2129916	1669246	1550295	118951	15377
重庆	4459193	4432085	3287361	3092971	194390	81707
四川	13786963	13431010	10453117	8518822	1934295	956494
贵州	8534241	8434691	6782748	5256144	1526604	54926
云南	10751283	10165525	8019509	6992219	1027290	797970
西藏	1480027	1267237	1020983	740857	280126	195794
陕西	8861695	8333742	6183303	4882193	1301110	332555
甘肃	6010816	5701606	4164172	3661370	502802	319290
青海	1412661	1302872	958811	793942	164869	144335
宁夏	1397661	1331588	1059806	867609	192197	38454
新疆	5194804	5023477	3815339	3186715	628624	47105

教育事业费和基本建设支出明细

单位:千元

公用部分	商品和服务支出	其他资本性支出	专项公用支出	专项项目支出	基本建设支出
48147870	**30975637**	**17172233**	**4704543**	**12467690**	**4037103**
1033974	621646	412328	140115	272213	197414
277590	197875	79715	38083	41632	
2253215	1545446	707769	198803	508966	135825
1685477	1070853	614624	143773	470851	82647
667450	484527	182923	43252	139671	35445
1440920	757694	683226	103207	580019	5140
1158387	616744	541643	87175	454468	20172
802620	566476	236144	42600	193544	31566
606352	497210	109142	48217	60925	
1580870	1174272	406598	229407	177191	230868
1485658	972306	513352	159560	353792	59047
2275508	1445992	829516	222384	607132	102428
1082086	787756	294330	100729	193601	85181
1972298	852739	1119559	170909	948650	67064
2670978	1828722	842256	361407	480849	28700
4535605	3456854	1078751	376080	702671	74952
1607073	969411	637662	180729	456933	73863
2670178	1546165	1124013	536994	587019	97094
2604147	2021421	582726	248517	334209	110669
1598130	1126681	471449	127691	343758	81250
460670	326266	134404	31527	102877	52267
1144724	839886	304838	60835	244003	27108
2977893	1814178	1163715	233087	930628	355953
1651943	1297895	354048	145257	208791	99550
2146016	1189344	956672	198852	757820	585758
246254	117377	128877	13755	115122	212790
2150439	1007387	1143052	181986	961066	527953
1537434	772394	765040	104571	660469	309210
344061	217185	126876	35035	91841	109789
271782	174355	97427	20362	77065	66073
1208138	678580	529558	119644	409914	171327

5—63 分地区成人小学预算内

地区	合计	事业费支出	个人部分	工资福利支出	对个人和家庭的补助支出	#助学金
合计	**35835**	**35835**	**31271**	**30161**	**1110**	
北京						
天津						
河北	2186	2186	2186	2186		
山西						
内蒙古						
辽宁						
吉林						
黑龙江						
上海						
江苏						
浙江						
安徽						
福建	15002	15002	13642	12996	646	
江西						
山东						
河南	7250	7250	6408	6012	396	
湖北	1093	1093	990	977	13	
湖南						
广东						
广西	50	50				
海南						
重庆	5515	5515	4870	4869	1	
四川	1515	1515	1146	1092	54	
贵州						
云南	2163	2163	1768	1768		
西藏						
陕西						
甘肃	261	261	261	261		
青海						
宁夏						
新疆	800	800				

教育事业费和基本建设支出明细

单位:千元

公用部分	商品和服务支出	其他资本性支出			基本建设支出
			专项公用支出	专项项目支出	
4564	**4321**	**243**	**243**		
1360	1358	2	2		
842	813	29	29		
103	103				
50	50				
645	565	80	80		
369	369				
395	385	10	10		
800	678	122	122		

5—64 分地区特殊教育预算内

地 区	合 计	事业费支出	个人部分	工资福利支出	对个人和家庭的补助支出	#助学金
合 计	**3700268**	**3462276**	**2552369**	**2044932**	**507437**	**73280**
北 京	182901	182901	109291	83288	26003	2260
天 津	95943	95943	79984	48239	31745	125
河 北	150228	138028	103138	94113	9025	1675
山 西	85013	84273	62856	53081	9775	2249
内蒙古	86233	68981	43769	40083	3686	1799
辽 宁	189439	189439	153003	120591	32412	1741
吉 林	138773	117973	83139	67460	15679	1098
黑龙江	155024	151724	125052	78774	46278	1887
上 海	324752	323842	253388	223235	30153	3387
江 苏	309781	309781	265525	183681	81844	3037
浙 江	213107	199902	136546	108757	27789	3713
安 徽	79217	71217	53061	45527	7534	2775
福 建	119293	117743	92837	76274	16563	2423
江 西	62285	54985	26220	22166	4054	1187
山 东	306000	306000	243101	196904	46197	7515
河 南	146381	138615	101345	89943	11402	3115
湖 北	109429	90929	70761	50704	20057	3459
湖 南	92138	75788	57905	48834	9071	1800
广 东	234408	214892	156440	147309	9131	935
广 西	56372	52572	36032	29699	6333	1233
海 南	10110	10110	7231	5901	1330	1037
重 庆	85699	61421	34166	29068	5098	3428
四 川	124496	111756	76355	62870	13485	5137
贵 州	54993	51162	39346	28913	10433	842
云 南	76578	63328	40553	32451	8102	5164
西 藏	4237	4237	3184	2871	313	77
陕 西	55897	48937	29601	24528	5073	1173
甘 肃	64538	61738	28137	17623	10514	6701
青 海	10464	10464	8198	6922	1276	1225
宁 夏	20633	14933	9809	8655	1154	92
新 疆	55906	38662	22396	16468	5928	991

教育事业费和基本建设支出明细

单位:千元

公用部分	商品和服务支出	其他资本性支出			基本建设支出
			专项公用支出	专项项目支出	
909907	**505931**	**403976**	**124774**	**279202**	**237992**
73610	37490	36120	8338	27782	
15959	12261	3698	3698		
34890	20549	14341	3819	10522	12200
21417	16269	5148	2364	2784	740
25212	7717	17495	4224	13271	17252
36436	33431	3005	1922	1083	
34834	23195	11639	1877	9762	20800
26672	21708	4964	2277	2687	3300
70454	53548	16906	7878	9028	910
44256	29180	15076	5022	10054	
63356	25759	37597	7795	29802	13205
18156	10401	7755	1820	5935	8000
24906	14680	10226	1456	8770	1550
28765	6805	21960	13485	8475	7300
62899	37024	25875	4581	21294	
37270	19811	17459	10513	6946	7766
20168	12251	7917	1924	5993	18500
17883	9710	8173	2448	5725	16350
58452	37309	21143	17214	3929	19516
16540	9305	7235	2608	4627	3800
2879	2179	700	700		
27255	11328	15927	861	15066	24278
35401	19442	15959	5726	10233	12740
11816	5655	6161	2193	3968	3831
22775	7766	15009	1547	13462	13250
1053	553	500	500		
19336	8218	11118	2002	9116	6960
33601	4755	28846	1350	27496	2800
2266	1866	400	400		
5124	1988	3136	3136		5700
16266	3778	12488	1096	11392	17244

5—65 分地区特殊教育学校预算内

地 区	合 计	事业费支 出	个人部分	工资福利支出	对个人和家庭的补助支出	#助学金
合 计	**3561910**	**3342008**	**2464935**	**1977796**	**487139**	**71207**
北 京	172033	172033	101399	77571	23828	2155
天 津	83576	83576	68707	41928	26779	125
河 北	150228	138028	103138	94113	9025	1675
山 西	79825	79085	60250	51438	8812	1879
内蒙古	86233	68981	43769	40083	3686	1799
辽 宁	161528	161528	130667	104204	26463	874
吉 林	136286	115486	81061	65447	15614	1085
黑龙江	155024	151724	125052	78774	46278	1887
上 海	324752	323842	253388	223235	30153	3387
江 苏	309781	309781	265525	183681	81844	3037
浙 江	206188	192983	131475	104687	26788	3423
安 徽	78493	70493	52369	44835	7534	2775
福 建	112109	111909	88440	72392	16048	2367
江 西	62018	54718	25961	22010	3951	1187
山 东	306000	306000	243101	196904	46197	7515
河 南	142299	134533	98205	87700	10505	2946
湖 北	109429	90929	70761	50704	20057	3459
湖 南	92138	75788	57905	48834	9071	1800
广 东	202859	193343	143451	134864	8587	795
广 西	53513	49713	33905	28188	5717	1233
海 南	10110	10110	7231	5901	1330	1037
重 庆	82283	58005	31700	27040	4660	3397
四 川	109599	103599	71940	59329	12611	5130
贵 州	51202	47371	36526	26979	9547	842
云 南	72729	59479	37684	29888	7796	5139
西 藏	4237	4237	3184	2871	313	77
陕 西	55897	48937	29601	24528	5073	1173
甘 肃	64538	61738	28137	17623	10514	6701
青 海	10464	10464	8198	6922	1276	1225
宁 夏	20633	14933	9809	8655	1154	92
新 疆	55906	38662	22396	16468	5928	991

教育事业费和基本建设支出明细

单位:千元

公用部分	商品和服务支出	其他资本性支出			基本建设支出
			专项公用支出	专项项目支出	
877073	**482214**	**394859**	**115826**	**279033**	**219902**
70634	35360	35274	7575	27699	
14869	11246	3623	3623		
34890	20549	14341	3819	10522	12200
18835	14405	4430	1646	2784	740
25212	7717	17495	4224	13271	17252
30861	28093	2768	1685	1083	
34425	22786	11639	1877	9762	20800
26672	21708	4964	2277	2687	3300
70454	53548	16906	7878	9028	910
44256	29180	15076	5022	10054	
61508	24245	37263	7461	29802	13205
18124	10369	7755	1820	5935	8000
23469	13243	10226	1456	8770	200
28757	6797	21960	13485	8475	7300
62899	37024	25875	4581	21294	
36328	19063	17265	10319	6946	7766
20168	12251	7917	1924	5993	18500
17883	9710	8173	2448	5725	16350
49892	33973	15919	11990	3929	9516
15808	8881	6927	2300	4627	3800
2879	2179	700	700		
26305	10431	15874	808	15066	24278
31659	16279	15380	5233	10147	6000
10845	4684	6161	2193	3968	3831
21795	7335	14460	998	13462	13250
1053	553	500	500		
19336	8218	11118	2002	9116	6960
33601	4755	28846	1350	27496	2800
2266	1866	400	400		
5124	1988	3136	3136		5700
16266	3778	12488	1096	11392	17244

5—66 分地区工读学校预算内

地区	合计	事业费支出	个人部分	工资福利支出	对个人和家庭的补助支出	#助学金
合计	**138358**	**120268**	**87434**	**67136**	**20298**	**2073**
北京	10868	10868	7892	5717	2175	105
天津	12367	12367	11277	6311	4966	
河北						
山西	5188	5188	2606	1643	963	370
内蒙古						
辽宁	27911	27911	22336	16387	5949	867
吉林	2487	2487	2078	2013	65	13
黑龙江						
上海						
江苏						
浙江	6919	6919	5071	4070	1001	290
安徽	724	724	692	692		
福建	7184	5834	4397	3882	515	56
江西	267	267	259	156	103	
山东						
河南	4082	4082	3140	2243	897	169
湖北						
湖南						
广东	31549	21549	12989	12445	544	140
广西	2859	2859	2127	1511	616	
海南						
重庆	3416	3416	2466	2028	438	31
四川	14897	8157	4415	3541	874	7
贵州	3791	3791	2820	1934	886	
云南	3849	3849	2869	2563	306	25
西藏						
陕西						
甘肃						
青海						
宁夏						
新疆						

教育事业费和基本建设支出明细

单位:千元

公用部分	商品和服务支出	其他资本性支出			基本建设支出
			专项公用支出	专项项目支出	
32834	**23717**	**9117**	**8948**	**169**	**18090**
2976	2130	846	763	83	
1090	1015	75	75		
2582	1864	718	718		
5575	5338	237	237		
409	409				
1848	1514	334	334		
32	32				
1437	1437				1350
8	8				
942	748	194	194		
8560	3336	5224	5224		10000
732	424	308	308		
950	897	53	53		
3742	3163	579	493	86	6740
971	971				
980	431	549	549		

5—67 分地区幼儿园预算内

地区	合计	事业费支出	个人部分	工资福利支出	对个人和家庭的补助支出	#助学金
合计	**13850305**	**13305841**	**11022802**	**9566262**	**1456540**	**3350**
北京	621822	592553	420557	348601	71956	
天津	406231	406231	336540	220356	116184	
河北	1265634	1265634	1168795	1121197	47598	
山西	326834	326834	291370	264333	27037	
内蒙古	424059	423359	374063	353833	20230	
辽宁	263920	263400	208528	186689	21839	
吉林	189243	189243	162274	140090	22184	
黑龙江	190013	190013	165075	116707	48368	
上海	2551308	2509147	1981413	1796374	185039	
江苏	1012159	1010799	789341	634269	155072	
浙江	798259	787359	560210	477001	83209	
安徽	209464	209464	191010	173682	17328	
福建	604377	603769	518038	465629	52409	
江西	108398	108398	97470	86428	11042	
山东	324646	324646	287787	254533	33254	
河南	384708	384708	344171	321441	22730	
湖北	216530	214730	206089	157076	49013	
湖南	128535	126535	106841	98413	8428	
广东	460185	460185	403523	373284	30239	
广西	225486	225486	211134	161104	50030	
海南	24007	24007	21963	20840	1123	
重庆	124292	123761	96999	91274	5725	
四川	458861	425662	369765	324791	44974	
贵州	183906	183906	172900	126138	46762	
云南	380870	380870	338600	323044	15556	
西藏	55095	50595	42071	34143	7928	
陕西	319173	313833	265728	234277	31451	
甘肃	252967	249939	225828	209913	15915	
青海	53805	51455	42903	41399	1504	
宁夏	88819	85819	76070	62552	13518	
新疆	1196699	793501	545746	346851	198895	3350

教育事业费和基本建设支出明细

单位:千元

公用部分	商品和服务支出	其他资本性支出			基本建设支出
			专项公用支出	专项项目支出	
2283039	**1327894**	**955145**	**406049**	**549096**	**544464**
171996	115559	56437	22828	33609	29269
69691	29186	40505	14427	26078	
96839	50164	46675	8454	38221	
35464	25102	10362	2222	8140	
49296	39065	10231	7505	2726	700
54872	26634	28238	2485	25753	520
26969	20091	6878	2918	3960	
24938	20647	4291	1003	3288	
527734	396735	130999	96853	34146	42161
221458	60043	161415	106328	55087	1360
227149	96535	130614	60195	70419	10900
18454	8087	10367	2037	8330	
85731	47708	38023	11584	26439	608
10928	5008	5920	5293	627	
36859	17516	19343	2326	17017	
40537	34689	5848	3435	2413	
8641	6769	1872	821	1051	1800
19694	7924	11770	1281	10489	2000
56662	39199	17463	7024	10439	
14352	9655	4697	1685	3012	
2044	1989	55	49	6	
26762	21038	5724	3111	2613	531
55897	25172	30725	11947	18778	33199
11006	8895	2111	1426	685	
42270	30245	12025	6073	5952	
8524	6628	1896	1298	598	4500
48105	20757	27348	3328	24020	5340
24111	12139	11972	3101	8871	3028
8552	6480	2072	322	1750	2350
9749	7700	2049	349	1700	3000
247755	130535	117220	14341	102879	403198

5—68 分地区中央属幼儿园预算内

地区	合计	事业费支出	个人部分	工资福利支出	对个人和家庭的补助支出	#助学金
合计	**39094**	**17594**	**16603**	**13227**	**3376**	**3350**
北京						
天津						
河北						
山西	1643	1643	1643	1620	23	
内蒙古						
辽宁						
吉林						
黑龙江						
上海						
江苏						
浙江						
安徽						
福建						
江西						
山东						
河南						
湖北						
湖南						
广东						
广西						
海南						
重庆						
四川						
贵州						
云南						
西藏						
陕西						
甘肃						
青海						
宁夏						
新疆	37451	15951	14960	11607	3353	3350

教育事业费和基本建设支出明细

单位：千元

公用部分	商品和服务支出	其他资本性支出	专项公用支出	专项项目支出	基本建设支出
991	**946**	**45**	**45**		**21500**
991	946	45	45		21500

5－69 分地区地方幼儿园预算内

地 区	合 计	事业费支 出	个人部分	工资福利支出	对个人和家庭的补助支出	＃助学金
合 计	**13811211**	**13288247**	**11006199**	**9553035**	**1453164**	
北 京	621822	592553	420557	348601	71956	
天 津	406231	406231	336540	220356	116184	
河 北	1265634	1265634	1168795	1121197	47598	
山 西	325191	325191	289727	262713	27014	
内蒙古	424059	423359	374063	353833	20230	
辽 宁	263920	263400	208528	186689	21839	
吉 林	189243	189243	162274	140090	22184	
黑龙江	190013	190013	165075	116707	48368	
上 海	2551308	2509147	1981413	1796374	185039	
江 苏	1012159	1010799	789341	634269	155072	
浙 江	798259	787359	560210	477001	83209	
安 徽	209464	209464	191010	173682	17328	
福 建	604377	603769	518038	465629	52409	
江 西	108398	108398	97470	86428	11042	
山 东	324646	324646	287787	254533	33254	
河 南	384708	384708	344171	321441	22730	
湖 北	216530	214730	206089	157076	49013	
湖 南	128535	126535	106841	98413	8428	
广 东	460185	460185	403523	373284	30239	
广 西	225486	225486	211134	161104	50030	
海 南	24007	24007	21963	20840	1123	
重 庆	124292	123761	96999	91274	5725	
四 川	458861	425662	369765	324791	44974	
贵 州	183906	183906	172900	126138	46762	
云 南	380870	380870	338600	323044	15556	
西 藏	55095	50595	42071	34143	7928	
陕 西	319173	313833	265728	234277	31451	
甘 肃	252967	249939	225828	209913	15915	
青 海	53805	51455	42903	41399	1504	
宁 夏	88819	85819	76070	62552	13518	
新 疆	1159248	777550	530786	335244	195542	

教育事业费和基本建设支出明细

单位：千元

公用部分	商品和服务支出	其他资本性支出			基本建设支出
			专项公用支出	专项项目支出	
2282048	**1326948**	**955100**	**406004**	**549096**	**522964**
171996	115559	56437	22828	33609	29269
69691	29186	40505	14427	26078	
96839	50164	46675	8454	38221	
35464	25102	10362	2222	8140	
49296	39065	10231	7505	2726	700
54872	26634	28238	2485	25753	520
26969	20091	6878	2918	3960	
24938	20647	4291	1003	3288	
527734	396735	130999	96853	34146	42161
221458	60043	161415	106328	55087	1360
227149	96535	130614	60195	70419	10900
18454	8087	10367	2037	8330	
85731	47708	38023	11584	26439	608
10928	5008	5920	5293	627	
36859	17516	19343	2326	17017	
40537	34689	5848	3435	2413	
8641	6769	1872	821	1051	1800
19694	7924	11770	1281	10489	2000
56662	39199	17463	7024	10439	
14352	9655	4697	1685	3012	
2044	1989	55	49	6	
26762	21038	5724	3111	2613	531
55897	25172	30725	11947	18778	33199
11006	8895	2111	1426	685	
42270	30245	12025	6073	5952	
8524	6628	1896	1298	598	4500
48105	20757	27348	3328	24020	5340
24111	12139	11972	3101	8871	3028
8552	6480	2072	322	1750	2350
9749	7700	2049	349	1700	3000
246764	129589	117175	14296	102879	381698

5—70 分地区教育行政单位预算内

地区	合计	事业费支出	个人部分	工资福利支出	对个人和家庭的补助支出	#助学金
合计	**15516387**	**14778062**	**6664303**	**4789829**	**1874474**	
北京	257592	257592	153770	111359	42411	
天津	147548	147548	129863	71964	57899	
河北	529250	522250	308186	254330	53856	
山西	406873	397933	239161	170585	68576	
内蒙古	342899	288485	153945	137008	16937	
辽宁	411840	411840	192424	137873	54551	
吉林	157996	157996	84354	71034	13320	
黑龙江	664872	611269	235358	116830	118528	
上海	144484	144484	114260	96312	17948	
江苏	1281238	1125411	415999	263319	152680	
浙江	391603	391401	293520	208425	85095	
安徽	341807	341807	187289	136578	50711	
福建	228931	225581	135245	112811	22434	
江西	813383	813383	239543	100926	138617	
山东	755413	755413	492469	415822	76647	
河南	1382743	1243889	440952	284209	156743	
湖北	464347	463947	277526	159959	117567	
湖南	743551	741951	377891	304315	73576	
广东	1005871	1005531	469297	375792	93505	
广西	342337	331486	123705	75440	48265	
海南	164156	142926	64938	45598	19340	
重庆	188062	182432	75969	71093	4876	
四川	633564	632589	335052	257242	77810	
贵州	1134770	1009094	300849	154964	145885	
云南	832102	782723	192269	166500	25769	
西藏	116731	116731	78506	62601	15905	
陕西	366707	366707	152847	121633	31214	
甘肃	188667	187667	70460	62596	7864	
青海	139286	139286	33224	31421	1803	
宁夏	83741	83741	38230	26827	11403	
新疆	854023	754969	257202	184463	72739	

教育事业费和基本建设支出明细

单位：千元

公用部分	商品和服务支出	其他资本性支出			基本建设支出
			专项公用支出	专项项目支出	
8113759	**4913630**	**3200129**	**1119822**	**2080307**	**738325**
103822	98233	5589	5589		
17685	17218	467	415	52	
214064	129653	84411	24719	59692	7000
158772	129907	28865	22530	6335	8940
134540	105157	29383	19071	10312	54414
219416	148509	70907	37944	32963	
73642	69242	4400	3588	812	
375911	260714	115197	34332	80865	53603
30224	26169	4055	4055		
709412	248551	460861	218009	242852	155827
97881	86724	11157	11058	99	202
154518	92096	62422	30442	31980	
90336	70182	20154	13191	6963	3350
573840	530609	43231	31916	11315	
262944	147652	115292	26385	88907	
802937	546079	256858	92322	164536	138854
186421	109007	77414	27172	50242	400
364060	244393	119667	56620	63047	1600
536234	387923	148311	36597	111714	340
207781	83496	124285	63759	60526	10851
77988	67102	10886	8815	2071	21230
106463	93440	13023	5359	7664	5630
297537	252716	44821	29209	15612	975
708245	275475	432770	137491	295279	125676
590454	226148	364306	53091	311215	49379
38225	33502	4723	3142	1581	
213860	116398	97462	20472	76990	
117207	51457	65750	15328	50422	1000
106062	34848	71214	13695	57519	
45511	21797	23714	23714		
497767	209233	288534	49792	238742	99054

5—71 分地区中央属教育行政单位预算内

地区	合计	事业费支出	个人部分	工资福利支出	对个人和家庭的补助支出	#助学金
合计	**30440**	**30440**	**13379**	**10449**	**2930**	
北京						
天津						
河北						
山西	4420	4420	3249	2443	806	
内蒙古						
辽宁						
吉林						
黑龙江						
上海						
江苏						
浙江						
安徽						
福建						
江西						
山东						
河南						
湖北						
湖南						
广东						
广西						
海南						
重庆						
四川						
贵州						
云南						
西藏						
陕西						
甘肃						
青海						
宁夏						
新疆	26020	26020	10130	8006	2124	

教育事业费和基本建设支出明细

单位:千元

公用部分	商品和服务支出	其他资本性支出			基本建设支出
			专项公用支出	专项项目支出	
17061	**16776**	**285**	**285**		
1171	1036	135	135		
15890	15740	150	150		

5－72 分地区地方教育行政单位预算内

地 区	合 计	事业费支出				
			个人部分			
				工资福利支出	对个人和家庭的补助支出	
						#助学金
合 计	**15485947**	**14747622**	**6650924**	**4779380**	**1871544**	
北 京	257592	257592	153770	111359	42411	
天 津	147548	147548	129863	71964	57899	
河 北	529250	522250	308186	254330	53856	
山 西	402453	393513	235912	168142	67770	
内蒙古	342899	288485	153945	137008	16937	
辽 宁	411840	411840	192424	137873	54551	
吉 林	157996	157996	84354	71034	13320	
黑龙江	664872	611269	235358	116830	118528	
上 海	144484	144484	114260	96312	17948	
江 苏	1281238	1125411	415999	263319	152680	
浙 江	391603	391401	293520	208425	85095	
安 徽	341807	341807	187289	136578	50711	
福 建	228931	225581	135245	112811	22434	
江 西	813383	813383	239543	100926	138617	
山 东	755413	755413	492469	415822	76647	
河 南	1382743	1243889	440952	284209	156743	
湖 北	464347	463947	277526	159959	117567	
湖 南	743551	741951	377891	304315	73576	
广 东	1005871	1005531	469297	375792	93505	
广 西	342337	331486	123705	75440	48265	
海 南	164156	142926	64938	45598	19340	
重 庆	188062	182432	75969	71093	4876	
四 川	633564	632589	335052	257242	77810	
贵 州	1134770	1009094	300849	154964	145885	
云 南	832102	782723	192269	166500	25769	
西 藏	116731	116731	78506	62601	15905	
陕 西	366707	366707	152847	121633	31214	
甘 肃	188667	187667	70460	62596	7864	
青 海	139286	139286	33224	31421	1803	
宁 夏	83741	83741	38230	26827	11403	
新 疆	828003	728949	247072	176457	70615	

教育事业费和基本建设支出明细

单位：千元

公用部分	商品和服务支出	其他资本性支出			基本建设支出
			专项公用支出	专项项目支出	
8096698	**4896854**	**3199844**	**1119537**	**2080307**	**738325**
103822	98233	5589	5589		
17685	17218	467	415	52	
214064	129653	84411	24719	59692	7000
157601	128871	28730	22395	6335	8940
134540	105157	29383	19071	10312	54414
219416	148509	70907	37944	32963	
73642	69242	4400	3588	812	
375911	260714	115197	34332	80865	53603
30224	26169	4055	4055		
709412	248551	460861	218009	242852	155827
97881	86724	11157	11058	99	202
154518	92096	62422	30442	31980	
90336	70182	20154	13191	6963	3350
573840	530609	43231	31916	11315	
262944	147652	115292	26385	88907	
802937	546079	256858	92322	164536	138854
186421	109007	77414	27172	50242	400
364060	244393	119667	56620	63047	1600
536234	387923	148311	36597	111714	340
207781	83496	124285	63759	60526	10851
77988	67102	10886	8815	2071	21230
106463	93440	13023	5359	7664	5630
297537	252716	44821	29209	15612	975
708245	275475	432770	137491	295279	125676
590454	226148	364306	53091	311215	49379
38225	33502	4723	3142	1581	
213860	116398	97462	20472	76990	
117207	51457	65750	15328	50422	1000
106062	34848	71214	13695	57519	
45511	21797	23714	23714		
481877	193493	288384	49642	238742	99054

5—73 分地区教育事业单位预算内

地 区	合 计	事业费支出	个人部分	工资福利支出	对个人和家庭的补助支出	#助学金
合 计	**31480850**	**29777237**	**10295806**	**7425622**	**2870184**	
北 京	8140759	7599422	832085	532561	299524	
天 津	1111671	1111671	353509	216419	137090	
河 北	603010	601910	427191	307268	119923	
山 西	597922	588232	408002	274845	133157	
内蒙古	534966	441182	261752	224479	37273	
辽 宁	2108994	1994804	714943	553415	161528	
吉 林	697093	697093	307523	259089	48434	
黑龙江	1099619	1097740	427159	271781	155378	
上 海	1559713	1556340	605331	535023	70308	
江 苏	1197115	1016657	540453	327077	213376	
浙 江	1389629	1388726	609524	434469	175055	
安 徽	178890	173900	112577	93146	19431	
福 建	618381	560381	224330	169211	55119	
江 西	341761	338691	150946	120370	30576	
山 东	1076258	1076258	737764	556008	181756	
河 南	1250190	1246350	450706	359471	91235	
湖 北	480193	480193	311155	221879	89276	
湖 南	290166	287166	187181	151485	35696	
广 东	1600909	1531875	787720	409892	377828	
广 西	470639	468939	257453	171913	85540	
海 南	106169	106169	20090	18147	1943	
重 庆	256863	256863	93074	68860	24214	
四 川	717953	716753	305181	253764	51417	
贵 州	1315062	1288872	108262	62475	45787	
云 南	986362	824288	143525	105451	38074	
西 藏	687147	496247	103014	57191	45823	
陕 西	489402	489402	330724	269876	60848	
甘 肃	281130	278600	148002	133411	14591	
青 海	484153	484153	89604	86365	3239	
宁 夏	107388	107388	80111	56509	23602	
新 疆	701343	470972	166915	123772	43143	

教育事业费和基本建设支出明细

单位：千元

公用部分	商品和服务支出	其他资本性支出			基本建设支出
			专项公用支出	专项项目支出	
19481431	**12147974**	**7333457**	**3493337**	**3840120**	**1703613**
6767337	5972353	794984	577143	217841	541337
758162	129005	629157	510742	118415	
174719	128074	46645	31446	15199	1100
180230	114622	65608	32079	33529	9690
179430	109531	69899	28557	41342	93784
1279861	673774	606087	359486	246601	114190
389570	185911	203659	37195	166464	
670581	606260	64321	45805	18516	1879
951009	667252	283757	91671	192086	3373
476204	211496	264708	107128	157580	180458
779202	513816	265386	114052	151334	903
61323	46503	14820	13424	1396	4990
336051	184995	151056	107553	43503	58000
187745	43460	144285	39566	104719	3070
338494	156989	181505	52408	129097	
795644	245749	549895	360947	188948	3840
169038	117305	51733	39726	12007	
99985	72245	27740	23731	4009	3000
744155	358186	385969	299211	86758	69034
211486	85590	125896	49397	76499	1700
86079	13144	72935	3473	69462	
163789	123348	40441	18874	21567	
411572	173879	237693	203029	34664	1200
1180610	368521	812089	48805	763284	26190
680763	293936	386827	48190	338637	162074
393233	168187	225046	21856	203190	190900
158678	134029	24649	13280	11369	
130598	69280	61318	35326	25992	2530
394549	49134	345415	84643	260772	
27277	24021	3256	3256		
304057	107379	196678	91338	105340	230371

5—74 分地区中央属教育事业单位预算内

地区	合计	事业费支出	个人部分	工资福利支出	对个人和家庭的补助支出	#助学金
合计	**5006655**	**5000655**	**208365**	**85917**	**122448**	
北京	4994318	4988318	198425	78010	120415	
天津						
河北						
山西	334	334	324	324		
内蒙古						
辽宁						
吉林						
黑龙江						
上海						
江苏						
浙江						
安徽						
福建						
江西						
山东						
河南						
湖北						
湖南						
广东						
广西						
海南						
重庆						
四川						
贵州						
云南						
西藏						
陕西						
甘肃						
青海						
宁夏						
新疆	12003	12003	9616	7583	2033	

教育事业费和基本建设支出明细

单位:千元

公用部分	商品和服务支出	其他资本性支出			基本建设支出
			专项公用支出	专项项目支出	
4792290	**4352408**	**439882**	**338555**	**101327**	**6000**
4789893	4350050	439843	338516	101327	6000
10	10				
2387	2348	39	39		

5—75 分地区地方教育事业单位预算内

地 区	合 计	事业费支 出	个人部分	工资福利支出	对个人和家庭的补助支出	#助学金
合 计	**26474195**	**24776582**	**10087441**	**7339705**	**2747736**	
北 京	3146441	2611104	633660	454551	179109	
天 津	1111671	1111671	353509	216419	137090	
河 北	603010	601910	427191	307268	119923	
山 西	597588	587898	407678	274521	133157	
内蒙古	534966	441182	261752	224479	37273	
辽 宁	2108994	1994804	714943	553415	161528	
吉 林	697093	697093	307523	259089	48434	
黑龙江	1099619	1097740	427159	271781	155378	
上 海	1559713	1556340	605331	535023	70308	
江 苏	1197115	1016657	540453	327077	213376	
浙 江	1389629	1388726	609524	434469	175055	
安 徽	178890	173900	112577	93146	19431	
福 建	618381	560381	224330	169211	55119	
江 西	341761	338691	150946	120370	30576	
山 东	1076258	1076258	737764	556008	181756	
河 南	1250190	1246350	450706	359471	91235	
湖 北	480193	480193	311155	221879	89276	
湖 南	290166	287166	187181	151485	35696	
广 东	1600909	1531875	787720	409892	377828	
广 西	470639	468939	257453	171913	85540	
海 南	106169	106169	20090	18147	1943	
重 庆	256863	256863	93074	68860	24214	
四 川	717953	716753	305181	253764	51417	
贵 州	1315062	1288872	108262	62475	45787	
云 南	986362	824288	143525	105451	38074	
西 藏	687147	496247	103014	57191	45823	
陕 西	489402	489402	330724	269876	60848	
甘 肃	281130	278600	148002	133411	14591	
青 海	484153	484153	89604	86365	3239	
宁 夏	107388	107388	80111	56509	23602	
新 疆	689340	458969	157299	116189	41110	

教育事业费和基本建设支出明细

单位：千元

公用部分	商品和服务支出	其他资本性支出			基本建设支出
			专项公用支出	专项项目支出	
14689141	**7795566**	**6893575**	**3154782**	**3738793**	**1697613**
1977444	1622303	355141	238627	116514	535337
758162	129005	629157	510742	118415	
174719	128074	46645	31446	15199	1100
180220	114612	65608	32079	33529	9690
179430	109531	69899	28557	41342	93784
1279861	673774	606087	359486	246601	114190
389570	185911	203659	37195	166464	
670581	606260	64321	45805	18516	1879
951009	667252	283757	91671	192086	3373
476204	211496	264708	107128	157580	180458
779202	513816	265386	114052	151334	903
61323	46503	14820	13424	1396	4990
336051	184995	151056	107553	43503	58000
187745	43460	144285	39566	104719	3070
338494	156989	181505	52408	129097	
795644	245749	549895	360947	188948	3840
169038	117305	51733	39726	12007	
99985	72245	27740	23731	4009	3000
744155	358186	385969	299211	86758	69034
211486	85590	125896	49397	76499	1700
86079	13144	72935	3473	69462	
163789	123348	40441	18874	21567	
411572	173879	237693	203029	34664	1200
1180610	368521	812089	48805	763284	26190
680763	293936	386827	48190	338637	162074
393233	168187	225046	21856	203190	190900
158678	134029	24649	13280	11369	
130598	69280	61318	35326	25992	2530
394549	49134	345415	84643	260772	
27277	24021	3256	3256		
301670	105031	196639	91299	105340	230371

5—76 分地区其他教育机构预算内

地区	合计	事业费支出				
			个人部分			
				工资福利支出	对个人和家庭的补助支出	
						＃助学金
合计	**9036501**	**8229646**	**4880890**	**3765018**	**1115872**	**24728**
北京	803231	795081	282356	171229	111127	15574
天津	122527	122527	93939	58292	35647	
河北	331690	316257	246603	202188	44415	2998
山西	216554	216554	158194	123289	34905	176
内蒙古	212464	210296	124682	114332	10350	
辽宁	380982	335982	204456	153508	50948	
吉林	251899	246099	158568	117288	41280	
黑龙江	185966	185966	138831	85638	53193	
上海	490188	420188	162649	147145	15504	342
江苏	515152	491510	353571	230214	123357	1316
浙江	467884	409032	270816	195621	75195	651
安徽	169487	169487	118574	86447	32127	
福建	341479	238256	142066	115980	26086	
江西	135465	133364	95253	71009	24244	3308
山东	578197	517617	315552	252957	62595	318
河南	298629	277140	180308	154203	26105	44
湖北	356196	356196	162645	120342	42303	
湖南	322654	313292	191154	152877	38277	
广东	374667	369270	211178	194659	16519	
广西	425559	224737	135688	89605	46083	
海南	133601	128601	27866	22726	5140	1
重庆	168569	152916	54768	52028	2740	
四川	342086	326548	213641	165312	48329	
贵州	157634	146854	119890	77847	42043	
云南	256161	236267	132950	126356	6594	
西藏	70588	70588	44727	33112	11615	
陕西	211451	207051	155395	131743	23652	
甘肃	207102	186002	120315	109514	10801	
青海	85846	74346	52839	50810	2029	
宁夏	64452	63192	39242	26241	13001	
新疆	358141	288430	172174	132506	39668	

教育事业费和基本建设支出明细

单位：千元

公用部分	商品和服务支出	其他资本性支出			基本建设支出
			专项公用支出	专项项目支出	
3348756	**2028870**	**1319886**	**432760**	**887126**	**806855**
512725	271708	241017	104897	136120	8150
28588	24788	3800	2601	1199	
69654	53288	16366	12082	4284	15433
58360	46734	11626	9164	2462	
85614	60798	24816	3971	20845	2168
131526	120087	11439	6099	5340	45000
87531	84250	3281	1664	1617	5800
47135	39608	7527	3931	3596	
257539	202923	54616	26079	28537	70000
137939	82081	55858	28041	27817	23642
138216	80810	57406	31667	25739	58852
50913	37298	13615	7163	6452	
96190	63417	32773	11952	20821	103223
38111	23359	14752	1507	13245	2101
202065	102857	99208	11625	87583	60580
96832	47553	49279	30409	18870	21489
193551	55959	137592	6773	130819	
122138	89512	32626	10044	22582	9362
158092	122539	35553	26316	9237	5397
89049	30635	58414	19896	38518	200822
100735	10638	90097	4627	85470	5000
98148	40464	57684	16244	41440	15653
112907	78382	34525	13334	21191	15538
26964	23801	3163	2285	878	10780
103317	51945	51372	5011	46361	19894
25861	14283	11578	5078	6500	
51656	46311	5345	4328	1017	4400
65687	43317	22370	10639	11731	21100
21507	19156	2351	2351		11500
23950	11544	12406	4690	7716	1260
116256	48825	67431	8292	59139	69711

5—77 分地区中央属其他教育机构预算内

地 区	合 计	事业费支出				
			个人部分			
				工资福利支出	对个人和家庭的补助支出	
						#助学金
合 计	**785802**	**780392**	**263749**	**152655**	**111094**	**15574**
北 京	553705	553705	163186	84313	78873	15574
天 津	55471	55471	45245	25994	19251	
河 北						
山 西						
内蒙古						
辽 宁						
吉 林						
黑龙江						
上 海	99648	99648	20377	19663	714	
江 苏						
浙 江						
安 徽						
福 建	36520	32890	5194	4286	908	
江 西						
山 东						
河 南						
湖 北						
湖 南						
广 东						
广 西						
海 南						
重 庆						
四 川						
贵 州						
云 南						
西 藏						
陕 西						
甘 肃						
青 海						
宁 夏						
新 疆	40458	38678	29747	18399	11348	

教育事业费和基本建设支出明细

单位：千元

公用部分	商品和服务支出	其他资本性支出			基本建设支出
			专项公用支出	专项项目支出	
516643	**335403**	**181240**	**59964**	**121276**	**5410**
390519	221737	168782	51147	117635	
10226	9310	916	400	516	
79271	72838	6433	6395	38	
27696	23295	4401	1314	3087	3630
8931	8223	708	708		1780

5—78 分地区地方其他教育机构预算内

地 区	合 计	事业费支出	个人部分	工资福利支出	对个人和家庭的补助支出	＃助学金
合 计	**8250699**	**7449254**	**4617141**	**3612363**	**1004778**	**9154**
北 京	249526	241376	119170	86916	32254	
天 津	67056	67056	48694	32298	16396	
河 北	331690	316257	246603	202188	44415	2998
山 西	216554	216554	158194	123289	34905	176
内蒙古	212464	210296	124682	114332	10350	
辽 宁	380982	335982	204456	153508	50948	
吉 林	251899	246099	158568	117288	41280	
黑龙江	185966	185966	138831	85638	53193	
上 海	390540	320540	142272	127482	14790	342
江 苏	515152	491510	353571	230214	123357	1316
浙 江	467884	409032	270816	195621	75195	651
安 徽	169487	169487	118574	86447	32127	
福 建	304959	205366	136872	111694	25178	
江 西	135465	133364	95253	71009	24244	3308
山 东	578197	517617	315552	252957	62595	318
河 南	298629	277140	180308	154203	26105	44
湖 北	356196	356196	162645	120342	42303	
湖 南	322654	313292	191154	152877	38277	
广 东	374667	369270	211178	194659	16519	
广 西	425559	224737	135688	89605	46083	
海 南	133601	128601	27866	22726	5140	1
重 庆	168569	152916	54768	52028	2740	
四 川	342086	326548	213641	165312	48329	
贵 州	157634	146854	119890	77847	42043	
云 南	256161	236267	132950	126356	6594	
西 藏	70588	70588	44727	33112	11615	
陕 西	211451	207051	155395	131743	23652	
甘 肃	207102	186002	120315	109514	10801	
青 海	85846	74346	52839	50810	2029	
宁 夏	64452	63192	39242	26241	13001	
新 疆	317683	249752	142427	114107	28320	

教育事业费和基本建设支出明细

单位：千元

公用部分	商品和服务支出	其他资本性支出	专项公用支出	专项项目支出	基本建设支出
2832113	**1693467**	**1138646**	**372796**	**765850**	**801445**
122206	49971	72235	53750	18485	8150
18362	15478	2884	2201	683	
69654	53288	16366	12082	4284	15433
58360	46734	11626	9164	2462	
85614	60798	24816	3971	20845	2168
131526	120087	11439	6099	5340	45000
87531	84250	3281	1664	1617	5800
47135	39608	7527	3931	3596	
178268	130085	48183	19684	28499	70000
137939	82081	55858	28041	27817	23642
138216	80810	57406	31667	25739	58852
50913	37298	13615	7163	6452	
68494	40122	28372	10638	17734	99593
38111	23359	14752	1507	13245	2101
202065	102857	99208	11625	87583	60580
96832	47553	49279	30409	18870	21489
193551	55959	137592	6773	130819	
122138	89512	32626	10044	22582	9362
158092	122539	35553	26316	9237	5397
89049	30635	58414	19896	38518	200822
100735	10638	90097	4627	85470	5000
98148	40464	57684	16244	41440	15653
112907	78382	34525	13334	21191	15538
26964	23801	3163	2285	878	10780
103317	51945	51372	5011	46361	19894
25861	14283	11578	5078	6500	
51656	46311	5345	4328	1017	4400
65687	43317	22370	10639	11731	21100
21507	19156	2351	2351		11500
23950	11544	12406	4690	7716	1260
107325	40602	66723	7584	59139	67931

第六部分

省、自治区、直辖市教育部门和其他部门各级各类学校生均教育经费支出

6—1 分地区高等学校生均教育经费支出

单位:元

地 区	教育经费支出	事业性经费支出			基本建设支出
			个人部分	公用部分	
合 计	**18149.52**	**17270.57**	**7754.83**	**9515.74**	**878.95**
北 京	40959.12	38985.75	15119.63	23866.12	1973.37
天 津	20837.12	20318.39	9973.80	10344.59	518.73
河 北	12497.08	12353.74	6145.05	6208.70	143.33
山 西	10469.31	9916.41	5622.28	4294.14	552.89
内蒙古	13389.40	13120.16	5931.38	7188.78	269.24
辽 宁	19013.83	18120.63	8772.60	9348.03	893.20
吉 林	16533.37	16274.92	7995.29	8279.64	258.45
黑龙江	19079.96	18188.43	7099.55	11088.89	891.52
上 海	32284.05	31071.33	14056.55	17014.78	1212.71
江 苏	21057.96	20065.23	8239.68	11825.55	992.73
浙 江	24636.88	22783.02	9816.80	12966.22	1853.85
安 徽	11768.95	11295.77	5578.60	5717.17	473.18
福 建	17904.90	15704.68	7555.16	8149.52	2200.22
江 西	11227.22	10361.46	4840.41	5521.04	865.76
山 东	13633.82	13077.54	5875.26	7202.27	556.29
河 南	10535.85	10352.43	4901.19	5451.24	183.42
湖 北	18007.50	17658.13	8386.37	9271.76	349.37
湖 南	13622.03	13072.50	5687.19	7385.30	549.54
广 东	21429.28	19401.81	9226.73	10175.08	2027.47
广 西	11689.38	11617.05	6233.49	5383.56	72.33
海 南	11896.45	10964.98	5434.93	5530.05	931.47
重 庆	20144.52	19767.85	7552.56	12215.29	376.67
四 川	17637.53	16110.62	7074.76	9035.86	1526.91
贵 州	10873.25	10274.36	5743.96	4530.39	598.89
云 南	14547.78	14468.52	6868.98	7599.53	79.26
西 藏	19939.91	18036.88	11762.80	6274.08	1903.03
陕 西	19288.61	18204.18	7667.15	10537.03	1084.43
甘 肃	13616.46	13326.00	6034.96	7291.04	290.47
青 海	15526.72	15266.14	10157.18	5108.97	260.58
宁 夏	16889.14	16796.69	7675.32	9121.38	92.44
新 疆	12578.04	11857.58	5945.18	5912.40	720.46

6—2 分地区高等学校生均预算内教育经费支出

单位:元

地 区	预算内教育经费支出	事业费支出			基本建设支出
			个人部分	公用部分	
合 计	**8956.06**	**8473.60**	**4728.76**	**3744.84**	**482.46**
北 京	23275.21	21617.89	9706.22	11911.68	1657.32
天 津	11729.50	11681.43	6307.78	5373.65	48.07
河 北	5449.66	5348.42	4199.42	1149.00	101.24
山 西	6167.69	5831.41	4179.05	1652.36	336.28
内蒙古	7222.22	7078.25	4474.20	2604.05	143.97
辽 宁	7359.10	6383.08	3796.00	2587.08	976.02
吉 林	9082.66	8898.42	5897.92	3000.50	184.24
黑龙江	9206.91	8897.47	5419.50	3477.97	309.44
上 海	18215.58	17601.58	7862.80	9738.77	614.00
江 苏	9677.85	9298.47	4728.86	4569.60	379.38
浙 江	10775.28	10576.77	6475.35	4101.42	198.52
安 徽	5476.34	5318.32	3460.03	1858.29	158.02
福 建	8546.88	7570.04	3527.04	4043.00	976.84
江 西	4636.71	4467.85	2948.09	1519.76	168.86
山 东	6482.29	6340.94	4674.28	1666.66	141.35
河 南	4292.85	4228.41	2595.18	1633.24	64.44
湖 北	8814.38	8656.38	4550.06	4106.32	157.99
湖 南	5932.87	5816.82	4295.13	1521.69	116.05
广 东	13829.45	11428.19	5956.23	5471.96	2401.26
广 西	6210.82	6165.65	4222.08	1943.57	45.17
海 南	6452.84	5859.65	3532.78	2326.87	593.19
重 庆	7483.66	7422.67	3103.11	4319.56	60.99
四 川	7550.89	6943.03	3359.02	3584.02	607.86
贵 州	6908.68	6411.25	3959.34	2451.90	497.43
云 南	8531.77	8453.69	3344.69	5109.00	78.08
西 藏	16277.25	14275.98	9996.73	4279.24	2001.27
陕 西	8919.74	8580.48	4538.61	4041.87	339.26
甘 肃	8084.61	7774.05	4115.57	3658.48	310.56
青 海	8469.16	8275.54	6574.98	1700.56	193.62
宁 夏	12213.00	12109.95	5501.35	6608.60	103.06
新 疆	7525.53	6974.55	4069.30	2905.25	550.98

6—3 分地区中央属高等学校生均教育经费支出

单位:元

地区	教育经费支出	事业性经费支出	个人部分	公用部分	基本建设支出
合计	**36448.57**	**34480.94**	**13764.85**	**20716.08**	**1967.63**
北京	44620.76	42373.40	16463.16	25910.24	2247.36
天津	33830.90	31676.69	15386.63	16290.06	2154.20
河北	19533.83	18098.21	10285.60	7812.61	1435.62
山西					
内蒙古					
辽宁	33260.80	31309.61	11769.07	19540.53	1951.19
吉林	30305.54	29262.94	12777.08	16485.86	1042.60
黑龙江	47244.94	42495.14	13376.51	29118.63	4749.80
上海	42597.49	40336.79	17195.75	23141.04	2260.70
江苏	31960.82	28758.90	11790.66	16968.24	3201.91
浙江	54354.73	54274.60	18906.20	35368.41	80.13
安徽	34842.30	34076.08	12407.79	21668.28	766.22
福建	31811.37	25529.28	11888.68	13640.60	6282.10
江西					
山东	31436.92	28494.72	10740.28	17754.44	2942.21
河南	19413.52	19413.52	8291.24	11122.28	
湖北	30272.88	29706.58	13715.88	15990.70	566.30
湖南	36722.86	36383.89	12239.31	24144.57	338.98
广东	29175.60	28954.93	11943.39	17011.54	220.67
广西					
海南					
重庆	27664.85	26304.44	10690.02	15614.42	1360.41
四川	34800.42	32752.17	12780.07	19972.09	2048.25
贵州					
云南					
西藏					
陕西	35611.03	33279.15	12359.60	20919.55	2331.88
甘肃	29969.25	29825.43	9677.27	20148.16	143.83
青海					
宁夏	25797.98	25797.98	8324.84	17473.14	
新疆					

6—4 分地区中央属高等学校生均预算内教育经费支出

单位:元

地区	预算内教育经费支出	事业费支出	个人部分	公用部分	基本建设支出
合计	**17047.95**	**16170.44**	**8013.46**	**8156.98**	**877.50**
北京	19901.53	18261.30	9515.83	8745.47	1640.23
天津	14321.40	14192.90	6637.45	7555.46	128.50
河北	10523.32	9854.18	6944.49	2909.70	669.13
山西					
内蒙古					
辽宁	13966.98	11929.90	5873.89	6056.01	2037.08
吉林	18899.65	18110.66	12610.10	5500.55	788.99
黑龙江	22344.25	20886.27	8228.54	12657.73	1457.98
上海	18051.66	17199.80	9017.82	8181.99	851.85
江苏	14231.30	13437.02	6862.33	6574.70	794.27
浙江	20319.96	20233.76	6982.35	13251.41	86.20
安徽	15546.13	15003.35	7488.53	7514.82	542.77
福建	17648.75	14876.84	5680.55	9196.30	2771.90
江西					
山东	14813.15	14356.77	7801.51	6555.26	456.38
河南	15024.17	15024.17	5294.24	9729.93	
湖北	16831.68	16457.73	7205.26	9252.47	373.95
湖南	14117.84	13746.87	11404.76	2342.11	370.97
广东	14958.01	14865.64	7795.32	7070.33	92.37
广西					
海南					
重庆	13880.09	13645.44	4940.36	8705.08	234.65
四川	14809.94	14431.09	6660.56	7770.52	378.86
贵州					
云南					
西藏					
陕西	18406.19	17520.37	8366.78	9153.58	885.82
甘肃	18850.84	18700.07	5397.94	13302.13	150.77
青海					
宁夏	21098.35	21098.35	6020.97	15077.38	
新疆					

6—5 分地区地方高等学校生均教育经费支出

单位:元

地区	教育经费支出	事业性经费支出			基本建设支出
			个人部分	公用部分	
合计	**14373.82**	**13719.50**	**6514.76**	**7204.74**	**654.32**
北京	32724.04	31366.88	12098.01	19268.87	1357.16
天津	17170.78	17113.52	8446.52	8667.01	57.26
河北	12144.40	12065.84	5937.53	6128.31	78.56
山西	10469.31	9916.41	5622.28	4294.14	552.89
内蒙古	13389.40	13120.16	5931.38	7188.78	269.24
辽宁	16562.12	15850.99	8256.95	7594.04	711.13
吉林	12598.02	12563.64	6628.91	5934.74	34.38
黑龙江	13309.27	13208.27	5813.47	7394.80	101.01
上海	23845.29	23490.07	11487.96	12002.11	355.22
江苏	18349.43	17905.52	7357.53	10547.99	443.92
浙江	21763.82	19738.48	8938.06	10800.42	2025.33
安徽	9615.27	9169.44	4941.16	4228.29	445.83
福建	15704.68	14150.28	6869.54	7280.74	1554.40
江西	11227.22	10361.46	4840.41	5521.04	865.76
山东	11673.64	11380.05	5339.61	6040.45	293.59
河南	10505.04	10320.99	4889.42	5431.56	184.06
湖北	11712.39	11474.36	5651.04	5823.32	238.03
湖南	11020.89	10447.64	4949.43	5498.21	573.24
广东	20124.67	17792.91	8769.20	9023.71	2331.76
广西	11689.38	11617.05	6233.49	5383.56	72.33
海南	11896.45	10964.98	5434.93	5530.05	931.47
重庆	17265.01	17265.01	6351.24	10913.77	
四川	12527.97	11156.27	5376.24	5780.03	1371.70
贵州	10873.25	10274.36	5743.96	4530.39	598.89
云南	14547.78	14468.52	6868.98	7599.53	79.26
西藏	19939.91	18036.88	11762.80	6274.08	1903.03
陕西	13227.89	12606.65	5924.78	6681.87	621.24
甘肃	10553.03	10235.09	5352.63	4882.46	317.94
青海	15526.72	15266.14	10157.18	5108.97	260.58
宁夏	15117.10	15006.27	7546.12	7460.15	110.83
新疆	12578.04	11857.58	5945.18	5912.40	720.46

6—6 分地区地方高等学校生均预算内教育经费支出

单位:元

地 区	预算内教育经费支出	事业费支出			基本建设支出
			个人部分	公用部分	
合 计	**7276.76**	**6876.29**	**4047.09**	**2829.20**	**400.47**
北 京	31567.16	29867.82	10174.15	19693.67	1699.34
天 津	10979.29	10954.49	6212.36	4742.14	24.80
河 北	5190.43	5118.21	4059.17	1059.04	72.22
山 西	6167.69	5831.41	4179.05	1652.36	336.28
内蒙古	7222.22	7078.25	4474.20	2604.05	143.97
辽 宁	6166.21	5381.74	3420.89	1960.84	784.47
吉 林	6296.58	6283.96	3992.99	2290.98	12.61
黑龙江	6476.19	6405.48	4835.62	1569.87	70.71
上 海	18362.06	17960.60	6830.69	11129.90	401.46
江 苏	8536.24	8260.88	4193.98	4066.90	275.36
浙 江	9753.01	9542.46	6421.05	3121.41	210.55
安 徽	4518.61	4397.18	3076.89	1320.30	121.42
福 建	7011.22	6337.25	3163.70	3173.54	673.97
江 西	4636.71	4467.85	2948.09	1519.76	168.86
山 东	5575.92	5468.84	4334.05	1134.79	107.08
河 南	4262.34	4197.72	2587.50	1610.22	64.62
湖 北	4655.95	4609.97	3172.86	1437.12	45.98
湖 南	4976.32	4890.06	3464.25	1425.81	86.26
广 东	13612.84	10768.41	5603.24	5165.17	2844.43
广 西	6210.82	6165.65	4222.08	1943.57	45.17
海 南	6452.84	5859.65	3532.78	2326.87	593.19
重 庆	5237.40	5237.40	2457.91	2779.49	
四 川	5297.62	4618.68	2334.19	2284.49	678.94
贵 州	6908.68	6411.25	3959.34	2451.90	497.43
云 南	8531.77	8453.69	3344.69	5109.00	78.08
西 藏	16277.25	14275.98	9996.73	4279.24	2001.27
陕 西	5574.60	5428.08	3188.72	2239.36	146.53
甘 肃	6019.72	5678.51	3869.62	1808.90	341.21
青 海	8469.16	8275.54	6574.98	1700.56	193.62
宁 夏	10209.69	10083.40	5384.20	4699.20	126.29
新 疆	7525.53	6974.55	4069.30	2905.25	550.98

6—7 分地区普通高等学校生均教育经费支出

单位:元

地区	教育经费支出	事业性经费支出	个人部分	公用部分	基本建设支出
合计	**18646.97**	**17734.15**	**7952.18**	**9781.97**	**912.82**
北京	41695.66	39623.82	15546.97	24076.84	2071.85
天津	20987.36	20451.41	9930.53	10520.89	535.94
河北	12726.08	12574.51	6242.43	6332.08	151.56
山西	10594.91	10016.43	5696.82	4319.61	578.48
内蒙古	13425.13	13150.55	5924.93	7225.62	274.58
辽宁	19081.72	18168.55	8769.29	9399.27	913.17
吉林	16936.58	16661.88	8056.11	8605.77	274.70
黑龙江	19237.14	18311.83	7031.39	11280.44	925.31
上海	33056.94	31759.00	14197.47	17561.53	1297.94
江苏	21569.84	20564.08	8395.55	12168.53	1005.77
浙江	25963.92	23968.13	10297.07	13671.06	1995.80
安徽	12046.06	11548.95	5688.65	5860.30	497.10
福建	18429.58	16051.18	7785.28	8265.91	2378.39
江西	11478.82	10579.34	4948.57	5630.77	899.48
山东	13909.60	13420.82	6055.63	7365.19	488.78
河南	10661.97	10507.95	4955.48	5552.46	154.03
湖北	18496.78	18135.27	8603.65	9531.62	361.51
湖南	13928.58	13358.83	5817.21	7541.62	569.75
广东	23549.92	21241.65	10099.87	11141.78	2308.28
广西	11943.69	11867.04	6344.15	5522.89	76.64
海南	12008.44	11058.31	5473.76	5584.55	950.13
重庆	20398.23	20010.70	7607.39	12403.32	387.53
四川	18407.19	16787.84	7407.45	9380.39	1619.34
贵州	11556.13	10901.81	6131.49	4770.32	654.32
云南	15196.67	15112.41	7216.53	7895.88	84.26
西藏	19939.91	18036.88	11762.80	6274.08	1903.03
陕西	19780.62	18651.67	7855.65	10796.02	1128.95
甘肃	14115.13	13805.95	6242.56	7563.39	309.18
青海	15983.76	15709.06	10527.76	5181.30	274.71
宁夏	16889.14	16796.69	7675.32	9121.38	92.44
新疆	12980.51	12364.38	6203.56	6160.82	616.13

6—8 分地区普通高等学校生均预算内教育经费支出

单位:元

地 区	预算内教育经费支出	事业费支出	个人部分	公用部分	基本建设支出
合 计	**9035.33**	**8542.30**	**4739.81**	**3802.49**	**493.03**
北 京	23232.49	21560.68	9662.26	11898.42	1671.80
天 津	11668.72	11619.81	6174.51	5445.30	48.91
河 北	5491.54	5386.16	4207.69	1178.47	105.37
山 西	6232.33	5881.77	4211.24	1670.54	350.55
内蒙古	7218.35	7072.47	4451.06	2621.41	145.88
辽 宁	7217.62	6238.53	3688.24	2550.29	979.10
吉 林	9129.65	8937.21	5872.66	3064.55	192.44
黑龙江	9048.45	8732.16	5240.79	3491.37	316.29
上 海	17408.62	16791.75	7296.52	9495.23	616.88
江 苏	9797.26	9406.85	4735.47	4671.38	390.41
浙 江	10641.68	10504.27	6380.51	4123.76	137.41
安 徽	5544.11	5379.52	3493.13	1886.39	164.59
福 建	8542.58	7508.51	3549.19	3959.33	1034.07
江 西	4655.19	4481.14	2936.65	1544.50	174.04
山 东	6584.68	6452.42	4761.96	1690.46	132.26
河 南	4316.82	4249.06	2598.97	1650.08	67.77
湖 北	8980.31	8818.49	4623.83	4194.66	161.82
湖 南	6034.91	5917.10	4359.23	1557.87	117.81
广 东	14089.39	11579.84	6035.55	5544.28	2509.55
广 西	6275.60	6228.73	4249.80	1978.94	46.86
海 南	6371.35	5778.16	3483.46	2294.70	593.19
重 庆	7528.53	7466.41	3113.07	4353.34	62.12
四 川	7841.66	7200.72	3457.97	3742.75	640.94
贵 州	7377.36	6834.87	4225.16	2609.70	542.49
云 南	8632.30	8551.99	3400.72	5151.27	80.31
西 藏	16277.25	14275.98	9996.73	4279.24	2001.27
陕 西	9047.51	8700.25	4581.85	4118.40	347.27
甘 肃	8466.84	8135.84	4278.22	3857.62	330.99
青 海	8359.54	8165.93	6465.39	1700.54	193.61
宁 夏	12213.00	12109.95	5501.35	6608.60	103.06
新 疆	7570.21	7169.94	4196.59	2973.35	400.27

6—9 分地区中央属普通高等学校生均教育经费支出

单位:元

地 区	教育经费支出	事业性经费支出			基本建设支出
			个人部分	公用部分	
合 计	**36233.28**	**34262.96**	**13750.47**	**20512.48**	**1970.32**
北 京	43599.82	41339.59	16401.06	24938.53	2260.23
天 津	33830.90	31676.69	15386.63	16290.06	2154.20
河 北	19533.83	18098.21	10285.60	7812.61	1435.62
山 西					
内蒙古					
辽 宁	33394.31	31432.91	11805.52	19627.39	1961.41
吉 林	30305.54	29262.94	12777.08	16485.86	1042.60
黑龙江	47244.94	42495.14	13376.51	29118.63	4749.80
上 海	42597.49	40336.79	17195.75	23141.04	2260.70
江 苏	31960.82	28758.90	11790.66	16968.24	3201.91
浙 江	54354.73	54274.60	18906.20	35368.41	80.13
安 徽	34842.30	34076.08	12407.79	21668.28	766.22
福 建	31811.37	25529.28	11888.68	13640.60	6282.10
江 西					
山 东	31436.92	28494.72	10740.28	17754.44	2942.21
河 南	19413.52	19413.52	8291.24	11122.28	
湖 北	30272.88	29706.58	13715.88	15990.70	566.30
湖 南	36722.86	36383.89	12239.31	24144.57	338.98
广 东	29175.60	28954.93	11943.39	17011.54	220.67
广 西					
海 南					
重 庆	27664.85	26304.44	10690.02	15614.42	1360.41
四 川	34800.42	32752.17	12780.07	19972.09	2048.25
贵 州					
云 南					
西 藏					
陕 西	35611.03	33279.15	12359.60	20919.55	2331.88
甘 肃	29969.25	29825.43	9677.27	20148.16	143.83
青 海					
宁 夏	25797.98	25797.98	8324.84	17473.14	
新 疆					

6—10 分地区中央属普通高等学校生均预算内教育经费支出

单位:元

地区	预算内教育经费支出	事业费支出	个人部分	公用部分	基本建设支出
合计	**17055.44**	**16176.91**	**8018.62**	**8158.29**	**878.54**
北京	19955.90	18306.02	9550.52	8755.50	1649.88
天津	14321.40	14192.90	6637.45	7555.46	128.50
河北	10523.32	9854.18	6944.49	2909.70	669.13
山西					
内蒙古					
辽宁	13966.91	11929.84	5873.86	6055.98	2037.07
吉林	18899.65	18110.66	12610.10	5500.55	788.99
黑龙江	22344.25	20886.27	8228.54	12657.73	1457.98
上海	18051.66	17199.80	9017.82	8181.99	851.85
江苏	14231.30	13437.02	6862.33	6574.70	794.27
浙江	20319.96	20233.76	6982.35	13251.41	86.20
安徽	15546.13	15003.35	7488.53	7514.82	542.77
福建	17648.75	14876.84	5680.55	9196.30	2771.90
江西					
山东	14813.15	14356.77	7801.51	6555.26	456.38
河南	15024.17	15024.17	5294.24	9729.93	
湖北	16831.68	16457.73	7205.26	9252.47	373.95
湖南	14117.84	13746.87	11404.76	2342.11	370.97
广东	14958.01	14865.64	7795.32	7070.33	92.37
广西					
海南					
重庆	13880.09	13645.44	4940.36	8705.08	234.65
四川	14809.94	14431.09	6660.56	7770.52	378.86
贵州					
云南					
西藏					
陕西	18406.19	17520.37	8366.78	9153.58	885.82
甘肃	18850.84	18700.07	5397.94	13302.13	150.77
青海					
宁夏	21098.35	21098.35	6020.97	15077.38	
新疆					

6—11 分地区地方普通高等学校生均教育经费支出

单位:元

地区	教育经费支出	事业性经费支出			基本建设支出
			个人部分	公用部分	
合计	**14754.52**	**14075.76**	**6668.82**	**7406.95**	**678.76**
北京	36674.54	35099.44	13294.80	21804.64	1575.10
天津	17207.77	17148.05	8324.91	8823.14	59.72
河北	12364.24	12280.93	6027.54	6253.39	83.31
山西	10594.91	10016.43	5696.82	4319.61	578.48
内蒙古	13425.13	13150.55	5924.93	7225.62	274.58
辽宁	16557.98	15829.65	8233.91	7595.74	728.33
吉林	12802.04	12764.83	6596.08	6168.75	37.21
黑龙江	13234.57	13128.92	5671.52	7457.40	105.65
上海	24192.29	23788.91	11411.61	12377.30	403.38
江苏	18831.25	18404.29	7500.75	10903.54	426.96
浙江	22885.07	20681.53	9363.44	11318.08	2203.54
安徽	9787.85	9317.40	5023.05	4294.36	470.45
福建	16108.58	14407.26	7073.57	7333.70	1701.32
江西	11478.82	10579.34	4948.57	5630.77	899.48
山东	11825.66	11628.58	5498.64	6129.94	197.08
河南	10629.87	10475.28	4943.25	5532.03	154.59
湖北	12129.27	11878.50	5839.40	6039.11	250.77
湖南	11250.39	10653.52	5062.65	5590.87	596.87
广东	22443.75	19725.00	9737.38	9987.61	2718.76
广西	11943.69	11867.04	6344.15	5522.89	76.64
海南	12008.44	11058.31	5473.76	5584.55	950.13
重庆	17503.71	17503.71	6379.48	11124.23	
四川	12996.32	11518.55	5634.13	5884.42	1477.77
贵州	11556.13	10901.81	6131.49	4770.32	654.32
云南	15196.67	15112.41	7216.53	7895.88	84.26
西藏	19939.91	18036.88	11762.80	6274.08	1903.03
陕西	13554.48	12898.65	6084.24	6814.41	655.83
甘肃	10908.50	10565.88	5547.87	5018.02	342.62
青海	15983.76	15709.06	10527.76	5181.30	274.71
宁夏	15117.10	15006.27	7546.12	7460.15	110.83
新疆	12980.51	12364.38	6203.56	6160.82	616.13

6—12 分地区地方普通高等学校生均预算内教育经费支出

单位:元

地区	预算内教育经费支出	事业费支出			基本建设支出
			个人部分	公用部分	
合计	**7298.36**	**6888.82**	**4029.70**	**2859.12**	**409.54**
北京	31499.98	29772.87	9944.22	19828.66	1727.11
天津	10883.67	10858.31	6037.51	4820.81	25.35
河北	5223.39	5148.06	4061.84	1086.22	75.33
山西	6232.33	5881.77	4211.24	1670.54	350.55
内蒙古	7218.35	7072.47	4451.06	2621.41	145.88
辽宁	5989.05	5202.53	3290.39	1912.14	786.51
吉林	6196.53	6183.19	3849.97	2333.22	13.34
黑龙江	6210.52	6137.91	4603.06	1534.85	72.61
上海	16828.90	16423.87	5744.69	10679.17	405.03
江苏	8636.96	8352.23	4178.91	4173.32	284.73
浙江	9566.54	9423.45	6313.65	3109.79	143.09
安徽	4549.32	4422.34	3095.75	1326.59	126.98
福建	6899.95	6179.36	3164.72	3014.64	720.58
江西	4655.19	4481.14	2936.65	1544.50	174.04
山东	5633.84	5539.03	4410.72	1128.31	94.81
河南	4284.80	4216.83	2590.91	1625.92	67.97
湖北	4756.39	4708.70	3235.07	1473.63	47.69
湖南	5062.43	4975.08	3511.56	1463.52	87.35
广东	13913.63	10914.96	5679.47	5235.49	2998.67
广西	6275.60	6228.73	4249.80	1978.94	46.86
海南	6371.35	5778.16	3483.46	2294.70	593.19
重庆	5241.45	5241.45	2455.10	2786.35	
四川	5496.11	4766.95	2379.96	2386.99	729.16
贵州	7377.36	6834.87	4225.16	2609.70	542.49
云南	8632.30	8551.99	3400.72	5151.27	80.31
西藏	16277.25	14275.98	9996.73	4279.24	2001.27
陕西	5618.85	5468.89	3195.19	2273.70	149.96
甘肃	6312.56	5944.18	4045.92	1898.26	368.39
青海	8359.54	8165.93	6465.39	1700.54	193.61
宁夏	10209.69	10083.40	5384.20	4699.20	126.29
新疆	7570.21	7169.94	4196.59	2973.35	400.27

6—13 分地区普通高等本科学校生均教育经费支出

单位:元

地 区	教育经费支出	事业性经费支出			基本建设支出
			个人部分	公用部分	
合 计	**21269.97**	**20264.28**	**9053.83**	**11210.45**	**1005.69**
北 京	42238.02	40081.75	15822.03	24259.72	2156.27
天 津	23235.32	22559.88	11032.58	11527.30	675.44
河 北	14142.66	13920.86	6851.28	7069.58	221.80
山 西	11364.90	10713.50	6293.77	4419.74	651.39
内蒙古	14401.49	14182.47	6517.92	7664.55	219.02
辽 宁	19917.16	19247.95	9094.28	10153.67	669.21
吉 林	18029.95	17703.02	8532.86	9170.16	326.92
黑龙江	20638.67	19625.31	7271.62	12353.70	1013.36
上 海	33972.41	32591.75	14600.74	17991.01	1380.66
江 苏	24711.85	23525.25	9971.93	13553.32	1186.60
浙 江	29848.97	26998.12	11713.53	15284.58	2850.85
安 徽	14336.00	13766.25	6726.92	7039.33	569.75
福 建	20775.40	17785.96	8679.71	9106.25	2989.44
江 西	12631.19	11879.60	5511.58	6368.02	751.59
山 东	15453.28	14873.38	6885.59	7987.79	579.90
河 南	12106.50	12067.74	5951.37	6116.37	38.76
湖 北	21483.72	21025.66	9991.20	11034.46	458.05
湖 南	18309.22	17459.28	7372.89	10086.39	849.94
广 东	25436.49	23128.46	11176.53	11951.93	2308.03
广 西	12788.42	12724.51	7013.05	5711.46	63.91
海 南	13166.84	13086.18	6630.36	6455.82	80.66
重 庆	23214.64	22711.65	8344.84	14366.81	502.99
四 川	20054.29	18962.68	8056.32	10906.36	1091.61
贵 州	13494.93	12698.81	6930.03	5768.78	796.12
云 南	16982.40	16960.55	7767.62	9192.94	21.84
西 藏	19764.41	18588.73	12219.73	6369.00	1175.68
陕 西	21912.02	20582.23	8545.91	12036.32	1329.79
甘 肃	15920.05	15555.21	6909.95	8645.26	364.84
青 海	17964.17	17602.61	11888.52	5714.09	361.56
宁 夏	19278.95	19260.04	8762.75	10497.29	18.91
新 疆	14935.84	14427.51	6974.22	7453.29	508.33

6—14 分地区普通高等本科学校生均预算内教育经费支出

单位:元

地区	预算内教育经费支出	事业费支出	个人部分	公用部分	基本建设支出
合计	**10560.71**	**10036.21**	**5433.26**	**4602.95**	**524.50**
北京	23039.99	21305.80	9837.99	11467.81	1734.20
天津	13077.46	13012.01	6650.39	6361.62	65.45
河北	6599.31	6443.10	5008.33	1434.76	156.21
山西	7094.64	6653.19	4813.60	1839.59	441.45
内蒙古	7614.30	7538.93	4811.62	2727.31	75.37
辽宁	7206.87	6483.51	3695.78	2787.73	723.36
吉林	9964.36	9731.28	6357.76	3373.52	233.08
黑龙江	9607.11	9281.99	5315.28	3966.71	325.11
上海	18117.88	17456.72	7647.76	9808.97	661.16
江苏	11595.52	11135.47	5686.71	5448.76	460.06
浙江	11956.28	11872.55	7011.46	4861.08	83.74
安徽	7131.92	6911.72	4352.91	2558.81	220.20
福建	10127.70	8748.92	3879.28	4869.64	1378.79
江西	5240.31	5199.77	3320.67	1879.10	40.54
山东	7878.85	7717.68	5589.01	2128.67	161.17
河南	4849.19	4841.73	2817.36	2024.37	7.46
湖北	10922.28	10727.09	5472.23	5254.86	195.19
湖南	8024.01	7833.04	5835.83	1997.20	190.97
广东	15940.84	13328.11	6962.80	6365.31	2612.73
广西	7657.22	7605.25	4985.29	2619.96	51.97
海南	7182.12	7092.99	4148.27	2944.72	89.13
重庆	8870.15	8789.31	3611.33	5177.98	80.84
四川	8462.15	8138.99	3776.05	4362.94	323.16
贵州	8725.19	7999.48	4590.11	3409.37	725.71
云南	9859.33	9859.33	3505.39	6353.94	
西藏	16016.66	14762.02	10584.66	4177.36	1254.64
陕西	10280.10	9865.55	4993.97	4871.58	414.55
甘肃	10036.86	9638.25	4867.09	4771.17	398.61
青海	9352.43	9099.11	7371.48	1727.63	253.32
宁夏	14474.77	14453.29	6230.67	8222.62	21.48
新疆	8853.41	8718.52	4765.84	3952.68	134.89

6—15　分地区地方普通高等本科学校生均教育经费支出

单位:元

地　区	教育经费支出	事业性经费支出			基本建设支出
			个人部分	公用部分	
合　计	**16222.85**	**15541.46**	**7466.86**	**8074.60**	**681.39**
北　京	37627.84	35823.50	13861.79	21961.70	1804.34
天　津	18648.24	18612.98	9147.61	9465.38	35.25
河　北	13693.98	13573.20	6565.46	7007.74	120.78
山　西	11364.90	10713.50	6293.77	4419.74	651.39
内蒙古	14401.49	14182.47	6517.92	7664.55	219.02
辽　宁	16986.83	16598.58	8504.78	8093.80	388.25
吉　林	13229.53	13182.47	6873.14	6309.33	47.05
黑龙江	13577.08	13555.42	5651.32	7904.10	21.67
上　海	24829.01	24381.28	11849.79	12531.49	447.73
江　苏	21435.66	21148.03	9144.83	12003.21	287.63
浙　江	25550.50	22213.65	10451.89	11761.76	3336.85
安　徽	11092.22	10553.55	5828.29	4725.26	538.67
福　建	17902.60	15770.28	7844.37	7925.91	2132.32
江　西	12631.19	11879.60	5511.58	6368.02	751.59
山　东	12614.73	12454.36	6201.04	6253.32	160.37
河　南	12106.50	12067.74	5951.37	6116.37	38.76
湖　北	13679.38	13317.44	6683.88	6633.56	361.93
湖　南	13991.50	13021.74	6231.78	6789.95	969.76
广　东	23968.34	21119.88	10772.15	10347.73	2848.46
广　西	12788.42	12724.51	7013.05	5711.46	63.91
海　南	13166.84	13086.18	6630.36	6455.82	80.66
重　庆	20305.98	20305.98	6911.58	13394.40	
四　川	12681.60	12035.33	5710.73	6324.60	646.27
贵　州	13494.93	12698.81	6930.03	5768.78	796.12
云　南	16982.40	16960.55	7767.62	9192.94	21.84
西　藏	19764.41	18588.73	12219.73	6369.00	1175.68
陕　西	14275.28	13504.12	6419.91	7084.21	771.16
甘　肃	11709.22	11278.14	6080.54	5197.60	431.08
青　海	17964.17	17602.61	11888.52	5714.09	361.56
宁　夏	17247.63	17222.83	8899.20	8323.63	24.80
新　疆	14935.84	14427.51	6974.22	7453.29	508.33

6－16 分地区地方普通高等本科学校生均预算内教育经费支出

单位：元

地 区	预算内教育经费支出	事业费支出	个人部分	公用部分	基本建设支出
合 计	**8346.20**	**7942.33**	**4547.94**	**3394.39**	**403.87**
北 京	33199.50	31187.55	10784.96	20402.60	2011.94
天 津	12530.01	12492.31	6656.09	5836.22	37.70
河 北	6258.80	6147.10	4840.32	1306.78	111.70
山 西	7094.64	6653.19	4813.60	1839.59	441.45
内蒙古	7614.30	7538.93	4811.62	2727.31	75.37
辽 宁	5665.69	5241.83	3199.21	2042.62	423.86
吉 林	6495.32	6478.07	3930.35	2547.72	17.25
黑龙江	6216.32	6192.79	4539.74	1653.06	23.53
上 海	18186.30	17722.15	6232.33	11489.83	464.15
江 苏	10374.79	10056.90	5136.70	4920.20	317.89
浙 江	10402.43	10319.15	7016.87	3302.28	83.28
安 徽	5757.06	5589.56	3840.56	1749.00	167.50
福 建	8055.55	7060.58	3383.00	3677.58	994.97
江 西	5240.31	5199.77	3320.67	1879.10	40.54
山 东	6641.06	6532.58	5194.07	1338.51	108.47
河 南	4849.19	4841.73	2817.36	2024.37	7.46
湖 北	5558.53	5525.59	3899.22	1626.37	32.94
湖 南	6530.42	6383.56	4470.89	1912.67	146.86
广 东	15668.87	12359.58	6445.11	5914.47	3309.29
广 西	7657.22	7605.25	4985.29	2619.96	51.97
海 南	7182.12	7092.99	4148.27	2944.72	89.13
重 庆	6101.86	6101.86	2849.73	3252.14	
四 川	5201.63	4913.93	2322.54	2591.39	287.70
贵 州	8725.19	7999.48	4590.11	3409.37	725.71
云 南	9859.33	9859.33	3505.39	6353.94	
西 藏	16016.66	14762.02	10584.66	4177.36	1254.64
陕 西	5995.89	5829.79	3215.77	2614.03	166.09
甘 肃	7248.11	6771.09	4699.12	2071.97	477.02
青 海	9352.43	9099.11	7371.48	1727.63	253.32
宁 夏	12044.45	12015.09	6307.62	5707.47	29.36
新 疆	8853.41	8718.52	4765.84	3952.68	134.89

6—17 分地区地方普通高职高专学校生均教育经费支出

单位:元

地 区	教育经费支出	事业性经费支出			基本建设支出
			个人部分	公用部分	
合 计	**11908.69**	**11235.04**	**5122.11**	**6112.93**	**673.65**
北 京	33315.85	32548.42	11297.15	21251.27	767.43
天 津	14150.33	14038.68	6578.70	7459.98	111.65
河 北	10014.28	9997.18	5076.89	4920.29	17.10
山 西	9176.31	8732.17	4597.02	4135.14	444.14
内蒙古	11777.02	11408.64	4923.95	6484.70	368.37
辽 宁	14718.09	12530.69	7071.79	5458.90	2187.41
吉 林	11185.63	11185.63	5548.45	5637.18	
黑龙江	11797.88	11339.92	5756.25	5583.68	457.96
上 海	19674.11	19585.43	8302.30	11283.13	88.68
江 苏	15256.98	14638.80	5244.44	9394.36	618.18
浙 江	18568.29	18200.19	7600.66	10599.53	368.10
安 徽	7602.41	7246.26	3673.88	3572.39	356.14
福 建	12526.60	11685.82	5534.55	6151.27	840.78
江 西	9394.49	8227.50	3930.24	4297.26	1166.99
山 东	10227.24	9955.81	4075.79	5880.01	271.43
河 南	8489.60	8167.12	3482.04	4685.08	322.49
湖 北	9715.45	9637.79	4524.36	5113.42	77.67
湖 南	8497.50	8275.13	3888.50	4386.63	222.37
广 东	19479.86	17013.26	7725.73	9287.52	2466.60
广 西	10530.80	10432.86	5225.35	5207.51	97.94
海 南	10129.16	7768.50	3597.41	4171.09	2360.67
重 庆	11067.80	11067.80	5157.42	5910.38	
四 川	13653.92	10438.73	5474.07	4961.66	3215.19
贵 州	7899.07	7512.23	4625.25	2886.98	386.84
云 南	10124.67	9863.14	5651.28	4211.86	261.53
西 藏	20562.07	16080.50	10142.92	5937.58	4481.57
陕 西	11827.62	11448.08	5280.05	6168.03	379.54
甘 肃	9246.82	9087.78	4442.45	4645.33	159.04
青 海	11154.19	11091.28	7209.29	3881.99	62.91
宁 夏	11356.54	11093.86	5157.82	5936.04	262.67
新 疆	9799.91	9008.44	4949.98	4058.45	791.48

6—18 分地区地方普通高职高专学校生均预算内教育经费支出

单位：元

地区	预算内教育经费支出	事业费支出	个人部分	公用部分	基本建设支出
合计	**5410.85**	**4991.10**	**3096.17**	**1894.93**	**419.76**
北京	25937.77	25142.86	7192.62	17950.25	794.90
天津	7503.51	7503.51	4767.48	2736.03	
河北	3575.55	3558.10	2822.90	735.20	17.44
山西	4809.28	4608.73	3217.18	1391.55	200.55
内蒙古	6592.65	6335.36	3881.30	2454.06	257.30
辽宁	7269.96	5046.85	3651.56	1395.29	2223.10
吉林	5177.46	5177.46	3575.81	1601.65	
黑龙江	6187.06	5915.93	4859.23	1056.70	271.13
上海	7528.20	7528.20	2403.52	5124.68	
江苏	6428.14	6185.55	2961.54	3224.01	242.59
浙江	8323.46	8091.41	5267.87	2823.54	232.05
安徽	2670.65	2606.70	1937.18	669.52	63.95
福建	4708.62	4508.33	2750.79	1757.54	200.29
江西	3678.97	3282.18	2295.93	986.25	396.79
山东	3784.84	3715.12	2972.69	742.43	69.72
河南	3515.92	3365.51	2282.42	1083.10	150.41
湖北	3589.06	3519.90	2268.54	1251.36	69.16
湖南	3647.05	3617.07	2586.60	1030.47	29.98
广东	10874.49	8413.65	4353.79	4059.86	2460.84
广西	4193.38	4154.20	3141.35	1012.85	39.18
海南	5180.98	3847.73	2507.38	1340.34	1333.25
重庆	3191.18	3191.18	1514.73	1676.45	
四川	6074.11	4478.44	2492.65	1985.79	1595.67
贵州	4980.10	4763.48	3576.07	1187.41	216.62
云南	5606.19	5327.82	3142.59	2185.23	278.37
西藏	17142.92	12661.35	8043.64	4617.71	4481.57
陕西	4760.10	4646.88	3148.32	1498.56	113.22
甘肃	4530.92	4369.42	2801.97	1567.45	161.50
青海	6190.66	6127.48	4486.12	1641.36	63.18
宁夏	7285.31	7004.52	3912.38	3092.15	280.79
新疆	5512.46	4686.62	3283.73	1402.89	825.84

6—19　分地区地方中等职业学校生均教育经费支出

单位：元

地　区	教育经费支出	事业性经费支出	个人部分	公用部分	基本建设支出
合　计	**7988.16**	**7613.41**	**4342.13**	**3271.29**	**374.75**
北　京	22700.17	22028.07	10369.59	11658.48	672.10
天　津	11686.34	11610.39	7593.44	4016.95	75.95
河　北	6031.55	5933.97	3832.60	2101.37	97.58
山　西	7013.98	6864.52	3999.63	2864.89	149.46
内蒙古	9351.10	8704.96	5813.59	2891.36	646.15
辽　宁	11147.21	10756.54	5443.90	5312.64	390.67
吉　林	9195.26	8865.37	5676.51	3188.86	329.89
黑龙江	8217.04	8001.39	5332.12	2669.27	215.64
上　海	21768.47	21553.33	13117.64	8435.69	215.14
江　苏	8634.57	8058.82	4606.13	3452.70	575.75
浙　江	12596.79	12449.08	7152.19	5296.89	147.71
安　徽	5358.89	5029.71	2706.03	2323.68	329.18
福　建	7869.64	7524.19	4816.52	2707.67	345.45
江　西	5436.55	5162.71	3084.05	2078.67	273.84
山　东	7857.70	7809.95	4362.15	3447.80	47.76
河　南	5529.31	5249.48	3225.23	2024.25	279.83
湖　北	4569.40	4470.20	2665.72	1804.48	99.20
湖　南	7710.69	6841.20	4141.88	2699.32	869.49
广　东	9953.56	9361.76	4573.02	4788.73	591.81
广　西	7026.03	6681.10	3580.81	3100.29	344.93
海　南	11766.18	6682.51	3646.65	3035.86	5083.66
重　庆	6604.33	6325.40	3591.44	2733.96	278.94
四　川	7131.91	6766.30	3629.69	3136.61	365.61
贵　州	4676.28	4552.37	2757.05	1795.33	123.91
云　南	7309.15	7096.58	4136.41	2960.18	212.56
西　藏	10148.85	7726.70	5817.44	1909.26	2422.15
陕　西	6794.24	6519.97	3670.51	2849.46	274.27
甘　肃	6766.04	6501.87	3865.81	2636.06	264.17
青　海	8058.69	6594.76	3624.16	2970.59	1463.94
宁　夏	7568.17	6812.24	3555.25	3256.99	755.93
新　疆	10791.28	9719.69	5726.96	3992.73	1071.59

注：个人部分、公用部分为事业性经费支出的细分项。

6－20　分地区地方中等职业学校生均预算内教育经费支出

单位:元

地　区	预算内教育经费支出	事业费支出	个人部分	公用部分	基本建设支出
合　计	**4547.75**	**4261.22**	**3098.28**	**1162.94**	**286.54**
北　京	13771.15	13123.39	6597.71	6525.69	647.76
天　津	7441.91	7422.35	6069.99	1352.36	19.56
河　北	3685.91	3589.56	3075.92	513.64	96.35
山　西	4365.18	4259.36	3380.50	878.86	105.82
内蒙古	6596.56	5999.45	4668.51	1330.93	597.11
辽　宁	7155.37	6765.71	3885.25	2880.46	389.66
吉　林	5846.38	5625.29	4286.44	1338.85	221.10
黑龙江	6625.08	6420.43	5007.17	1413.26	204.65
上　海	11040.59	10825.45	7099.20	3726.25	215.14
江　苏	3857.01	3645.61	3029.39	616.22	211.40
浙　江	6141.09	5998.75	4377.66	1621.09	142.34
安　徽	2442.75	2275.14	1811.01	464.13	167.61
福　建	4451.51	4276.02	3403.45	872.56	175.50
江　西	3164.73	2895.49	2269.77	625.72	269.25
山　东	4408.85	4367.89	3614.01	753.87	40.96
河　南	3519.94	3394.56	2554.47	840.09	125.37
湖　北	2331.12	2236.49	1796.51	439.98	94.63
湖　南	3717.25	3483.73	2885.22	598.51	233.52
广　东	5435.90	4888.52	2744.78	2143.74	547.38
广　西	4195.12	3898.69	2578.93	1319.76	296.43
海　南	9850.21	4797.47	2923.53	1873.94	5052.75
重　庆	3411.88	3135.36	2082.85	1052.51	276.51
四　川	3690.00	3326.84	2434.46	892.39	363.16
贵　州	3193.77	3070.90	2331.42	739.47	122.87
云　南	4437.89	4264.97	2864.71	1400.26	172.92
西　藏	9095.04	6672.89	5620.03	1052.86	2422.15
陕　西	4584.63	4313.26	3129.74	1183.51	271.38
甘　肃	4382.62	4136.69	3126.93	1009.76	245.93
青　海	5681.72	4217.79	2740.38	1477.41	1463.94
宁　夏	4804.89	4048.96	2461.49	1587.47	755.93
新　疆	6688.53	5664.94	4226.66	1438.28	1023.59

6—21　分地区地方中等专业学校生均教育经费支出

单位:元

地　区	教育经费支出	事业性经费支出	个人部分	公用部分	基本建设支出
合　计	**8288.94**	**7932.47**	**4454.69**	**3477.78**	**356.48**
北　京	20246.90	19086.53	9190.70	9895.83	1160.37
天　津	12525.16	12496.67	7890.30	4606.37	28.49
河　北	6649.22	6544.20	4313.64	2230.57	105.02
山　西	7956.74	7838.46	4298.13	3540.33	118.28
内蒙古	9080.17	8326.59	5879.81	2446.77	753.59
辽　宁	10508.00	10434.74	5355.74	5079.00	73.26
吉　林	8831.43	8757.40	5484.01	3273.39	74.03
黑龙江	9449.17	9360.38	5730.60	3629.78	88.79
上　海	19605.85	19371.49	11590.91	7780.58	234.36
江　苏	9017.22	8171.77	4365.95	3805.82	845.45
浙　江	12105.73	12043.09	6750.65	5292.45	62.64
安　徽	5744.39	5380.21	2838.01	2542.19	364.18
福　建	7665.08	7297.06	4655.30	2641.75	368.03
江　西	5560.27	5395.23	3062.93	2332.30	165.04
山　东	8049.27	7999.36	4361.23	3638.13	49.92
河　南	6881.45	6357.65	3845.09	2512.55	523.81
湖　北	4792.55	4714.78	2692.10	2022.69	77.77
湖　南	7442.21	6880.39	4212.35	2668.04	561.82
广　东	10482.90	10087.08	4959.63	5127.45	395.83
广　西	7227.13	6981.97	3718.25	3263.72	245.16
海　南	7120.92	6420.69	3436.79	2983.90	700.23
重　庆	7123.36	6899.03	3366.31	3532.73	224.33
四　川	8061.58	7213.26	3929.69	3283.57	848.32
贵　州	5084.75	4974.24	3077.53	1896.71	110.51
云　南	8567.60	8349.37	4684.26	3665.12	218.23
西　藏	9606.46	7543.07	5607.19	1935.87	2063.40
陕　西	8351.63	8179.58	4903.93	3275.65	172.05
甘　肃	7101.95	6836.55	3980.08	2856.47	265.39
青　海	11483.67	10383.40	5499.45	4883.95	1100.27
宁　夏	8846.78	7960.46	4140.97	3819.49	886.31
新　疆	11159.07	9624.87	5786.55	3838.32	1534.20

6—22 分地区地方中等专业学校生均预算内教育经费支出

单位:元

地区	预算内教育经费支出	事业费支出	个人部分	公用部分	基本建设支出
合计	**4524.86**	**4291.40**	**3020.93**	**1270.47**	**233.46**
北京	15660.31	14562.73	6250.06	8312.67	1097.58
天津	7714.91	7686.42	6156.62	1529.80	28.49
河北	3609.94	3509.08	3102.60	406.48	100.86
山西	4318.63	4242.33	3367.97	874.36	76.31
内蒙古	6482.55	5773.90	4579.68	1194.23	708.64
辽宁	6644.78	6571.52	3514.36	3057.16	73.26
吉林	5245.70	5171.68	4231.08	940.60	74.03
黑龙江	6409.06	6320.27	4939.05	1381.23	88.79
上海	9381.46	9147.09	5333.82	3813.27	234.36
江苏	3621.14	3483.44	2730.07	753.36	137.70
浙江	5122.33	5059.69	3524.51	1535.18	62.64
安徽	2223.27	2101.04	1695.17	405.87	122.23
福建	4092.43	3954.93	3096.18	858.75	137.50
江西	2705.84	2547.67	1994.42	553.24	158.17
山东	3941.09	3908.76	3315.85	592.91	32.32
河南	4320.42	4149.50	3034.05	1115.45	170.92
湖北	2376.79	2301.93	1760.57	541.36	74.85
湖南	3750.17	3488.00	2945.12	542.88	262.17
广东	5302.17	4974.16	2849.21	2124.94	328.02
广西	4228.78	4050.68	2616.84	1433.84	178.10
海南	5133.50	4472.15	2676.22	1795.93	661.35
重庆	3134.70	2917.40	1770.12	1147.28	217.30
四川	4210.92	3362.60	2353.25	1009.35	848.32
贵州	3458.90	3350.38	2560.65	789.73	108.52
云南	5265.52	5058.43	3186.54	1871.89	207.09
西藏	8529.72	6466.32	5405.49	1060.84	2063.40
陕西	4838.04	4675.59	3676.84	998.75	162.45
甘肃	4472.52	4236.15	3086.15	1150.00	236.37
青海	6892.91	5792.63	3743.49	2049.15	1100.27
宁夏	5286.59	4400.27	2801.73	1598.54	886.31
新疆	6917.82	5466.61	4083.14	1383.47	1451.21

6—23 分地区地方职业高中生均教育经费支出

单位：元

地区	教育经费支出	事业性经费支出			基本建设支出
			个人部分	公用部分	
合计	**7340.23**	**7003.71**	**4083.30**	**2920.41**	**336.52**
北京	26490.30	26048.95	13296.67	12752.28	441.35
天津	16141.10	16141.10	14579.47	1561.63	
河北	5120.16	5016.08	3089.18	1926.90	104.07
山西	5286.72	5146.55	3198.76	1947.80	140.17
内蒙古	8260.42	7776.36	4895.85	2880.51	484.06
辽宁	11348.88	11149.62	5414.12	5735.51	199.26
吉林	7926.33	7326.43	4279.04	3047.39	599.90
黑龙江	7549.41	7244.49	4909.81	2334.68	304.92
上海	23798.78	23575.37	14644.17	8931.20	223.41
江苏	8689.98	8183.80	4939.82	3243.98	506.18
浙江	12300.84	12184.06	7110.84	5073.22	116.77
安徽	5153.74	4801.94	2621.43	2180.51	351.80
福建	6962.66	6661.81	4263.41	2398.40	300.84
江西	4783.08	4397.38	2761.59	1635.79	385.70
山东	7875.86	7820.31	4501.31	3319.01	55.54
河南	4017.40	3912.75	2456.15	1456.61	104.65
湖北	4262.43	4115.66	2596.30	1519.36	146.76
湖南	8532.06	7143.14	4364.71	2778.43	1388.93
广东	10587.93	9508.84	5340.83	4168.01	1079.09
广西	7961.32	6909.94	3498.58	3411.36	1051.38
海南	7137.79	7006.05	3858.77	3147.28	131.75
重庆	6352.48	5966.41	3602.77	2363.64	386.06
四川	5932.22	5762.33	3059.63	2702.70	169.89
贵州	4226.59	4081.60	2413.42	1668.18	144.99
云南	5945.69	5673.10	3375.26	2297.84	272.58
西藏					
陕西	5928.67	5591.34	2935.73	2655.61	337.33
甘肃	6226.83	6007.53	3642.40	2365.13	219.31
青海	6472.59	4840.25	2755.72	2084.52	1632.35
宁夏	6435.49	5711.24	2829.93	2881.32	724.25
新疆	7107.68	6633.21	4027.71	2605.51	474.47

6—24 分地区地方职业高中生均预算内教育经费支出

单位:元

地区	预算内教育经费支出	事业费支出	个人部分	公用部分	基本建设支出
合计	**4374.59**	**4115.91**	**3122.18**	**993.73**	**258.68**
北京	12489.18	12047.83	8125.25	3922.58	441.35
天津	14720.57	14720.57	13884.26	836.31	
河北	3297.81	3193.73	2654.29	539.45	104.07
山西	3726.50	3638.30	2890.67	747.63	88.20
内蒙古	5839.94	5414.04	4123.09	1290.95	425.90
辽宁	7551.45	7352.19	4310.32	3041.87	199.26
吉林	5302.71	4919.10	3348.94	1570.16	383.61
黑龙江	6475.28	6187.96	4738.65	1449.31	287.32
上海	12045.33	11821.92	9219.43	2602.49	223.41
江苏	4295.68	3971.28	3413.82	557.46	324.40
浙江	5959.47	5845.64	4363.90	1481.74	113.83
安徽	2680.06	2457.67	1942.28	515.40	222.39
福建	4219.33	4016.09	3372.13	643.97	203.24
江西	3338.16	2955.09	2281.48	673.62	383.07
山东	4989.00	4933.46	4066.96	866.50	55.54
河南	2714.57	2619.08	2038.27	580.81	95.49
湖北	2318.18	2180.27	1855.20	325.07	137.91
湖南	4254.84	3956.04	3182.37	773.68	298.80
广东	6568.34	5515.34	3909.83	1605.51	1053.01
广西	5931.99	4907.98	3050.17	1857.81	1024.01
海南	5650.43	5518.68	3404.43	2114.25	131.75
重庆	3823.15	3438.46	2411.02	1027.44	384.69
四川	3175.57	3009.42	2212.67	796.75	166.15
贵州	2940.42	2795.43	2100.05	695.38	144.99
云南	3960.02	3770.09	2672.62	1097.47	189.93
西藏					
陕西	4350.14	4012.81	2715.68	1297.13	337.33
甘肃	4355.15	4135.85	3305.51	830.33	219.31
青海	5120.83	3488.48	2275.85	1212.63	1632.35
宁夏	4397.14	3672.89	1974.68	1698.21	724.25
新疆	5447.66	4973.19	3460.62	1512.57	474.47

6—25 分地区地方农村职业高中生均教育经费支出

单位:元

地区	教育经费支出	事业性经费支出	个人部分	公用部分	基本建设支出
合计	**5902.53**	**5605.05**	**3341.37**	**2263.69**	**297.47**
北京	27593.12	25584.35	9747.08	15837.27	2008.77
天津					
河北	4375.71	4300.00	2591.16	1708.84	75.71
山西	4789.53	4573.91	2702.41	1871.50	215.62
内蒙古	6836.74	6408.88	4674.29	1734.59	427.86
辽宁	5545.70	5545.70	4502.68	1043.02	
吉林	1935.07	1935.07	1717.97	217.10	
黑龙江	3973.26	3973.26	3340.09	633.17	
上海	15406.87	15406.87	10750.33	4656.54	
江苏	8139.47	6432.25	4472.81	1959.44	1707.22
浙江	10469.47	10328.26	6232.06	4096.19	141.21
安徽	4085.88	3934.81	2187.78	1747.03	151.07
福建	4932.81	4764.20	2877.13	1887.07	168.61
江西	3682.38	3393.55	2157.52	1236.03	288.83
山东	6541.86	6541.86	4025.19	2516.67	
河南	3904.04	3861.54	2457.99	1403.55	42.49
湖北	3291.46	3291.46	1870.16	1421.30	
湖南	6917.15	6747.87	4008.27	2739.59	169.29
广东	5922.12	5922.12	3814.77	2107.35	
广西	7711.46	6834.02	3003.07	3830.96	877.44
海南	4704.42	4516.57	3781.77	734.81	187.85
重庆	4798.06	4271.63	2774.75	1496.88	526.42
四川	5764.64	5578.01	2762.83	2815.18	186.62
贵州	5290.07	4351.77	2984.03	1367.74	938.31
云南	3521.37	3521.37	2301.64	1219.73	
西藏					
陕西	5156.51	4952.49	2826.71	2125.78	204.01
甘肃	5468.36	5166.53	3986.61	1179.92	301.83
青海					
宁夏					
新疆	11666.92	11666.92	1926.40	9740.52	

6—26 分地区地方农村职业高中生均预算内教育经费支出

单位:元

地区	预算内教育经费支出	事业费支出	个人部分	公用部分	基本建设支出
合计	**3521.38**	**3303.78**	**2593.05**	**710.73**	**217.60**
北京	12060.57	10051.81	5875.27	4176.54	2008.77
天津					
河北	2918.21	2842.50	2315.10	527.40	75.71
山西	3480.95	3480.95	2593.94	887.01	
内蒙古	6110.98	5683.11	4251.77	1431.34	427.86
辽宁	4250.10	4250.10	3780.77	469.33	
吉林	1054.65	1054.65	976.44	78.22	
黑龙江	3611.87	3611.87	3308.75	303.11	
上海	11221.93	11221.93	9142.67	2079.26	
江苏	4328.64	3479.49	3076.04	403.45	849.16
浙江	4941.54	4800.32	3828.89	971.43	141.21
安徽	2500.00	2357.48	1817.05	540.43	142.51
福建	3245.01	3167.19	2504.50	662.69	77.82
江西	2635.96	2362.18	1768.91	593.27	273.78
山东	4327.62	4327.62	3869.89	457.72	
河南	2796.67	2771.87	2141.09	630.78	24.81
湖北	1563.14	1563.14	1499.89	63.25	
湖南	3344.17	3254.37	2706.91	547.46	89.80
广东	3902.06	3902.06	2793.15	1108.91	
广西	6214.45	5337.01	2572.02	2764.99	877.44
海南	4148.62	3960.77	3335.91	624.86	187.85
重庆	3087.27	2560.84	1862.10	698.74	526.42
四川	3000.34	2813.71	2147.96	665.76	186.62
贵州	4092.76	3154.46	2634.90	519.55	938.31
云南	2333.99	2333.99	1935.67	398.32	
西藏					
陕西	3829.65	3625.63	2538.64	1087.00	204.01
甘肃	4510.89	4209.06	3705.48	503.58	301.83
青海					
宁夏					
新疆	5569.04	5569.04	1926.40	3642.64	

6—27 分地区地方技工学校生均教育经费支出

单位:元

地 区	教育经费支出	事业性经费支出			基本建设支出
			个人部分	公用部分	
合 计	**8183.84**	**7473.39**	**3846.58**	**3626.81**	**710.44**
北 京	19604.83	19604.83	5239.25	14365.58	
天 津	8661.58	8423.70	5560.03	2863.66	237.89
河 北	7569.78	7513.42	4883.39	2630.03	56.36
山 西	8377.22	7879.57	3851.95	4027.62	497.66
内蒙古	10529.80	9406.20	5417.32	3988.89	1123.60
辽 宁	17035.51	12891.96	7036.23	5855.73	4143.55
吉 林	3432.93	3432.93	2299.47	1133.46	
黑龙江	11254.67	11159.24	7167.49	3991.75	95.42
上 海	142374.44	142374.44	85803.86	56570.58	
江 苏	6624.82	6436.05	3455.31	2980.74	188.76
浙 江	11597.83	11032.72	6218.75	4813.96	565.11
安 徽	3949.69	3949.69	2140.66	1809.03	
福 建	7288.61	6834.31	4160.03	2674.28	454.30
江 西	5369.14	5369.14	2449.37	2919.78	
山 东	7018.00	6983.45	3568.36	3415.08	34.56
河 南	5566.50	5470.51	3355.31	2115.20	95.99
湖 北	3771.71	3603.37	2549.29	1054.08	168.34
湖 南	6096.69	6039.09	2899.24	3139.85	57.61
广 东	8970.01	8280.59	3526.74	4753.85	689.42
广 西	6155.00	5862.79	3292.82	2569.96	292.22
海 南	52328.46	6082.79	3494.80	2587.99	46245.67
重 庆	6039.05	5956.29	3458.67	2497.62	82.75
四 川	7186.86	6959.20	4197.53	2761.66	227.66
贵 州	2057.74	2057.74	887.35	1170.39	
云 南	5480.24	5454.73	3128.38	2326.35	25.52
西 藏					
陕 西	5481.01	5481.01	3365.76	2115.26	
甘 肃	4694.92	3958.00	2323.02	1634.98	736.92
青 海					
宁 夏					
新 疆	15502.88	15247.92	7800.29	7447.63	254.96

6—28 分地区地方技工学校生均预算内教育经费支出

单位:元

地区	预算内教育经费支出	事业费支出			基本建设支出
			个人部分	公用部分	
合计	**4530.32**	**3847.01**	**2459.98**	**1387.03**	**683.31**
北京	14218.44	14218.44	3246.61	10971.83	
天津	5591.09	5591.09	4587.49	1003.60	
河北	4098.82	4042.46	3693.74	348.72	56.36
山西	5484.10	4986.44	3336.13	1650.31	497.66
内蒙古	7324.74	6201.15	4730.95	1470.20	1123.60
辽宁	10258.20	6129.74	4962.15	1167.59	4128.46
吉林	1429.17	1429.17	1321.11	108.06	
黑龙江	8798.04	8702.61	7124.77	1577.84	95.42
上海	69459.14	69459.14	35340.27	34118.87	
江苏	2439.24	2356.13	1976.79	379.34	83.11
浙江	7180.90	6649.24	4360.56	2288.67	531.66
安徽	1003.63	1003.63	979.98	23.64	
福建	4301.58	3940.23	2878.32	1061.90	361.35
江西	2083.31	2083.31	1892.85	190.46	
山东	3577.31	3542.75	2720.77	821.99	34.56
河南	3327.28	3239.13	2407.50	831.64	88.15
湖北	1588.34	1420.00	1401.35	18.64	168.34
湖南	1797.40	1741.59	1717.01	24.58	55.81
广东	5185.28	4520.44	1892.04	2628.40	664.84
广西	3069.01	2776.79	2194.45	582.35	292.22
海南	50960.44	4753.27	2819.60	1933.67	46207.16
重庆	1976.77	1894.02	1103.49	790.53	82.75
四川	3181.48	2953.82	2370.47	583.35	227.66
贵州					
云南	2111.64	2086.12	1404.00	682.12	25.52
西藏					
陕西	3178.55	3178.55	3178.55		
甘肃	2422.01	1685.09	1257.92	427.17	736.92
青海					
宁夏					
新疆	6975.53	6720.88	5278.45	1442.43	254.65

6—29 分地区地方普通中学生均教育经费支出

单位:元

地区	教育经费支出	事业性经费支出	个人部分	公用部分	基本建设支出
合计	**6019.71**	**5799.84**	**3786.15**	**2013.68**	**219.87**
北京	24190.34	22133.67	13334.85	8798.82	2056.67
天津	14399.59	14399.59	10587.96	3811.63	
河北	5339.63	5219.08	3498.00	1721.08	120.55
山西	5343.59	5150.55	3114.19	2036.36	193.04
内蒙古	7647.15	7390.25	4766.60	2623.64	256.90
辽宁	7163.37	7098.74	4950.03	2148.71	64.63
吉林	6675.31	6535.58	4247.21	2288.36	139.74
黑龙江	5559.82	5443.43	3780.79	1662.64	116.39
上海	24004.46	23502.11	15279.56	8222.55	502.35
江苏	8624.39	8156.06	5859.63	2296.43	468.33
浙江	10752.38	10573.94	7324.82	3249.12	178.44
安徽	4298.87	4141.47	2709.17	1432.30	157.40
福建	6603.26	6425.97	4419.04	2006.93	177.29
江西	4212.00	4051.90	2521.16	1530.74	160.10
山东	6110.80	6092.00	3991.03	2100.96	18.81
河南	3727.16	3658.31	2342.71	1315.59	68.86
湖北	4969.26	4819.68	3158.81	1660.87	149.58
湖南	6231.55	6075.88	3855.22	2220.66	155.68
广东	5870.59	5663.61	3563.09	2100.53	206.97
广西	4275.83	4176.04	2936.31	1239.72	99.79
海南	6068.42	5139.66	3292.40	1847.26	928.76
重庆	5485.39	5264.41	3309.83	1954.58	220.98
四川	5618.43	5440.18	3131.15	2309.03	178.25
贵州	3362.00	3294.37	2327.90	966.47	67.63
云南	5166.08	4672.56	3286.67	1385.89	493.51
西藏	9007.04	7330.32	5299.38	2030.94	1676.71
陕西	5694.92	5325.63	3146.78	2178.84	369.29
甘肃	4719.83	4357.01	2680.50	1676.51	362.82
青海	7802.51	6698.35	4739.54	1958.80	1104.16
宁夏	6785.18	6132.10	3379.44	2752.66	653.08
新疆	8178.72	7566.03	4553.50	3012.53	612.68

6—30 分地区地方普通中学生均预算内教育经费支出

单位:元

地区	预算内教育经费支出	事业费支出			基本建设支出
			个人部分	公用部分	
合计	**4347.74**	**4153.93**	**3094.08**	**1059.86**	**193.80**
北京	17916.57	15859.90	9262.64	6597.26	2056.67
天津	10752.57	10752.57	9017.65	1734.92	
河北	4081.88	3963.74	3071.21	892.53	118.14
山西	4061.14	3881.77	2778.45	1103.32	179.37
内蒙古	5690.10	5471.92	3966.47	1505.45	218.18
辽宁	5180.28	5125.54	3831.73	1293.81	54.74
吉林	5000.78	4861.04	3317.86	1543.18	139.74
黑龙江	4851.00	4737.59	3627.26	1110.33	113.41
上海	18273.67	17771.32	13404.22	4367.10	502.35
江苏	5638.06	5362.27	4629.70	732.57	275.79
浙江	6654.19	6523.87	5451.23	1072.64	130.32
安徽	2929.58	2798.36	2021.55	776.81	131.22
福建	4572.72	4456.48	3616.55	839.93	116.25
江西	3133.79	2988.51	2041.17	947.33	145.28
山东	4608.62	4592.02	3723.33	868.68	16.60
河南	2803.47	2744.49	1920.39	824.09	58.98
湖北	3557.93	3408.35	2525.28	883.07	149.58
湖南	4066.81	3929.43	2745.87	1183.56	137.39
广东	4008.26	3816.84	2810.05	1006.79	191.43
广西	3295.81	3200.65	2548.64	652.01	95.16
海南	4958.25	4293.77	2876.38	1417.39	664.48
重庆	3615.34	3396.63	2229.07	1167.57	218.70
四川	3249.07	3099.31	2317.27	782.04	149.76
贵州	2789.80	2727.01	2158.42	568.59	62.79
云南	4240.62	3756.55	2787.56	969.00	484.07
西藏	8619.15	6942.43	5028.81	1913.62	1676.71
陕西	4689.14	4346.31	2914.70	1431.62	342.83
甘肃	3813.43	3471.24	2383.20	1088.04	342.19
青海	6349.02	5314.19	3810.11	1504.08	1034.83
宁夏	5459.39	4806.31	2882.06	1924.25	653.08
新疆	6766.29	6198.31	3871.14	2327.17	567.98

6—31　分地区地方普通高中生均教育经费支出

单位:元

地　区	教育经费支出	事业性经费支出	个人部分	公用部分	基本建设支出
合　计	**7059.63**	**6846.51**	**4096.60**	**2749.91**	**213.12**
北　京	25840.42	23314.80	14124.87	9189.92	2525.62
天　津	15856.27	15856.27	11027.85	4828.42	
河　北	5657.66	5619.56	3336.27	2283.29	38.10
山　西	6533.78	6276.32	3324.47	2951.85	257.45
内蒙古	7382.65	7250.48	4128.04	3122.44	132.17
辽　宁	7132.18	7025.47	4581.20	2444.27	106.71
吉　林	6348.52	6332.75	3763.11	2569.64	15.77
黑龙江	6397.62	6368.37	3793.59	2574.78	29.26
上　海	29727.92	28734.70	16635.25	12099.45	993.22
江　苏	9978.52	9173.85	6080.29	3093.56	804.67
浙　江	13015.61	12757.83	8261.95	4495.88	257.78
安　徽	5195.56	5010.09	2949.00	2061.09	185.46
福　建	7996.93	7769.57	5047.34	2722.22	227.37
江　西	4952.78	4836.02	2948.12	1887.90	116.76
山　东	6917.46	6914.99	3982.11	2932.88	2.46
河　南	4123.82	4096.40	2219.10	1877.30	27.41
湖　北	5196.28	5184.85	3094.63	2090.21	11.43
湖　南	6579.07	6508.35	3868.23	2640.11	70.72
广　东	8865.51	8434.76	4738.70	3696.06	430.74
广　西	5294.02	5242.24	3166.98	2075.26	51.78
海　南	6493.80	5773.38	3922.87	1850.51	720.42
重　庆	6187.94	6038.89	3641.90	2396.98	149.05
四　川	6152.17	6121.50	3257.31	2864.19	30.68
贵　州	4515.34	4484.94	2913.48	1571.46	30.40
云　南	6220.40	6096.31	4135.76	1960.56	124.09
西　藏	11015.06	6941.68	5793.24	1148.44	4073.38
陕　西	5530.40	5326.22	2969.20	2357.02	204.18
甘　肃	5145.22	4844.18	2858.27	1985.91	301.04
青　海	8067.85	7224.38	5109.74	2114.64	843.47
宁　夏	7898.59	7808.57	3793.09	4015.48	90.02
新　疆	8618.30	8089.71	4914.75	3174.96	528.59

6—32 分地区地方普通高中生均预算内教育经费支出

单位:元

地 区	预算内教育经费支出	事业费支出			基本建设支出
			个人部分	公用部分	
合 计	**3912.04**	**3749.15**	**2922.16**	**826.99**	**162.89**
北 京	18837.65	16312.03	9317.45	6994.58	2525.62
天 津	10222.49	10222.49	8414.92	1807.56	
河 北	3416.08	3385.12	2683.92	701.21	30.95
山 西	3771.07	3536.40	2668.41	868.00	234.66
内蒙古	4517.08	4416.94	3173.71	1243.23	100.15
辽 宁	4211.60	4104.89	3335.44	769.45	106.71
吉 林	4004.25	3988.47	2840.86	1147.62	15.77
黑龙江	4642.51	4613.53	3442.01	1171.52	28.98
上 海	17846.94	16853.72	12746.26	4107.46	993.22
江 苏	4820.11	4391.55	3894.66	496.90	428.56
浙 江	5818.69	5674.83	4601.21	1073.62	143.86
安 徽	2342.86	2234.22	1780.40	453.82	108.64
福 建	4513.37	4366.44	3745.82	620.62	146.93
江 西	2757.90	2674.33	2109.05	565.28	83.58
山 东	3949.44	3948.69	3372.39	576.30	0.75
河 南	2208.91	2205.48	1647.26	558.22	3.43
湖 北	2204.10	2192.67	1794.98	397.69	11.43
湖 南	2838.21	2814.96	2284.18	530.77	23.26
广 东	5218.36	4834.38	3552.68	1281.70	383.98
广 西	2763.04	2723.16	2292.92	430.25	39.88
海 南	4708.87	4185.10	3115.99	1069.11	523.77
重 庆	3154.61	3011.78	2038.50	973.28	142.83
四 川	2260.18	2247.42	1845.89	401.54	12.75
贵 州	2852.12	2830.25	2460.57	369.67	21.88
云 南	3993.61	3897.78	3021.07	876.71	95.83
西 藏	10200.60	6127.22	5302.46	824.76	4073.38
陕 西	3639.74	3441.39	2611.71	829.68	198.36
甘 肃	3362.91	3097.27	2377.82	719.44	265.64
青 海	5921.50	5221.28	3942.65	1278.63	700.22
宁 夏	5321.45	5231.43	2962.67	2268.76	90.02
新 疆	6220.88	5828.23	3905.21	1923.02	392.64

6—33 分地区地方农村高中生均教育经费支出

单位:元

地 区	教育经费支出	事业性经费支出			基本建设支出
			个人部分	公用部分	
合 计	**5508.54**	**5413.20**	**3427.21**	**1985.99**	**95.34**
北 京	25012.13	21265.89	11831.50	9434.39	3746.24
天 津	8616.98	8616.98	5820.74	2796.24	
河 北	5008.56	5008.56	3602.36	1406.21	
山 西	5124.33	4908.75	2928.75	1980.00	215.58
内蒙古	6160.99	6113.76	3959.69	2154.07	47.23
辽 宁	5881.60	5881.60	3808.55	2073.05	
吉 林	4933.02	4878.07	3459.98	1418.08	54.96
黑龙江	4443.87	4339.20	3013.07	1326.13	104.67
上 海	20262.08	20262.08	13658.33	6603.76	
江 苏	7522.53	7215.68	4727.49	2488.19	306.86
浙 江	10063.55	10034.98	6960.89	3074.09	28.57
安 徽	4005.77	3927.54	2297.74	1629.81	78.22
福 建	6579.01	6543.31	4290.27	2253.04	35.70
江 西	4482.86	4467.74	2627.02	1840.72	15.11
山 东	5880.33	5880.33	3838.16	2042.16	
河 南	3457.91	3382.54	2064.99	1317.55	75.36
湖 北	3270.54	3235.48	2045.47	1190.01	35.06
湖 南	5210.50	5198.21	3389.54	1808.67	12.29
广 东	6135.67	6107.93	3259.31	2848.62	27.74
广 西	3353.32	3319.15	2440.17	878.97	34.17
海 南	4292.20	3929.40	2950.63	978.76	362.80
重 庆	4839.18	4785.10	2966.89	1818.21	54.08
四 川	4731.34	4723.22	2660.05	2063.17	8.11
贵 州	3627.88	3582.85	2393.65	1189.20	45.03
云 南	4928.47	4850.47	3508.48	1341.99	78.01
西 藏					
陕 西	4201.52	4093.67	2628.39	1465.29	107.85
甘 肃	4283.88	4060.97	2561.15	1499.82	222.91
青 海	5188.64	5188.64	4368.79	819.86	
宁 夏	8216.75	6490.17	5111.03	1379.13	1726.58
新 疆	7349.33	6998.92	4487.98	2510.94	350.41

6—34 分地区地方农村高中生均预算内教育经费支出

单位:元

地 区	预算内教育经费支出	事业费支出			基本建设支出
			个人部分	公用部分	
合 计	**3078.04**	**3012.13**	**2469.07**	**543.06**	**65.91**
北 京	20363.67	16617.43	8488.09	8129.34	3746.24
天 津	4946.28	4946.28	4414.82	531.46	
河 北	3729.69	3729.69	3207.74	521.94	
山 西	2992.21	2952.42	2386.83	565.59	39.79
内蒙古	4351.91	4304.67	3200.07	1104.61	47.23
辽 宁	3949.98	3949.98	3089.62	860.36	
吉 林	3500.38	3445.42	2819.68	625.74	54.96
黑龙江	3885.34	3780.67	2990.00	790.67	104.67
上 海	14411.13	14411.13	11542.11	2869.02	
江 苏	3666.85	3497.30	3097.71	399.59	169.55
浙 江	4461.11	4439.96	3867.03	572.93	21.15
安 徽	2039.75	2024.81	1587.17	437.64	14.94
福 建	4091.92	4072.74	3468.39	604.35	19.18
江 西	2647.12	2632.84	2024.39	608.45	14.28
山 东	3790.43	3790.43	3512.23	278.20	
河 南	2224.65	2224.65	1756.07	468.58	
湖 北	1524.97	1489.91	1322.70	167.20	35.06
湖 南	2052.68	2040.94	1791.68	249.26	11.73
广 东	3376.37	3365.86	2497.42	868.44	10.51
广 西	2362.28	2347.02	2028.37	318.65	15.25
海 南	3916.51	3553.71	2713.25	840.46	362.80
重 庆	2652.35	2616.64	1884.95	731.69	35.71
四 川	1874.31	1866.69	1561.02	305.68	7.62
贵 州	2772.42	2729.33	2245.27	484.06	43.09
云 南	3703.77	3625.76	2826.02	799.74	78.01
西 藏					
陕 西	2973.95	2878.16	2397.17	481.00	95.79
甘 肃	3225.80	3019.09	2289.93	729.16	206.72
青 海	4024.93	4024.93	3649.34	375.58	
宁 夏	7555.63	5829.05	4818.88	1010.18	1726.58
新 疆	6530.23	6179.82	4060.38	2119.44	350.41

6—35 分地区地方普通初中生均教育经费支出

单位:元

地 区	教育经费支出	事业性经费支出			基本建设支出
			个人部分	公用部分	
合 计	**5564.66**	**5341.83**	**3650.31**	**1691.52**	**222.82**
北 京	23172.71	21405.25	12847.63	8557.62	1767.46
天 津	13491.10	13491.10	10313.61	3177.49	
河 北	5177.91	5015.43	3580.25	1435.18	162.48
山 西	4812.06	4647.79	3020.28	1627.51	164.27
内蒙古	7812.18	7477.45	5165.03	2312.42	334.73
辽 宁	7177.59	7132.15	5118.16	2013.98	45.44
吉 林	6845.44	6641.17	4499.23	2141.93	204.27
黑龙江	5231.18	5080.61	3775.76	1304.85	150.57
上 海	21179.35	20919.29	14610.40	6308.90	260.06
江 苏	7869.05	7588.33	5736.54	1851.79	280.72
浙 江	9785.65	9641.10	6924.53	2716.57	144.55
安 徽	3901.19	3756.24	2602.81	1153.44	144.95
福 建	5904.62	5752.43	4104.07	1648.36	152.19
江 西	3916.70	3739.33	2350.96	1388.37	177.37
山 东	5715.69	5688.87	3995.40	1693.47	26.81
河 南	3564.80	3478.98	2393.31	1085.66	85.82
湖 北	4857.53	4639.96	3190.39	1449.58	217.57
湖 南	6050.91	5851.07	3848.45	2002.62	199.84
广 东	4698.77	4579.36	3103.11	1476.24	119.42
广 西	3927.20	3810.97	2857.33	953.64	116.23
海 南	5913.97	4909.57	3063.50	1846.08	1004.40
重 庆	5187.35	4935.86	3168.95	1766.90	251.49
四 川	5405.68	5168.61	3080.86	2087.75	237.07
贵 州	3039.94	2961.91	2164.38	797.53	78.03
云 南	4865.31	4266.42	3044.46	1221.96	598.89
西 藏	8478.29	7432.66	5169.34	2263.32	1045.63
陕 西	5777.14	5325.33	3235.53	2089.80	451.81
甘 肃	4532.04	4141.95	2602.02	1539.93	390.10
青 海	7653.64	6403.21	4531.84	1871.37	1250.43
宁 夏	6266.13	5350.56	3186.60	2163.96	915.57
新 疆	8008.53	7363.29	4413.65	2949.65	645.24

6—36 分地区地方普通初中生均预算内教育经费支出

单位:元

地区	预算内教育经费支出	事业费支出	个人部分	公用部分	基本建设支出
合计	**4538.39**	**4331.06**	**3169.31**	**1161.75**	**207.32**
北京	17348.52	15581.06	9228.84	6352.23	1767.46
天津	11083.16	11083.16	9393.55	1689.62	
河北	4420.46	4257.98	3268.16	989.82	162.48
山西	4190.69	4036.01	2827.60	1208.41	154.68
内蒙古	6421.99	6130.16	4461.10	1669.06	291.83
辽宁	5621.86	5590.81	4057.96	1532.85	31.05
吉林	5519.56	5315.29	3566.18	1749.11	204.27
黑龙江	4932.78	4786.26	3699.93	1086.33	146.52
上海	18484.31	18224.25	13728.99	4495.26	260.06
江苏	6094.32	5903.74	5039.71	864.03	190.57
浙江	7011.07	6886.53	5814.31	1072.22	124.54
安徽	3189.79	3048.55	2128.49	920.06	141.24
福建	4602.48	4501.61	3551.75	949.86	100.87
江西	3283.63	3113.75	2014.11	1099.63	169.88
山东	4931.50	4907.13	3895.24	1011.90	24.36
河南	3046.85	2965.13	2032.20	932.93	81.72
湖北	4224.20	4006.63	2884.69	1121.94	217.57
湖南	4705.46	4508.75	2985.87	1522.89	196.71
广东	3534.79	3418.71	2519.48	899.23	116.08
广西	3478.23	3364.14	2636.20	727.95	114.09
海南	5048.79	4333.22	2789.38	1543.84	715.56
重庆	3810.79	3559.90	2309.91	1249.99	250.89
四川	3643.23	3438.86	2505.16	933.71	204.36
贵州	2772.40	2698.18	2074.05	624.13	74.22
云南	4311.09	3716.27	2720.95	995.32	594.82
西藏	8202.72	7157.09	4956.75	2200.34	1045.63
陕西	5213.57	4798.54	3066.11	1732.43	415.03
甘肃	4012.31	3636.33	2385.58	1250.75	375.99
青海	6588.88	5366.32	3735.76	1630.56	1222.57
宁夏	5523.70	4608.13	2844.48	1763.65	915.57
新疆	6977.45	6341.59	3857.95	2483.64	635.86

6—37 分地区地方农村初中生均教育经费支出

单位:元

地区	教育经费支出	事业性经费支出	个人部分	公用部分	基本建设支出
合计	**5023.51**	**4813.02**	**3303.22**	**1509.80**	**210.49**
北京	25782.19	23659.95	13575.83	10084.12	2122.23
天津	10389.78	10389.78	7620.21	2769.57	
河北	5406.83	5169.67	3777.00	1392.67	237.16
山西	5138.88	4918.25	3186.14	1732.11	220.63
内蒙古	8603.31	8320.12	6481.56	1838.56	283.19
辽宁	6654.18	6582.02	4412.75	2169.27	72.17
吉林	7020.61	6736.63	4604.94	2131.69	283.99
黑龙江	4934.85	4737.57	3316.97	1420.61	197.28
上海	17973.71	17973.71	13226.28	4747.43	
江苏	6847.77	6694.34	5097.32	1597.02	153.42
浙江	9299.55	9169.02	6630.78	2538.23	130.53
安徽	3744.50	3582.97	2492.27	1090.70	161.53
福建	5510.12	5394.03	3904.03	1490.00	116.09
江西	3935.27	3709.11	2346.97	1362.14	226.16
山东	5402.13	5369.03	3894.74	1474.29	33.10
河南	3415.69	3335.01	2294.85	1040.16	80.68
湖北	4594.10	4313.01	2962.11	1350.90	281.08
湖南	6203.71	5968.21	4001.82	1966.39	235.49
广东	3307.80	3255.27	2204.98	1050.29	52.53
广西	3650.74	3550.70	2641.84	908.87	100.04
海南	5526.94	4975.21	2920.02	2055.19	551.73
重庆	4529.26	4291.12	2958.25	1332.88	238.14
四川	5116.51	4871.28	2889.68	1981.59	245.24
贵州	2850.66	2763.10	2029.17	733.93	87.56
云南	4561.05	4003.05	2913.52	1089.53	558.00
西藏					
陕西	6059.80	5601.21	3448.28	2152.92	458.59
甘肃	4462.65	4014.67	2527.95	1486.73	447.98
青海	7691.59	6153.48	4564.31	1589.18	1538.11
宁夏	6378.15	5456.33	3367.36	2088.97	921.82
新疆	8180.48	7425.09	4259.92	3165.17	755.39

6—38 分地区地方农村初中生均预算内教育经费支出

单位:元

地区	预算内教育经费支出	事业费支出	个人部分	公用部分	基本建设支出
合计	**4267.70**	**4065.65**	**2944.52**	**1121.12**	**202.05**
北京	21051.60	18929.37	11312.50	7616.86	2122.23
天津	8755.86	8755.86	7298.40	1457.46	
河北	4716.91	4479.75	3484.98	994.77	237.16
山西	4746.35	4541.40	3103.02	1438.37	204.96
内蒙古	7401.34	7120.39	5627.07	1493.31	280.95
辽宁	5406.22	5354.04	3687.78	1666.26	52.18
吉林	6088.33	5804.35	3852.96	1951.39	283.99
黑龙江	4724.46	4534.36	3272.36	1261.99	190.11
上海	15902.12	15902.12	12373.46	3528.66	
江苏	5653.26	5540.36	4689.98	850.38	112.90
浙江	6960.06	6857.20	5756.98	1100.23	102.86
安徽	3209.47	3049.35	2100.84	948.51	160.12
福建	4476.02	4381.20	3466.69	914.51	94.83
江西	3466.66	3241.33	2060.20	1181.13	225.33
山东	4800.49	4770.61	3820.78	949.83	29.88
河南	3022.44	2945.91	1973.99	971.91	76.54
湖北	4189.24	3908.15	2740.95	1167.21	281.08
湖南	4978.33	4745.95	3099.73	1646.22	232.38
广东	2632.84	2581.51	1819.60	761.90	51.34
广西	3336.90	3237.65	2493.31	744.34	99.25
海南	5091.67	4549.77	2744.57	1805.20	541.90
重庆	3521.47	3284.20	2304.40	979.80	237.27
四川	3560.93	3324.49	2434.16	890.33	236.44
贵州	2685.92	2603.21	1964.80	638.41	82.72
云南	4156.81	3598.81	2673.24	925.57	558.00
西藏					
陕西	5611.17	5204.39	3291.31	1913.08	406.78
甘肃	4076.98	3642.66	2366.16	1276.51	434.31
青海	6942.71	5450.74	3971.30	1479.43	1491.97
宁夏	5977.03	5055.21	3168.83	1886.37	921.82
新疆	7378.88	6623.49	3702.81	2920.68	755.39

6—39 分地区地方普通小学生均教育经费支出

单位:元

地 区	教育经费支出	事业性经费支出	个人部分	公用部分	基本建设支出
合 计	**4171.45**	**4098.63**	**3068.54**	**1030.09**	**72.81**
北 京	16061.18	15466.67	9292.94	6173.73	594.51
天 津	10320.17	10320.17	8463.12	1857.05	
河 北	3953.45	3916.63	2974.22	942.41	36.82
山 西	3954.29	3912.13	2810.48	1101.66	42.16
内蒙古	6808.09	6714.75	5210.06	1504.70	93.33
辽 宁	5577.51	5565.69	4345.04	1220.65	11.82
吉 林	5928.28	5901.80	4517.17	1384.64	26.47
黑龙江	5245.21	5217.59	4182.93	1034.67	27.61
上 海	17340.39	17289.38	11834.11	5455.26	51.01
江 苏	7073.34	6939.26	5610.32	1328.94	134.08
浙 江	7471.38	7433.91	5612.32	1821.59	37.47
安 徽	3165.87	3133.90	2404.95	728.95	31.97
福 建	5208.73	5138.05	4068.29	1069.76	70.68
江 西	2647.43	2624.34	1848.17	776.17	23.09
山 东	3576.59	3571.76	2702.17	869.60	4.82
河 南	2271.10	2259.31	1621.30	638.01	11.79
湖 北	3400.00	3369.70	2504.65	865.05	30.30
湖 南	3570.15	3540.69	2486.98	1053.71	29.46
广 东	3946.07	3828.47	2881.28	947.20	117.60
广 西	3018.28	2992.43	2440.05	552.38	25.85
海 南	4500.94	4254.84	3198.47	1056.37	246.10
重 庆	4428.77	4395.99	3259.31	1136.68	32.78
四 川	4199.08	4117.42	2879.28	1238.14	81.66
贵 州	2492.49	2467.80	1931.76	536.05	24.69
云 南	3615.77	3457.98	2753.51	704.46	157.80
西 藏	7753.50	6655.35	5366.96	1288.39	1098.15
陕 西	4944.09	4704.46	3290.00	1414.46	239.63
甘 肃	3501.40	3353.25	2419.41	933.83	148.15
青 海	5354.26	4878.80	3535.41	1343.39	475.46
宁 夏	3724.78	3504.36	2484.08	1020.28	220.42
新 疆	5526.37	5334.03	3887.64	1446.39	192.34

注：表头中“个人部分”和“公用部分”是“事业性经费支出”下的细分项。

6—40 分地区地方普通小学生均预算内教育经费支出

单位：元

地区	预算内教育经费支出	事业费支出			基本建设支出
			个人部分	公用部分	
合计	**3424.65**	**3357.35**	**2613.93**	**743.42**	**67.30**
北京	12255.03	11662.02	6939.15	4722.87	593.01
天津	9131.43	9131.43	7987.35	1144.08	
河北	3379.99	3343.17	2653.64	689.53	36.82
山西	3470.79	3430.75	2598.55	832.20	40.05
内蒙古	5364.86	5278.61	4137.52	1141.08	86.25
辽宁	4365.10	4359.81	3361.04	998.76	5.29
吉林	4735.32	4708.85	3500.13	1208.72	26.47
黑龙江	4942.10	4916.89	4103.64	813.25	25.21
上海	14843.69	14792.68	11339.56	3453.12	51.01
江苏	5923.79	5820.20	5131.12	689.08	103.59
浙江	5641.52	5611.99	4819.32	792.66	29.53
安徽	2506.10	2480.81	1871.43	609.38	25.29
福建	4071.19	4023.47	3341.89	681.58	47.72
江西	2163.63	2141.81	1494.86	646.95	21.82
山东	3226.42	3221.62	2648.15	573.47	4.80
河南	1959.89	1949.00	1375.68	573.32	10.89
湖北	2965.98	2936.79	2284.35	652.44	29.19
湖南	2820.26	2791.13	1950.83	840.30	29.13
广东	3008.74	2896.53	2243.66	652.87	112.21
广西	2697.22	2672.80	2219.51	453.28	24.42
海南	4065.51	3891.90	3012.96	878.95	173.60
重庆	2995.95	2963.17	2109.94	853.23	32.78
四川	2899.21	2824.93	2195.59	629.34	74.27
贵州	2326.70	2302.56	1863.07	439.49	24.13
云南	2927.78	2773.42	2188.51	584.91	154.36
西藏	7322.35	6302.33	5115.02	1187.31	1020.02
陕西	4484.49	4247.65	3107.18	1140.47	236.83
甘肃	2967.90	2832.09	2050.93	781.16	135.81
青海	4562.41	4126.95	2891.81	1235.14	435.46
宁夏	3250.31	3029.88	2252.47	777.41	220.42
新疆	4611.49	4420.89	3298.02	1122.87	190.60

6—41 分地区地方农村小学生均教育经费支出

单位:元

地 区	教育经费支出	事业性经费支出	个人部分	公用部分	基本建设支出
合 计	**3842.26**	**3781.19**	**2884.60**	**896.59**	**61.08**
北 京	17582.73	16668.93	10053.20	6615.73	913.79
天 津	9030.48	9030.48	7134.62	1895.86	
河 北	4041.70	3999.85	3068.23	931.62	41.85
山 西	4265.96	4219.67	3100.37	1119.30	46.29
内蒙古	8955.88	8893.71	7435.89	1457.82	62.16
辽 宁	5551.98	5537.10	4252.74	1284.36	14.87
吉 林	6462.47	6439.02	5001.70	1437.33	23.45
黑龙江	5623.91	5590.37	4633.19	957.18	33.54
上 海	14092.62	14092.62	10912.63	3179.99	
江 苏	6784.94	6656.91	5495.99	1160.91	128.04
浙 江	7368.83	7328.17	5603.70	1724.47	40.66
安 徽	3030.82	3003.29	2325.24	678.05	27.53
福 建	5340.64	5281.86	4253.49	1028.37	58.78
江 西	2633.08	2610.68	1866.84	743.83	22.40
山 东	3394.27	3388.25	2613.68	774.57	6.02
河 南	2192.54	2182.42	1564.23	618.18	10.12
湖 北	3084.93	3055.13	2299.64	755.49	29.79
湖 南	3378.38	3348.31	2402.88	945.43	30.07
广 东	2901.83	2880.41	2240.86	639.54	21.43
广 西	2912.30	2888.87	2376.24	512.63	23.42
海 南	4712.91	4584.49	3483.47	1101.02	128.42
重 庆	4095.13	4077.64	3157.06	920.58	17.49
四 川	4116.37	4035.20	2857.40	1177.80	81.17
贵 州	2375.97	2349.21	1845.49	503.73	26.76
云 南	3589.60	3429.41	2736.73	692.68	160.20
西 藏	7136.97	6135.24	4922.09	1213.15	1001.73
陕 西	5381.94	5086.15	3653.07	1433.08	295.79
甘 肃	3436.73	3273.19	2393.69	879.50	163.54
青 海	5036.44	4665.16	3528.47	1136.69	371.28
宁 夏	3451.75	3303.29	2532.99	770.30	148.46
新 疆	5475.92	5321.84	4053.16	1268.68	154.08

6—42 分地区地方农村小学生均预算内教育经费支出

单位:元

地 区	预算内教育经费支出	事业费支出	个人部分	公用部分	基本建设支出
合 计	**3236.27**	**3178.09**	**2487.53**	**690.56**	**58.18**
北 京	14011.30	13097.51	8311.51	4786.01	913.79
天 津	7857.03	7857.03	6796.48	1060.55	
河 北	3469.02	3427.17	2732.90	694.27	41.85
山 西	3896.06	3851.42	2943.21	908.21	44.64
内蒙古	7054.03	6993.30	5851.49	1141.82	60.73
辽 宁	4459.67	4455.88	3391.80	1064.08	3.80
吉 林	5370.18	5346.73	4000.34	1346.39	23.45
黑龙江	5439.64	5406.69	4581.88	824.81	32.95
上 海	13348.62	13348.62	10433.05	2915.56	
江 苏	5973.85	5871.93	5178.09	693.83	101.92
浙 江	5761.43	5730.58	4957.91	772.67	30.85
安 徽	2473.48	2446.44	1845.67	600.76	27.05
福 建	4243.27	4190.60	3521.64	668.96	52.67
江 西	2177.64	2155.92	1517.29	638.64	21.72
山 东	3130.87	3124.89	2574.60	550.29	5.98
河 南	1935.78	1925.98	1338.70	587.28	9.80
湖 北	2833.24	2803.44	2155.19	648.25	29.79
湖 南	2723.82	2694.21	1880.78	813.42	29.61
广 东	2222.64	2201.52	1711.74	489.77	21.12
广 西	2654.93	2632.18	2184.91	447.28	22.74
海 南	4343.49	4234.27	3307.53	926.74	109.23
重 庆	2869.80	2852.31	2119.12	733.19	17.49
四 川	2886.25	2811.52	2191.84	619.68	74.73
贵 州	2244.70	2218.49	1785.70	432.78	26.21
云 南	2940.21	2780.02	2193.17	586.85	160.20
西 藏	6804.78	5826.43	4694.22	1132.21	978.35
陕 西	4952.69	4657.42	3455.76	1201.66	295.27
甘 肃	2945.92	2794.37	2040.87	753.50	151.54
青 海	4414.19	4070.78	2994.99	1075.80	343.41
宁 夏	3140.39	2991.94	2381.27	610.67	148.46
新 疆	4664.65	4510.81	3426.00	1084.81	153.84

6—43 分地区地方特殊教育学校生均教育经费支出

单位:元

地 区	教育经费支出	事业性经费支出			基本建设支出
			个人部分	公用部分	
合 计	**26440.47**	**25021.03**	**16436.21**	**8584.82**	**1419.45**
北 京	66547.54	66547.54	37394.85	29152.68	
天 津	53397.32	53397.32	43979.89	9417.43	
河 北	22115.62	20643.25	13909.97	6733.29	1472.36
山 西	16558.40	16428.62	11173.97	5254.65	129.78
内蒙古	50076.30	39026.65	20913.20	18113.44	11049.66
辽 宁	23992.58	23992.58	18697.73	5294.85	
吉 林	32542.86	28481.16	20378.05	8103.10	4061.71
黑龙江	23430.72	22962.24	18130.18	4832.06	468.48
上 海	52122.94	51994.50	38214.82	13779.68	128.44
江 苏	31194.13	30828.26	21797.89	9030.37	365.87
浙 江	40425.28	38409.56	23966.88	14442.68	2015.72
安 徽	14985.67	13933.59	9157.29	4776.30	1052.08
福 建	23928.53	23898.11	16132.30	7765.82	30.41
江 西	24308.43	22367.46	8507.31	13860.14	1940.97
山 东	25496.04	25496.04	17008.67	8487.37	
河 南	14919.76	14275.33	9811.47	4463.86	644.43
湖 北	16447.63	14217.91	9468.00	4749.91	2229.72
湖 南	25897.07	22892.55	11960.60	10931.96	3004.51
广 东	33733.77	32500.97	22645.42	9855.55	1232.80
广 西	22000.26	19706.10	12122.20	7583.90	2294.16
海 南	16739.41	16739.41	12021.17	4718.24	
重 庆	23957.89	18072.67	10218.24	7854.43	5885.23
四 川	19291.58	18298.46	10962.58	7335.88	993.12
贵 州	15259.80	14320.83	9372.55	4948.28	938.97
云 南	21560.40	17926.56	11402.89	6523.68	3633.83
西 藏	28934.91	28934.91	22704.14	6230.77	
陕 西	36736.91	33719.45	12346.63	21372.82	3017.46
甘 肃	14684.65	14090.04	6526.44	7563.60	594.61
青 海	16661.90	16661.90	12642.86	4019.05	
宁 夏	14596.98	11410.84	6651.20	4759.64	3186.14
新 疆	44097.92	32915.05	16035.67	16879.38	11182.88

6—44 分地区地方特殊教育学校生均预算内教育经费支出

单位:元

地 区	预算内教育经费支出	事业费支出			基本建设支出
			个人部分	公用部分	
合 计	**20662.34**	**19385.70**	**14300.32**	**5085.39**	**1276.64**
北 京	48107.66	48107.66	28355.43	19752.24	
天 津	50929.92	50929.92	41868.98	9060.94	
河 北	18130.34	16657.98	12447.26	4210.72	1472.36
山 西	13762.54	13632.76	10344.44	3288.32	129.78
内蒙古	34813.48	27848.61	17670.17	10178.44	6964.88
辽 宁	19027.92	19027.92	15392.51	3635.41	
吉 林	26613.16	22551.45	15829.13	6722.32	4061.71
黑龙江	22007.95	21539.47	17752.98	3786.48	468.48
上 海	45836.56	45708.12	35764.01	9944.11	128.44
江 苏	22668.01	22668.01	19429.61	3238.40	
浙 江	31403.14	29387.42	20036.64	9350.79	2015.72
安 徽	10322.59	9270.52	6887.03	2383.48	1052.08
福 建	17048.21	17017.79	13448.91	3568.89	30.41
江 西	16455.46	14514.49	6902.69	7611.81	1940.97
山 东	20685.45	20685.45	16457.83	4227.63	
河 南	11808.07	11163.64	8149.12	3014.52	644.43
湖 北	13188.98	10959.26	8528.50	2430.76	2229.72
湖 南	15978.65	13140.60	10044.26	3096.34	2838.05
广 东	26280.48	25047.67	18584.14	6463.53	1232.80
广 西	13928.87	12938.77	8834.03	4104.74	990.10
海 南	16465.80	16465.80	11776.87	4688.93	
重 庆	19798.60	13956.93	7627.53	6329.40	5841.67
四 川	13715.30	12964.46	9002.63	3961.83	750.84
贵 州	12549.51	11610.54	8952.45	2658.09	938.97
云 南	18417.07	15061.79	9542.67	5519.12	3355.28
西 藏	25071.01	25071.01	18840.24	6230.77	
陕 西	23224.85	20332.09	12302.99	8029.09	2892.77
甘 肃	13705.25	13110.64	5975.15	7135.49	594.61
青 海	12457.14	12457.14	9759.52	2697.62	
宁 夏	11533.26	8347.12	5482.95	2864.17	3186.14
新 疆	36232.17	25049.29	14522.05	10527.24	11182.88

6—45 分地区地方幼儿园生均教育经费支出

单位:元

地 区	教育经费支出	事业性经费支出			基本建设支出
			个人部分	公用部分	
合 计	**3901.96**	**3807.90**	**2514.29**	**1293.61**	**94.06**
北 京	15606.63	15171.03	9747.34	5423.70	435.60
天 津	14238.49	14238.49	10020.17	4218.32	
河 北	1777.59	1777.59	1323.09	454.50	
山 西	2425.41	2425.27	1623.99	801.28	0.15
内蒙古	7642.01	7632.70	5178.34	2454.37	9.31
辽 宁	11152.29	11138.41	7711.22	3427.19	13.87
吉 林	5741.39	5741.39	4123.87	1617.53	
黑龙江	8362.28	8362.28	5930.82	2431.46	
上 海	15059.62	14890.30	9833.70	5056.59	169.32
江 苏	4526.78	4433.19	2553.91	1879.28	93.59
浙 江	7013.76	6972.66	4147.25	2825.41	41.10
安 徽	1932.44	1931.76	1304.19	627.58	0.67
福 建	3885.09	3868.14	2622.04	1246.10	16.95
江 西	3474.80	3474.80	2284.24	1190.56	
山 东	2230.33	2230.33	1233.05	997.28	
河 南	2349.49	2347.93	1527.69	820.25	1.56
湖 北	3699.22	3674.96	2689.51	985.45	24.25
湖 南	4281.41	4247.87	2555.96	1691.90	33.55
广 东	4280.85	4280.85	3035.60	1245.25	
广 西	1308.83	1308.83	901.41	407.42	
海 南	3313.24	3312.97	2389.26	923.71	0.26
重 庆	3472.57	3465.40	2359.24	1106.16	7.16
四 川	2155.48	2083.15	1373.73	709.43	72.33
贵 州	2388.82	2387.98	1781.16	606.82	0.84
云 南	2031.11	2029.82	1446.24	583.58	1.29
西 藏	9885.50	9178.73	7376.16	1802.58	706.77
陕 西	4960.96	4902.17	3104.18	1797.99	58.79
甘 肃	2927.27	2903.00	2207.31	695.68	24.28
青 海	6211.50	6024.79	4588.83	1435.96	186.72
宁 夏	2574.11	2521.32	1764.13	757.18	52.79
新 疆	5886.42	4190.37	2712.00	1478.37	1696.05

6—46 分地区地方幼儿园生均预算内教育经费支出

单位:元

地 区	预算内教育经费支出	事业费支出			基本建设支出
			个人部分	公用部分	
合 计	**2239.96**	**2155.15**	**1785.03**	**370.11**	**84.82**
北 京	9254.41	8818.80	6259.03	2559.77	435.60
天 津	8554.03	8554.03	7086.54	1467.49	
河 北	1255.33	1255.33	1159.28	96.05	
山 西	1486.52	1486.52	1324.41	162.11	
内蒙古	4722.42	4714.62	4165.65	548.97	7.80
辽 宁	7041.25	7027.37	5563.42	1463.96	13.87
吉 林	3635.93	3635.93	3117.78	518.16	
黑龙江	6572.34	6572.34	5709.76	862.58	
上 海	10246.18	10076.86	7957.45	2119.41	169.32
江 苏	1887.66	1885.12	1472.10	413.01	2.54
浙 江	2857.38	2818.37	2005.28	813.08	39.02
安 徽	965.80	965.80	880.71	85.09	
福 建	2376.90	2374.51	2037.35	337.16	2.39
江 西	1583.82	1583.82	1424.15	159.67	
山 东	857.27	857.27	759.94	97.33	
河 南	1245.05	1245.05	1113.86	131.19	
湖 北	1904.73	1888.90	1812.89	76.01	15.83
湖 南	1868.16	1839.09	1552.85	286.24	29.07
广 东	1673.19	1673.19	1467.17	206.02	
广 西	599.96	599.96	561.77	38.19	
海 南	2109.95	2109.95	1930.30	179.64	
重 庆	1677.08	1669.92	1308.82	361.10	7.16
四 川	993.42	921.55	800.53	121.02	71.88
贵 州	1667.02	1667.02	1567.26	99.76	
云 南	1208.45	1208.45	1074.33	134.12	
西 藏	8653.21	7946.44	6607.66	1338.78	706.77
陕 西	3481.38	3423.13	2898.43	524.71	58.25
甘 肃	2028.34	2004.07	1810.74	193.33	24.28
青 海	4274.99	4088.27	3408.79	679.49	186.72
宁 夏	1562.92	1510.13	1338.58	171.55	52.79
新 疆	5136.73	3445.40	2351.96	1093.43	1691.34

附　录

全国教育经费统计指标说明

全国教育经费统计指标说明

全国教育经费指标体系是在多年的统计工作实践的基础上并通过不断修改、充实、完善而建立起来的。为了便于参考和使用教育经费统计资料，我们对教育经费统计指标和统计范围作一简要说明。

一、全国教育经费来源

全国教育经费来源包括国家财政性教育经费，民办学校中举办者投入，社会捐赠经费，事业收入及其他教育经费。

1. 国家财政性教育经费：包括国家财政预算内教育经费，各级政府征收用于教育的税、费，企业办学中的企业拨款，校办产业和社会服务收入用于教育的经费。

(1)财政预算内教育经费：指中央、地方各级财政或上级主管部门在本年度内安排，并划拨到各级各类学校、教育行政单位、教育事业单位，列入国家预算支出科目的教育经费。

①教育事业费拨款：指学校或单位列入《政府收支分类支出科目》第205类“教育支出”科目中教育经费拨款数，不含205类第09款“教育附加及基金支出”。

②科研拨款：指高等学校从中央和地方取得的《政府收支分类支出科目》第206类“科学技术”科目的科学研究经费。

③基本建设拨款：指学校或单位从中央和地方发展与改革部门取得的列《政府收支分类科目》经济分类第309类的“基本建设支出”拨款

④其他拨款：指学校或单位取得的除教育事业拨款以外的其他属于财政预算内的经费拨款，如医疗保障经费、住房改革经费、“208类”离退休经费等。

(2)各级政府征收用于教育的税费：指中央和地方各级政府为发展教育事业而指定机关专门征收，并划拨给教育部门使用的实际数额。例如：教育费附加，地方教育附加，地方教育基金。

①教育费附加：指按照国家规定比例向缴纳增值税、营业税、消费税的单位和个人征收的教育费附加。

②地方教育附加：指地方各级政府根据《教育法》的有关规定，在征收教育费附加以外，开征的用于教育的税费。如地方政府按增值税、营业税、消费税的1%征收的用于教育的税费等。

③地方教育基金：指地方各级政府除预算内教育经费、教育费附加、地方教育附加以外的其他财政性经费拨款。如国有土地使用权出让金收入、能源建设基金收入、国有资源(资产)有偿使用收入等用于教育的拨款。

(3)企业办学中的企业拨款：指中央和地方所属企业在企业营业外资金列支或企业自有资金列支，并实际拨付所属学校的办学经费。

(4)校办产业和社会服务收入用于教育的经费：指学校举办的校办产业和各种经营取得的收益及投资收益中用于补充教育经费的部分。

2. 民办学校中举办者投入：指办学的单位或公民个人拨给民办学校的办学经费。

3. 社会捐赠经费：指境内外社会各界及个人对教育的资助和捐赠。

4. 事业收入：指学校和单位开展教学及其辅助活动依法取得的、经财政部门核准留用的预算外资金，以及经财政专户核拨回的预算外资金，包括教学收入和科研收入；义务教育阶段学生缴纳的杂费；非义务教育阶段学生缴纳的学费；借读学生缴纳的借读费；住宿学生缴纳的住宿费；按照有关规定向学生收取的其他费用等。其中

学杂费：指学生缴纳的学杂费（含普通高中按规定收取的择校费），不包括学校收取的课本费和其他代收费项目。

5. 其他收入：指除上述各项收入以外的其他各项收入。

二、全国教育经费支出

教育经费支出分为事业性经费支出和基建支出两部分。

1. 事业性经费支出：分为"个人部分支出"和"公用部分支出"两部分。

(1)个人部分支出：包括"工资福利支出"、"对个人和家庭的补助"两部分。

①工资福利支出：反映学校或单位开支的在职职工和临时聘用人员的各类劳动报酬，以及为上述人员缴纳的各项社会保险费等。

②对个人和家庭的补助：反映政府对个人和家庭的补助支出。

(2)公用部分支出：包括"商品和服务支出"和"其他资本性支出"两部分。

①商品和服务支出：反映学校或单位购买商品和服务的支出（不包括用于购置固定资产的支出）。

②其他资本性支出：反映非各级发展与改革部门集中安排的用于购置固定资产、土地和无形资产，以及购建基础设施、大型修缮所发生的支出。

2. 基本建设支出：反映各级发展和改革部门集中安排用于学校购置固定资产、土地和无形资产，以及购建基础设施、大型修缮所发生的支出以及与之配套完成上述项目的非财政预算内资金支出，不包括财政预算内配套资金。

3. 预算内教育事业费和基建支出：指按实际支出、预算安排或采用统计方法得出。

本统计中央和地方教育经费支出按学校与其他教育机构隶属关系划分。中央教育经费支出指中央部委属学校及其他教育机构支出，地方教育经费支出指地方属学校及其他教育机构支出。中央和地方教育经费收入按经费来源划分。

本资料统计的范围包括：

1. 凡列入财政部制定的《政府收支分类科目》中第205类"教育支出"科目的：

教育部门办各级各类学校、幼儿园、教育事业单位；其他部门办各级各类学校、幼儿园；教育行政单位。

独立师资并按学校体制管理的中央、省(自治区、直辖市)、地(市)、县各级党委举办的党校,各级政府举办的社会主义学院、行政学院(不含行业、部门办的党校和行政学院);财政部举办的国家会计学院。

2. 国有及国有控股企业举办的普通高等学校、中等专业学校、职业高中、技工学校、普通中学、十二年一贯制学校、九年一贯制学校、普通小学和经过教育主管部门批准承认学历的成人高校、成人中等专业学校、成人中学、成人小学等。

3. 由国家机构以外的社会组织或者个人,利用非国家财政性经费,面向社会举办的,经县级以上人民政府教育行政部门按照国家规定的权限审批的普通高等学校(含按新机制和模式举办的独立学院)、职业高中、普通中学、十二年一贯制学校、九年一贯制学校、普通小学、特殊教育学校等;或经县级以上人民政府劳动和社会保障行政部门按照国家规定的权限审批,并抄送同级教育行政部门备案的中等专业学校、技工学校等。

香港、澳门和台湾省的教育经费统计资料暂缺。

本资料的统计时间:2009 年 1 月 1 日至 2009 年 12 月 31 日。